Wuppertaler Studienbibel

Wuppertaler Studienbibel

Begründet von
Fritz Rienecker

Reihe: Neues Testament

Herausgegeben von
Werner de Boor †
und
Adolf Pohl

R. Brockhaus Verlag Wuppertal

Der Brief an die Hebräer

erklärt von

Fritz Laubach

R. Brockhaus Verlag Wuppertal

6. Auflage 1979

Printed in Germany
Druck: fotokop wilhelm weihert kg, Darmstadt
ISBN 3-417-25116-8 Efalin
ISBN 3-417-25016-1 Paperback

Richtlinien
für die Benutzer der Wuppertaler Studienbibel

In bezug auf den Bibeltext:

Der Bibeltext ist fett gedruckt. Wiederholungen aus dem behandelten Bibeltext sind fett gedruckt.

Gesperrt nur im Sinne der Verdeutlichung bei Betonung.

In bezug auf die Parallel-Stellen:

Mit Absicht sind eine große Fülle von Bibel-Stellen als Parallelen gebracht. Für diese Parallelstellen ist am Rand eine Spalte freigelassen.

In bezug auf die Handschriften:

Zu den wichtigsten vom Text abweichenden Lesarten, die sich im allgemeinen in den Fußnoten finden, sind folgende Zeichen gesetzt, die der Erklärung bedürfen:

Die Handschriften des Neuen Testaments

Bezeichnung	aus Jahrhundert	Namen	Standort: in Bibliothek	
א	IV	Sinaiticus	London	Neutestamentlicher Teil einer Vollbibel. Die romantische Entdeckungsgeschichte, wie sie Tischendorf erzählt, siehe bei Tischendorf. Gregory 348 ff., Gregory 23 ff. 1844 im Katharinenkloster auf Sinai in einem Abfallkorb zum Heizen bestimmt. Genannt sei auch: Schneller: Tischendorf-Erinnerungen.
A	V	Alexandrinus	London	Das NT mit 1. Clemensbrief und den sogen. Psalmen Salomos, in der Bibliothek Alexandrien, 1628 an Karl I. von England geschenkt. Vollbibel mit einzelnen Lücken.
B	IV	Vaticanus	Rom	Einer der größten Schätze der päpstlichen Bibliothek. Vollbibel mit Lücken.
C	V	Ephraemi rescriptus	Paris	In Pariser Nationalbibliothek stehend. Vom Syrer Ephraem überschrieben. 1535 nach Paris gekommen. Bibel mit vielen Lücken.

Diese vier Bibeln des IV. und V. Jahrhunderts dürfen als die wichtigsten Zeugen gelten.— Wenn sie auch auf die Hauptsitze der katholischen und anglikanischen Kirche Rom, Paris, London verteilt sind, so hat doch der deutsche Protestantismus sich um ihre gelehrte Erforschung sehr bemüht.

Die Zusammenfassung der vier Handschriften א A B C zu einer Text-Gruppe wird die hesychianische oder ägyptische Textform genannt. Hesychius war ein Grieche in Alexandrien. Weil Alexandrien in Ägypten liegt, wird diese Textgruppe auch die ägyptische Textform genannt.

Weitere Handschriften des Neuen Testaments

Bezeichnung	aus Jahrhundert	Namen	Standort: in Bibliothek	
D	VI	Bezae Cantabrigiensis	Cambridge	Enthält die 4 Evangelien und die Apostelgeschichte, aber mit großen Lücken.
E	VIII	Basiliensis	Basel	Diese Handschriften enthalten die vier Evangelien.
F	IX	Boreelianus	Utrecht	
G	X	Seidelianus I	London	
H	IX	Seidelianus II	Hamburg	
L	VIII		Paris	H und L enthalten Apostelgeschichte und Briefe.
046	VIII		Rom	046 enthält Offenbarung des Johannes.

Die sogenannte **Koine** ist diejenige Handschriftengruppe, welche die Zusammenfassung der einzelnen Handschriften E F G H L und 046 bildet.

Es sind also die Handschriften aus dem VIII. bis X. Jahrhundert. Die Koine ist die in Antiochien und später in Konstantinopel zur allgemeinen Verbreitung gekommene Textform. Diese Textform tritt uns, da Erasmus von Rotterdam solche späten Handschriften benutzte, in Luthers Bibelübersetzung entgegen. Luther stützte sich auf diese späte Handschriftengruppe, also auf die sogenannte Koine, die in der Erasmus-Ausgabe vorlag.

Die Erasmus-Arbeit war eine sehr flüchtige Arbeit.

„Erasmus benutzte höchstens drei Handschriften, die er von den Predigermönchen in Basel entlieh und die heute noch erhalten sind (keine von ihnen ist älter als das 12. Jahrhundert). Sie zeigen, daß Erasmus die Handschriften selbst durcharbeitete und dann als Vorlage in die Druckerei gehen ließ. Für die Offenbarung des Johannes, die in jenen Handschriften fehlte, wurde eine Handschrift aus Maihingen herangezogen; in ihr fehlte der Schluß 22, 16—21; Erasmus übersetzte ihn einfach aus der Vulgata ins Griechische, ohne das irgendwo anzugeben." Michaelis, Einleitung in das NT 1954 Seite 357.

Die Koine-Gruppe, d. i. die Vorlage Luthers, erwähnen wir ebenfalls.

Andere Handschriften werden jeweilig im Text erklärt.

Am Schluß der Studienbibel soll eine Übersicht über die Geschichte der Handschriften folgen.

In bezug auf besondere Urtext-Wörter:

Schwierige Wörter des griechischen Textes, die die Möglichkeit verschiedener Übersetzungen bieten, sind in den Fußnoten eingetragen. Die griechischen Wörter sind dabei in Schräg-(kursiv)Druck in lateinischen Buchstaben wiedergegeben!

Abkürzungs-Verzeichnis

I. Allgemeine Abkürzungen:

AT = Altes Testament
NT = Neues Testament
atst = alttestamentlich
ntst = neutestamentlich
grie = griechisch
hebr = hebräisch
lat = lateinisch
LXX = Septuaginta. Das ist die griechische Übersetzung des AT, angeblich von 70 gelehrten Juden auf Befehl des Königs Ptolemäus Philadelphus 200 v. Chr. in Alexandrien angefertigt.

II. Literatur-Abkürzungen:

W—B = Walter Bauer: Griechisch-Deutsches Wörterbuch. 4. Aufl. 1952
Bl—De = Blaß—Debrunner: Grammatik des ntst Griechisch. 9. Auflage 1954 zitiert n. §§.
Radm = Rademacher: Neutestl. Grammatik 1925. 2. Aufl.
Ki—Th W = Kittel: Theolog. Wörterbuch
NTD = Neues Testament Deutsch Göttingen 1932 ff.
St—B = Strack—Billerbeck: Kommentar zum NT aus Talmud usw. Bd. I—IV. München 1922 ff.

III. Abkürzungen der biblischen Bücher:

a) Altes Testament

1 Mo = 1. Mose
2 Mo = 2. Mose
usw. usw.
Jos = Josua
Ri = Richter
Rth = Ruth
1 Sam = 1. Buch Samuelis
2 Sam = 2. Buch Samuelis
1 Kö = 1. Buch der Könige
2 Kö = 2. Buch der Könige
1 Chro = 1. Buch der Chronika
2 Chro = 2. Buch der Chronika
Esr = Esra
Neh = Nehemia
Esth = Esther
Hio = Hiob
Ps = Psalter
Spr = Sprüche
Pred = Prediger
Holi = Hohelied
Jes = Jesaja
Jer = Jeremia
Kla = Klagelieder
Hes = Hesekiel
Da = Daniel
Hos = Hosea
Joe = Joel
Am = Amos
Ob = Obadja
Jon = Jona
Mi = Micha
Nah = Nahum
Hab = Habakuk
Ze = Zephanja
Hag = Haggai
Sach = Sacharja
Mal = Maleachi

b) Apokryphen

Tob = Tobias
1 Makk = 1. Makkabäer
2 Makk = 2. Makkabäer
Sir = Sirach

c) Neues Testament

Mt = Matthäus
Mk = Markus
Lk = Lukas
Jo = Johannes
Apg = Apostelgeschichte
Rö = Römer
1 Ko = 1. Korinther
2 Ko = 2. Korinther
Gal = Galater
Eph = Epheser
Phil = Philipper
Kol = Kolosser
1 Th = 1. Thessalonicher
2 Th = 2. Thessalonicher
1 Tim = 1. Timotheus
2 Tim = 2. Timotheus
Tit = Titus
Phlm = Philemon
1 Pt = 1. Petrus
2 Pt = 2. Petrus
1 Jo = 1. Johannes
2 Jo = 2. Johannes
3 Jo = 3. Johannes
Hbr = Hebräer
Jak = Jakobus
Jud = Judas
Offb = Offenbarung des Johannes

Vgl. W. Stb. Matth. S . . . = Vergleiche Wuppertaler Studienbibel Matthäus-Band Seite . . .
Vgl. W. Stb. Mark. S . . . = Vergleiche Wuppertaler Studienbibel Markus-Band Seite . . . usw.

Der Brief an die Hebräer

erklärt von

Fritz Laubach

R. Brockhaus Verlag Wuppertal

VORWORT

Kaum ein Buch des Neuen Testamentes zeigt uns die Einheit von Altem und Neuem Testament so deutlich wie gerade der Hebräerbrief. So konnte Joh. Alb. Bengel die Erkenntnisse mancher Exegeten vergangener Jahrhunderte in dem einen Satz zusammenfassen: „Mithin hat man in diesem Brief eine kurze Wiederholung des ganzen Alten Testamentes." Darum kann auch eine Auslegung des Hebräerbriefes in der Gegenwart nicht darauf verzichten, immer wieder die geistlichen Verbindungslinien aufzuweisen, die beide Testamente miteinander verknüpfen. In der vorliegenden Auslegung wurde der Versuch unternommen, den Reichtum alttestamentlicher Schrifterkenntnis und Schriftauslegung auf dem Boden des Neuen Testamentes zu entfalten. Dankbar bekenne ich, daß mir viele schriftliche Ausführungen über den Hebräerbrief aus dem Raum der Gemeinde Jesu aus alter und neuer Zeit zur Hilfe und zum inneren Gewinn geworden sind. Wichtige Blickpunkte verdanke ich dem Hebräerbrief-Kommentar von Prof. Otto Michel.

Die Literaturhinweise am Schluß erheben nicht den Anspruch auf Vollständigkeit; sie sollen dem Leser dazu dienen, sich selbständig weiter in den Hebräerbrief zu vertiefen. Die dort genannten Auslegungen werden im Text nur unter Angabe des Verfassers und der Seitenzahl zitiert. Alle weitere Literatur ist in den Anmerkungen, die den theologisch interessierten Leser auf die Quellen verweisen, mit genauen bibliographischen Angaben aufgeführt. — Die Übersetzung erfolgte nach dem Urtext; die Übertragung der englischen Literatur ins Deutsche stammt vom Verfasser.

Dem Herausgeber der Wuppertaler Studienbibel, Herrn Oberkirchenrat Dr. Werner de Boor, danke ich für seine Anteilnahme und für seine Ratschläge, mit denen er die Entstehung dieser Auslegung begleitet hat. Ebenfalls gebührt mein Dank Herrn Günter Dulon, Theol. Lehrer an der Missionsschule Wiedenest, für die kritische Durchsicht des Manuskriptes und zahlreiche, wertvolle Hinweise.

Hamburg, im Frühjahr 1967 — Fritz Laubach

INHALTSVERZEICHNIS

EINLEITUNG

Seit frühester Zeit sind Hörern und Lesern des Hbr die besonderen Kennzeichen aufgefallen, die den Unterschied des Hbr zu den übrigen Schriften des NT deutlich hervortreten lassen. Der geschichtliche Hintergrund und das Ziel des Briefes bleiben für uns im Dunkel, aber die apostolische Botschaft tritt klar hervor: In keinem anderen Buch der Bibel wird das Wesen und Werk unseres Herrn Jesus Christus in so umfassender und zugleich einprägsamer Weise dargestellt wie im Hbr. Selbst Martin Luther, der von seinem Verständnis der Rechtfertigungslehre her meinte, die Abschnitte Hbr 6, 1–8 und 10, 26–31 stünden im Widerspruch zu den Evangelien und den Briefen des Apostels Paulus, schrieb doch in seiner Vorrede zum Hbr im Jahre 1522: „Wie dem allem auch sein mag, so ist es sicher eine ausbündig feine Epistel, die vom Priestertum Christi meisterlich und gründlich auf Grund der Schrift redet, auch das AT fein und reichlich auslegt." Das Besondere ist, daß der Hbr die Herrlichkeit Jesu Christi, des ewigen königlichen Hohenpriesters, auf dem Hintergrund des AT zeichnet und den wirklichen Sinn und die Bedeutung der atst Kultordnungen erkennen läßt. Gerade am Hbr wird in hohem Maße deutlich, wie die Christen zur Zeit der Apostel das AT gelesen und verstanden haben. Auf diese einzigartige Schau für das Wesen des AT, die der Hbr uns erschließt, treffen die Worte des Kirchenvaters Aurelius Augustinus zu, die er in seinem gewaltigen Werk „De Civitate Dei" (Vom Gottesstaat) geschrieben hat: „Man sieht, wie im Alten Bunde der Neue vorgeschattet ist. Denn der Alte Bund ist nichts anderes als die Verhüllung des Neuen, und der Neue Bund nichts anderes als die Enthüllung des Alten" (XVI, 26). „Denn nicht nur alle ausdrücklichen Prophezeiungen, nicht nur die Lebensvorschriften zur Förderung von guter Sitte und Frömmigkeit, die darin enthalten sind, sondern auch die heiligen Dinge, die zum Gottesdienst gehören, wie Priestertum, Stiftshütte und Tempel, Altäre, Opfer, Zeremonien und Feste, haben das vorgebildet und angekündigt, was um des ewigen Lebens der Gläubigen willen in Christus teils schon erfüllt ist, wie wir glauben, teils sich jetzt erfüllt, wie wir sehen, und teils sich noch erfüllen wird, wie wir zuversichtlich erwarten" (VII, 32). Im Hbr wird eine tiefe und reiche Schau entfaltet, in der das AT erst durch Christus seinen wahren Sinn empfängt und seine verborgene Herrlichkeit offenbart. Aber der Hbr hat die Ausleger zu allen Zeiten vor Fragen und Probleme gestellt, die bisher keine eindeutige Lösung gefunden haben. Bevor wir uns um das rechte Verständnis des Textes bemühen, wollen wir uns in der folgenden Einleitung diese Probleme bewußt machen.

VERFASSER

Im Hbr fehlen alle näheren Angaben über den Verfasser und die Empfänger—darin gleicht er dem 1. und 2. Johannesbrief[1]. Der Autor verrät uns seinen Namen nicht, aber er gibt sich als Bekannter oder Freund des Timotheus zu erkennen (13, 23). Offensichtlich hat er nicht zu den Uraposteln gehört; er bezeichnet sich selber nicht als Apostel, sondern reiht sich in die zweite oder dritte Generation ein, wenn er schreibt: „Das Heil ist zuerst vom Herrn verkündigt worden; von denen, die es gehört haben, ist es auf uns zuverlässig überliefert worden" (2, 3). Er selber ist also kein Augenzeuge des Erdenlebens Jesu und seiner Auferstehung gewesen, was ursprünglich als Voraussetzung zum Apostolat angesehen wurde (Apg 1, 21 f), sondern hat von den Zeugen Jesu die Botschaft empfangen und ist daraufhin zum Glauben gekommen[2]. In dieser Weise haben sich die Apostel Paulus, Petrus und Johannes in ihren Briefen im Blick auf ihre eigene Person und ihr vom Herrn empfangenes Apostelamt nie geäußert. Auch Paulus hat von einer Überlieferung durch das Zeugnis der Urapostel gewußt[3], aber er hat sich dabei immer wieder auf den Herrn selbst berufen und sich — im Gegensatz zum Verfasser des Hbr — in seinen Briefen stets unter Namensnennung, meistens als Apostel, eingeführt[4]. Lesen wir den Hbr im Grundtext, so fällt uns an der Wortwahl und am Satzbau auf, daß der Verfasser ein ausnehmend gutes Griechisch schreibt; auch kennt er die griechische Übersetzung des AT (Septuaginta, abgek. LXX) genau und benutzt sie oft. Das alles läßt auf eine hellenistische Bildung schließen, wie sie in der jüdischen Diaspora in damaliger Zeit weithin gepflegt wurde. Die Ausführungen über das Innere der Stiftshütte Hbr 9, 1—5 zeigen, daß der Verfasser die rabbinische Tradition der Schriftauslegung der alexandrinischen Synagoge kannte, aber nicht bei ihr stehen geblieben ist, sondern sie aus der persönlichen Glaubenserfahrung mit dem Herrn Jesus Christus neu gedeutet hat[5]. Die Art, wie sich der Verfasser in der Auslegung des AT der Formen der Allegorese und Typologie[6] bedient, erinnert mehr an den jüdischen Philosophen Philo, der in der zweiten Hälfte des ersten Jahrhunderts in Alexandrien lehrte und in ähnlicher Weise das AT auslegte, als an den Apostel Paulus, der seine Ausbildung zum Rabbi bei Gamaliel in Jerusalem erhalten hatte (Apg 22, 3) und der in der Auslegung anderen Traditionen folgte. Aber bei genauerer Prüfung zeigt sich, daß Philo und der Verfasser des Hbr in ihrer Auslegung von grundverschiedenen Voraussetzungen ausgegangen sind. Der französische Theologe J. Cambier schreibt dazu: „Man sollte den

[1] Auch beim 3. Johannesbrief fehlt die Angabe des Verfassers, aber er nennt doch einen Mann namens Gajus als Empfänger.

[2] Donald Guthrie, New Testament Introduction, Hebrews to Revelation, London 1964[2], S. 16: „In Hbr 2, 3 ist es offensichtlich, daß der Verfasser seine christliche Unterweisung direkt von denen empfangen hat, die noch den Herrn persönlich gehört haben."

[3] 1 Ko 15, 3; 1 Ko 11, 23; 1 Th 4, 15.

[4] Rö 1, 1; 1 Ko 1, 1; 2 Ko 1, 1; Gal 1, 1; Eph 1, 1; Kol 1, 1; 1 Tim 1, 1; 2 Tim 1, 1; Tit 1, 1; Philem 1.

[5] Ebenso O. Michel, S. 8 und Wilhelm Michaelis, Einleitung in das NT, Bern 1946, S. 277.

[6] Vgl. den Abschnitt „Schriftverständnis und Schriftauslegung im Hebräerbrief".

Alexandrinismus nicht überbetonen. Die geistigen Hilfsmittel mögen die gleichen sein. Hier aber hat sich ein christlicher Schriftgelehrter ihrer in souveräner Weise bedient, um die Botschaft seines Glaubens getreu auszurichten[7]."

Die Art und Weise, wie der Hbr vom Priestertum und Opferdienst der Stiftshütte berichtet (Hbr 7, 27; 9, 4) und dabei die tatsächlichen Gegebenheiten seiner Zeit völlig außer acht läßt, berechtigt zu der Frage, ob der Verfasser den alten jerusalemischen Tempel und seine Ordnungen überhaupt aus eigener Anschauung gekannt hat. Die Worte am Schluß des Briefes: „Es grüßen euch die von Italien!" (13, 24) haben die Vermutung aufkommen lassen, der Verfasser habe einer Gemeinde in Italien angehört. Vielleicht könnte es sich bei diesen Christen auch um eine Gruppe von Palästinern handeln, die im Jahre 70 nach der Zerstörung Jerusalems durch den römischen Feldherrn Titus als Gefangene nach Italien verschleppt worden waren. Wir können das jedoch nicht mit Gewißheit behaupten.

Die kirchliche Überlieferung hat sich nicht mit dem wenigen, was wir über den Verfasser wissen, begnügt. Der Kirchenvater Clemens von Alexandrien (gest. nach 211) meinte, der Brief sei eine durch Lukas übersetzte Schrift des Paulus; Origines (gest. 254) hielt den Arzt Lukas oder den Vorsteher der römischen Gemeinde, Clemens Romanus, für den Verfasser. Der älteste lateinische Kirchenvater Tertullian (gest. etwa 215) vermutete, Barnabas (Apg 13, 2 ff; 14, 4. 14) habe den Brief verfaßt[8]. Martin Luther meinte ihn in dem gewandten alexandrinischen Redner und Verkündiger des Evangeliums, Apollos (Apg 18, 24 ff; 1 Ko 3, 4), zu sehen. Der Reformator Johannes Calvin hielt ebenfalls Clemens Romanus für den Verfasser. Die christlichen Kirchen im Osten und nach 419 auch im Westen haben die Verfasserschaft dem Apostel Paulus zugeschrieben. Daran hat die römisch-katholische Kirche bis in die erste Hälfte unseres Jahrhunderts festgehalten, läßt aber diese Überzeugung jetzt mehr und mehr fallen. Jedoch sind das alles Vermutungen, und wir werden in dieser Frage nicht über den Satz des Kirchenvaters Origines hinausgehen können: „Wer aber den Brief geschrieben hat, weiß in Wahrheit nur Gott[9]."

Wenn der Verfasser auch weder seinen Namen nennt, noch für sich die Stellung des Apostels beansprucht, so haben wir ihn doch in unmittelbarer Nähe der Apostel zu suchen, weil Gott ihn mit Vollmacht zur Verkündigung und mit einem klaren Durchblick durch das Wort und den Heilsratschluß Gottes ausgerüstet hat[10]. Otto Michel

[7] A. Robert/A. Feuillet, Einleitung in die Heilige Schrift, Bd. 2, Wien 1964, S. 492. Vgl. dazu Willibrord Hillmann, Der Brief an die Hebräer, Düsseldorf 1965, S. 20: „Damit stoßen wir auf das besondere Bilddenken des Hebräerbriefes, das sich auf verschiedene Weise in all dem ausdrückt, was als typologisch bezeichnet werden kann. Auch dieses Bilddenken ist zu verstehen aus dem Zeitdenken, d. h., es ist nicht platonisch und auch nicht philonisch oder sonstwie griechisch, sondern ursprünglich biblisch."

[8] Vgl. Apg 4, 36 mit Hbr 13, 22: Barnabas heißt „Sohn des Zuspruchs" (grie *hyiós parakläseos)*; manche Ausleger wollten eine Verbindung zu den letzten Worten des Hbr erkennen: „Laßt euch das ‚Wort des Zuspruchs' (grie *lógos parakläseos)* gefallen!"

[9] Eusebius, Kirchengeschichte, Hrsg. E. Schwartz, 1932[4], S. 247 (VI, 25/14).

[10] Gerade die Tatsache der geistlichen Autorität des Briefes, des Durchblicks durch das AT und der vollmächtigen Verkündigung der biblischen Botschaft hat auch protestantische

schreibt dazu (S. 11): „Das Wort des unbekannten Verfassers wird in der Kirche nicht weniger ernst genommen als das Wort des Paulus, weil seine Autorität nicht eine historische, sondern eine theologische ist." Auf Grund der Ermahnung Hbr 5, 11—14, die der apostolische Autor den Gläubigen gibt, dürfen wir annehmen, daß er sich zu den geistlichen Führern der Gemeinde zählt, von denen er Hbr 13, 7. 17. 24 schreibt[11]. In Anlehnung an eine Gepflogenheit aus frühchristlicher Zeit werden wir deshalb in der Auslegung unseres Briefes vom Verfasser als „Apostel" sprechen[12]. Wir denken dabei nicht an die zwölf Jünger, die im strengen Sinne den Kreis der „vorerwählten Zeugen" (Apg 10, 41) bilden. Wir schreiben damit auch nicht dem Apostel Paulus die Verfasserschaft des Hbr zu, der ja nach seinen eigenen Worten eine Sonderstellung unter den Aposteln einnahm (vgl. Rö 1, 1 ff; Gal 1, 11 ff). Das NT zeigt uns deutlich, daß Gott sich neben diesen Männern auch noch andere Zeugen berufen hat, die er in gleicher Weise als Werkzeuge des Heiligen Geistes zur Grundlegung der Gemeinde Jesu Christi benutzt hat (2 Ko 8, 23; Eph 4, 11). Unter ihnen kennen wir namentlich Barnabas (Apg 9, 27; 14, 4. 14), Jakobus, den Bruder des Herrn (Gal 1, 19), Andronikus und Junias (Rö 16, 7), die als Apostel bezeichnet werden.

Die Kanongeschichte zeigt, daß der Brief im Osten und Westen zum apostolischen Schrifttum zählte, ohne daß man sich im einzelnen über die Verfasserschaft einigen konnte[13]. In den christlichen Gemeinden des Ostens hielt man Paulus für den Verfasser. Der Kanon Muratori, Tertullian, Cyprian, Eusebius und Augustinus zeigen den Einfluß dieser östlichen Gedanken auf die westliche Kirche. Aber es ist bezeichnend, daß Hilarius von Poitiers (gest. 367) den Hbr eben nicht als Paulus-Brief zitiert, obwohl er ihn als apostolisch ansah[14]. Hier gerade wird deutlich, daß auch in den frühchristlichen Jahrhunderten der Begriff des Apostolats über die Zahl der Zwölf und Paulus hinaus in erweitertem Sinne bekannt war. In dieser Weise möchten wir den Begriff „Apostel" für den Verfasser des Hbr verstanden wissen.

In der Antike war es Gepflogenheit, Veröffentlichungen, denen man Beachtung

Theologen dazu geführt, den Apostel Paulus als Verfasser des Briefes anzunehmen, so z. B. die Berleburger Bibel in der Einleitung zu diesem Brief. Ebenso hält Johann Albrecht Bengel Paulus für den Verfasser und sieht im Hbr den Brief an die „christlichen Hellenisten aus dem Judentum", den Petrus neben den anderen Briefen des Paulus an die Heidenchristen 2 Pt 3, 15—16 erwähnt (Bengel, S. 660).

[11] Grie *hägúmenoi* — Führer, Leiter der Gemeinde. Luther übersetzt dies Wort mißverständlich mit „Lehrer". Ki-Th W Bd. 2,909, W-B 1958[5], Sp. 679.

[12] In unmittelbarer Anlehnung an das Wort Hbr 13, 7 schreibt der Berichterstatter im Martyrium des Pionius von Smyrna 250 n. Chr.: „Daß man die Verdienste der Heiligen im Andenken erhalten müsse, befiehlt der A p o s t e l . . ." Bibl. d. Kirchenväter, Bd. 14, 1913, Frühchristliche Apologeten II, S. 345.

[13] Unübersehbar ist die Tatsache, daß schon in dem Chester Beatty Papyrus, der nach Meinung der Forscher in das 2. oder 3. Jahrhundert zu datieren ist, der Hbr unter den Paulusbriefen nach dem Rö aufgeführt ist. Vgl. Neil R. Lightfoot, Die Bibel — Entstehung und Überlieferung, Augsburg 1964, S. 49.

[14] Vgl. Donald Guthrie, a. a. O. S. 13.

sichern wollte, unter dem Namen großer Männer ausgehen zu lassen, und diese Gepflogenheit griff auch im Raum der jungen Christenheit um sich. So wurden im 2. Jahrhundert eine Reihe phantastischer Wunderberichte über das Leben Jesu und der Apostel unter dem Namen der ersten Apostel verbreitet (Apokryphe Evangelien und Apostelgeschichten). Der Verfasser des Hbr macht davon keinen Gebrauch; er ist dessen gewiß, daß sein Wort göttliche Autorität besitzt und von der Gemeinde angenommen wird.

EMPFÄNGER

Wie wir in der Frage nach dem Verfasser auf Vermutungen angewiesen sind, so fehlen uns auch zuverlässige Angaben über die Empfänger. In den Handschriften des NT steht die Überschrift „An Hebräer"; damit sind offensichtlich hellenistische Judenchristen der Diaspora gemeint. Jedenfalls dürfte es kaum möglich sein, die Empfänger mit den aramäisch sprechenden Judenchristen Palästinas gleichzusetzen, die wir bei den „Hebräern" Apg 6, 1 vor uns haben. Die Überschrift über unseren Brief ist zwar sehr alt, schon dem Kirchenvater Tertullian und den Lehrern an der Katechetenschule in Alexandrien war sie bekannt. Doch dürfen wir daraus allein nicht die Schlußfolgerung ziehen, daß der Hbr ursprünglich diese Überschrift getragen habe.

Die Ermahnung des Apostels Hbr 5, 11—14 legt die Annahme nahe, daß der Brief vielleicht nur an eine bestimmte Gruppe von Gläubigen innerhalb einer Gemeinde gerichtet sein könnte, wobei die leitenden Brüder, die Vorsteher, ausgenommen sind. Auf diesen Gedanken können wir auch beim Lesen der Grußworte am Schluß des Briefes kommen: „Grüßt alle eure Vorsteher und alle Heiligen!" (Hbr 13, 24 vgl. 13, 7). Sollte vielleicht zunächst nur der jüdische Teil einer heidenchristlichen Gemeinde durch den Brief angesprochen werden? Immerhin finden wir auch bei einem Gemeindebrief des Apostels Paulus ein Grußwort (Kol 4, 15—17), in dem er einzelne Namen von Gläubigen besonders hervorhebt[15].

Ausleger vergangener Jahrhunderte haben die Empfänger unter den Judenchristen Palästinas oder Roms oder anderer Städte gesucht, in denen es judenchristliche Gemeinden gab, z. B. Ephesus, Thessalonich, Alexandrien. Die erste Möglichkeit scheidet aus: Der Hbr dürfte wohl kaum an Gläubige der jerusalemischen Urgemeinde oder der judäischen Gemeinden gerichtet sein; in diesem Teil der Christenheit lebten noch lange Zeit Zeugen der ersten Anfänge; dazu paßt nicht Hbr 2, 3[16]. Außerdem hatten die Judenchristen Palästinas eine lebendige Anschauung vom Tempelkult in Jerusalem. Die Urgemeinde war ja erst im Jahre 66, also kurz vor der Zerstörung des Tempels, nach Pella im Ostjordanland ausgewandert. Sollten die Empfänger des Briefes vielleicht Judenchristen innerhalb einer heidenchristlichen Gemeinde Italiens

[15] Ähnliches beobachten wir in der Anrede Phil 1, 1, in der aus der Gemeinde der Gläubigen auch die Gruppe der „Aufseher und Diener" hervorgehoben wird.

[16] So auch A. M. Stibbs, S. 1088.

sein[17]? Dagegen spricht, daß der Apostel an die Gemeinde die Grußworte richtet: „Es grüßen euch die von Italien!“ Man hat auch gemeint, der Brief sei an Judenchristen priesterlicher Herkunft gerichtet (Apg 6, 7), die Jerusalem verlassen mußten und sich in Antiochien, der Metropole des Ostens, angesiedelt hatten[18]. Wir können diese Frage nicht mit Sicherheit entscheiden. Auf jeden Fall sprechen die Worte des Apostels (vgl. Hbr 10, 19 ff; 12, 1 ff) in die konkrete Situation einer ganz bestimmten Gemeinde, deren Gründung offensichtlich einige Zeit zurückliegt, vielleicht schon 2 oder 3 Generationen. Die Gemeindeglieder sind durch Bedrängnis und Verfolgung, aber noch nicht durchs Martyrium gegangen. Sie müssen damit rechnen, daß erneut eine ernste Verfolgung über sie hereinbricht. Um nun die Gläubigen aus Angst und Nachlässigkeit (Hbr 10, 25) herauszureißen und vor dem drohenden Rückfall zu bewahren, schreibt der Apostel ihnen diesen Brief[19].

EIGENART UND BESONDERE PROBLEMATIK DES HEBRÄERBRIEFES

Verfasser und Empfänger des Hbr lassen sich nicht näher bestimmen, ebensowenig sind uns Ort und Zeit der Abfassung des Briefes bekannt. In einigen alten Handschriften werden Rom und Athen als Ort des Absenders angegeben, doch dürfen wir diesen Angaben nur geringen historischen Wert beimessen. Auch die Zeit der Niederschrift läßt sich nicht genau bestimmen. Gewöhnlich nimmt man ein Datum nach 67 n. Chr., dem wahrscheinlichen Todesjahr des Apostels Paulus an. Sicher ist der Brief vor dem letzten Jahrzehnt des ersten Jahrhunderts geschrieben, da der römische Presbyter Clemens bei der Abfassung seines Briefes an die Gemeinde in Korinth im Jahre 97 n. Chr. den Hbr benutzt hat[20].

[17] Leonhard Goppelt, „Die apostolische und nachapostolische Zeit“ in „Die Kirche in ihrer Geschichte“, Göttingen 1962, S. 86: „Der Hbr dürfte um 80 von einem aus der hellenistischen Synagoge herkommenden Lehrer der römischen Gemeinde an eine Hausgemeinde Roms geschrieben worden sein.“ — Wenn diese Vermutung zutreffen sollte, bleibt allerdings die Frage offen, warum der Vf nicht in gleicher Weise wie der spätere Presbyter Clemens Romanus von den Martyrien der Gemeinde unter Nero spricht, die im Bewußtsein der Gläubigen noch in lebhafter Erinnerung waren (1. Clemensbrief 5,1 — 6,2; vgl. „Die Apostolischen Väter“. Hrsg. J. A. Fischer, 1956, S. 31 ff, Anm. 39—49).

[18] So C. Spicq, vgl. O. Michel, S. 373 f; dagegen A. Robert/A. Feuillet, a. a. O. Bd. 2, S. 485.

[19] Die ausführlichste Darstellung der Möglichkeiten in der Frage nach Verfasser und Empfänger des Hbr gibt E. Riggenbach in der Einleitung zu seinem Kommentar. Aber auch er kommt nicht über Vermutungen hinaus.

[20] Auch aus den folgenden Jahrzehnten haben wir Belege für die Benutzung des Hbr. In dem „Evangelium der Wahrheit“, einer Art Meditation und Mahnrede, die aller Wahrscheinlichkeit nach von dem Gnostiker Valentin in Rom um die Mitte des 2. Jahrhunderts verfaßt worden ist, finden sich Zitate aus Hbr 2, 17; 3, 2; 9, 16 und besondere Hervorhebung der „Ruhe Gottes“ (grie *anápausis*).
Vgl. Henri-Charles Puech, Gnostische Evangelien, bei E. Hennecke/W. Schneemelcher, Neutestamentliche Apokryphen, Bd. 1, 1959[3], S. 158 ff.
Auch der Barnabas-Brief, der wahrscheinlich um 150 in der christlichen Gemeinde in Alexandrien verfaßt wurde, zitiert den Hbr.

Aber nicht diese fehlenden Angaben kennzeichnen die Besonderheit des Hbr. Es ist vielmehr sein „literarischer Charakter". Die Apostel Paulus und Petrus schreiben in ihren Briefen alles, was sie auf dem Herzen haben; wir finden in ihnen neben ausführlichen theologischen Gedankengängen immer eine Fülle praktischer Anweisungen für unser tägliches Glaubensleben. In ihren Briefen spiegelt sich die innere und äußere Lage der ersten Christengemeinden mit ihren Freuden und Nöten, ihren Kämpfen und Schwierigkeiten wider. Dagegen entdecken wir im Hbr einen fortschreitenden theologischen Gedankengang. Ein einheitliches Thema ist in kunstvollem Aufbau durchgeführt. Dieser wesentliche Unterschied des Hbr gegenüber den anderen Briefen des NT hat immer wieder Anlaß zu der Vermutung gegeben, daß es sich beim Hbr nicht um einen Brief, sondern um eine schriftlich übermittelte Predigt handeln könnte. Tatsächlich scheint das auch der häufige Gebrauch von „Wort" und „reden"[21] und das Fehlen der Begriffe „Brief" und „schreiben" zu bestätigen. In neuerer Zeit haben O. Michel (S. 4) und J. Schneider (S. 10) die Ansicht vertreten, der Hbr sei eine urchristliche Predigt bzw. Homilie, eine erbauliche geistliche Rede mit praktischer Abzweckung, die möglicherweise für einen breiteren Leserkreis gedacht war.

Wir müssen jedoch bedenken, daß schon das Altertum — ebenso wie unsere Zeit — verschiedene Briefformen mit unterschiedlichem Briefstil entwickelt hat, so daß nicht alle Briefe notwendig in dem Stil abgefaßt sein mußten, wie ihn etwa der Apostel Paulus bevorzugte[22]. Aus der Geschichte der Kanonbildung wissen wir, daß die alte Kirche den Hbr zu den apostolischen Briefen zählte. So sprechen Origines und Eusebius, obwohl sie auf die sprachlichen und inhaltlichen Besonderheiten des Hbr aufmerksam machten, von ihm als einem B r i e f (grie epistolä). Auch Athanasius hat in seinem 39. Osterfestbrief vom Jahre 367 den Hbr unter den Briefen des NT (als Paulus-Brief) aufgeführt[23]. Diese Tatsache beweist, daß die literarische Eigenart unseres Briefes damals nicht als stilfremd empfunden wurde.

Aus den möglichen Angaben über Verfasser und Empfänger des Hbr ergibt sich, daß es sich um ein direktes Anschreiben an eine Gemeinde oder einen Kreis von Gläubigen handelt. In seiner Abfassung spricht er stark in eine bestimmte Gemeindesituation. Die Worte Hbr 13, 22 ff wecken nicht unbedingt den Eindruck der Zufälligkeit, sondern zeigen, daß die Unterweisung der Gläubigen in der vorliegenden schriftlichen Form eines Briefes gewollt war[24].

[21] Vgl. Hbr 2, 2. 3. 5; 4, 2. 12 f; 5, 11; 6, 1. 9; 8, 1; 13, 7. 22.

[22] Zum Vergleich können uns u. a. die Briefe dienen, die im Zusammenhang der geschichtlichen Berichte der Bibel überliefert sind: 2 Kö 19, 9—14 (par. 2 Chro 32, 17. 18; Jes 37, 9—14); Jer 29, 1 ff. 25 ff; Esra 4, 8 ff; 5, 6 ff; 7, 11 ff; Neh 6, 5—7; Apg 15, 23; 23, 25 ff.

[23] Vgl. E. Hennecke / W. Schneemelcher, Neutestamentliche Apokryphen, Bd. 1, 1959³, S. 30 f.

[24] J. Cambier, bei A. Robert/A. Feuillet, a. a. O. S. 490: „Der rhetorische Stil kann bisweilen an eine Homilie erinnern. Da das Neue Testament am häufigsten die Briefform gebraucht, um zu belehren und zu ermahnen, wie es der Verfasser des Hbr beabsichtigt, hat auch er diese literarische Art gewählt. Er kannte wohl die Paulinischen Briefe und wandte sich, ihrem Vorbild — in einer allerdings sehr freien Form — folgend, an eine bestimmte Gemeinde."

Ein weiteres Problem entsteht im Hbr dadurch, daß wir seine Absicht und sein Ziel nicht mit Sicherheit angeben können. Ganz gewiß geht es im Hbr um Christen, die in Müdigkeit und Enttäuschung zum Abfall neigen. Nun hat man gefolgert: Jeder Abfall vom Glauben schließt die Frage ein „Abfall – wohin?" Die Antwort scheint klar: zurück ins Judentum! In manchen Kreisen ernster Christen hat man betont, der Hbr sei ausschließlich an Judenchristen gerichtet[25]. Man meinte, es handle sich in Hbr 6 und 10 um eine Warnung an rückfällige Juden, die vom sichtbaren Tempelkult in Jerusalem beeindruckt waren und sich innerlich von der Gemeinde der Gläubigen lösten; deshalb konnten die Warnungen und Mahnungen des Hbr für „Christen aus den Heiden" nicht zutreffen. Wir können dieser Überzeugung aus verschiedenen Gründen nicht folgen:

Im Jahre 70 wurde der Tempel in Jerusalem zerstört, der jüdische Staat vernichtet, der jüdische Kult verboten. Aus der Tatsache, daß die Zerstörung Jerusalems im Hbr nicht erwähnt wird, darf man nicht schließen, der Brief sei vor dem Jahre 70 geschrieben worden. Aus den Worten Hbr 8, 4 und 9, 6 f, in denen vom Opferdienst in der Zeitform der Gegenwart gesprochen wird, läßt sich auch nicht entnehmen, daß der Verfasser an das Opfer im Tempel denkt. In dieser Art schreibt auch der Presbyter Clemens an die Korinther, wenn er das AT auslegt, obgleich er doch sicher weiß, daß der Tempel fast drei Jahrzehnte zuvor bereits in Flammen aufging[26]. Die Worte in Hbr 2, 3 und 13, 7[27] legen uns vielmehr nahe, den Hbr nach 70 n. Chr. zu datieren. Damit wäre er in einer Zeit entstanden, in der durch die Zerstörung des Tempels jeder Opferdienst unmöglich gemacht worden war. Außerdem – wie schon gesagt – beobachten wir, daß den geschichtlichen Gegebenheiten des jerusalemischen Tempels und seiner Ordnungen keine Bedeutung zugemessen wird[28]. Es geht im Hbr offensichtlich gar nicht um den Gegensatz von Judenchristen und Heidenchristen. Sein Thema ist nicht die innere Loslösung rückfälliger Judenchristen vom jüdischen Opferdienst, sondern allein die Herrlichkeit des ewigen Hohenpriesters Jesus Christus. Zudem haben wir in den frühchristlichen Quellen keinen einzigen Hinweis darauf, daß gläubiggewordene Juden von Christus abgefallen und wieder zum Opferkult zurückgekehrt sind. Der Hbr zeigt das Verständnis richtiger Auslegung des AT, daß nämlich von der Erfüllung her alles auf die Erfüllung hin Gesagte deutlich erkannt wird. Er macht deutlich, daß nur auf dem Weg über das AT Jesus Chri-

[25] Vgl. John N. Darby, Betrachtungen über das Wort Gottes, Epistel an die Hebräer, Elberfeld o. J., S. 59 ff.

[26] 1. Clemens-Brief 41, 2: „Nicht überall, Brüder, werden Gott immerwährende Opfer, Gelübdeopfer oder Sündopfer und Schuldopfer dargebracht, sondern nur in Jerusalem; auch dort wird nicht an jedem Ort geopfert, sondern vor dem Tempelgebäude am Altar, nachdem die Opfergabe durch den Hohenpriester und die vorhin erwähnten Gehilfen auf ihre Tadellosigkeit geprüft worden ist."

[27] Das Wort Hbr 13, 7 weist darauf hin, daß die ersten Vorsteher der Gemeinde schon gestorben sind.

[28] J. Cambier urteilt: „Wir haben es mit einer christlich-charismatischen Exegese des LXX-Textes und nicht mit historischen Erinnerungen zu tun"; bei A. Robert/A. Feuillet, a. a. O. S. 485.

stus recht verstanden werden kann, daß aber umgekehrt auch das AT nur durch Jesus Christus seinen wahren Sinn empfängt.

Nach dem Zeugnis des NT darf es in der Gemeinde keinen wesenhaften Unterschied zwischen Judenchristen und Heidenchristen geben, alle sind Glieder des einen Leibes, denen das Wort Gottes in gleicher Weise gilt (Eph 2, 14–18). Der Hbr ist bereits in frühester Zeit in den christlichen Gemeinden bekannt gewesen, gelesen und anerkannt worden. Durch seine Aufnahme in den Kanon des NT haben die verantwortlichen Männer der Gemeinden unter der Leitung des Heiligen Geistes entschieden, daß auch der Hbr verbindliches Allgemeingut der ganzen Christenheit sei[29]. Die Gruppe von Gläubigen, an die der Brief gerichtet ist, steht vor Problemen der 2. und 3. Generation, Problemen, die sich in den örtlichen Gemeinden der Gläubigen immer wiederholen. Gerade hier kann unser Brief der Gemeinde Jesu zu allen Zeiten immer neu den rechten Ausweg aus den Schwierigkeiten zeigen.

Was ist das Ziel, das der Apostel mit seinem Brief verfolgt? Was möchte er bei seinen Lesern erreichen? Bei dem Versuch, diese Fragen zu beantworten, sind viele Vermutungen laut geworden[30]. Wie bereits gesagt, haben manche Ausleger gemeint, der Apostel wolle jüdische Christen vor dem Abfall in den Judaismus warnen. Andere sehen im Hbr eine Herausforderung an exklusive Judenchristen, sich der Weltmission anzunehmen. Wiederum andere meinen, der Hbr wolle einer vorwiegend heidenchristlichen Gemeinde die universale Bedeutung des Christenglaubens darstellen, oder aber er widerspreche einer frühen Form der Irrlehre, die durch jüdische Gnostiker in die Gemeinde hineingetragen wurde. Theodor Zahn hat sich sehr allgemein geäußert, das Ziel des Hbr sei, die Leser vor dem Abfall vom christlichen Bekenntnis zu bewahren. „Nicht ein Mißglaube, sondern Unglaube ist es, in welchen sie zu versinken in Gefahr sind[31].“ Noch vorsichtiger drückt sich Eduard Riggenbach aus, wenn er sagt, der „Hauptzweck des Hbr sei, die Leser in der Verbindung mit Christus zu erhalten und zu befestigen[32]“. Hermann Strathmann sieht das Ziel des Hbr in der Überwindung der an den Tempel gebundenen Kultusfrömmigkeit durch Christus[33]. Wir könnten in dieser Aufzählung fortfahren, erkennen aber deutlich, daß wir bisher in der Beantwortung unserer Frage nicht über Vermutungen hinausgekommen sind. Keine der gegebenen Antworten läßt sich eindeutig als richtig erweisen. Ob die Lösung des Problems vielleicht in der Zusammenfassung mehrerer der vorher versuchten Antworten liegen könnte? Wir möchten uns Otto Michel an-

[29] A. M. Stibbs, S. 1088: „Wir wissen weder, wer diesen Brief geschrieben hat, noch an wen er zuerst gerichtet war. Unsere Unkenntnis dieser Tatsachen jedoch verhindert weder das richtige Verständnis noch setzt sie den geistlichen und theologischen Wert eines Dokumentes herab, das sich von Anfang an durch seinen eigenen inneren Wert als bevollmächtigt und verbindlich erwiesen hat. Die einzig angemessene Antwort des christlichen Glaubens auf diese Frage lautet, daß Gott selber der ursprüngliche Verfasser und die Christen jeder Generation die von Gott gemeinten Leser sind.“

[30] Übersichtliche Darstellung bei Donald Guthrie, a. a. O. S. 29 ff.

[31] Theodor Zahn, Einleitung in das NT, Bd. 2, Leipzig 1907[3], S. 135 ff.

[32] E. Riggenbach, S. XXIV.

[33] H. Strathmann, S. 67 f.

schließen, der die „Spitze des theologischen Gedankens" in den Ermahnungen sieht, die die Gemeinde zum Leiden bereit machen wollen[34]. Ziel des Hbr ist die Stärkung der Gläubigen für den Glaubenskampf im Leiden vor Beginn des Martyriums. Damit gewinnt unser Brief aber zunehmend an Bedeutung, je mehr der Weg der Gemeinde in die Endzeit, und damit in Leiden und Verfolgung, hineinführt, wie es die Schrift voraussagt. Nicht zuletzt ist es die einzigartige Darstellung der Person unseres Herrn Jesus Christus, die den Hbr zu einer kostbaren Gabe des Heiligen Geistes an seine Gemeinde macht, so daß Heinrich Thiersch (1817–1885) schreiben konnte: „Von allen Briefen der kanonischen Sammlung geht dieser am tiefsten in die Tiefe. Er bietet wirklich starke Speise für die Erwachsenen in Christo, und ohne lebendige Aneignung dieser Wahrheiten gibt es kein Wachstum der Kirche zur Vollkommenheit[35]."

SCHRIFTVERSTÄNDNIS UND SCHRIFTAUSLEGUNG IM HEBRÄERBRIEF

Schon beim ersten Lesen des Hbr spüren wir, daß sich in der Art, wie der Apostel das AT anführt, und der Form seiner Auslegung ein ganz bestimmtes Schriftverständnis zeigt. Offensichtlich hat sich der Verfasser damit im Einklang mit den Aposteln und den ntst Gemeinden gewußt. So können wir am Hbr einige wichtige Grundlinien atst Schriftauslegung ablesen, die auch an anderen Stellen des NT deutlich hervortreten.

1. Es gab in der Zeit der Abfassung unseres Briefes nicht nur eine, sondern zahlreiche Überlieferungen der hebräischen Schriften des AT, die gleiches Ansehen genossen, u. a. eine palästinensische, eine samaritanische und eine jüdisch-ägyptische Tradition. Unter diesen bestanden gewisse Verschiedenheiten und Abweichungen im Text, die einander jedoch nicht widersprachen. Bei der Übersetzung ins Griechische traten manchmal Sinnveränderungen ein. Dessenungeachtet bleiben die Bücher des AT in der schriftlich festgelegten Form sowohl des hebräischen als auch des griechischen Textes für den Apostel unantastbare Autorität[36]. In der Schrift des AT hört er Gott unmittelbar reden.

2. Das ganze AT wird als christologisch-messianisches Buch verstanden, ohne daß damit der ursprünglich geschichtliche Sinn der Worte für Israel und die Bedeutung der irdischen Verheißungen für die Endzeit vergeistigt oder gar aufgehoben würden.

[34] O. Michel, S. 15: „Hier redet nicht nur eine theologische Selbstbesinnung, sondern der Ernst einer bestimmten Situation, in der eine Gemeinde steht (10, 32 ff; 12, 1 ff). Die Gemeinde muß damit rechnen, daß eine ernste Verfolgung über sie hereinbricht (12, 4). In einer derartigen Situation droht der Abfall ... In dieser gefährlichen Stunde antwortet der Brief als apostolisches Wort."

[35] Heinrich Thiersch, Die Kirche im apostolischen Zeitalter, 1852, S. 189.

[36] O. Michel, S. 70, zu Hbr 2, 6–8: „Jemand hat irgendwo bezeugt. — Wenn unser Brief sich dieser hellenistischen Zitationsweise anschließt, dann bezeugt er, daß ihm das Schriftwort an sich (auch nach LXX) Autorität ist und daß es durch keinen menschlichen Namen gedeckt zu werden braucht."

Das AT wird aus der Sicht echter Christuserkenntnis gedeutet und dient der Begründung der Größe und Herrlichkeit Christi und seiner Gemeinde[37]. Der Apostel sieht im AT bereits den heilsgeschichtlichen Weg der Gemeinde Jesu Christi vorgezeichnet – ähnlich wie Paulus 1 Ko 10, 1–13; er findet in den Worten der Schrift die Person Christi, seinen Priesterdienst und sein Opfer beschrieben. In Hbr 3 und 4 hört er aus dem Text der LXX, wie Jesus, der „Apostel und Hohepriester", das ntst Gottesvolk ermahnt, die einmalige und endgültige Heilsverheißung nicht abzuweisen. Auf diese Weise wird verständlich, daß ntst Erkenntnisse der gläubigen Gemeinde auch dort in das AT eingetragen werden, wo sie ursprünglich nicht erkennbar sind. So wird z. B. Hbr 2, 6–8 ein Wort aus Ps 8, 5–7 angeführt. Wenn der hebr. Text vom „Menschen" spricht, steht dort noch gar nichts vom Messias oder dem „Menschensohn" im ntst Sinn. Die Tatsache, daß Ps 8 bereits ein Wort ist, das auf Jesus Christus hinweist und in ihm seine Erfüllung gefunden hat, ist eine ntst Erkenntnis, die hier eingetragen wird, allerdings für die Auslegung des AT innerhalb der Gemeinde Jesu legitim geworden ist. Ähnliches beobachten wir bei einem Vergleich von Hbr 10, 5–7 mit Ps 40, 7–9. Der Apostel erschließt damit jeder Generation neu den Reichtum des Christuszeugnisses im AT.

3. Meistens werden die atst Worte aus ihrem ursprünglichen Zusammenhang herausgelöst, ohne daß dabei aber die Einheit der Offenbarung gesprengt wird. Nie wird ein Gotteswort gegen ein anderes gestellt oder gar ausgespielt. Bei Zitaten aus dem AT ist es sogar möglich, daß im NT einzelne Worte ausgetauscht werden, ohne daß damit der theologische Sinn zerstört wird[38]. Beim Lesen der ntst Schriften sind wir immer wieder überrascht, wie einzelne Worte, die im AT in keinerlei Zu-

[37] Martin Luther schreibt in seiner Kirchenpostille 1522:
„Zum ersten ist zu wissen, daß alles, was die Apostel gelehrt und geschrieben haben, das haben sie aus dem Alten Testament gezogen; denn in demselben ist alles verkündigt, was in Christus zukünftig geschehen sollte und gepredigt werden" (WA 10 I, 1, S. 181, 15 ff).

[38] Hbr 1, 6 führt als Wort des AT an: „Es sollen anbetend vor ihm niederfallen alle Engel Gottes." Der hebr Text liest 5 Mo 32, 43: „Jubelt, ihr Heidenvölker, über sein Volk! Denn er wird das Blut seiner Knechte rächen und Rache an seinen Bedrängern nehmen und entsündigen sein Land, sein Volk." LXX übersetzt: „Jauchzt, ihr Himmel, ihm zu, und es sollen anbetend vor ihm niederfallen alle Söhne Gottes. Jubelt, ihr Heiden mit seinem Volk, und erstarken sollen in ihm alle Engel Gottes." Der Anklang von Hbr 1, 6 an 5 Mo 32, 43 LXX ist unverkennbar. In unserem Text ist aber das grie Wort der LXX *proskynäsátosan* „es sollen anbetend niederfallen" im ersten Teil des Verses mit dem Wort *enischysátosan* „es sollen erstarken" im zweiten Teil des Verses ausgetauscht worden, oder die Worte „Söhne Gottes" mit den Worten „Engel Gottes".
Im Spätjudentum bis 200 n. Chr. kannte man nicht nur das wörtliche Zitat aus dem AT, sondern man zitierte auch auswendig mit Umstellungen der Worte, ohne den Sinn des Zitates wesentlich zu verändern. Wir können vermuten, daß der Vf. des Hbr es hier ebenso macht. Wahrscheinlich haben die frühen jüdischen und christlichen Ausleger unsere genaue Unterscheidung zwischen dem Text der Heiligen Schrift und ihrer subjektiven Auslegung nicht gekannt. Sie hatten größeres Vertrauen als wir heute in die eigene Fähigkeit, die richtige Bedeutung des Textes zu finden. Das war in erster Linie für sie von Wichtigkeit. War einmal die Bedeutung gefunden, bestand die wichtigste

sammenhang miteinander stehen, unmittelbar nebeneinandergerückt und gleichbedeutend interpretiert werden.

4. Wir stoßen fortwährend auf die Tatsache, daß bestimmte Einzelheiten in der Schrift nicht erwähnt werden. So deutet das AT viele Ereignisse nur in großen Zügen an, oder Personen werden nur mit wenigen Charaktermerkmalen beschrieben, vieles, was uns darüber hinaus interessieren würde, wird verschwiegen. Aus diesem Tatbestand fehlender Angaben kann im NT eine wichtige Schlußfolgerung für die Auslegung gezogen werden. Ein deutlicher Hinweis darauf ist die theologische Beweisführung Hbr 7, 1–3. Im atst Bericht von Melchisedek 1 Mo 14, 18–21 wird uns nichts von der Herkunft und der weiteren Geschichte des Melchisedek nach der Begegnung mit Abraham gesagt. Seine Abstammung und Geburt wie auch sein Tod werden uns nicht genannt. Daraus gewinnt der Apostel die Erkenntnis, daß Melchisedek „weder Anfang der Tage noch Ende des Lebens" gehabt habe. Wenn er Hbr 1, 13 fragt: „Zu welchem der Engel hat er jemals gesagt: Setze dich zu meiner Rechten . . .?" so will er damit andeuten: In den atst Schriften ist nirgends davon die Rede, daß Gott dies Wort zu einem Engel gesagt haben könnte – also hat er es auch nie getan! Ähnlich verhält es sich mit der Aussage in Hbr 1, 5 und 2, 16. Mit dieser Art der Gedankenführung folgt das NT einem Grundsatz rabbinischen Denkens: Was nicht in der Tora steht, existiert nicht in der Welt[39].

5. Aus ein und demselben atst Wort können verschiedene theologische Erkenntnisse gewonnen werden, die sich gegenseitig ergänzen, aber nicht widersprechen. Anders ausgedrückt, es kann ein und dasselbe Wort des AT zur Begründung verschiedener ntst Aussagen herangezogen werden. Ps 110, 1 „Setze dich zu meiner Rechten . . ." wird als Prophezeihung auf Christus gedeutet, die sich bei seiner Himmelfahrt erfüllt hat (Mk 16, 19). Dieses eine Wort des AT dient Hbr 1, 3 und 13 zur Begründung der Gottessohnschaft Jesu; Hbr 8, 1 (vgl. Hbr 4, 14) ist das gleiche Wort Hinweis auf das Hohepriestertum des Sohnes Gottes, das Hbr 10, 12–13 (vgl. 1 Ko 15, 25–27) der atst Begründung für den Endsieg Jesu und die Weltvollendung dient[40].

6. Der Verfasser des Hbr verwendet ebenso wie die anderen Schreiber des NT die Auslegungsformen der Allegorese und Typologie[41]; für die Verkündigung der ntst Gemeinde sind beide Formen legitim[42]. Die allegorische Deutung enthüllt in einem geschichtlichen Vorgang oder an einer Person ein göttliches Geheimnis, dessen geistliche Bedeutung „nur vom Ganzen der Offenbarung her gefaßt werden" kann. In dem Ereignis selbst (oder auch Gegenstand, etwa Stiftshütte) muß dieses Geheim-

Aufgabe für sie nicht darin, den überlieferten Wortlaut des Textes möglichst genau wiederzugeben, als vielmehr seinen Sinn richtig zum Ausdruck zu bringen.
Ausführliche Darstellung des Problems bei Sidney G. Sowers, The Hermeneutics of Philo and Hebrews, Zürich 1965, bes. S. 139 f.

[39] St–B III, S. 694 „Quod non in tora, non in mundo".

[40] In ähnlicher Weise dient Ps 2, 7 zur Begründung der Gottessohnschaft Jesu (Hbr 1, 5), seines Hohenpriestertums (Hbr 5, 5) und seiner Auferstehung (Apg 13, 33).

[41] Paulus Rö 5, 14; 8, 32; 9, 30 ff; Gal 4, 21 ff; Lukas Apg 7, 44; Petrus 1 Pt 3, 20.

[42] Ebenso urteilt O. Michel, 8. Auflage 1949, S. IV.

nis nicht unmittelbar zum Ausdruck kommen. Wichtig ist, daß alle Einzelzüge bildlichen Sinn haben. Die Typologie dagegen faßt größere Geschichtszusammenhänge ins Auge, in denen das heilsgeschichtliche Geschehen der Vergangenheit vorbildliche Bedeutung für die Gegenwart oder Zukunft der Gemeinde gewinnt. Allegorie und Typologie heben den ursprünglichen Wortsinn, die „grammatische Bedeutung" eines atst Berichtes nicht auf. Während jedoch die Typologie die Entsprechung zwischen Personen und Ereignissen im Rahmen des Geschichtsablaufes beachtet[43], sucht die Allegorese einen tieferen Sinn in der Erzählung selbst zu finden. So wendet der Verfasser des Hbr z. B. auf den Vorhang der Stiftshütte, der Heiligtum und Allerheiligstes voneinander trennte, die allegorische Deutung an: Er sieht in ihm einen Hinweis auf die unsichtbare Grenzlinie, die unsere irdische Welt von der Herrlichkeit Gottes trennt, wie er andererseits im Vorhang den Weg Jesu in seiner irdischen Leiblichkeit angedeutet findet (siehe Auslegung zu Hbr 6, 19 und 10, 20). Meist finden wir im NT nur allegorische Einzelauslegungen im Rahmen typologischer Deutungen (so besonders 1 Ko 10, 4 im Abschnitt 1 Ko 10, 1—13). Im Hbr haben wir z. B. in Kapitel 3 eine unverkennbare typologische Auslegung des AT vor uns, während sich der Apostel in Hbr 7 bei der Deutung der geheimnisvollen Person des Melchisedek der Allegorese bedient.

7. Überblicken wir das zusammengetragene Material, so sind wir erstaunt über die große geistliche Freiheit, mit der die Männer des NT — so auch der Verfasser des Hbr — die Schrift auslegen, ohne dabei in phantasiereiche Spekulation zu verfallen. Vor solchem Abgleiten werden sie bewahrt, weil ihre Schriftauslegung immer auf Christus, die Mitte aller Offenbarung, bezogen ist, und weil sie sich unter die Autorität des ihnen überlieferten Schriftwortes beugen. In der Betrachtung des AT, wie wir sie im Hbr finden, geht es nicht um eine wissenschaftliche Exegese in historisch-kritischer Sicht, sondern um die Botschaft eines vom Geist Gottes geleiteten Apostels. „Der Verfasser des Hbr ist ein Charismatiker. Er liest das Alte Testament im Licht der neuen Heilsordnung und sieht im Schattenbild des alten Gesetzes bereits die von Christus gebrachte himmlische Wirklichkeit. Im Gleichnis des Alten Testamentes enträtselt er die verborgenen Hinweise auf die gegenwärtige Heilszeit (9, 9). Wir müssen ihm glauben, wenn er schreibt, daß Moses die Leiden des Gottesvolkes den Schätzen Ägyptens vorgezogen und sich für die Schmach Christi entschieden habe (11, 24 ff), oder wenn er uns versichert, daß Christus selbst im Ps 95 zu den Christen rede (Hbr 3, 7—11)[44]."

Wir haben das Problem von Schriftverständnis und Schriftauslegung im Hbr mit Absicht ausführlicher behandelt, weil wir der Überzeugung sind, daß die Haltung der Apostel dem Wort der Schrift gegenüber auch Norm für die Gemeinde Jesu der Gegenwart ist. In der Auslegung dürfen wir in dieser Art ihren Spuren folgen. Dort, wo die Apostel das Wort des AT auslegen, ist es verbindliche Offenbarung

[43] O. Michel, S. 18: „Die typologische Auslegung des ATs löscht den geschichtlichen Vorgang nicht aus, sondern sieht ihn in einem von Gott gefügten Zusammenhang mit dem endzeitlichen Ereignis der Sendung des Sohnes."

[44] J. Cambier, bei A. Robert/A. Feuillet, a. a. O. Bd. 2, S. 492.

für die Gemeinde Jesu Christi aller Generationen. Es besteht eine geistliche Berechtigung, unter der Leitung des Heiligen Geistes die Art und Methodik apostolischer Schriftauslegung auch heute anzuwenden, und sie wird in Verkündigung und Seelsorge – oft sicher unbewußt – immer wieder angewandt. Aber wir besitzen nicht die apostolische Vollmacht, unser Verständnis und unsere Auslegung in Form und Ergebnis für alle anderen zur Autorität zu erheben[45].

THEMA UND GEDANKENGANG DES HEBRÄERBRIEFES

Der Hbr stellt uns die Herrlichkeit des Neuen Bundes gegenüber dem Alten Bund vor Augen und faßt die alles überragende Größe des Opfers Jesu gegenüber allen atst Opfern in dem Wort „wieviel mehr" (Hbr 9, 14) zusammen. Er betont ganz besonders die Einmaligkeit der wunderbaren Erlösungstat des Herrn. Diese einzigartige Herrlichkeit der Offenbarung Gottes im Neuen Bund führt der Apostel in drei großen Gedanken aus. Im ersten Teil des Briefes (Hbr 1, 1 bis 5, 10) spricht er von der **Majestät der Person Jesu,** des Sohnes Gottes, der den himmlischen Mächten, den Engelwelten, aber ebenso den großen Männern des Alten Bundes, Mose, Josua und Aaron, überlegen ist. Diesem Gedanken stellt er im zweiten Teil des Briefes (Hbr 7, 1 – 10, 18) das **Werk Jesu** zur Seite und zeigt uns unseren Herrn als den ewigen barmherzigen Hohenpriester. Im dritten Teil des Briefes (Hbr 11, 1 – 12, 29) spricht er davon, wie sich die lebendige Begegnung mit der Person Jesu und die persönliche Erfahrung seines Heilswerkes im Leben der Menschen **auswirken soll,** nämlich in **Glaube und Heiligung.** Das praktische Ziel des Briefes sind die Ermahnungen, die jedem Hauptteil folgen. Alle seine theologischen Gedankengänge sind offensichtlich nicht Selbstzweck, sondern zielen auf jene kurzen Abschnitte, in denen er mit ernsten Worten die Gläubigen, die Christus in ihrem Leben erfahren haben, auf die ungeheure Tragweite ihrer Verantwortung aufmerksam macht. Der Apostel stellt seinen Lesern die Größe der Person Jesu vor Augen, um sie vor dem Abfall von Christus zu warnen (Hbr 5, 11 – 6, 20). Im Anschluß an den zweiten Teil, in dem er die Überlegenheit des Hohenpriestertums Jesu über Priestertum, Heiligtum und Opfer des AT darstellt, warnt er erneut vor vorsätzlichem Sündigen und ermahnt die Gläubigen zum standhaften Ausharren in der Bedrängnis (Hbr 10, 19–39). Schließlich fügt er im dritten Teil, in dem er von Glauben und Heiligung (Hbr 11 und 12) spricht, praktische Ermahnungen zur gläubigen Nachfolge an (Hbr 13). Der Aufbau des Briefes zeigt uns, daß die Beschreibung des ewigen

[45] In diesem Zusammenhang weisen wir hin auf J. Warns, Grenzen der Schriftauslegung, Witten 1950, ebenso auf den Aufsatz von Georg Vischer: Kennen und handhaben wir die Methode des NT bei der Auslegung des AT? in „Bibel und Gemeinde" 65, Jhg. 1, 1965, S. 9 ff.
G. Vischer schreibt S. 16: „Die Methode der Auslegung der Apostel ist identisch mit der, die Christus selbst handhabte. Sie ist die einzige, die theologische Wichtigkeit besitzt. Es ist für die Kirchen der Reformation entscheidend, daß sie zum schriftgemäßen Gebrauch der Schrift zurückfinden. Wenn wir nach der Anweisung des Neuen Testamentes in der Schrift des Alten Testamentes die uneingeschränkte Fülle des Herrn Jesus Christus in das Blickfeld bekommen, so genesen wir."

Hohenpriestertums Jesu (Hbr 7, 1 — 10, 18) das Kernstück des Briefes ist. Dabei ist dem Apostel nicht nur die Mittlerstellung des Hohenpriesters wichtig. Vielmehr bedeutet ihm die „Intercessio", das fürbittende Eintreten des ewigen Hohenpriesters vor Gott für seine Gemeinde (vgl. Jo 17 und Rö 8, 34 mit Hbr 7, 25) die entscheidende Hilfe im Leiden und das Unterpfand dafür, daß die Gläubigen das Ziel der Herrlichkeit erreichen werden.

Zwei Bemerkungen müssen wir noch hinzufügen:

Überdenken wir das vorher Gesagte und prüfen wir die von den einzelnen Auslegern vorgeschlagenen Gliederungen des Briefes, so haben wir bei allen das Empfinden, daß sie im Vergleich mit dem Text des Hbr den Eindruck einer Konstruktion erwecken und ihm nicht ganz gerecht zu werden vermögen. Wir sind uns dieser Schwierigkeit bei unserer eigenen Gliederung wohl bewußt. Das liegt an der dynamischen Ausdrucksweise des Verfassers. Er verfolgt offenbar seinen Gedanken beharrlich durch den ganzen Brief hindurch. Aber ganz unerwartet unterbricht er ihn, setzt mehrfach neu an, bringt immer wieder neue Gesichtspunkte herzu. So wird es außerordentlich kompliziert, einen einheitlichen Gedankengang aufweisen zu wollen. Schon Luther hat das Problem empfunden und die Meinung geäußert, der Hbr sei „eine aus vielen Stücken zusammengesetzte Epistel". So ist auch unser Aufriß des Gedankenganges im Hbr ein Versuch, der dem besseren Verständnis des Briefes dienen soll. Eine befriedigende Lösung des Problems steht noch offen.

Der Hbr preist die alles überragende Herrlichkeit des Christus. Er weiß, daß der erhöhte Herr mit dem irdischen Jesus aus Nazareth identisch ist. Aber die Herrlichkeit Jesu Christi, von der er spricht, ist eine u n s i c h t b a r e, himmlische Herrlichkeit. Der Hohepriesterdienst Christi vollzieht sich eben nicht auf Erden, sondern im Himmel. Er verdeutlicht an irdischen Bildern eine himmlische Wirklichkeit. So ruft der Apostel die Christen auf, zu dem „aufzuschauen" (12, 2), den sie mit ihren leiblichen Augen nicht sehen können, oder auch wie Mose an dem Unsichtbaren festzuhalten, als sähen sie ihn (11, 27). Durch Christus sind die Gläubigen mit der himmlischen Welt verbunden, sie sind Teilhaber der „himmlischen Berufung", ihr Weg ist der Weg des Glaubens. Das ist der bewußte Verzicht auf die sichtbare Darstellung des Heils in dieser Zeit, aber die Gewißheit seiner endgültigen Realisierung in der kommenden Welt!

Die „Berleburger Bibel", eine vollständige Übersetzung und kurze Kommentierung der Heiligen Schrift, eines der wichtigsten Dokumente des frühen Pietismus, sagt in ihrer Einleitung zum Hbr (1739): „Die Epistel an die Hebräer wird von einigen um ihrer Wichtigkeit willen allen anderen vorgezogen und hochheilig genannt, da gezweifelt wird, ob nach dem Evangelium Johannes ein Buch im Neuen Testament sei, das mehr von tiefer und verborgener Weisheit und Theologie in sich habe. In der Tat ist auch diese Epistel ein rechter Schlüssel des ganzen Alten und Neuen Testamentes und gleichsam der anderen Bücher Zentrum und Punkt, aus welchem der ganze Zirkel geht."

Die folgende Auslegung will versuchen, dieses Zeugnis im einzelnen zu verdeutlichen.

GLIEDERUNG DES HEBRÄERBRIEFES

Thema: „Die Herrlichkeit des Neuen Bundes gegenüber dem Alten Bund"

Erster Teil: Die Herrlichkeit der Person Jesu 1, 1 – 5, 10

1. Die Herrlichkeit des Gottessohnes — 1, 1– 4
2. Die Überlegenheit des Gottessohnes über die Engel — 1, 5–14
3. Die Überlegenheit des Menschensohnes über die Engel — 2, 1–18
   A. Die Größe unserer Verantwortung, 2, 1–4
   B. Erniedrigung und Erhöhung des Menschensohnes, 2, 5–18
4. Die Überlegenheit Jesu über Mose, den Erbauer der Hütte Gottes — 3, 1–19
   A. Die Überlegenheit des Sohnes über den Diener, 3, 1–6
   B. Die Wüstenwanderung Israels als warnendes Beispiel für die Gemeinde, 3, 7–19
5. Die Überlegenheit Jesu über Josua, den Führer Israels nach Kanaan — 4, 1–13
   A. Aufforderung zum gläubigen Hören auf die Verheißungen Gottes, 4, 1–2
   B. Die Verheißung der Gottesruhe für die Gemeinde, 4, 3–11
   C. Die Wirksamkeit des Wortes Gottes, 4, 12–13
6. Die Überlegenheit Jesu über Aaron, den ersten Hohenpriester — 4, 14 – 5, 10
7. **Erste Ermahnung:** Warnung vor dem Abfall — 5, 11 – 6, 20
   A. Tadel der geistlichen Unreife, 5, 11–14
   B. Die Unmöglichkeit, die Buße zu erneuern, 6, 1–8
   C. Ermunterung zum Festhalten an den Verheißungen Gottes, 6, 9–20

Zweiter Teil: Das Werk Jesu, sein Dienst als ewiger Hoherpriester 7, 1 – 10, 18

8. Die Überlegenheit des Priestertums nach der Ordnung Melchisedeks über das levitische Priestertum nach der Ordnung Aarons — 7, 1–28
   A. Melchisedek und Abraham, 7, 1–3
   B. Die Überlegenheit Melchisedeks über Abraham und Levi beim Empfang des Zehnten, 7, 4–10
   C. Das neue Priestertum fordert eine neue Priesterordnung, 7, 11–17
   D. Die Bestätigung des besseren Priestertums durch den Eidschwur, 7, 18–28

9. Jesus Christus als himmlischer Hoherpriester ist der Mittler des neuen besseren Bundes geworden — 8, 1–13

10. Die zeitlich-irdische Begrenzung der Stiftshütte und ihrer Ordnungen — 9, 1–10

11. Die Erfüllung aller alttestamentlichen Opfer, Vorbilder und Verheißungen durch das eine Opfer Christi — 9, 11–28

12. Das Opfer Jesu erwirkt Vergebung, Heiligung und Vollendung — 10, 1–18

13. **Zweite Ermahnung:** Aufruf zur Glaubenstreue — 10, 19–39
    - A. Treue zum Bekenntnis, 10, 19–25
    - B. Warnung vor vorsätzlichem Sündigen, 10, 26–31
    - C. Ermahnung zur Standhaftigkeit, 10, 32–39

Dritter Teil: Glaube und Heiligung der Gemeinde 11, 1 – 12, 29

14. Die Zeugen des Glaubens — 11, 1–31
    - A. Das Glaubenszeugnis der Urväter, 11, 1–7
    - B. Der Glaubensweg der Erzväter, 11, 8–22
        - I. Abraham, 11, 8–19
        - II. Isaak, Jakob und Joseph, 11, 20–22
    - C. Moses Glaubensvollmacht, 11, 23–29
    - D. Die wirksame Kraft des Glaubens in Jericho, 11, 30–31

15. Sieg und Leiden des Glaubens — 11, 32–40

16. Der Glaubenskampf als Erziehungsmittel Gottes — 12, 1–11
    - A. Jesus, unser Vorbild im Glauben, 12, 1–3
    - B. Erziehung zur Heiligkeit, 12, 4–11

17. Unermüdliche, geistliche Wachsamkeit im Heiligungsleben — 12, 12–29
    - A. Abwehr geistlicher Ermüdungserscheinungen, 12, 12–17
    - B. Die Überlegenheit des Neuen Bundes verpflichtet uns zur Heiligung, 12, 18–29

18. **Dritte Ermahnung:** Nachfolge im Alltag — 13, 1–21
    - A. Ermahnung für das persönliche Leben, 13, 1–6
    - B. Rechtes Verhalten in der Gemeinde, 13, 7–19
    - C. Segensspruch, 13, 20–21

19. **Briefschluß:** Gruß und Gnadenwort — 13, 22–25

Erster Teil

DIE HERRLICHKEIT DER PERSON JESU

Hbr 1, 1 — 5, 10

1. Die Herrlichkeit des Gottessohnes

Hbr 1, 1—4

1 Nachdem Gott einst vielfach und auf vielerlei Weise zu den Vätern
2 durch die Propheten gesprochen hat, * hat er am Ende dieser Tage
zu uns durch den Sohn gesprochen. Ihn hat er zum Erben über
3 alles eingesetzt; durch ihn hat er auch die Welten geschaffen. * Er
ist der Abglanz der Herrlichkeit und hat das Gepräge seines We-
sens; er trägt das All durch sein machtvolles Wort. Nachdem er
die Reinigung der Sünden erwirkt hat, hat er sich zur Rechten der
4 Majestät in der Höhe gesetzt. * Er ist so viel mächtiger geworden
als die Engel, wie er einen höheren Namen als sie ererbt hat.

Gott hat geredet. In einzigartiger Weise bezeugt der Hbr gleich im ersten Satz die Grundtatsache aller echten Gotteserkenntnis: Gott hat geredet. Was alles Suchen und Fragen des menschlichen Herzens nach Gott in den vielfältigen Formen religiösen Lebens und Denkens niemals hätte erzwingen können — das hat Gott von sich aus getan: Er hat sich offenbart! Alle Offenbarung in Vergangenheit und Gegenwart hat ihren Ursprung in Gott selbst. Gottes Reden, sein Wort steht am Anfang aller Geschichte. Durch sein Allmachtswort hat Gott den Kosmos ins Dasein gerufen (1 Mo 1, 1—2; Hbr 11, 3). In der Mitte der Geschichte der Menschheit ist das Wort Gottes in Jesus Christus Mensch geworden (Jo 1, 1—3. 14; Offb 19, 13). Am Ende der Geschichte wird Gottes schöpferisches Wort einen neuen Himmel und eine neue Erde schaffen (Offb 21, 1). „Und der auf dem Thron saß, sprach: Siehe, ich mache alles neu!" (Offb 21, 5). Gottes Offenbarung bestimmt den Lauf der Geschichte von Ewigkeit zu Ewigkeit. Wer Gottes Reden in Gericht und Gnade in seinem Leben persönlich erfahren hat, wie es den Männern des Alten und Neuen Bundes geschenkt wurde, der hat einen Blick dafür gewonnen, daß Gottes Offenbarung in allen Bereichen des Lebens wahrgenommen werden

Zu Vers 1:
1 Pt 1, 10—11
2 Pt 1, 21
Zu Vers 2:
1 Mo 49, 1
4 Mo 24, 14
5 Mo 31, 29
Jes 2, 2
Da 10, 14
Hbr 9, 26
1 Pt 1, 20
1 Jo 2, 18
1 Pt 1, 10—12
2 Ko 6, 2
Mk 12, 6. 7
Ps 2, 8
Mt 11, 27
Ps 33, 6
Spr 8, 22—31
Jo 1, 3
1 Ko 8, 6
Kol 1, 16—18
Offb 3, 14
Zu Vers 3:
Jo 10, 30
Jo 12, 45
Jo 14, 9
2 Ko 4, 4
Kol 1, 15
Kol 2, 9
2 Mo 24, 16.17
2 Mo 33, 18—23
2 Mo 40, 34
Jo 1, 14
2 Ko 3, 18
2 Ko 4, 6

Kol 1, 17
Ps 104, 29. 30
2 Pt 3, 5–7
Eph 1, 7
Hbr 9, 14. 26
Ps 110, 1
Mk 16, 19
Apg 2, 33
Eph 1, 21
Hbr 8, 1
10, 12
Mt 28, 18
Zu Vers 4:
Jes 45, 23
Phil 2, 9–11
1 Pt 3, 22
Mt 1, 21
Lk 1, 31
Lk 2, 21

kann. So redet Gott in der Natur (Ps 19, 1–4; 29, 3–5): Die gesamte Schöpfung in ihren gewaltigen Zusammenhängen von organischem und anorganischem Bereich, von Makrokosmos und Mikrokosmos, zeigt jedem, der sehen will, die Wirklichkeit des allmächtigen Schöpfergottes (Rö 1, 19–20).

Gott redet auch in der Geschichte. Er führt seinen Plan im Ablauf des Geschehens innerhalb der Völkerwelt durch. Das NT kennt aber nicht nur eine allgemeine Offenbarung Gottes an die Heidenwelt (Apg 17, 26–27; Rö 2, 14–15), sondern es weiß, daß Gott besonders in der Geschichte Israels geredet hat: **Vielfach hat Gott einst zu den Vätern durch die Propheten geredet.** Mit diesem Satz steht der Apostel bewußt in der Überlieferung des AT. Die Geschichte der Väter ist für ihn die Geschichte des Redens Gottes. Dabei denken wir nicht nur an die Schriftpropheten, deren Botschaft uns bis zur Gegenwart in den prophetischen Büchern des AT erhalten ist, sondern die ganze Geschichte Israels ist begleitet vom Wort der Propheten (Jer 7, 25).
1 Schon Abraham und Mose werden als Propheten bezeichnet
(1 Mo 20, 7; 5. Mo 18, 15. 18; 34, 10; Hos 12, 14). Die Zeit der Propheten setzt besonders mit dem Niedergang des Priestertums unter Eli und seinen Söhnen und dem Beginn des irdischen Königtums in Israel ein. Generation um Generation, bis zur Zerstörung Jerusalems, sendet Gott seinem Volk Männer, die von ihm beauftragt sind, Israel und seinen Königen die Botschaft Gottes zu übermitteln[46]. Die atst

[46] Wie stark die Geschichte Israels vom Reden Gottes durch seine Propheten bestimmt ist, macht bereits eine kurze Übersicht über die Namen der Männer und Frauen deutlich, die in den Geschichtsbüchern des AT ausdrücklich als Propheten bezeichnet werden. Dabei handelt es sich außer Jesaja, Jeremia und Jona ausschließlich um „Wortpropheten", deren Botschaft uns also nicht in besonderen Büchern schriftlich überliefert worden ist.
Als Propheten werden namentlich in zeitlicher Reihenfolge genannt: die Prophetin Mirjam, die Schwester des Mose und Aaron (2 Mo 15, 20), die Prophetin Debora (Ri 4, 4), Samuel (1 Sam 3, 20), Nathan (2 Sam 7, 2; 12, 1. 25; 2 Chro 9, 29; 29, 25), Gad (2 Sam 24, 11; 2 Chro 29, 25), Ahia von Silo (1 Kö 11, 29; 14, 2; 2 Chro 9, 29), Semaja (1 Kö 12, 22; 2 Chro 12, 15), Jehu, der Sohn Hananis (1 Kö 16, 1. 11; 2 Chro 19, 2), Elia (1 Kö 17, 1; Mal 4, 5), Elisa (1 Kö 19, 16. 19; 2 Kö 3, 11), Micha, der Sohn Jimlas (1 Kö 22, 8; 2 Chro 18, 7), Jona, der Sohn Amitthais (2 Kö 14, 25), Jesaja, der Sohn des Amoz (2 Kö 19, 2; 2 Chro 26, 22; 32, 20. 32), die Prophetin Hulda (2 Kö 22, 14; 2 Chro 34, 22), der Seher Heman (1 Chro 25, 5), der Seher Iddo (2 Chro 9, 29; 12, 15; 13, 22), Asarja (2 Chro 15, 1. 8), Hanani (2 Chro 16, 7), Jahasiel, der Sohn Sacharjas (2 Chro 20, 14), Elieser, der Sohn Dodias aus Maresa (2 Chro 20, 37), Sacharja, der Sohn Jojadas (2 Chro 24, 20), Oded von Samaria (2 Chro 28, 9), Jeduthun, der königliche Seher (2 Chro 35, 15), Jeremia (2 Chro 35, 25; 36, 12. 21. 22; Esr 1, 1), Uria, der Sohn Semajas, von Kirjath-Jearim (Jer 26, 20).
Als Propheten werden ohne Angabe ihres Namens erwähnt: ein Gottesmann (1 Sam 2, 27), ein Gottesmann aus Juda (1 Kö 13, 1. 18), ein alter Prophet aus Bethel (1 Kö 13, 11), 100 Propheten (1 Kö 18, 4), weitere Propheten und Prophetenjünger (1 Kö 20, 13. 22. 28. 35. 38. 41; 2 Kö 2, 3. 5; 4, 38; 23, 2; 2 Chro 24, 19; 25, 15; 38, 18. 19).

Propheten sind nicht nur die Boten Gottes, die sein Wort von Gericht und Gnade verkündigen sollen (2 Kö 17, 13; Jes 61, 1–2; Jer 23, 25–32); sie sind Menschen, die unter besonderer Erleuchtung des Heiligen Geistes (1 Pt 1, 11) und unter Gottes besonderem Schutz stehen (Ps 105, 15). Zugleich gibt der Herr ihnen Kenntnis von seinen Plänen und bevollmächtigt sie dadurch zum Gebet und zur Fürbitte[47]. Der Prophet Amos bezeugt: „Gott der Herr tut kein Ding, er habe denn seinen Ratschluß seinen Knechten, den Propheten, enthüllt" (Am 3, 7). Sie sind Geheimnisträger der Offenbarungen Gottes.

Natur und Geschichte – und in ihr Gottes Reden durch die Propheten – sind für den Apostel Offenbarungswege Gottes. Besonders das *schriftliche Zeugnis* der Männer Gottes ist *unmittelbare* Anrede Gottes an den Menschen. So vernimmt er im überlieferten Wort des AT in mannigfacher Weise Gottes Stimme: hier reden Gott der *Vater*, Christus der *Sohn*, der *Heilige Geist* und der inspirierte *Prophet*[48]. Sicher geht der Verfasser des Hbr nicht nach einem strengen Schema vor, wenn er die Schrift auslegt. Aber das *ganze* AT ist für den Apostel Wort Gottes und deshalb uneingeschränkte Autorität.

Gott hat nicht nur eine kaum überschaubare *Zahl von Boten*, die er seinem Volk sendet, sondern er ist auch unbegrenzt in der Fülle seiner *Offenbarungsmöglichkeiten*. Das AT kennt eine mannigfache Verschiedenheit der Offenbarungsweisen: Vielfach und **auf vielerlei Weise** hat Gott einst geredet. Wie es

Im NT wird auch David als Prophet bezeichnet (Apg 2, 29–31). Vgl. auch Lk 2, 36 „die Prophetin Hanna".
Außerdem berichtet das AT vom Auftreten falscher Propheten. So weissagen zur Zeit der Könige Josaphat von Juda und Ahab von Israel 400 falsche Propheten, unter ihnen Zedekia, der Sohn Kenaanas (1 Kö 22, 6. 11; 2 Chro 18, 5. 10). Ebenso wird uns Hananja, der Sohn Assurs von Gibeon als falscher Prophet genannt (Jer 28, 1); vgl. auch Jer 23, 16 und Neh 6, 14.

[47] Der Zusammenhang zwischen der Berufung zum Propheten und der Aufgabe der *Fürbitte* tritt deutlich im Leben Abrahams hervor (1 Mo 20, 7. 17; vgl. auch 1 Mo 18, 17–19. 22–33). Ebenso ist bei Mose das Prophetenamt nicht zu trennen von dem fürbittenden Gebet für Israel (2 Mo 32, 11 ff; Ps 106, 23). Dieser Gedanke tritt auch Hes 22, 30 zutage. In ähnlicher Weise sehen wir im Leben Elias prophetischen Dienst und Vollmacht zum Gebet vereint. Schließlich weisen uns auch die Worte Jer 7, 16; 11, 14; 14, 11 in die gleiche Richtung, in denen Gott dem Propheten Jeremia ausdrücklich die Fürbitte für Israel untersagt.

[48] Das Psalmwort Ps 2, 7 versteht der Verfasser des Hbr als unmittelbare Rede Gottes, als Anrede des Vaters an den Sohn (Hbr 1, 5); auch Christus spricht im Wort des AT (vgl. Ps 40, 7–9 mit Hbr 10, 5–7). Hbr 2, 6–7 führt das Wort aus Ps 8, 5–7 an und leitet diese Verse mit den Worten ein: „Irgendwo bezeugt aber jemand". Das ist ein Hinweis darauf, daß hier ein vom Heiligen Geist inspirierter Prophet spricht (vgl. 2 Sam 23, 1 f mit 1 Pt 1, 10 f; 2 Pt 1, 21; vgl. auch Apg 1, 16). Ohne nähere Erklärung spricht der Verfasser auch vom Reden des Heiligen Geistes im AT, vgl. Ps 95, 7–11 mit Hbr 3, 7 und Jer 31, 33 mit Hbr 10, 15–16.

einen Unterschied der Offenbarungsinhalte als Weissagung und Verheißung, Befehl, Gesetz und Unterweisung gibt, so auch eine Verschiedenheit der Offenbarungsweisen. Gott spricht zum Menschen durch Träume (1 Mo 20, 3; 28, 10 ff; Da 7, 1) und durch Engelerscheinungen (1 Mo 19, 1 ff), durch Visionen (Ps 89, 20; Jes 6, 1 ff; Jer 1, 11; 24, 1; Hes 1, 1; Am 7, 1. 4. 7; Hos 12, 11) und Auditionen (1 Mo 22, 11; 1 Sam 3, 4. 10), durch ein Tier (4 Mo 22, 28 ff; 2 Pt 2, 16) und durch geheimnisvolle Schriftzeichen (Da 5, 5). Hio 33, 14–22 weiß davon, daß Gott durch Träume und Krankheiten zum Menschen zu reden vermag[49]. Aber das, was im AT Kennzeichen der unbegrenzten Offenbarungsmöglichkeiten Gottes ist, zeigt sich im Lichte des NT immer nur als vorläufige, teilweise und noch nicht abgeschlossene Offenbarung[50].

2 Darum fährt der Apostel fort: **Gott hat am Ende dieser Tage zu uns durch den Sohn gesprochen.** Das ist nicht eine selbstverständliche, geradlinige Fortsetzung der bisherigen Art und Weise göttlicher Offenbarung, sondern etwas völlig Neues. Das Unvorstellbare, das alle menschlichen Möglichkeiten und die Grenzen unseres Denkens übersteigt, ist Wirklichkeit geworden. Was die Engel den Hirten auf dem Felde bei Bethlehem verkündeten: „Euch ist heute der Retter geboren!", was der Apostel Johannes bezeugt: „Das Wort ward Fleisch!", das faßt der Apostel hier in dem Satz zusammen: Gott hat geredet **durch den Sohn.** In Jesus Christus ist Gottes Offenbarung vollkommen geworden. In ihm kommt Gott selber zu uns. Die ganze Fülle Gottes wohnt in Christus, „Gott war in Christus" (2 Ko 5, 19). Näher kann Gott uns Menschen nicht kommen, als er es in Jesus getan hat. „Das ist die höchste, vollkommene Gestalt, wie Gott mit uns reden kann[51]." Das Kommen des Sohnes Gottes in unsere Welt, sein Leben, sein Reden und Tun, sein Leiden und Sterben ist das unvergleichbare Geschenk Gottes an die sündige Menschheit, die im Aufruhr gegen Gott lebt. Jesus Christus ist die

[49] Die Bibel sieht diese Vielfalt der Offenbarungsweisen Gottes nicht auf die atst Zeit beschränkt oder als mit ihr abgeschlossen an. Auch im NT wird Gottes Reden zum Menschen im Traum bezeugt (Mt 1, 20; 2, 12. 13. 19. 22; 27, 19), wie Gott auch wiederholt Engel als seine Boten sendet (Mt 1, 20; Lk 1, 11–13; 2, 9; Apg 10, 3). Ebenso wird von Visionen und Auditionen im NT berichtet (Apg 10, 11; 16, 9; 2 Ko 12, 4; vgl. auch die Schilderungen der Offb). Selbst für die redende Eselin des Bileam (4 Mo 22, 28 ff) gibt es im NT eine Entsprechung, wenn Offb 8, 13 von einem Adler gesprochen wird, dem Gott die Verkündigung seiner Gerichtsbotschaft übertragen hat. Diese Tatsachen bestätigen, daß trotz der Unabgeschlossenheit der atst Offenbarung die mannigfaltigen Offenbarungsweisen des AT im NT nicht entwertet werden.

[50] J. Brown rechnet zur Mannigfaltigkeit der Offenbarungen Gottes im AT auch die Bilder-, Rätsel- und Gleichnissprache der Propheten und die äußeren Zeichen, mit denen sie ihre Verkündigung anschaulich machen (S. 19).

[51] A. Schlatter, S. 225.

„unaussprechliche Gabe" (2 Ko 9, 15). Er ist aber nicht nur die vollkommene Offenbarung, sondern er ist zugleich Gottes letzte Offenbarung. Gott tut über die Sendung seines Sohnes hinaus nichts mehr zum Heil der Menschen. Christus ist ein für allemal für die Sünden der ganzen Welt gestorben. Wer sein Opfer nicht persönlich im Glauben annimmt, geht verloren. Wenn Christus wiederkommt, dann nicht, um noch einmal für Sünder zu sterben (Hbr 9, 28). Damit ist Jesus Christus auch die entscheidende Offenbarung Gottes: Er ist Mittelpunkt der Welt- und Heilsgeschichte Gottes; mit seinem Kommen hat die Weltwende eingesetzt. Damit ist die „letzte Zeit" angebrochen. Gott hat **am Ende dieser Tage** durch den Sohn zu uns gesprochen[52]. Schon die Gottesmänner des Alten Bundes haben die letzte Zeit herbeigesehnt, wenn sie vom „Ende der Tage" sprachen. Diese im AT geweissagte Zeit ist die Zeit des Messias, zugleich die Zeit, in der der Verfasser und die Empfänger des Hbr leben. Darum sagt der Apostel: In diesen Tagen hat er zu uns geredet. Im gleichen Sinne kann auch der Apostel Johannes den Gläubigen schreiben: „Kinder, es ist die letzte Stunde" (1 Jo 2, 18). Gottes Heilshandeln ist in einem bestimmten Sinn zum Abschluß gekommen: Der Weg zum Herzen Gottes steht für alle offen, der Weg zum ewigen Heil wird allen Menschen im Worte Gottes klar bezeugt, es bedarf keiner weiteren Offenbarung Gottes mehr[53]. Jetzt ist die Zeit des Heils, in der Christus durch seinen Heiligen Geist seine Gemeinde sammelt und unter dem zunehmenden Druck der antichristlichen Mächte für die ewige Herrlichkeit vollenden wird. Dann wird er wiederkommen, um seine Gemeinde heimzuholen und Gericht über die Völker zu halten.

Jesus selber hat während seiner irdischen Wirksamkeit das Bewußtsein gehabt, daß mit ihm, in seiner Person, Gottes abschließende Offenbarung in die Welt gekommen sei. In dem Weinbergsgleichnis, in dem Gott als der Herr des Weinbergs geschildert wird, sagt er: „Am Ende hatte er nur noch Einen, den er senden konnte: seinen geliebten Sohn. Den sandte er zuletzt zu ihnen" (Mk 12, 6). Damit hat Jesus deutlich ausgesprochen, welch heiliger Ernst über seiner Sendung durch Gott, den Vater, lag. Und dieser einzige Sohn ist zugleich auch der Erbe. Es heißt im Gleichnis weiter: „Die Winzer

[52] Das NT kennt verschiedene Ausdrucksweisen, um die Zeit bis zur Wiederkunft Jesu zu kennzeichnen. So bedeutet „in den letzten Tagen" (grie *en eschátais hämérais)* Jak 5, 3 die Zeit bis zur Wiederkunft des Herrn. Der Ausdruck „in den letzten Zeiten" (grie *en hystérois kairoís)* 1 Tim 4, 1 meint die Zeit unmittelbar vor der Wiederkunft. Die Wendung „in der letzten Zeit" (grie *en kairó escháto)* 1 Pt 1, 5 deutet auf den Zeitpunkt des Eintritts der Wiederkunft Jesu.

[53] J. Calvin, S. 7: „Wenn also jetzt Gott zum letztenmal geredet hat, so gilt es, bis zu diesem Worte vorzudringen, dann aber auch hier Halt zu machen."

aber sprachen zueinander: Ha, da kommt der Erbe! Auf! laßt uns ihn töten, dann wird das Erbe unser sein!" (Mk 12, 7 par Mt 21, 38). Der einzige Sohn ist der Erbe – das bestätigt Hbr 1, 2: **Ihn hat er zum Erben über alles eingesetzt.** Jesus Christus, der Sohn Gottes, der Gottes letztes Offenbarungswort bringt, ist der Erbe, ihm gehört die ganze Herrlichkeit des Vaters. Darum konnte er seinen Jüngern sagen: „Alles ist mir von meinem Vater übergeben worden" (Mt 11, 27). Das prophetische Wort Davids[54]: „Ich will dir die Heiden zum Erbe geben und der Welt Enden zum Eigentum" (Ps 2, 8) hat sich in der Person Jesu erfüllt. Heute schon ist es verborgene Wirklichkeit in der Gemeinde; wenn Jesus Christus wiederkommen wird, wird sich die endgültige sichtbare Erfüllung dieses Psalmwortes vor den Augen aller Menschen vollziehen.

Durch ihn hat er auch die Welten geschaffen. Jesus Christus ist ebenso der Schöpfungsmittler, wie er auch der Erbe des Alls ist; aus seiner Hand sind die sichtbare und die unsichtbare Welt hervorgegangen[55]. Er steht am Anfang und am Ende der Schöpfung: „Ich bin der Erste und der Letzte" (Jes 48, 12; Offb 1, 17). So wie es am Anfang war, wird es auch wieder am Ende sein, wenn alle Welt ihm zu Füßen liegen wird. Diese Offenbarung, daß Jesus Christus der Schöpfungsmittler ist, stammt nicht aus dem Munde Jesu selbst, sondern ist eine Offenbarung Gottes durch den Heiligen Geist an seine Gemeinde. Wohl hat Jesus seinen Jüngern gesagt: „Bevor Abraham war, bin ich" (Jo 8, 58). Und im Hohenpriesterlichen Gebet hat er von seiner Herrlichkeit beim Vater gesprochen: „. . . die ich hatte, bevor die Welt war" (Jo 17, 5. 24). Aber die Tatsache, daß Gott durch Jesus Christus die Welt geschaffen hat, ist eine Offenbarung, die zu fassen die Jünger erst nach Pfingsten fähig waren.

[54] Apg 4, 25 sagt uns, daß Ps 2 von David stammt, vgl. ebenso Hbr 4, 7 mit Ps 95. Die Frage, w a n n Gott seinen Sohn zum Erben über alles eingesetzt hat, wird in unserem Text weder gestellt noch beantwortet. Da die Prophezeiung, d. h. die vorlaufende Offenbarung dieses Tatbestandes, nicht erst während der irdischen Lebenszeit Jesu, sondern viele Jahrhunderte früher erfolgte, dürfen wir vermuten, daß es sich bei der Einsetzung des Sohnes Gottes zum Erben um ein vorweltliches Ereignis in der himmlischen Welt handelt.
So auch A. M. Stibbs, S. 1092.
R. Kübel/E. Riggenbach sehen dagegen die Einsetzung des Sohnes zum Erben mit der Erhöhung des Menschgewordenen verbunden, in Strack/Zöckler, Kurzgefaßter Kommentar, Hbr S. 92. Vgl. dazu auch W. Stb. Phil. S. 75.

[55] Herm. Sasse, Ki–Th W, Bd. 1, S. 197 ff: „Die Bedeutung ‚Weltzeit, Weltlauf' kann in W e l t übergehen. Die Gleichsetzung von *aíon* und *kósmos* erklärt sich im NT aus dem jüdischen Sprachgebrauch . . . Auch der *plur aiónes* nimmt an dem Bedeutungswandel teil. So müssen die *aiónes* Hbr 1, 2 und 11, 3 räumlich verstanden werden als W e l t e n, W e l t r ä u m e" (203 f).
O. Michel, S. 37, hält es für möglich, daß der Vf hier an „apokalyptische Weltperioden, übereinandergelagerte Schichten des Weltgefüges" denkt. Vgl. auch W–B, 1958[5], Sp. 55.

Deshalb hat Jesus ihnen in seinen Abschiedsreden gesagt: „Ich habe euch noch viel zu sagen, aber ihr könnt es jetzt noch nicht tragen. Wenn aber der Geist der Wahrheit kommen wird, wird er euch in alle Wahrheit leiten" (Jo 16, 12–13). Als Jesus Christus vor aller Zeit in der Herrlichkeit Gottes des Vaters war (vgl. Mi 5, 1), war er nicht untätig: sein Auftrag war die Schöpfung der Welt (vgl. Jo 1, 1–5. 14)[56]. Wollen wir versuchen, uns die unermeßliche Größe unseres Herrn und Heilandes recht vor Augen zu stellen, so müssen wir uns deutlich machen, daß Jesus Christus Schöpfer der Welt, Erlöser der Welt und Vollender der Welt in einer Person ist. Der, durch dessen Allmachtswort die Welt ins Dasein trat, hat als kleines Kind in der Krippe gelegen und ist für uns am Kreuz gestorben, und er wird in Herrlichkeit wiederkommen, um Gottes Heilsplan zu vollenden.

Mit immer neuen Worten wird die überragende Größe Jesu zum Ausdruck gebracht, der Weg des Christus von Ewigkeit zu Ewigkeit als ein fortgesetztes und ständig sich steigerndes Offenbarwerden
beschrieben. **Er ist der Abglanz der Herrlichkeit und das Gepräge** 3
(der Abdruck) seines Wesens. Über der Person unseres Herrn liegt ein Geheimnis, dessen Enthüllung in unserem Leben eine Tat der freien Gnade Gottes ist. Dem, der glaubt, erschließt sich dieses Geheimnis. Jesus aus Nazareth in seiner irdisch-menschlichen Gestalt trägt das Wesen Gottes. Er kann sagen: „Ich und der Vater sind eins!" und „Wer mich sieht, sieht den Vater". Wer ihm begegnet – begegnet Gott. Der Apostel Paulus bezeugt es immer wieder in seinen Briefen, daß Christus das Ebenbild des unsichtbaren Gottes ist. Nie wurde das Wesen Gottes je in reinerer Gestalt offenbar als in Jesus Christus. Darum schreibt auch der Apostel Johannes am Anfang seines Evangeliums: „Niemand hat Gott jemals gesehen; der einzige Sohn, der im Schoße des Vaters ist, der hat Kunde von ihm gebracht" (Jo 1, 18).

Abglanz der Herrlichkeit, das bedeutet, Jesus Christus empfängt das Licht aus der Herrlichkeit Gottes, aber er strahlt es selber rein und unvermindert in unsere dunkle Welt[57]. Und so, wie er Träger der göttlichen Herrlichkeit ist, so sollen es auch die Menschen werden, die ihm ihr Leben anvertrauen und ihm gehorchen (vgl. Mt 5, 14; Phil 2, 15). Der gleiche Vorgang, der sich im Leben Jesu

[56] Auch die Erwählung der Gemeinde rechnet das NT zu den vorweltlichen Ereignissen, bei denen Christus beteiligt war (Eph 1, 4; 3, 9–11; vgl. Offb 13, 8; 17, 8).

[57] Das grie Wort *dóxa* = Herrlichkeit ist die Übersetzung des hebr kābôd 2 Mo 24, 16–17; 33, 18–23; 40, 34. Die Herrlichkeit Gottes, die im AT immer wieder erscheint und die die Israeliten als Lichtglanz am Sinai schauten, begegnet uns in vollkommener Weise in der Person Jesu Christi, vgl. 2 Ko 4, 6.

vollzogen hat, soll sich im Leben der Christen wiederholen: „Mit unverhülltem Antlitz spiegeln wir die Herrlichkeit des Herrn wider" (2 Ko 3, 18). Weil Jesus Christus **Gepräge seines** (Gottes) **Wesens**[58] ist, erkennen wir an ihm, wie Gott in Wahrheit ist. In einem Bilde können wir sagen: Wie eine Münze das Bild des Prägestempels selbständig und klar wiedergibt, so ähnlich ist es mit der Wirklichkeit Gottes in Jesus Christus[59].

Er trägt das All durch sein machtvolles Wort. Christus ist nicht nur Weltschöpfer und Weltvollender, er ist zugleich der Welterhalter. Nicht nur das Dasein dieser Welt und die Entstehung allen Lebens auf ihr ist ein Werk Jesu Christi, auch der fortdauernde Bestand der Schöpfung ist sein Tun. Alles in dieser Welt, was besteht, das Leben jedes einzelnen Menschen wie auch die immer neuen Machtzusammenballungen großer Völker, die den Gang der Weltgeschichte im Fluß halten, haben ihren Bestand nur durch Jesus Christus. An dieser Aussage des Wortes Gottes wird deutlich: In Wahrheit befindet sich die gesamte Schöpfung seit dem Sündenfall in einem unübersehbaren Zerfallsprozeß; o h n e das Eingreifen Gottes würde eine völlige Auflösung eintreten[60]. So heißt es schon im Buch Hiob: „Wenn er zurücknähme seinen Geist und seinen Odem an sich zöge – verscheiden müßte alles Fleisch zumal, und zum Staube kehrte der Mensch zurück" (Hio 34, 14 f). N u r das „Tragen Gottes" erhält das Weltall. Und dieses „Tragen" vollzieht sich gerade durch das göttliche W o r t, dessen Auswirkungen sich nicht nur auf unsere sichtbare Welt, sondern auf den gesamten Kosmos erstrekken – „er trägt das All"! Das Wort Gottes ist das einzige, was die Welt vor dem Zerfall bewahren kann. Wir spüren in unserer Zeit unter dem Ansturm der dämonischen Mächte immer deutlicher: In dem Maße, wie das Wort Gottes abgelehnt wird, geht die Welt der Finsternis entgegen.

Die Aussagen über Christus steigern sich fort und fort. Er hat auf Gottes Geheiß die Welten geschaffen, und **er hat die Reinigung der Sünden erwirkt.** Das grie Wort *poiein* heißt, „machen, tun" und hat

[58] Das grie Wort *hypóstasis* steht in der LXX vorwiegend für „Dasein, Existenz", es kann aber im biblischen und profanen Sprachgebrauch sehr verschiedene Bedeutung annehmen. Wir werden es am sichersten Hbr 1, 3 mit „Wesen", Hbr 3, 14 mit „Zustand (d. h. seelische Verfassung), Standhaftigkeit" und Hbr 11, 1 mit „Wirklichkeit (Verwirklichung)" übersetzen.

[59] J. A. Bengel, S. 604: „Der Vater wäre das Original, welches auf einer Münze ausgeprägt wird; der Sohn das davon ins Wachs gedruckte allervollständigste Bild."

[60] O. Michel, S. 41: „Die ältere Auslegung versteht das Tragen als Schalten und Walten, als Heben und Regieren. Gemeint ist aber wohl die Bewahrung vor dem Zerfall. Es ist ein Ausdruck der Weltherrschaft des Christus, die trotz anscheinender äußerer Schwäche durch das ‚machtvolle Wort' den Zerfall der Welt aufhält."

in Vers 2, in dem von der Schöpfung der Welt gesprochen wird, die gleiche Bedeutung wie in Vers 3, wo der Apostel auf den Kreuzestod Jesu hinweist, durch den Christus „die Reinigung der Sünden gemacht hat" (wörtl.). Das grie Wort *poiein*, das hier und Hbr 11, 3 in gleicher Bedeutung gebraucht wird, entspricht dem hebr bara „schaffen" 1 Mo 1, 1 und Jes 43, 1, d. h. die Tat der Versöhnung und Erlösung ist ein gleiches Handeln Gottes wie beim Anbeginn der Welt[61]. Der Schöpfungsmorgen der Welt und der Anbruch des neuen Gottestages in der Erlösung, die Jesus Christus durch seinen Tod am Kreuz auf Golgatha erworben hat und die sich in der neuen Menschheit auswirkt, stehen in einer tiefen inneren Beziehung zueinander. Das meint Paulus, wenn er sagt: „Gott, der gesagt hat: Aus Finsternis soll Licht aufstrahlen! er ist es, der es in unseren Herzen hat aufstrahlen lassen, so daß wir erleuchtet wurden durch die Erkenntnis von der Herrlichkeit Gottes auf dem Angesicht Christi" (2 Ko 4, 6). Es ist derselbe Gott, der in Schöpfung und Erlösung wirkt, das ewige Wort, das mit gleicher Kraft die gleiche Wirkung hervorruft: Es entsteht neues Leben!

Aus der Anordnung der Satzteile ist deutlich zu erkennen, daß das Erlösungshandeln Gottes für den Apostel der Mittelpunkt allen Geschehens ist, um den sein Denken immer wieder kreist. Der Kreuzestod Jesu zur Vergebung unserer Sünden ist der Höhepunkt und das Ziel seiner irdischen Sendung (Mk 10, 45) und die Grundlage unseres Verhältnisses zu Gott[62]. Niemand könnte Vergebung und Frieden finden, niemand vor Gott gerecht werden und zu ihm kommen, wenn Jesus nicht für uns gestorben wäre. Sein Tod am Kreuz auf Golgatha ist für alle Ewigkeit das zentrale Ereignis der Weltgeschichte. Wir ahnen bei diesem Geschehen etwas von dem Ausmaß menschlicher Sünde, die Gott so furchtbar strafen mußte, daß sein einziger Sohn stellvertretend in der Gottverlassenheit starb, aber wir schauen auch das unendliche Maß der Liebe Gottes, die das Beste für uns zu geben bereit war. Darum wird das Leiden und Sterben Jesu für die Erlösten in Zeit und Ewigkeit immerfort Grund des Dankes und der Anbetung sein (Offb 1, 5; 5, 9. 12).

Gott antwortet auf den stellvertretenden Opfertod seines Sohnes mit der Auferweckung und Himmelfahrt. Jesus Christus wird zur Rechten Gottes erhöht und empfängt alle Gewalt im Himmel und auf Erden. Die tiefste Erniedrigung Jesu wird der Grund seiner ewigen Herrschaft. **Er hat sich zur Rechten der Majestät in der Höhe gesetzt.** Der Ausdruck „er hat sich zur Rechten gesetzt" weist uns

[61] Vgl. a. a. O. S. 37, Anm. 2.

[62] Auch viele Stellen im AT, besonders Ps 24, 3—4, sprechen davon, daß die Reinigung unseres Lebens von der Sünde Voraussetzung für unsere Gemeinschaft mit Gott ist.

auf Ps 110, 1: „Es spricht der Herr zu meinem Herrn: Setze dich zu meiner Rechten, bis ich deine Feinde hinlege als Schemel für deine Füße." Dieses prophetische Wort hat sich am Himmelfahrtstage erfüllt (vgl. Mk 16, 19). Die Gottessohnschaft Jesu, die eine Setzung Gottes vor aller Zeit war, die Jesus durch sein Leben, Leiden und Sterben auf Erden bewährt hat, wird in seiner Erhöhung allen himmlischen Mächten und bei der Wiederkunft Jesu in Herrlichkeit allen irdischen Mächten offenbar. Nachdem Christus das Opfer zur Erlösung der Menschen vollbracht hat, hat Gott ihn von der Erde entrückt und ihn in die Weltherrschaft eingesetzt. Jesus Christus hat Anteil am Thron Gottes[63]. Wie tröstlich ist dieses Wissen für die gläubige Gemeinde: Nicht der Machtbefugnis böswilliger, ehrgeiziger Menschen und nicht dem zerstörenden Einfluß dämonischer Gewalten, die hinter allem äußeren Geschichtsablauf ihr Spiel treiben, ist unsere Welt preisgegeben. Christus ist der Herr, er hält alle Fäden des Weltgeschehens in seinen gnädigen Händen, die für uns durchbohrt wurden, und er wird am Ende der Geschichte das letzte Wort behalten. Diesem mächtigen Herrn und König dürfen wir getrost auch in allen schwierigen Lebenslagen vertrauen.

4 **Er ist soviel mächtiger geworden als die Engel, wie er einen höheren Namen als sie ererbt hat.** Damit, daß Jesus Christus von Gott zum Weltherrscher eingesetzt worden ist, hat er auch über das Verhältnis des Sohnes zu den Engeln entschieden. Jesus ist „besser", d. h. erhabener als die Engel. Seine Macht ist ihnen überlegen; die Engel sind dem Sohn unterworfen. Wie im AT, so spricht sich auch im NT im Namen das Wesen und die Würde einer Person aus. In der Erhöhung des Gottessohnes wird deutlich, daß er einen besseren Namen als die Engel erhalten hat: Jesus Christus, der Schöpfungsmittler und Welterhalter, hat die Herrlichkeit Gottes verlassen. — Er starb am Kreuz zur Versöhnung der Sünden. — Gott hat ihn erhöht und ihm einen unvergleichlich erhabenen Namen verliehen. Der Eingang des Hbr enthält die gleiche Botschaft, die Paulus der Gemeinde in Philippi übermittelt, den sogen. „Christuspsalm" Phil 2, 5 ff. Dort heißt es: Jesus Christus wurde Mensch und starb im Gehorsam am Kreuz. „Daher hat ihn auch Gott über die Maßen erhöht und ihm den Namen geschenkt, der über jeden Namen ist, damit in dem Namen Jesu sich beuge jedes Knie derer, die im Himmel und auf Erden und unter der Erde sind, und jede Zunge bekenne, daß Jesus Christus der Herr ist, zur Ehre Gottes, des Vaters" (Phil 2, 9–11). Auf Grund des Engelwortes an Maria

[63] E. Riggenbach, S. 13: „Daß das Sitzen zur Rechten Gottes nicht ein müßiges Ruhen, sondern ein Versetztsein in den Stand ungehemmten und vollkommenen Wirkens ist, versteht sich für den Vf von selbst; aber die Art der Wirksamkeit wird hier noch nicht entfaltet."

und Joseph erhielt der Herr bereits am achten Tage bei der Beschneidung den Namen „Jesus". Nach seinem Tod und seiner Auferstehung wurde durch die Apostel die wunderbare Macht dieses Namens offenbar. Der neue Name aber, den Jesus Christus mit seiner Erhöhung erhalten hat, ist der Name „Herr" (grie kýrios), der im AT ausschließlich dem lebendigen Gott zukommt[64]. Damit wird ihm die unüberbietbare Macht und Herrlichkeit Gottes zugeeignet. Daß Jesus Christus, der Sohn Gottes von Ewigkeit her, in seiner Erhöhung mit der ganzen Machtfülle Gottes betraut worden ist, dient zugleich der Bestätigung des Sohnes-Namens vor den irdischen und himmlischen Mächten und gibt Christus die unvergleichliche Überlegenheit. Er ist wirklich Sohn, Gott und Herr, wie es die atst Anführungen in den Versen 5, 8 und 10 besonders hervorheben.

Zusammenfassung

Gott hat geredet — seit Anbeginn der Menschheits- und Heilsgeschichte. „Gott, der Herr, der Mächtige, redet und ruft der Welt vom Aufgang der Sonne bis zu ihrem Niedergang" (Ps 50, 1). Alle die vielfältigen Offenbarungsweisen Gottes — in Natur, Geschichte und Gewissen — verdichten sich in der Geschichte Israels: Hier wird Gottes Reden im Wort der Propheten vernehmbar. Aber was in der Zeit des Alten Bundes als Reichtum und Mannigfaltigkeit göttlicher Offenbarung erscheint, trägt doch im Licht des Neuen Bundes den Charakter der Vorläufigkeit und Unvollkommenheit. Alle Offenbarung Gottes drängt auf die Mitte der Geschichte hin, die Menschwerdung des Wortes Gottes in Jesus Christus, dem Sohn Gottes. Er verkörpert das Wesen Gottes, er strahlt Gottes Herrlichkeit aus. Zugleich Weltschöpfer und Welterhalter, ist er auch der Welterlöser und der erhöhte Weltherrscher. Als Erbe des Alls wird er am Ende der Geschichte stehen und Gottes Heilsplan zum Ziel führen; der wiederkommende Christus wird der Weltenrichter und Weltvollender sein. Was sich im AT an göttlicher Herrlichkeit im Amt des Priesters, im Dienst des Propheten und in der Würde des Königs widerspiegelt, ist in Jesus Christus in vollkommener Weise zusammengefaßt. Er bringt der Menschheit Gottes abschließendes Offenbarungswort und erfüllt das atst Prophetentum. Mit der Sühnung unserer Schuld, der Reinigung unseres Lebens von der Sünde, bringt er das priesterlich-kultische Handeln in Israel zum Abschluß. Mit seiner Erhöhung zur Rechten der Majestät Gottes vollendet er das messianische König-

[64] Das Bekenntnis „Jesus Christus ist der Herr" in Phil 2, 11 (grie *kýrion Jesús Christós)* hat seine Parallele und seinen atst Ursprung in Jes 45, 23 f (vgl. dazu auch das Bekenntnis Jo 20, 28).

tum Israels. Die Einheit von Königtum und Priestertum, wie sie die Prophetie des AT schaut (Sach 6, 9—13), kommt in Jesus Christus zur Erfüllung und Vollendung.

2. Die Überlegenheit des Gottessohnes über die Engel

Hbr 1, 5—14

Zu Vers 5
Ps 2, 7
Apg 13, 33
Hbr 5,5
2 Sam 7, 14
Ps 89, 27. 28
Zu Vers 6:
Lk 2, 7
Rö 8, 29
Kol 1, 15. 18
5 Mo 32, 43 LXX
Ps 97, 7
Mt 4, 11
Jo 1, 51
1 Tim 3, 16
Offb 5, 11. 12
Eph 3, 10
1 Pt 1, 12
Zu Vers 7:
Ps 104, 4
2 Mo 3, 2
Jo 5, 4
Zu V. 8 und 9:
Ps 45, 7. 8
Da 2, 44
Da 7, 14
Mt 6, 33
Offb 11, 15
Offb 19, 6. 11. 16
Jes 11, 2
Jes 61, 1
Jo 1, 32. 33
Jo 3, 34
Zu V. 10—12:
Ps 102, 26—28
Jes 34, 4
Jes 50, 9
Jes 51, 6
Mt 24, 35
Offb 6, 14
Hbr 13, 8

5 Denn zu welchem der Engel hat er jemals gesagt: „Du bist
mein Sohn, heute habe ich dich gezeugt"; und weiter: „Ich will
6 ihm Vater sein, er soll mir Sohn sein"? * Wenn er aber aufs Neue
den Erstgeborenen in die Welt einführt, spricht er: „Und an-
7 beten sollen ihn alle Engel Gottes." * Von den Engeln sagt er
zwar auch: „Der seine Engel zu Winden macht und seine Diener
8 zur Feuerflamme." * Aber zum Sohn sagt er: „Gott, dein Thron
besteht von Ewigkeit zu Ewigkeit, und das Zepter der Geradheit
9 ist der Herrscherstab seiner Königsmacht. * Gerechtigkeit hast du
geliebt, Gesetzlosigkeit aber gehaßt. Darum hat dich, Gott, dein
10 Gott mit Freudenöl gesalbt vor deinen Gefährten." * Und: „Herr,
du hast am Anfang die Erde gegründet, und die Himmel sind
11 Werke deiner Hände; * sie werden vergehen, du aber bleibst.
12 Und alle werden wie ein Kleid veralten, * und wie einen Mantel
wirst du sie zusammenrollen, wie ein Gewand werden sie ge-
wechselt werden. Du aber bleibst derselbe, und deine Jahre neh-
13 men kein Ende!" * Zu welchem der Engel hat er jemals gesagt:
„Setze dich zu meiner Rechten, bis ich deine Feinde zum Schemel
14 deiner Füße lege?" * Sind sie nicht alle dienstbare Geister, die
zum Dienst ausgesandt werden für die, die das Heil erben
sollen?

In Vers 4 hat der Apostel von der Überlegenheit des Sohnes Gottes über die Engel gesprochen, die Jesus Christus auszeichnet. Diese Aussage stützt er auf das Zeugnis der atst Schriften. Hier schon sieht er das vorgezeichnet, was er als Bote des Evangeliums zu verkündigen hat. In unserem Abschnitt führt er eine Reihe atst Stellen an, um in einem dreifachen Beweisgang seine theologische Aussage über den Sohn Gottes zu erhärten. Hbr 1, 5—6 spricht er zweimal vom Sohn, einmal von den Engeln. Die Zitate Hbr 1, 7—12 richten sich einmal an die Engel und zweimal an den Sohn. In Hbr 1, 13—14 bringt er abschließend ein Wort an den Sohn, aus dem er eine Schlußfolgerung im Blick auf die Engel ableitet. Während der Apostel Hbr 1, 5—6 die Kennzeichen der Würde herausstellt — der Sohn ist der Erstgeborene, die Engel sind anbetende

Wesen — betont er Hbr 1, 7—12 die Merkmale des Dienstes: Die Engel sind *Diener* Gottes (vgl. V. 14), der Sohn ist der *König* und Schöpfer der Welt, er hat sie geschaffen und regiert sie auch. Die atst Stellen werden unmittelbar auf Christus bezogen. Jesus ist der Sohn (V. 5), er ist Gott (V. 8), und er ist der Herr (V. 10); er dient als Prophet (V. 2), als Priester (V. 3) und als König (V. 8 f), darin ist er den Engeln überlegen.

Der Apostel begründet seine Aussage von der Überlegenheit des Sohnes über alle himmlischen Gottesboten indirekt; er stellt die Frage: **Zu welchem der Engel hat er jemals gesagt: „Du bist mein Sohn, heute habe ich dich gezeugt?"** Der Hörer oder Leser soll sich die Antwort selber geben. Gott hat in der Verheißung des AT nur *einen*, den kommenden Christus und Messiaskönig zum Sohn erklärt — „Du bist mein Sohn!" Wenn das Psalmwort fortfährt: „Heute habe ich dich gezeugt", so gilt dies „Heute" nicht erst für die Erhöhung Jesu, als ihm die Weltherrschaft übertragen wurde. Die Einsetzung des Christus als Sohn Gottes ist ein vorzeitliches Ereignis, ebenso wie die Berufung zum Erben, aber sie wird mit der Auferstehung und Himmelfahrt offenbar (Hbr 1, 5 weist zurück auf 1, 3)[65]. Das vorweltliche Verhältnis Jesu, des Sohnes Gottes, zu Gott, dem Vater, werden wir nie mit unserem Denken erfassen und in unseren Vorstellungen veranschaulichen können. Jede Spekula-
tion darüber ist uns untersagt. Alle geistreichen Versuche im Laufe 5
der Kirchengeschichte, besonders in den trinitarischen Streitigkeiten des 3. und 4. Jahrhunderts, dies Geheimnis irgendwie gedanklich zu durchdringen und auszusprechen, sind in einem Irrweg geendet. Gott selber hat hier eine Schranke aufgerichtet, die wir nicht überschreiten dürfen. Aber das wunderbare Geheimnis der ewigen Verbundenheit zwischen Gott, dem Vater, und Jesus Christus, dem Sohn, ist unaufgebbare Glaubenserkenntnis der Gemeinde durch den Heiligen Geist, die immer wieder bezeugt werden und die Gläubigen zu ehrfürchtiger Anbetung führen soll.

Das Wort Ps 2, 7 wird unmittelbar mit einem Zitat aus 2 Sam 7, 14 verbunden, das in der gleichen Art gedeutet wird. Ursprünglich bezieht es sich auf David und seine Nachkommenschaft: **„Ich will ihm Vater sein, und er soll mir Sohn sein."** Auch Engel können im AT als „Söhne Gottes" angesprochen werden[66]. Aber weder die Engel noch

Zu Vers 13:
Ps 110, 1
Mt 22, 44
Mt 26, 64
Apg 2, 34. 35
1 Ko 15, 25
Eph 1, 20
Hbr 10, 13
Offb 3, 21

Zu Vers 14:
1 Kö 19, 5—7
Ps 34, 8
Ps 91, 11. 12
Ps 103, 20. 21
Da 6, 22
Mt 4, 11
Mt 18, 10
Mt 26, 53
Lk 2, 13. 14
Lk 16, 22
Lk 22, 43
Jo 1, 51
Jo 20, 12
Apg 5, 19—25
Apg 10, 3
Apg 12, 3—15

[65] Das NT kennt das „Heute" auch als Ausdruck für die Zeit des Heils, die Zeit der Gemeinde, in der allen Menschen die frohe Botschaft zur ewigen Rettung verkündet wird. Lk 2, 11; 4, 21; 2 Ko 6, 2; Hbr 3, 7; 4, 7.

[66] Im masoretischen Text finden wir die Lesart „Söhne Gottes" 1 Mo 6, 2; Hio 1, 6; 2, 1; 38, 7; Ps 29, 1; 89, 7; Da 3, 25. In Hio 1, 6; 2, 1 und 38, 7 übersetzt LXX „Engel Gottes", sonst auch „Söhne Gottes".

Salomo als Nachkomme Davids tragen im Vollsinn des Wortes die Bezeichnung „Sohn", denn sie sind alle geschaffene Wesen aus Gottes Hand. Nur Jesus Christus kommt dieser Name zu, er ist der Sohn von Ewigkeit. Engel oder Menschen, die im AT den Sohnesnamen tragen, weisen also bereits über sich hinaus auf die kommende messianische Zeit. Auch hier begegnen wir wieder der vorlaufenden Offenbarung Gottes im Alten Bund, die erst mit der Menschwerdung Jesu ihren Abschluß und ihre Erfüllung gefunden
6 hat. Im AT hatte **der Erstgeborene** den Vorrang unter seinen Brüdern. Er war der geliebte Sohn, ihm fiel das zweifache Teil des Erbes zu (5 Mo 21, 17). Er herrschte in der Familie, ihm waren die jüngeren Brüder untertan. Auch Jesus Christus ist als der Erstgeborene (Lk 2, 7) der geliebte Sohn (Mk 1, 11); so sagt der Herr selber im Weinbergsgleichnis: „Da hatte er noch Einen, den geliebten Sohn. Ihn sandte er als letzten zu ihnen" (Mk 12, 6). Christus ist der unvergleichlich von Gott Geliebte, dem die Regierung der Welt übertragen ist. Darum ist er nicht nur der „König Israels" (Jo 1, 49), sondern ihm werden alle Könige und Herrscher der Erde untertan sein (Offb 19, 16). Diesem Erstgeborenen, dem Sohn Gottes, stellt der Vater die „Gemeinde der Erstgeborenen" zur Seite (Hbr 12, 23), Menschen, die den „Geist der Sohnschaft" (Rö 8, 15) empfangen haben, eine Schar wesensmäßig gleichgestalteter Brüder, unter denen Christus der Erstgeborene ist (Rö 8, 29). Der Erstgeborene ist der Geliebte und Erwählte, der zur Herrschaft berufen ist. Ebenso ist die Gemeinde der Erstgeborenen, die Gemeinde Jesu, eine Schar der Geliebten und Erwählten, die an der Herrschaft des Sohnes Anteil haben wird (Offb 20, 6; 22, 5). Der Erstgeborene hat den himmlischen Dienst des Königs und Priesters; in gleicher Weise sind auch die Glieder der Gemeinde der Erstgeborenen von Gott zu Königen und Priestern gemacht worden (Offb 1, 5–6; 5, 10). Darin findet die Einheit des Erstgeborenen mit der Gemeinde der Erstgeborenen ihren vollkommenen Ausdruck, daß die im AT geweissagte Einheit von Königtum und Priestertum (Sach 6, 13) in Christus erfüllt wird und in der vollendeten und verherrlichten Gemeinde zum Abschluß kommt (vgl. auch den Zusammenhang von Ps 110, 1 und 4).

„Wenn er aber aufs Neue den Erstgeborenen in die Welt einführt . . ." Diese erneute Einführung des Sohnes in die Welt ist eine Tat Gottes[67]. Als Jesus Christus in Bethlehem geboren wurde, kam

[67] Das grie Wort *oikuménä*, das hier mit „Welt" übersetzt wird, bedeutet ursprünglich die bewohnte Erde, den Erdkreis, und dient Lk 2, 1 zur Umschreibung des röm. Weltreiches. Es kann aber auch Ausdruck für die gesamte Welt, die Menschheit und die Bereiche der Geister sein. In unserem Zusammenhang dürfen wir es wohl nicht nur auf die sicht-

der Sohn Gottes aus der Ewigkeit in unsere irdische Welt, um mit uns Menschen zu leben und für uns zu sterben. Nach seiner Auferstehung ging er erneut in die himmlische Welt zurück, um dort die Huldigung der Engelmächte zu empfangen (Offb 4 und 5). Wenn Jesus Christus in Herrlichkeit wiederkommt, wird die „Wiedereinführung" in unsere sichtbare Welt erfolgen[68]. Für die Vorstellung des Apostels gehört zur Erhöhung Christi zum Weltherrscher notwendig die Huldigung bei seiner Thronbesteigung. Das Irdische wird zum Abbild des Himmlischen. Was jetzt bereits — unseren Augen verborgen — in der Himmelswelt geschieht, wird bei der Wiederkunft Jesu allen offenbar werden: **Alle Engel Gottes sollen ihn anbeten.** Jetzt erfolgt die Offenbarung und Darstellung des Sohnes Gottes vor den Engeln und der verherrlichten Gemeinde, den „Geistern der vollendeten Gerechten" (Hbr 12, 23), bei der Wiederkunft Jesu aber vor dem gesamten Kosmos.

Gottes Wort im Alten Bund weist nicht nur auf den kommenden 7
Christus hin, es klärt auch sein Verhältnis zu den Engeln. **Von den Engeln sagt er zwar auch: „Der seine Engel zu Winden macht und seine Diener zur Feuerflamme."** Das Zitat Ps 104, 4 ist wieder wörtliche Anführung aus LXX. Der hebr Text heißt an dieser Stelle: „Der die Winde zu seinen Boten bestellt, zu seinen Dienern Lohe und Feuer." Der hebr Text ist durch die Übersetzung in seinem ursprünglichen Sinn erweitert und vertieft. Gott ist nicht nur der Herr der Naturgewalten, der alle physikalischen Kräfte und Erscheinungen in seinen Dienst zu stellen vermag, der in der Feuerflamme erscheint (2 Mo 3, 2) und Wind und Meer gebietet (Mt 8, 26 f), ihm stehen auch die Engelmächte zur Verfügung. Er gibt ihnen den Auftrag, und diesem Auftrag wird auch jeweils ihre Gestalt angepaßt. Gott verfügt in seiner Allmacht über unendlich viele Möglichkeiten. Wenn auch hier unser menschliches Vorstellungsvermögen versagt, so öffnet die Bibel uns doch den Blick für die g a n z e Wirklichkeit: Unsere sichtbare Welt ist durchdrungen, umgeben und getragen von der Wirklichkeit der nichtgegenständlichen Welt der Herrlichkeit Gottes und seiner Engel. Das Zitat sagt von Gott: E r m a c h t seine Engel zu Winden. Hier begegnet uns wieder das grie Wort *poiein* (machen, tun) als Ausdruck des souveränen Handelns Gottes, mit

bare Welt beschränken; schon die Wahl des Zitates legt nahe, hier an Menschen- und Engelwelt zu denken. Darauf weist auch der Gebrauch des Wortes Hbr 2, 5. Vgl. W—B 1958[5]; Sp. 1111; Ki—Th W Bd. 5, S. 159 ff.

[68] Manche Ausleger, u. a. Calvin, übersetzen: „Und abermals, wo er den Erstgeborenen einführt in die Welt, spricht er: . . ." und denken dabei an den Lobpreis der Engel bei der Menschwerdung Jesu. Vgl. Strack/Zöckler, Kurzgefaßter Kommentar, Hbr ausgelegt von R. Kübel, 1898[2], S. 93.

dem in den Versen 2 und 3 Gottes allmächtiges Wirken in Schöpfung und Erlösung beschrieben wird. Dem Gott, der so Gewaltiges geschaffen hat, stehen unerschöpfliche Möglichkeiten im Blick auf Dienste und Offenbarungen durch Engel zu Gebote[69].

8/9 Die Überlegenheit Jesu über die Engel ist aber nicht nur durch seine überragende Würde als Gottessohn begründet, sondern zugleich in seiner Macht als himmlischer König. Mit den Worten von Ps 45, 7—8 verdeutlicht der Apostel seine Aussage, die er in V. 3 über Christus gemacht hat: „Er hat sich gesetzt zur Rechten der Majestät in der Höhe."

Ps 45 ist ein Hochzeitslied für den König. „Singen will ich mein Lied dem König" (Ps 45, 2). In Vers 7 des Psalmes heißt es nun: **Gott, dein Thron besteht von Ewigkeit zu Ewigkeit** (vgl. Kla 5, 19). Im AT bezeichnen aber niemals Menschen einen anderen Menschen (selbst bei der Krönung des Königs nicht!) als Gott. Gerade Israel kennt den weiten Abstand, der Gott und Menschen voneinander trennt. Wohl kann Gott einzelnen Menschen etwas von seiner göttlichen Würde beilegen[70], aber niemals wird die Distanz zu Gott dadurch aufgehoben[71]. In Ps 45 vertritt der irdische König den himmlischen König. Was hier dem König Israels zugesprochen wird, trifft nicht in vollem Sinn auf ihn zu; es gilt dem himmlischen König und findet seine Erfüllung in Jesus Christus.

Während alle irdischen Reiche einander ablösen und vergehen, währt einzig Jesu Herrschaft in alle Ewigkeit. Dieser den ganzen Lauf der Weltgeschichte umspannende Gedanke klingt auch in den Worten von Ps 102 an, die der Apostel im 12. Vers anführt: „Du aber bleibst derselbe!" und gipfelt in dem trostvollen Bekenntnis Hbr 13, 8 „Jesus Christus ist gestern und heute derselbe und in Ewigkeit!"

Jesus Christus, der *ewige* König der Herrlichkeit, ist auch ein *gerechter* König. Um seiner absoluten Gerechtigkeit wil-

[69] O. Michel, S. 57: „Zum Wesen des Engels gehört, daß seine Gestalt dem Dienst angeglichen wird. Gott selbst bestimmt den Auftrag und die Art seiner Erfüllung. *Der Engel ist seiner nicht mächtig, sondern er weist zurück auf den, der hinter ihm steht.* Der Satan vermag seine Gestalt zu verändern, aber hinter diesem Wechsel seiner Gestalt steht nicht Gott als Auftraggeber, sondern eine bestimmte Dämonie, List und Verschlagenheit" (1 Mo 3; 2 Ko 11, 14 f).

[70] Vgl. 2 Mo 21, 6; 22, 27; Ps 82, 6 und Jo 10, 34.

[71] Auch im NT gibt es eine Anzahl Worte, die die einzigartige Stellung der Kinder Gottes hervorheben, ohne aber dadurch von seiten des Menschen zu einer vertraulichen Annäherung Gott gegenüber oder zu einer unzulässigen Grenzüberschreitung zu führen: z. B. Christus nennt die Gläubigen seine Brüder (Mt 12, 49—50; Hbr 2, 11), aber er bleibt dabei doch für alle Ewigkeit der „Erstgeborene unter vielen Brüdern" (Rö 8, 29). Niemals bezeichnet jedoch das NT Christus als unseren „Bruder". Vgl. auch Rö 8, 14. 17; Gal 4, 6; 1 Jo 3, 2; ähnlich Mt 23, 8.

len, mit der er regiert und das Urteil spricht, ist ihm das Amt des Weltenrichters übertragen[72]. Was Jesus Christus in seinem Erdendasein verwirklicht hat, den Sünder zu lieben, die Sünde zu hassen, den Zerbrochenen aufzurichten und den Heuchler zu entlarven — diese seine unbestechliche Gerechtigkeit wird am Ende der Tage offenbar werden, wenn er „den Erdkreis in Gerechtigkeit richten wird" (Apg 17, 31)[73]. Immer wieder bezeugen die Apostel, daß es zur königlichen Herrschaft Jesu gehört, daß er als der Weltenrichter wiederkommen wird. Dann wird er die einen gerechtsprechen, weil sie an ihn, den Herrn und Retter, geglaubt haben (Jo 5, 24); die anderen, die nicht an ihn geglaubt haben, wird er verurteilen (Mk 16, 16). Gerade in der Situation der Bedrängnis und Verfolgung, in der die Gemeinde menschlichen Richtern ausgeliefert ist, die Gottes Wort und seinen Urteilsspruch nicht kennen, verleiht das Wissen von dem Kommen des gerechten Königs den Gläubigen das Bewußtsein der Geborgenheit und des Trostes. Nicht mit dem knechtischen Gefühl der Schadenfreude des Unterlegenen, der auf die Niederlage seines Bedrückers wartet, wohl aber mit heiliger Vorfreude wartet die Gemeinde in der Zeit des Leidens auf den Siegestag Jesu Christi, an dem die verborgene Gerechtigkeit Gottes offenbar werden wird.

Auch von der Salbung des Königs spricht das Psalmwort. Im AT war sie Sinnbild für die Mitteilung göttlicher Kraft und Vollmacht, zugleich Bestätigung des himmlischen Auftrages, der aber auch — wie wir es von Saul wissen — wieder von einem Menschen genommen werden kann. König, Hoherpriester und Prophet empfingen die Salbung[74]. Daß schon im AT der kommende Herr und Richter der Welt als der Gesalbte gesehen wird, erinnert daran, daß Christus diese drei Ämter in seiner Person vereinigt und von Gott Kraft und Vollmacht zu seinem Dienst empfängt. In den atst Worten, die in Vers 5 angeführt werden, ist Christus der Sohn; in Vers 8
wird er als Gott angesprochen, in Vers 10 begegnet er uns als der 10
Herr. **Du, Herr, hast am Anfang die Erde gegründet, und die Himmel sind Werke deiner Hände.** Das ist ein Wort aus Psalm 102, 26, in dem Gott als der Herr der Schöpfung angeredet wird. Hier können wir einer zweifachen Denkbewegung nachspüren, die der Apostel

[72] Luther hat in seiner Auslegung des Hbr zu V. 8 gesagt: Das Zepter ist nichts anderes als eben das Evangelium oder Wort Gottes selbst, während die anderen Reiche mit dem krummen Zepter der Ungerechtigkeit regiert werden (J. Ficker II 10, 19).

[73] An die Unbestechlichkeit des himmlischen Richters, der keinem menschlichen Irrtum unterliegt, vor dem aber auch alle verborgene Schuld der Menschen noch einmal aufgedeckt werden wird, denkt auch Hbr 13, 4.

[74] Vgl. zur Salbung des Hohenpriesters 3 Mo 8, 12; zur Salbung des Propheten 1 Kö 19, 16; Jes 61, 1 und Lk 4, 17 ff; zur Salbung des Königs 1 Sam 10, 1; 16, 13; 1 Kö 19, 15. 16.

beim Schreiben seines Briefes vollzieht. In Vers 2 hat er als grundlegende Glaubenserkenntnis der Gemeinde herausgestellt, daß Christus der Weltenschöpfer ist. Gott hat durch ihn die Welten geschaffen. Diese ntst Erkenntnis verhilft ihm zum rechten Verständnis des atst Wortes. Die Verse Psalm 102, 26–28 (LXX) werden von der theologischen Aussage Hbr 1, 2 her gedeutet. Umgekehrt sind die atst Worte dem Apostel Bestätigung und Vergewisserung seiner durch den Heiligen Geist gewirkten Erkenntnis von der Schöpfermacht Jesu Christi.

11 Der Herr, von dem Psalm 102, 26 spricht, ist niemand anders als
Jesus Christus. **Sie werden vergehen, du aber bleibst:** Weltschöpfung und Weltende treten einander gegenüber; in gleichem Maße ist Christus an beiden beteiligt. So wie uns die Worte „am Anfang" an 1. Mose 1, 1 erinnern, so weisen uns die Worte „sie werden vergehen" auf Offb 21, 1–2. Die Menschen des Alten und des Neuen Bundes haben einen nüchternen Blick für die Wirklichkeit; sie wissen, daß diese Welt nicht ewig bestehen bleiben wird. Das prophetische Wort sagt uns, daß Katastrophen unsere Welt bis in die Grundfesten erschüttern werden. Jesus selber hat gesagt: „Himmel und
Erde werden vergehen." Aber Jesus Christus wird da sein, auch
12 dann, wenn diese Welt nicht mehr existiert: „Du aber bleibst." **Alle**
werden wie ein Kleid veralten, und wie einen Mantel wirst du sie zusammenrollen, wie ein Gewand werden sie gewechselt werden. Die Bildersprache des AT, die die Propheten besonders geliebt haben, findet ihre Fortsetzung im NT. Das Bild ist Vergleich und Hinweis auf eine ihm entsprechende Wirklichkeit. So wie ein Mensch in der Antike eine Schriftrolle oder auch sein Obergewand zusammenrollt und beiseite legt, so wird Jesus Christus in göttlicher Vollmacht der Geschichte dieser Welt ein Ende setzen. **Du aber bleibst derselbe, und deine Jahre nehmen kein Ende.** Das ist der Höhepunkt der atst Aussage, die sich der Apostel zu eigen macht[75]. Christus steht am Anfang der Schöpfung und als der unveränderliche Herr auch an ihrem Ende. Er ist derselbe, gestern, heute und in Ewigkeit (Hbr 13, 8). Er ist keinem Wechsel und keiner Veränderung unterworfen wie die Engel (V. 7), auch nicht der Vergänglichkeit von Himmel und Erde (V. 10–11).

13 **Zu welchem der Engel hat er jemals gesagt: „Setze dich zu meiner**
Rechten, bis ich deine Feinde zum Schemel deiner Füße lege?" Geradezu triumphierend klingt das Wort des Apostels, mit dem er

[75] Auch hier begegnet uns der zweifache Gedankenschritt des Apostels: Hbr 13, 8 liefert als theologische Aussage die Begründung für die Auslegung von Ps 102, 26–28 auf Jesus Christus hin. Andererseits bestätigt ihm dieser Abschnitt des AT die Ewigkeit des Christus.

seinen biblischen Beweis für die unvergleichliche Erhabenheit des Sohnes Gottes abschließt. Die Würde und Macht, die der Sohn vom Vater empfangen hat, wird keinem Engel zuteil[76]. Der „Herr", der in diesem Wort der Weissagung des AT angeredet wird, ist niemand anders als Jesus Christus selbst. Er steht am Anfang der Welt, aus seinen Händen ist sie hervorgegangen (V. 10), er wird auch an ihrem Ende stehen (V. 11—12), und seine königliche und richterliche Gewalt (V. 8—9) wird darin sichtbar werden, daß er über alle seine Feinde triumphieren wird. Hbr 10, 13 führt noch einmal Ps 110, 1 an und zeigt durch die Einfügung der Worte „e r w a r t e t f o r t a n, bis seine Feinde zum Schemel seiner Füße gemacht werden", daß die Unterwerfung der Feinde durch Gott, den Vater, vollzogen werden wird. Entscheidend ist, daß am Ende der Welt- und Gottesgeschichte der Sieg Jesu stehen wird. Wer mit den Feinden gemeint ist, wird hier nicht näher beschrieben. Wir dürfen die Antwort auf unsere Frage deshalb im umfassenden biblischen Sinne geben. Hbr 2, 14 sagt uns, daß Jesus Christus durch sein Sterben am Kreuz den Gewalthaber des Todes, nämlich den Teufel, besiegt, vernichtet — das bedeutet hier: entmächtigt — habe. Das bringt uns in die Nähe von 1 Ko 15, 25 ff, wo Paulus ebenfalls die Niederwerfung aller Feinde Gottes bezeugt und sagt: „Als letzter Feind wird der Tod zunichte gemacht." Mit den Feinden Gottes und Christi ist aber sicher nicht nur der Teufel als Gewalthaber über den Tod gemeint. Zu seinem Gefolge gehören auch die abtrünnigen und feindlichen Engel. Paulus erinnert die Gläubigen daran: „Wißt ihr nicht, daß wir Engel richten werden?" (1 Ko 6, 3). Damit sind nicht die Engel gemeint, von denen in unserem Kapitel und besonders Hbr 1, 14 die Rede ist, die Boten Gottes, die seinen Willen ausrichten, sondern hier meint er die von Gott abgefallenen Engel, die zur Gefolgschaft Satans gehören (2 Pt 2, 4; Jud 6; Offb 12, 7—9), die kein Heimatrecht mehr in der Herrlichkeit Gottes besitzen und in ihrer Auflehnung gegen Gott sein Schöpfungs- und Erlösungswerk zu hindern versuchen. Ebenso haben wir die kosmischen Gewalten, die Dämonen und finsteren geistigen Mächte[77] zu den Feinden des Christus zu zählen. Das sind die okkulten Mächte und Kräfte, die zerstörend in

[76] Ps 2 und Ps 110, die in besonderer Weise vom Königtum und Hohenpriestertum des Sohnes Gottes sprechen, haben auch im NT besondere Bedeutung. Ps 2, 7 wird Hbr 1, 5; 5, 5; 7, 28 zitiert; Ps 110, 1 in Hbr 1, 3. 13; 8, 1; 10, 12. 13; 12, 2 angeführt und Ps 110, 4 in Hbr 5, 6. 10; 6, 20; 7, 3. 11. 15. 17. 21. 24. 28 erwähnt.

[77] Eph 6, 12 nennt Paulus als feindliche Gewalten *árchai, exusíai, kosmokrátores tu skótus tútu, ta pneumatiká täs ponärías*; d. h. Gewalten, Mächte, Weltbeherrscher der Finsternis, Geister der Bosheit; vgl. die Aufzählungen Eph 1, 20—22; 2, 2; Kol 1, 16; 2, 15. Eine ausführliche Untersuchung der biblischen Aussagen über die unsichtbaren Mächte findet sich bei H. Schlier, Mächte und Gewalten im Neuen Testament, Freiburg 1959[2].

unser menschliches Leben einwirken und mit denen wir auf keinen Fall Verbindung aufnehmen dürfen. Alle diese Mächte, die die Gemeinde des Herrn anfechten, die Ausbreitung des Evangeliums hemmen und die Gläubigen auf dem Weg der Nachfolge zu Fall bringen wollen, werden eines Tages endgültig überwunden sein. Wir erinnern uns daran, daß unser Brief sich an eine Gemeinde richtet, die Not und Bedrängnis erlebt hat und mit einer schweren Verfolgung rechnen muß. Der Apostel weiß, daß hinter der feindlichen Gewalt staatlicher Mächte der Widersacher Gottes steht[78]. Nun kann er mit dem Wort des AT der Gemeinde versichern, daß ihr Leidensweg und die scheinbare Überlegenheit der Christusfeinde ihrem Ende zugehen. Die Endzeit wird die große Wendung und Entscheidung bringen. Dann wird nicht nur das Ende alles Irdischen kommen, sondern auch die Offenbarung des Sieges Jesu Christi und die sicht-
14 bare Aufrichtung seiner Herrschaft[79]. Noch einmal wird der Gedanke von Vers 7 aufgegriffen und im Gegenüber zur Herrscherstellung des Sohnes das Wesen der Engel als dienender Geister gekennzeichnet: **Sind sie nicht alle dienstbare Geister, die zum Dienst ausgesandt werden für die, die das Heil erben sollen?** Von dieser Feststellung werden die von Gott abgefallenen Engel nicht betroffen. Hier handelt es sich um die Gott zu gehorsamem Dienst unterstellten himmlischen Wesen. Wenn auch die Bibel Unterschiede in Auftrag und Erscheinungsform der Engel kennt, ebenso eine Hierarchie der Engel, sind ihnen allen doch drei Merkmale gemeinsam:

Ihr Dienst vollzieht sich fortwährend in der Gegenwart Gottes (Mt 18, 10), er gleicht dem priesterlichen Dienst in Dank, Lobpreis und Anbetung (Jes 6, 2 f; Offb 5, 11 f; 8, 3 f). Darum gebraucht der Apostel hier für die nähere Bezeichnung des Dienstes der Engel das grie Wort *leiturgiká pneúmata*; in seiner Form als Zeitwort kennzeichnet es im Hbr immer den priesterlich-kultischen Dienst[80].

Darüber hinaus sind alle Engel Christus untertan. Er ist der sendende Herr, der ihren Dienst bestimmt (vgl. Offb 1, 1).

[78] O. Michel, S. 60: „Auffallend ist, daß unser Brief, der doch wahrhaftig menschliche Widersacher genug kennt, von den irdischen Verfolgern der Gemeinde so gut wie ganz schweigt; Hbr 10, 32—39 spricht von dem, was die Gemeinde erduldet und nicht von dem, was die Menschen ihr angetan haben. Es ist Anerkennung und Bestätigung des Leidens durch das Wort, nicht aber Anklage und Verteidigung vor Menschen."

[79] J. Calvin, S. 15: „Fragt man aber, ob nach Niederwerfung der Feinde das Reich Christi zu Ende gehen wird, so antworte ich: es wird bleiben, aber in der Weise, wie Paulus (1 Ko 15, 25 ff) es ausspricht. Denn wiewohl Gott, der jetzt nur in Christus erkannt sein will, uns dann durch sich selbst erscheinen wird, so wird doch deswegen Christus nicht aufhören, das Haupt der Menschheit und der Engel zu sein, und seine Ehre keine Verminderung erfahren."

[80] Vgl. Erich Schick, Die Botschaft der Engel im Neuen Testament, Wuppertal 1963, S. 16 f.

Schließlich teilt der Apostel hier einen wichtigen Tatbestand mit, der für die Gläubigen in der Anfechtung, in Not und Gefahr von größter Wichtigkeit ist: Alle Engel werden von Christus zum Dienst an den Gläubigen, den Gliedern seiner Gemeinde, ausgesandt. Haben wir in die Gemeinschaft mit dem auferstandenen Herrn Jesus Christus gefunden, sind wir „Erben Gottes und Miterben Christi" (Rö 8, 17) geworden und damit berufen, „das Heil zu erben", dann dürfen wir auch allezeit mit dem Schutz und der Bewahrung durch Gottes Engel rechnen, solange wir auf Gottes Wegen gehen.

Mt 18, 10 und Hbr 1, 14 machen uns deutlich, daß jedes Kind und jeder Erwachsene, der zur Gemeinde Jesu Christi gehört, seine Engel hat. Jesus Christus — Sohn, Gott und Herr, hat nicht nur ein vollkommenes Werk in Schöpfung und Erlösung vollbracht, sondern er weiß auch die Gemeinde der Erlösten unter dem Geleit seiner Engel sicher ans Ziel zu bringen.

Zusammenfassung

Die Verse 5 und 14 umspannen den ganzen Gedankengang dieses Abschnittes und lassen das Thema erkennen, das den Verfasser des Hbr bewegt: Jesus Christus, das menschgewordene Wort Gottes, Höhepunkt aller Gottesoffenbarung, ist allen himmlischen Mächten und Wesen überlegen. Der Apostel kennt aus dem Zeugnis des AT die Bedeutung der überirdischen Boten Gottes: Sie sind Gottes Diener, die in der ewigen Welt Gott anbeten und lobpreisen (V. 6 und 14) und die zugleich in wandelbarer Gestalt (V. 7) den Weg des wandernden Gottesvolkes auf Erden begleiten. Aber nun ist es ihm noch wichtiger, daß er auch schon im AT die unvergleichliche Stellung des Christus bestätigt findet. Darin offenbart sich für ihn Größe und Grenze des AT zugleich. Das schriftliche Gotteswort des Alten Bundes (Ps 2; Ps 45; Ps 102; Ps 110) weiß in seinen Augen von Christus als dem Sohn Gottes (V. 5), als Gott (V. 8) und Herrn (V. 10) zu reden. Er hat am Anfang Himmel und Erde geschaffen (V. 10), und er wird derselbe bleiben, wenn sie am Ende der Geschichte wieder vergehen (V. 11 f). Er wird König, Priester und Prophet sein, der durch seinen stellvertretenden Opfertod alle Gottesverheißungen zur Erfüllung bringen und sein ewiges Königreich aufrichten wird (V. 8 f). Aber all das bleibt auf dem Boden des Alten Bundes Prophetie, wird nur in verhüllter Form mitgeteilt. *Jetzt aber ist Christus in die Welt gekommen*, und die wunderbaren Zusagen Gottes haben sich in ihm erfüllt. Der Sohn Gottes ist in Wahrheit größer als alle Mittler göttlicher Offenbarung, größer als alle Wesen in der sichtbaren und unsichtbaren Welt.

Diese Gewißheit, die der Heilige Geist dem Apostel im Wort des AT erschließt, verleiht ihm das Bewußtsein absoluter Geborgenheit. Darum geht es ihm in dem Dienst, den er an der Gemeinde auszurichten hat: Der Blick des Glaubens soll auf den ewigen Sohn Gottes gerichtet sein – inmitten Bedrängnis, Not und Verfolgung. Das Wissen um die unüberbietbare Größe und Majestät des Christus, des Herrn der Gemeinde, dem alle irdischen und überirdischen Mächte unterworfen sind, soll den Gläubigen helfen, aus den unerschöpflichen Quellen der Kraft Gottes zu leben und durch alle Anfeindungen von außen und alle Anfechtungen von innen getrost den Weg der Nachfolge zu gehen.

3. Die Überlegenheit des Menschensohnes über die Engel

Hbr 2, 1–18

A. Die Größe unserer Verantwortung

Hbr 2, 1–4

Zu Vers 1:
Apg 8, 6. 12
2 Pt 3, 17
Spr 3, 21 LXX
Mt 7, 24–27
1 Ko 3, 11–15
Zu Vers 2:
5 Mo 33, 2 LXX
Apg 7, 38. 53
Gal 3, 19
Jo 1, 17
Zu Vers 3:
Hbr 10, 28. 29
12, 25
Mt 3, 7. 8
Mt 22, 5
Hbr 4, 2
Mk 1, 14
Apg 10, 37. 38
Apg 1, 21. 22
1 Ko 15, 5–8

1 **Darum müssen wir um so mehr auf das Gehörte achten, damit wir**
2 **nicht am Ziel vorbeigleiten. * Denn wenn das Wort, durch Engel**
verkündigt, rechtskräftig wurde, und jede Übertretung und jeder
3 **Ungehorsam seine gerechte Vergeltung empfing, * wie werden wir**
entfliehen, wenn wir ein so großes Heil mißachten? Es nahm sei-
nen Anfang, als es von dem Herrn verkündigt wurde; von denen,
die es gehört haben, ist es auf uns zuverlässig überliefert worden.
4 *** Dabei gab Gott selbst Zeugnis durch Zeichen und Wunder und**
durch vielerlei machtvolle Taten und Zuteilungen des Heiligen
Geistes nach seinem Willen.

In dem vorausgegangenen Abschnitt hat der Verfasser unseres Briefes die Überlegenheit des Gottessohnes über die Engel betont. Der gleiche Gedanke schwingt auch Hbr 2, 1–4 in dem Gegensatz nach: „Das Wort, das durch Engel geredet wurde" und „das Heil, das durch den Herrn verkündigt wurde[81]". Die Erkenntnis der Größe Jesu veranlaßt hier den apostolischen Autor zu einer kurzen, aber eindringlichen Ermahnung der Gläubigen. Alle seine Mahnungen

[81] Vers 1 mit seinem einleitenden „Darum" schließt unmittelbar an Hbr 1, 14 an und hebt deutlich hervor, daß unser Abschnitt die Schlußfolgerung aus dem Vorhergehenden darstellt. In Hbr 6, 1; 12, 12. 28 und 13, 12 beginnt er in gleicher Weise seine Mahnungen, nur gebraucht er anstatt des grie *diá túto* von Hbr 2, 1 an den anderen Stellen die kürzere Form *dió*. Jedesmal zieht er aus dem Vorhergesagten eine entsprechende Schlußfolgerung.

weisen in die Richtung des Wortes Jesu: „Von jedem, dem viel gegeben ist, wird viel gefordert werden, und wem man viel anvertraut hat, von dem wird man desto mehr verlangen“ (Lk 12, 48). Israel wurde die Offenbarung des Alten Bundes anvertraut und damit eine große Verantwortung gegenüber den anderen Völkern auferlegt. An dieser Verantwortung ist Israel gescheitert. Der Gemeinde ist viel mehr als Israel anvertraut, damit aber auch eine viel größere Verantwortung übertragen. Sie hat in der Menschwerdung des Wortes Gottes in Jesus Christus etwas empfangen, was jede Offenbarung Gottes an Israel weit übersteigt und niemals überboten werden kann. Jesus Christus ist in Wahrheit die „unaussprechliche Gabe“ (2 Ko 9, 15)! Daraus erwächst für die Gemeinde eine unausweichliche Verantwortung: **Darum müssen wir[82] um so mehr auf das Gehörte achten!** Der Apostel unterscheidet in seinem Brief deutlich zwischen einer evangelistisch-missionarischen Verkündigung, durch die Menschen zum Glauben an Jesus Christus gerufen, in der die Grundlagen für das Leben in der Nachfolge gelegt werden (Hbr 6, 1–2), und einer vertiefenden Unterweisung für Gläubige (Hbr 5, 12–14), die der gesunden Entfaltung des geistlichen Lebens dient. In unserem Vers ist „das Gehörte“ die erweckliche Predigt, die die Hebräerchristen zum Glauben an Jesus Christus rief und den Gläubiggewordenen Hilfe für die ersten Schritte im neuen Leben bot. Daran sollen sie festhalten. Das apostolische Wort ist eine Mahnung an Gläubige, die von jeder Generation gehört werden muß: Es gibt Grundwahrheiten der Heiligen Schrift – der Hbr denkt dabei besonders an den Opfertod Jesu zu unserer Erlösung, Heiligung und Vollendung (Hbr 10, 8–18), auf denen unser Glaubensleben ruht, über die wir bei allem Wachstum in der geistlichen Erkenntnis nie hinausgelangen, ohne die wir nicht leben können. Wir sollen auf das Wort Gottes achten, uns täglich Zeit dafür nehmen, es aufmerksam lesen und hören, uns innerlich damit beschäftigen (Apg 17, 11). „Auf das Wort achten“ (grie *prosèchein*) ist nicht nur der Weg, um zum lebendigen Glauben an Jesus Christus zu kommen (Apg 8, 6. 12), sondern auch die notwendige Voraussetzung, um im Glauben zu bleiben.

Lk 1, 2
1 Ko 11, 23
1 Ko 15, 1–3
Rö 12, 6
Zu Vers 4:
Mk 16, 17. 18. 20
Apg 2, 43
Apg 4, 30
Apg 6, 8
Apg 14, 3
Apg 15, 12
Rö 15, 18. 19
Jo 3, 5
Apg 2, 38
1 Ko 12, 13
1 Ko 12, 4. 11

1

[82] Der Vf des Hbr kennt den Sprachgebrauch des „Wir“ grie *hämeis* in dreifacher Form:
a) Der Apostel gebraucht den „schriftstellerischen Plural“, um nicht seine eigene Person in den Vordergrund zu rücken, wenn er seine Leser anspricht: 5, 11; 6, 1. 3. 11.
b) Der Apostel schließt im „Wir“ sich und die Leser zusammen: 2, 1. 3. Was er den Gläubigen schreibt, gilt für ihn selbst in gleicher Weise.
c) Es gibt auch das „Wir“ im Bekenntnis der gläubigen Gemeinde, mit dem alle wahren Kinder Gottes gemeint sind: 3, 6. 14; 4, 15; 6, 20; 7, 26.
Darüber hinaus kennt das NT auch das „Wir“, in dem die ganze Menschheit, Gläubige wie Ungläubige zusammengeschlossen sind: Eph 2, 3 vgl. Rö 3, 23.

Warum haben wir unbedingt daran festzuhalten? Dem Apostel geht es darum, daß wir „das uns gesetzte Ziel nicht verfehlen[83]". Wer nicht im Worte Gottes lebt, begibt sich in Gefahr, vom rechten Weg abzukommen, im geistlichen Leben zu erlahmen und Irrlehren anheimzufallen. Aber noch viel mehr: Das Ziel des Christen besteht nicht nur darin, bekehrt und gerettet zu werden. Jesus hat gesagt: „Ich habe euch erwählt und gesetzt, daß ihr hingeht und Frucht bringt und eure Frucht bleibe!" (Jo 15, 16). Gottes Absicht ist es, die Gläubigen wesensmäßig umzugestalten, uns Jesus ähnlich zu machen (Rö 8, 29); sein Ziel ist es, daß Christus in uns Gestalt gewinnt (Gal 4, 19)! Die Gesinnung Jesu und seine Liebe sollen in unseren alltäglichen mitmenschlichen Beziehungen zutage treten (Phil 2, 5). So soll unser ganzes Leben zu einem Zeugnis des Evangeliums werden, durch das andere Menschen den Weg zu Jesus Christus finden. Paulus richtet seinen ganzen Dienst an den Gemeinden darauf aus, „jeden Menschen vollkommen in Christus darzustellen" (Kol 1, 28 f). Das ist das Ziel, auf das hin der Heilige Geist im Leben der Gläubigen wirkt, und dieses Ziel sollen wir nicht verfehlen. Es gibt im Leben der Christen die verhängnisvolle Möglichkeit, daß wir wohl bekehrt und wiedergeboren sein können und doch Gottes Wort überhören und seinen Willen in unserem Leben nicht verwirklichen. Dann bringt unser Leben keine Frucht für die Ewigkeit, dann wird der Gerichtstag des Herrn offenbaren, daß unser irdisches Leben einem Bau aus Holz, Heu und Stroh gleicht, der im Feuer verbrennt (1 Ko 3, 11–15)[84]; wir haben so das uns gesetzte Ziel verfehlt!

2 Weil der Apostel in der Geschichte Israels bereits die Grundlinien ntst Heilsgeschichte vorgezeichnet sieht, greift er zur Begründung der geistlichen Verantwortung der Gläubigen auf die atst Gottesordnungen zurück. Israel erhielt das Gesetz durch Vermittlung der Engel[85], die Gemeinde hat das Wort der Gnade durch den Sohn empfangen.

[83] Das grie Wort *pararýomai* kommt schon Spr 3, 21 LXX vor und heißt vorbeigleiten, weggerissen werden. Hier ist es bildhafter Ausdruck, der uns an Mt 7, 24–27 erinnert. Das Leben eines Menschen, der Gottes Wort nicht ernst nimmt, gleicht einem Haus, das auf Sand gebaut ist und von den Fluten des Stromes weggerissen wird. In unserem Zusammenhang richtet der Apostel seine Mahnung an die Glieder der Gemeinde. Das scheint der schwere Ernst des Schreibers zu sein: Entweder alles oder nichts!

[84] Karl Heim, Die Gemeinde des Auferstandenen, 1949, S. 47: „Paulus schildert den Fall, daß einer sein ganzes Leben verbrannt sieht, nichts, was er aufgebaut hat, bleibt, alles verbrennt restlos, sein Leben scheint ihm vergeudet und wertlos zu sein. Er flüchtet mit verbrannten Kleidern aus seinem Lebenswerk, er flüchtet in Gottes Schoß. Im Bild ausgedrückt: Während er von Feuerwehrleuten aus dem Stockwerk herausgehoben wird, stürzen die Balken hinter ihm krachend zusammen."

[85] Vgl. W. Stb. Gal S. 76.

Auch hier handelt es sich wieder um eine Erkenntnis, die in dieser Gestalt im AT noch nicht zu finden ist. Erst im spätjüdischen Denken haben sich verschiedene Traditionen herausgebildet, wie man sich wohl die Mitwirkung der Engel bei der Gesetzgebung am Sinai vorzustellen habe[86]. Die Tatsache der Anwesenheit und des Dienstes der himmlischen Wesen bei der Offenbarung Gottes am Sinai erweist sich für den Apostel als eine Erkenntnis, die der göttlichen Offenbarung gemäß ist und die er deshalb unter der Leitung des Heiligen Geistes übernehmen konnte. Im Unterschied zum Spätjudentum entwickelt er hier aber keine ins einzelne gehende Theorien.

Für die Einhaltung seiner Rechtsordnung in Israel hatte Gott sich selbst verbürgt: „Verflucht ist, wer nicht die Worte dieses Gesetzes in Kraft erhält, indem er danach tut" (5 Mo 27, 26; vgl. Gal 3, 10). Wer sich Gottes Wort entzieht, sich gegen Gottes Willen auflehnt, wer vorsätzlich Gottes Ordnung übertritt, den trifft Gottes gerechte Strafe, zu einer Zeit und in einem Maße, die Gottes Urteilsspruch allein vorbehalten sind. Gottes Gericht muß nicht dem Vergehen des Menschen auf dem Fuße folgen, aber es trifft ihn mit Sicherheit (1 Mo 15, 13–16; 44, 16; Jos 7).

Gottes Heiligkeit, die uns im AT entgegenleuchtet, ist im NT nicht 3
vermindert. Im Gegenteil: Der Gerichtsernst des Wortes Gottes ist durch die unbeschreibliche Größe des Heilsangebotes noch vertieft. Gottes Offenbarung will zu allen Zeiten der Heilsgeschichte ernst genommen sein. Aber je größer die Gabe, um so größer auch die Verantwortung: **Wie werden wir entfliehen, wenn wir ein so großes Heil mißachten?** Gott kommt selber in Jesus Christus zu uns (2 Ko 5, 19), er bietet sich selbst an, er schenkt Vergebung, neues Leben und Errettung im Gericht. Das, was dem Glaubenden hier auf Erden schon als unsichtbare geistliche Wirklichkeit zuteil wird, „daß Christus wohne in euren Herzen" (Eph 3, 17), wird in der Vollendung des Heils sichtbar zur Darstellung kommen (vgl. Rö 8, 24). Der Ausdruck „das Heil gering achten" (grie *ameléo*) wird uns Mt 22, 5 näher erläutert. Im Gleichnis von der königlichen Hochzeit schildert Jesus den gleichen Tatbestand, der auch den Apostel bei der Abfassung seines Briefes bewegt: Gott hat alles getan zum Heil der Welt, er sendet nun seine Boten, um verlorene Menschen in die Gottesgemeinschaft, in die ewige Freude der Herrlichkeit Gottes heimzurufen. Aber die Menschen gehen an „solch großem Heil" vorüber. Sie achten die irdischen Güter höher als das Leben mit Gott. Wer jedoch das Angebot der suchenden Liebe Gottes mißachtet, hat hin-

[86] St–B III, 554 ff.

fort keine Möglichkeit mehr, Gottes Gericht zu entfliehen.

Der Apostel spricht von einer bestimmten Weise, wie Gott das Heil in unsere Welt gegeben hat: Das ewige Heil der Menschen ist an das lebendige Wort Gottes gebunden! Jesus Christus, der Sohn Gottes und Herr der Welt, hat das göttliche Heil in seiner Person verkörpert und in seiner Predigt verkündigt. Mit seinem Leiden, Sterben und Auferstehen hat er allen Menschen den Zugang zum Heil eröffnet. Die Apostel, Zeugen des Auferstandenen, bilden das Fundament der Gemeinde (Mt 16, 18; Eph 2, 20) und werden Träger der Heilsbotschaft[87]. Wie das atst Offenbarungswort, das durch die Engel gesprochen wurde, sich als rechtskräftig erwiesen hat, so gilt auch vom ntst Heil, daß es „von den Aposteln für uns rechtskräftig vorgebracht wurde, rechtlich gültig gemacht wurde[88]". Gott selber hat ihr Wort bestätigt.

Aus der Gemeinde heraus ruft der Herr sich nun wiederum Menschen, denen er die zuverlässige Überlieferung seines Wortes anvertraut, deren Verkündigung er mit göttlichen Zeichen bekräftigt. In diesem Sinne sagt J. Schneider (S. 21): „Von den Aposteln ist das Wort des Christus zu der zweiten Generation gekommen, und so geht es durch treue Hände weiter bis an das Ende der Tage. Es ist dem Verfasser des Hbr wichtig, daß es eine Geschichte der Heilsverkündigung gibt. Die von Jesus selber mit der Verkündigung des Evangeliums beauftragten Jünger bürgen für die Treue der Überlieferung."

4 Gott bestätigt sein Wort. Er greift immer wieder in den Gang der

[87] H. Ridderbos, Begründung des Glaubens, Wuppertal 1963, S. 24 f: „Die Apostel nehmen in der Geschichte des göttlichen Heilshandelns eine einmalige, nicht wiederholbare Stellung ein. Vor allem haben sie die Aufgabe, Fundament der Kirche zu sein, weil sie nicht nur Empfänger, sondern auch Träger und Organ der Offenbarung sind, an die Christus für alle Zukunft seine Gemeinde bindet, auf die er sie gründet und baut ... Das Apostelamt ist demzufolge in das Heilshandeln Gottes, das in der ‚Fülle der Zeit' geschieht, aufgenommen, und seine Bedeutung in der Heilsgeschichte besteht, wie Petrus in Apg 10 näher entfaltet, darin, der Welt den Verlauf und die Wahrheit des Heilsgeschehens autoritativ und ausschließlich zu bezeugen und dafür einzutreten ... Die Apostel sind darum mit Vollmacht und Auftrag versehene Repräsentanten Christi, und sie sind dies in ganz einmaligem und ausschließlichem Sinne, nämlich als diejenigen, denen Jesus das Evangelium des Königreiches anvertraut hat. Sie sind Instrumente und Organe Jesu Christi im weiteren Verlauf der Offenbarung. Sie empfangen Anteil an der Sendung des Christus und bilden mit ihm den Felsen, das Fundament, die Säulen der Kirche (Mt 16, 18; Eph 2, 20; Gal 2, 9)."

[88] H. Schlier, Ki–Th W, I, 603, 15 ff — Das grie Wort *bebaiún*, das der Apostel in V. 2 und V. 3 gebraucht, heißt ursprünglich „festmachen, rechtskräftig werden", vgl. 1 Ko 1, 6. Die Rechtsgültigkeit des Wortes Gottes wird im AT und NT durch den Bundesschluß, grie *diatháekä*, bestätigt; vgl. auch Mk 16, 20. Wichtig ist, daß nach 2 Ko 1, 21 f die Bestätigung und Bekräftigung des Wortes Gottes durch die Versiegelung mit dem Heiligen Geist in unseren Herzen erfolgt.

Geschichte ein, er beglaubigt mit machtvollen Taten die Verkündigung des Evangeliums und verbürgt so die Gewißheit des Heils. Die Apostelgeschichte berichtet, wie Jesus Christus den Weg seiner Zeugen begleitet und seine Verheißungen wahrmacht (Mk 16, 17 f 20). Gottes Wirken durch seinen Heiligen Geist nimmt immer in irgendeiner Form sichtbare Gestalt an. **Zeichen und Wunder und machtvolle Taten** (vgl. Apg 14, 3 u. a.) sollen zeigen, daß die Erlösung durch Christus nicht nur Seele und Geist, sondern die ganze irdische Existenz des Menschen und schließlich auch die gesamte Schöpfung umfaßt (Rö 8, 19; Offb 21, 1). Sie dienen niemals dazu, das Sensationsbedürfnis wundersüchtiger Menschen zu befriedigen. Darum stehen Zeichen und Wunder nicht in der freien Verfügung des Menschen, sondern bleiben Gottes Willen und seiner Macht vorbehalten. Auch geschehen sie nicht um ihrer selbst willen, sondern begleiten nur die Verkündigung der Heilsbotschaft, sie empfangen von dorther ihre Sinngebung[89]. Schließlich gibt es eine Grenze, an der die Zweideutigkeit von Zeichen und Wundern deutlich wird, „denn auch antichristliche und dämonische Mächte können solche Zeichen tun, die einem göttlichen Handeln nachgebildet sind[90]".

Unter den **Zuteilungen des Heiligen Geistes** dürfen wir wohl im Zusammenhang unseres Textes Gottes gnädiges Wirken durch seinen Geist innerhalb der ntst Gemeinde in jeder uns im NT berichteten und von Gott gewollten Gestalt verstehen. Gott wirkt durch seinen Geist die Bekehrung des Menschen zu Christus und beschenkt ihn zugleich in der Wiedergeburt mit den Gaben des Heiligen Geistes[91]. Kennt das NT einerseits die Geistausgießung unter wunderbaren Begleiterscheinungen (Apg 2, 1 ff; 10, 44—46), so weiß es doch andererseits auch von einem erneuten Erfülltwerden mit dem Heiligen Geist zum bevollmächtigten Dienst und Zeugnis (Apg 4, 8; 13, 9). Zu den Mitteilungen des Heiligen Geistes haben wir auch die „Gnadengaben des Geistes" (grie *charismata*) zu zählen, die in der Gemeinde in Erscheinung treten. Sicher gibt uns der Apostel Paulus bei der Aufzählung der Geistesgaben (1 Ko 12, 4—11. 28—30) und der charismatischen Dienstämter der Gemeinde (Eph 4, 11) keine vollständige Liste, sondern nennt aus der Vielzahl nur eine Reihe besonders auf-

[89] Vgl. dazu K. H. Rengstorf, Ki—Th W Bd. 7, S. 199 ff, besonders S. 259 f. Zu den Wundern, die in der Apg berichtet werden, schreibt er u. a.: „Der Glaube lebt nicht vom Wunder, sondern vom Wort, dem allerdings das Wunder als Zeichen zu- und untergeordnet ist ... Es gibt in ihr (Apg) keine Schauwunder, sondern nur gehorsames und selbstloses Handeln in der Kraft Jesu um seinetwillen" (S. 238, 30 ff).

[90] O. Michel, S. 66. — Von Zeichen und Wundern, die nicht göttlichen Ursprungs sind spricht das NT Mt 7, 22; 24, 24; 2 Th 2, 9; Offb 13, 13 ff; 16, 14; 19, 20.

[91] Vgl. F. Laubach, Bekehrung und Wiedergeburt in biblischer Sicht, Wuppertal 1954, S. 17 f.

fallender Gaben[92]. Wichtig ist uns in diesem Zusammenhang die Übereinstimmung der Aussage von 1 Ko 12, 11 mit Eph 4, 7 und Hbr 2, 4, daß Christus allein Ausmaß und Art der geistlichen Begabung jedes einzelnen Gläubigen bestimmt.

Der ganze Reichtum unserer ewigen Erlösung, der uns in der Person unseres Herrn Jesus Christus gegeben ist und sich im Leben der Gemeinde entfaltet, wird hier mit wenigen Worten angedeutet. War auch das AT schon Offenbarung Gottes, so ist doch in Christus alles Bisherige überboten. Nun liegt es in der Verantwortung der Gläubigen, nicht auf dem Boden atst Gotteserfahrung stehenzubleiben, sondern sich immer neu mit der Fülle göttlicher Gaben beschenken zu lassen.

B. Erniedrigung und Erhöhung des Menschensohnes

Hbr 2, 5—18

Zu Vers 5: Hbr 6, 5; Eph 1, 21; 2 Pt 3, 13; Offb 21, 1
Zu Vers 6: Ps 8, 5—7
Zu Vers 8: 1 Ko 15, 27; Phil 3, 21; Hbr 10, 13; Mt 28, 18; Jo 3, 35; Jo 13, 3
Zu Vers 9: Phil 2, 8. 9; Hbr 3, 3; 5, 4. 5
Zu Vers 10: Rö 11, 36; 1 Ko 8, 6; Kol 1, 16; Offb 4, 11; Rö 8, 29. 30; Phil 3, 21; Kol 3, 3. 4; 1 Jo 3, 2; Apg 3, 15; Apg 5, 31

5 Denn nicht Engeln hat er die zukünftige Welt unterworfen, von
6 der wir reden. * Irgendwo bezeugt aber jemand: „Was ist der
Mensch, daß du seiner gedenkst? Oder der Menschensohn, daß
7 du dich seiner annimmst? * Du hast ihn ein wenig unter die En-
gel erniedrigt; mit Herrlichkeit und Ehre hast du ihn gekrönt;
8 * alles hast du unter seine Füße gelegt." Denn wenn es heißt:
„Alles ist ihm unterworfen", dann ist nichts ausgenommen, was
ihm nicht unterworfen wäre. Jetzt aber sehen wir noch nicht, daß
9 ihm alles unterworfen ist. * Wir sehen aber Jesus, der eine kurze
Zeit unter die Engel erniedrigt war, um des Todesleidens willen
mit Herrlichkeit und Ehre gekrönt, damit er durch Gottes Gnade
10 für jedermann den Tod schmecke. * Denn es ziemte dem, um
dessentwillen alles und durch den alles geschaffen worden ist,
dadurch viele Söhne zur Herrlichkeit zu führen, daß er den Ur-
11 heber ihres Heiles durch Leiden vollendete. * Denn sowohl der,
welcher heiligt, als auch die, die geheiligt werden, stammen alle
von einem ab; aus diesem Grunde schämt er sich nicht, sie Brüder
12 zu nennen, * und spricht: „Ich will deinen Namen meinen Brüdern
13 verkündigen, mitten in der Gemeinde will ich dich loben." * Und
weiter: „Ich will mein Vertrauen auf ihn setzen"; und weiter:
14 „Siehe, ich und die Kinder, die mir Gott gegeben hat." * Da nun
die Kinder an Fleisch und Blut Anteil haben, hat auch er selbst in
völlig gleicher Weise Anteil an ihnen bekommen, damit er durch
den Tod den Machthaber des Todes, das heißt den Teufel, ver-

[92] Vgl. W. Stb. Eph S. 144 und 146 f.

15 **nichtete * und die erlöste, die durch Todesfurcht ihr ganzes Leben**
16 **hindurch versklavt waren. * Denn offensichtlich nimmt er sich**
nicht der Engel an, sondern er nimmt sich der Nachkommen Abra-
17 **hams an. * Deshalb mußte er in allem den Brüdern gleich werden,**
damit er barmherzig und ein treuer Hoherpriester vor Gott wür-
18 **de, um die Sünden des Volkes zu sühnen. * Denn worin er selbst**
versucht wurde und gelitten hat, kann er denen helfen, die ver-
sucht werden.

Noch einmal greift der Apostel den Vergleich der Größe Jesu mit der Macht der Engel auf. Was mag ihn bewegen, daß er so lange bei diesem Thema verweilt? War es für die Gläubigen denn nicht „selbstverständlich", daß Jesus Christus den Engelmächten überlegen ist? Die Empfänger des Hbr haben offensichtlich das AT gut gekannt. Schätzten sie vielleicht die wunderbaren Offenbarungen durch Engel, die Israel zuteil wurden und die ja auch am Anfang des Weges der ntst Gemeinde standen, zu hoch ein? Gerieten sie etwa in Gefahr, daß ihnen dadurch die einzigartige Offenbarung Gottes in Jesus Christus verdunkelt wurde? Sicher hatte Gott die Engel als seine Boten benutzt (grie *ángelos* = Bote), aber Christus ist ihnen gegenüber der bevollmächtigte „Gesandte" Gottes, im ursprünglichen Sinn des Wortes Gottes „Apostel" (vgl. Hbr 3, 1)!

Wir können auch die Frage stellen: Waren die Christen, an die unser Schreiben gerichtet ist, bereits von den Anfängen der Gnosis beeinflußt? Unter der Einwirkung griechischer Philosophie, orientalischer Mysterienkulte und spätjüdischer Engellehren entstanden schon im ersten Jahrhundert Lehrbildungen, die in den Gestirnen Engel oder Wohnungen von Engeln sahen und diesen Engeln besonderen Einfluß auf das menschliche Geschick zuschrieben und ihnen Verehrung darbrachten. Der Apostel Paulus warnt die Christen in Kolossä vor einer falschen, verhängnisvollen „Verehrung der Engel" (Kol 2, 18)[93]. Vielleicht standen die Empfänger des Hbr in einer ähnlichen Gefahr?

Jedenfalls hebt der Hbr stark hervor: Jesus ist der ewige Sohn Gottes, die Engel dagegen sind geschaffene Wesen der himmlischen Welt. Die Engel sind Mittler des Gesetzes, Jesus der Bringer des Heils. Jetzt haben die Engel eine beschränkte Herrschaft und üben ihren Einfluß auf die gegenwärtige Weltgestalt aus[94]. Am Ende der Zeit aber wird der Sieg Jesu und seine unumschränkte Weltherr-

Hbr 12, 2
5, 8. 9
Zu Vers 11:
Hbr 10, 10
Jo 17, 17. 19
1 Th 4, 3
1 Th 5, 23
Hbr 11, 16
Mk 8, 38
Mt 12, 49. 50
Mk 3, 34. 35
Lk 8, 21
Mt 25, 40
Mt 28, 10
Jo 20, 17
Rö 8, 29
Zu Vers 12:
Ps 22, 23
Jo 17, 6
Zu Vers 13:
Jes 8, 17
2 Sam 22, 3
Mt 27, 43
Ps 22, 9
Jes 8, 18
Zu Vers 14:
Rö 8, 3
Hbr 2, 17
Mt 26, 38
Mk 14, 34
Jo 12, 31
1 Ko 15, 55. 56
2 Tim 1, 10
1 Jo 3, 8
Offb 12, 10
Zu Vers 16:
Jes 41, 8. 9
Rö 4, 16
Gal 3, 7. 9
Zu Vers 17:
Ps 22, 23
Phil 2, 7
Hbr 2, 14
4, 15
5, 1
Lk 6, 36
1 Sam 2, 35

[93] Vgl. W. Stb. Kol S. 221 und 237 f.

[94] Die Worte 5 Mo 32, 8 und Da 10, 13 lassen auf den unsichtbaren Einfluß der Engelmächte auf unsere Welt schließen, während 2 Ko 4, 4; Eph 2, 2; 6, 12 und 1 Jo 5, 19 auf die geistige Einwirkung satanischer Mächte deuten.

Zu Vers 18:
Mt 4, 1—11
Mk 1, 12. 13
Lk 4, 1—13
Mt 26, 41
Mk 14, 38
Lk 22, 40
Mt 27, 39—43
Lk 22, 28
Hbr 4, 16
1 Ko 10, 13

schaft stehen. Die Gemeinde wartet auf die neue Welt[95], deren Kennzeichen die vollendete Gottesgerechtigkeit sein wird. Es ist die neue Weltzeit, die mit der Wiederkunft Jesu hereinbrechen (1 Th 4, 13 ff) und in der Neuschöpfung von Himmel und Erde ihre Vollendung finden wird (Offb 21, 1).

Stand bisher Jesus Christus als der Gottessohn von Ewigkeit
im Mittelpunkt der apostolischen Botschaft, so tritt jetzt Jesus als
der Menschensohn in unser Blickfeld. Wieder dient ein atst
Zitat als Ausgangspunkt. Es wird bewußt ohne jede nähere Angabe
6 eingeführt. Die Person des atst Zeugen tritt völlig in den Hinter-
grund gegenüber der Botschaft, die er auszurichten hat. Das Wort
Ps 8, 5—7 LXX gewinnt für den Apostel zentrale Bedeutung. Der
Mensch, von dem hier gesprochen wird, ist der „Menschensohn".
Der Apostel findet in diesem Gedanken den Ansatzpunkt für die
messianische Auslegung des 8. Psalmes. Den Lesern des Hbr soll
erneut der Blick für den prophetischen Reichtum des AT geöffnet
werden. Jesus Christus ist der „Menschensohn", von dem bereits in
Ps 8 geweissagt wird. Er, der die göttliche Herrlichkeit besitzt, wird
wahrhaft „der Mensch". In ihm, dem zweiten Adam (Rö 5, 14),
wird das von Gott gewollte Urbild des Menschen wieder sichtbar.
7 Hier rühren wir an ein unergründbares Geheimnis Gottes: Auf dem
Weg der Erniedrigung wird Jesus zum Erlöser und Anfänger einer
neuen Menschheit; die tiefste Selbsterniedrigung führt ihn zur Er-
höhung und zur Weltherrschaft (vgl. Phil 2, 5—11). Er, der in voll-
kommener Weise Gottes Ebenbild trägt[96], muß sich für kurze Zeit[97]
unter die Engel erniedrigen und Menschen ausgeliefert werden, um
8 dann erneut die göttliche Herrlichkeit zu empfangen. Gott krönt den
Weg seines Sohnes dadurch, daß er ihm die Königsherrschaft über
das All überträgt: **Alles hast du unter seine Füße gelegt.** Ps 8, 7 und
Ps 110, 1 werden hier eng miteinander verbunden (ebenso 1 Ko 15,
25—27; Eph 1, 20—22). Niemand kann sich der Macht und Gewalt
des himmlischen Königs entziehen. Christus hat „Macht über alles
Fleisch" (Jo 17, 2). Jetzt aber ist seine Weltherrschaft **noch nicht**

[95] Das grie Wort für die „zukünftige Welt" *oikuménä méllusa* Hbr 2, 5 und *aión méllon* Hbr 6, 5 entsprechen einander und zielen auf die sichtbare Vollendung des Himmelreiches (grie *basileía ton uranón* vgl. Mt 13, 11 u. a.).
— Berleburger Bibel, S. 9 „. . . die künftige bewohnte Welt."

[96] Das „In göttlicher Gestalt sein" in Phil 2, 6 grie *en morpháe theú* entspricht dem hebr *demút* „Ähnlichkeit, Abbild, Gestalt" (vgl. Hebräisch. NT, hrsg. David Ginzburg, London o. J.), das im hebr Text 1 Mo 1, 26 steht, „ein Bild, das uns gleich sei". Was im Schöpfungsbericht vom Menschen gesagt wird, gilt in vollkommener Weise von Christus: Er ist das „Ebenbild Gottes", vgl. das grie *eikón tu theú* in 2 Ko 4, 4 mit 1 Mo 1, 26—27 LXX.

[97] „. . . ein wenig unter die Engel erniedrigt", grie *brachý bedeutet* „für kurze Zeit" vgl. Lk 22, 58.

sichtbar. Dieses in die Zukunft weisende „Noch nicht" hat seine Parallelen Mk 13, 7; 1 Jo 3, 2; Offb 17, 10. 12.

In diesem „Noch nicht" enthüllt sich die ganze Spannung der Christenheit zwischen Gegenwart und Zukunft. Der Weg der Gemeinde liegt zwischen der bereits geschehenen Erniedrigung und Erhöhung Jesu und dem noch nicht sichtbar offenkundig gewordenen Anbruch seiner Weltherrschaft. Das Leben der Gläubigen mit Christus vollzieht sich für menschliche Augen im Verborgenen, ihre Gemeinschaft mit dem Herrn wird erst bei seiner Wiederkunft vor aller Welt offenbar werden (Kol 3, 1—4). Deshalb muß der Apostel den Gläubigen vor dem Einbruch der Schwierigkeiten, der äußeren Not und Verfolgung und der inneren Anfechtungen einschärfen: Auch Christus ist durch Leiden zur Herrlichkeit gegangen. Für die Gemeinde gibt es in der Nachfolge nur den gleichen Weg. Jetzt ist die Zeit der Erniedrigung, der verborgenen Herrlichkeit Gottes, die sich nur dem Glauben erschließt. Aber das Wort wird Wirklichkeit werden: „Wenn wir ausharren, werden wir mitherrschen" (2 Tim 2, 12).

Nun spricht es der Apostel noch einmal deutlich aus: **Jesus ist eine** 9
kurze Zeit unter die Engel erniedrigt worden. Unser Herr war während seines irdischen Lebens an Raum und Zeit gebunden. Durch seine Leiblichkeit war er allen Gesetzen des Menschseins unterworfen, er kannte Hunger und Durst, Müdigkeit und Schmerzen, Freude und Trauer. Noch mehr trat seine Erniedrigung darin zutage, daß Menschen ihn verhafteten, mißhandelten und töteten, und daß er in seinen irdischen Gegnern letztlich der Gewalt satanischer Mächte preisgegeben wurde. Jesus konnte sagen: „Dies ist eure Stunde und die Macht der Finsternis" (Lk 22, 53 vgl. Jo 14, 30; 19, 11). Aber sein Todesleiden wurde die Voraussetzung für die „Krönung mit Herrlichkeit und Ehre" in der Auferstehung und Himmelfahrt. Jesus Christus ist der Träger der göttlichen Herrlichkeit, trotz seiner Verhüllung und Erniedrigung, gerade auch dann, wenn er sich selbst preisgibt und freiwillig auf die Herrlichkeit verzichtet.

Diesen Weg hat Christus zum Heil der ganzen Welt beschritten: Er hat **für jedermann** den Tod auf sich genommen[98]. Nur weil sein Opfer und Erlösungswerk allen Menschen gilt, kann es auch von jedem einzelnen persönlich in Gewißheit erfaßt werden. Auch das Leiden und Sterben Jesu ist von Gottes Gnadenratschluß umschlossen. Darum sagt der Apostel, daß Christus **durch Gottes Gnade**[99] für alle

[98] Der grie Ausdruck „den Tod schmecken" begegnet uns auch Mt 16, 28 (par Mk 9, 1; Lk 9, 27) und Jo 8, 52.

[99] Es gibt eine abweichende, aber gleichwertige Lesart, die anstatt des grie *cháriti theú* „durch Gottes Gnade" das Wort *chorís theú* „ohne Gott" setzt. Dadurch würde hervor-

den Tod erlitt. Über seinem Sterben liegt ein tiefes Geheimnis. Als er in letzter Gottverlassenheit stirbt, trifft ihn – den Unschuldigen – das Zorngericht Gottes über alle Sünde und Schuld der Menschen. Aber darin wird die G n a d e Gottes offenbar, die sich als schenkende Liebe der schuldbeladenen Menschheit zuwendet.

Wir können die apostolische Aussage auch so verstehen, daß Gottes Gnade den Sohn in das Sterben hineingeleitet. Gott stärkt ihn in Gethsemane durch seinen Engel (Lk 22, 43), und selbst im Sterben am Kreuz hält Christus an der Verbundenheit mit Gott fest. Er betet „M e i n Gott . . ." (Mk 15, 34) und „V a t e r, in deine Hände befehle ich meinen Geist" (Lk 23, 46).

10 Vers 10 vertieft in zweifacher Weise die Aussage von Vers 9. Nicht ein unbegreifliches Schicksal waltet über dem Leben Jesu. Sein Weg durch Leiden und Sterben widerspricht nicht der Ehre und Größe Gottes. Im Gegenteil: Nach dem unerforschlichen Ratschluß Gottes hat Jesus völlig freiwillig diesem einzig möglichen Weg zu unserer Erlösung durch seine Menschwerdung zugestimmt (Lk 24, 26; Jo 10, 17. 18). Gerade daran soll uns etwas von der unbegreiflichen Größe Gottes offenbar werden, der Weltschöpfer und Weltziel in einem ist[100] und dessen Heilsplan all unser Denken übersteigt. Hier wird der Plan Gottes ein Stück weit entfaltet: Jesus hat uns durch Tod und Auferstehung den Weg zum neuen Leben gebahnt. Er ist der Urheber und Bahnbrecher unseres Heils geworden[101]. Auf dem Weg durchs Leiden ist er in die Herrlichkeit gegangen. Er hat den eisernen Ring, den die Sünde um unser Leben gelegt hat, gesprengt, so daß wir ihm nach den Weg in die Freiheit gehen können. **Gott hat viele Söhne zur Herrlichkeit zu führen begonnen[102], indem er den Herzog der Seligkeit durch Leiden vollendete.** Schon in den Versen 7 und 9 war von der Herrlichkeit (grie *doxa*) des Menschensohnes die Rede. Der Apostel zeigt nun, wie auf die Verherrlichung des Menschensohnes auch die Verherrlichung der Kinder Gottes, der „Söhne" (Rö 8, 14), folgt. Christus hat auf dem Weg des Gehorsams die Vollendung erlangt (vgl. Hbr 5, 8 f) und zieht nun seine Gemeinde in dieses Geschehen hinein. Die Herrlichkeit des Sohnes

gehoben, daß Christus in der Anfechtung der Gottverlassenheit starb (Mk 15, 34; Gal 3, 13).

100 Der Ausdruck „um dessentwillen alles und durch den alles ist" ist eine Umschreibung des Gottesnamens wie „Majestät in der Höhe" Hbr 1, 3.

101 Das grie Wort *archägós* „Urheber, Bahnbrecher" wird Hbr 12,2 mit „Anfänger" übersetzt und ist sinnverwandt mit den Begriffen *aítios sotärías aioníu* „Urheber ewigen Heils" Hbr 5, 9 und *pródromos* „Vorläufer" Hbr 6, 20.

102 Die grie Form *agagónta* ist ingressiver Aorist und deutet den Beginn einer Bewegung an, die Gott auch zum Abschluß führen wird.

soll die Herrlichkeit der Menschen werden, dadurch, daß die Gläubigen wesensmäßig völlig dem Christus gleichgestaltet werden (Rö 8, 29–30; Phil 3, 21). Die ungetrübte Gottesebenbildlichkeit, die die Menschen am Anfang der Geschichte im Paradies besessen und durch ihren Ungehorsam verloren haben, wird uns in Christus wiedergeschenkt. Calvin hat treffend gesagt: „Ausnehmender Trost liegt hierin, die Bitterkeit des Kreuzes zu lindern, wenn die Gläubigen hören, daß sie durch Leiden und Widerwärtigkeiten in der Gemeinschaft mit Christus zur Herrlichkeit zubereitet werden; da sehen sie sogar Grund, das Kreuz eher noch liebend zu küssen, als davor zu schaudern. Und dann muß ja die Schande des Kreuzes Christi alsogleich auslöschen und seine Herrlichkeit hervorleuchten. Wer möchte geringschätzen, was geweiht, ja von Gott geheiligt ist? Wer für schimpflich achten das, wodurch wir zur Herrlichkeit bereitet werden? Und dies beides wird hier von Christi Tod bezeugt[103]."

Der Menschensohn und die Gemeinde der Gläubigen gehen gemeinsam den Kreuzesweg zur Herrlichkeit; ihre innere Verbundenheit unterstreicht der Apostel noch einmal mit dem Satz: **Sowohl** 11
der, welcher heiligt, als auch die, die geheiligt werden, stammen alle von einem ab. Dieser Satz ist uns nicht ohne weiteres verständlich, wir müssen ihn näher erläutern.

Das Wort „heiligen" (grie *hagiázein*) finden wir in seiner biblisch-theologischen Bedeutung schon Jer 1, 5 LXX: „Ich kannte dich, ehe ich dich im Mutterleibe bereitete, und s o n d e r t e d i c h a u s, ehe du von der Mutter geboren wurdest." Heiligen heißt aussondern: aus irdischen Gegebenheiten und äußeren Lebensumständen herausnehmen und in die Wirklichkeit der Gottesgemeinschaft und des Dienstes für den Herrn hineinstellen. Das tut der auferstandene Herr mit den Gliedern seiner Gemeinde (Jo 17, 6. 17–19). Heiligung und Dienst sind vollkommen miteinander verbunden.

„Der heiligt" (grie *ho hagiázon*) — im AT ausschließlich Umschreibung für das Wesen Gottes[104] — ist hier auf den Herrn Jesus Christus bezogen. Dadurch wird die letzte Willenseinheit und Wesensübereinstimmung zwischen dem allmächtigen Gott, dem Vater, und Christus, dem Sohn, offenbar. Jesus Christus hat durch seine Selbsthingabe im Opfer von Golgatha den Willen Gottes zur Heiligung der Gemeinde verwirklicht (Hbr 10, 10). Heiligung unseres Lebens gibt es nur, weil Christus für uns starb.

„Der heiligt und die geheiligt werden stammen **alle von einem** ab" (grie *ex henós pántes*). Wie sollen wir dies Wort verstehen?

[103] J. Calvin, S. 23.

[104] „Ich bin der Herr, der euch heiligt" 2 Mo 31, 13 vgl. 3 Mo 20, 8; 21, 15; 22, 9. 16. 32, Hes 20, 12; 37, 28.

Könnte mit diesem „Einen", von dem alle — auch Christus — abstammen, Gott gemeint sein? Gott wird im AT als „der Eine" bezeichnet (5 Mo 6, 5). „Was der Heiligende ist und was die Geheiligten werden, das sind und werden sie aus Gott[105]." Aber müßten dann die Engel nicht auch erwähnt werden, weil sie ebenso wie die Menschen Geschöpfe aus Gottes Hand sind? Dagegen betont ja gerade Vers 16: „Offensichtlich nimmt er sich nicht der Engel an"; die Bibel bezeichnet an keiner Stelle Engelwesen als „Geheiligte".

Dann wäre es wahrscheinlicher, daß der Apostel mit „dem Einen" Adam gemeint haben könnte (vgl. Apg 17, 26). Das, was Jesus Christus als den Heiligenden und die Geheiligten miteinander verbindet, ist das Menschsein im vollen Sinne. Jesus und die Menschheit stammen von Adam ab (Lk 3, 23. 38). Jesus wurde nicht auf Grund seiner göttlichen Herkunft unser Bruder — der wesensmäßige Abstand zwischen dem Menschensohn und den Menschen als Geschöpfen Gottes bleibt im NT überall erhalten; Jesus wurde vielmehr durch seine Menschwerdung als Nachkomme Adams der „zweite Adam" (Rö 5, 14; 1 Ko 15, 22. 47) und erhob uns dadurch zu seinen Brüdern. Aber bei diesem Gedanken könnte die Meinung entstehen, daß damit also alle Menschen als Nachkommen Adams zu den „Geheiligten" gehören. Das ist sicher nicht die Überzeugung des Apostels.

Seine Aussage zielt vielmehr auf die „Brüder": **Darum schämt er sich nicht, sie Brüder zu nennen!** So bleibt die dritte Möglichkeit, daß „der Eine" Abraham ist. Denn die „Geheiligten" (grie *hagiazómenoi*) sind zugleich die „Brüder" (grie *adelphoí*), d. h. die Gläubigen, die wahren Glieder der Gemeinde Jesu (vgl. die Gleichsetzung „Brüder" und „Gemeinde" in V. 12). Vers 16 sagt uns, daß Jesus Christus „sich des Samens Abrahams annimmt". Nach Mt 1, 1 ist Jesus selber Nachkomme Abrahams, und die Glieder der Gemeinde sind „Söhne Abrahams" (Gal 3, 7. 9). Dann dürften wir Abraham, den „Vater der Gläubigen" (Rö 4, 16), als den geistlichen Urgrund und das Bindeglied zwischen Christus und seiner Gemeinde betrachten. Er ist „der Eine", von dem der Heiligende und die Geheiligten abstammen.

Gott hat sich zum Glauben Abrahams und der Erzväter bekannt; er hat sich nicht geschämt, der Gott der Väter genannt zu werden (Hbr 11, 16). Ebenso schämt sich Jesus Christus, der Menschensohn, nicht, die Gläubigen seine Brüder zu nennen, weil sie miteinander eines Ursprungs sind. Je klarer wir unsere eigene Unwürdigkeit und Sündenverderbtheit im Lichte des Wortes Gottes erkennen, um so

[105] O. Michel, S. 80.

unbegreiflicher wird uns die Solidaritätserklärung Jesu mit uns, daß er sich nicht schämt, sich an unsere Seite zu stellen. Es ist eine unaussprechliche Würde und zugleich Verantwortung, die Jesus uns mit dem Wort auferlegt „Wer den Willen meines Vaters in den Himmeln tut, der ist mein Bruder, Schwester und Mutter" (Mt 12, 50 par).

Jesu Bekenntnis zu seinen geheiligten Brüdern findet der Apostel 12
bereits im Wort Ps 22, 23 vorgezeichnet: **Ich will deinen Namen meinen Brüdern verkündigen, mitten in der Gemeinde will ich dich loben.** Inmitten der Schar der geheiligten Brüder (vgl. Hbr 2, 11 mit Jo 17, 6) verkündet Christus den „Namen" Gottes, offenbart er Gottes Wesen und läßt seine Gemeinde einen Blick in das Herz seines himmlischen Vaters tun. Auf diese Weise erfüllt Jesus seinen Auftrag, der letzte Bote Gottes zu sein und wird im tiefsten Sinne der „Apostel" Gottes an die Welt[106]. Es gehört zum Geheimnis Christi, daß er nicht nur durch seinen Geist in den Gläubigen wohnt (Eph 3, 17; Kol 1, 27), sondern daß er sich auch mitten in seiner Gemeinde als der lebendige Herr durch sein Wort immer neu bezeugt (Mt 18, 20; 28, 20).

In Vers 12 wird von den „Brüdern" gesprochen, in Vers 13 von 13
den „Kindern". Wir können das atst Wort in Vers 12 als Anrede des Christus an Gott verstehen. In Vers 13 wendet sich der Herr mit seinen Worten an die Menschen. Trotz des tiefen Wesensunterschiedes[107], der zwischen Christus und uns besteht, stellt sich der Herr gemeinsam mit seinen „Brüdern" vor Gott und mit den „Kindern" vor die Welt[108].

Das erste Wort aus dem AT in Vers 13 stammt aus Davids Dank- und Siegeslied 2 Sam 22, 3 (par Ps 18, 3); diese Worte finden sich ebenso Jes 8, 17 LXX. Daß dem Apostel in unserem Zusammenhang gerade das atst Wort vom Glauben und rechten Gottvertrauen wichtig erscheint, ist nicht zufällig. Auch Jesus als Mensch war während seiner irdischen Lebenszeit an Glauben und Vertrauen zu seinem himmlischen Vater gebunden. Niemand hat je auf Erden in solcher Weise im unerschütterlichen Vertrauen zu Gott gelebt wie Jesus Christus. Selbst als er am Kreuz hing, haben seine erbittertsten Gegner ihm

[106] Ps 22, 23 LXX steht das grie Zeitwort *dihägáesomai* „ich will erzählen". Der Apostel ersetzt dieses Zeitwort durch die Form *apangeló* „ich will verkündigen". Die Verkündigung (grie *apangelein*) ist in besonderer Weise der Auftrag des Boten (grie *ángelos*).

[107] Gerade an dieser Stelle hebt die Berleburger Bibel (S. 12) den tiefen Unterschied zwischen Christus und den Gläubigen in anschaulicher Weise hervor: „Freilich ist unsere Menschheit und die Gottheit ein ganz ungleiches Paar. Aber eben diese miserable Ungleichheit hat die Barmherzigkeit Gottes erregt, zu unserem Besten ein solches Werk vorzunehmen."

[108] Vgl. O. Michel, S. 81.

das bestätigt: „Er hat Gott vertraut, der helfe ihm nun!" Das Wort Mk 9, 23 „Alle Dinge sind möglich dem, der da glaubt" hat sich in wunderbarer Weise im Leben Jesu bewahrheitet: Durch seine Heilandstat am Kreuz, im gläubigen Gehorsam gegen Gott vollbracht, hat er das getan, was Menschen unmöglich war; er hat sich seine Gemeinde, die Schar der Kinder Gottes, erworben.

Darum schließt der Apostel an das Wort aus Jes 8, 17 auch den Vers Jes 8, 18 an: **Siehe, ich und die Kinder, die mir Gott gegeben hat.** Mit diesem Satz ist dem Apostel das Stichwort gegeben, das seine Gedanken weiterführt.

14 **Da nun die Kinder an Fleisch und Blut Anteil haben, hat auch er selbst in völlig gleicher Weise Anteil an ihnen bekommen, damit er durch den Tod den Machthaber des Todes, das heißt den Teufel, vernichtete.** Christus wurde wirklich Mensch. Das NT betont immer wieder: der Sohn Gottes blieb nicht in der ewigen Herrlichkeit, sondern in geheimnisvoller Weise wurde er völlig eins mit unserer menschlichen Natur. Christus nahm unsere Natur an, damit wir seiner Natur teilhaftig werden sollten (2 Pt 1, 4). Christus macht sich mit uns völlig eins, aber nicht nur, um einzelne Menschen zu erlösen. Der Blick des Apostels reicht weiter. Die Menschwerdung Jesu in unserer Welt, sein Leiden und Sterben bewirken eine ewiggültige Entscheidung gerade auch in der unsichtbaren Welt der himmlischen Mächte und der Dämonen. Jesu Kreuzestod ist der Sieg über den Teufel, den Machthaber des Todes[109]. Dazu kam Jesus in diese Welt, um den Feind Gottes zu besiegen (1 Jo 3, 8)[110].

Das NT sieht den Sieg Jesu über alle gottfeindlichen Mächte bereits in seiner irdischen Wirksamkeit anbrechen (Lk 10, 18; Jo 12, 31; 2 Tim 1, 10). Am Kreuz wird der Sieg vollbracht; Hbr 2, 14 erinnert uns daran, daß Jesu Sterben die Erfüllung der atst Verheißung 1 Mo 3, 15 ist: Er hat der Schlange den Kopf zertreten[111]! Mit der

[109] E. Riggenbach, S. 56: „Dem Teufel kommt Gewalt über den Tod in dem Sinne zu, nicht daß er seiner Willkür anheimgegeben wäre, wann und wie er den Tod verhängen wolle, wohl aber so, daß er am Tode seinen Machtbereich hat. Weil er der Urheber des Todes ist, so unterstehen die Sterbenden und die Verstorbenen vermöge ihres Sterbens seiner Obmacht."

[110] J. A. Bengel, S. 619: „Der Teufel wird vorgestellt als ein böser Herr, dessen Handlanger und Kerkermeister der Tod war, der ihm die Menschen, welche er in ihren Sünden wegraffte, in die Hände lieferte. Aber Jesus hat, da er gestorben ist, die Sterbenden zu seinem Eigentum gemacht, Rö 14, 9."

[111] M. Luther, S. 36 ff: „Wie also in dem ‚Urheber der Seligkeit', in dem Allerheiligsten, in unserem Haupte Christus der Tod und alle Werke des Teufels zunichte worden sind, so wird es gleicherweise auch in jedem seiner Glieder geschehen müssen. Denn gleichwie Christus in seiner Person zugleich sterblich und unsterblich war, durch seine Menschheit wohl dem Tode unterworfen, aber da er nicht mit ganzer Person sterben konnte, es geschah, daß der Tod sich vergriff, und der Teufel im Töten unterlag ... so hat es nun

Wiederkunft Jesu und der Auferstehung der Toten wird sein Sieg über den Teufel und den Tod vor aller Welt offenbar werden (1 Ko 15, 26. 54—57). Die Offenbarung schließlich schildert uns die Vernichtung des Teufels und aller gottfeindlichen Mächte als eines der großen endzeitlichen Ereignisse (Offb 12, 7—10; 20, 10. 14. 15), die der Neuschöpfung von Himmel und Erde vorausgehen.

Wie konnte dieser weltumspannende Sieg errungen werden? Nur 15
so, daß der Menschensohn selber durch die Versuchung und Anfechtung der Todesangst hindurchging (Lk 12, 50; Mk 14, 33—34; Jo 12, 27 f; Hbr 5, 7). In der Tiefe der Leiden hat er die Todesfurcht überwunden und in seinem Sterben die Macht des Teufels besiegt. Todesfurcht ist das Kennzeichen unserer natürlichen menschlichen Existenz. Aber Jesus hat dem Tode die Macht genommen (2 Tim 1, 10); dadurch werden auch die Glieder der Gemeinde von der Todesfurcht befreit. Sie können nun ohne Furcht dem Ende ihrer irdischen Lebenszeit entgegensehen, weil für sie der Tod der Durchgang zur ewigen Herrlichkeit Gottes wird. Der Autor des Hbr macht hier eine grundlegende Aussage. Er will den Blick der Gläubigen auf eine unwandelbare Tatsache richten, die Gott gesetzt hat und die von unauslotbarer Bedeutung für den Weg jedes Christen in den Tod ist. Damit nimmt der Apostel dem Sterben nicht den Ernst und die Schwere. Er ist sich dessen wohl bewußt, daß auch für den Gläubigen der Zerfall der körperlichen Kräfte, der Weg ins Sterben, zum Gang durchs „finstre Tal" werden und voller Not und Anfechtung sein kann. Aber er weiß zugleich auch: Christus selber geleitet uns an der Schwelle unseres Lebens hinüber in die Ewigkeit.

Mit wenigen Strichen entwirft der Apostel nun ein Bild, das uns 16
die ganze Weite und Tiefe zeigt, in der sich Jesu Opfertod auswirkt. Der Herzton des Evangeliums klingt hier an: Gott hat sich in Christus ganz der Welt zugewandt. Nicht den Engeln, aber uns Menschen kommt das Opfer von Golgatha zugute. Ziel der Sendung Jesu war nicht die Erlösung gefallener Engel, sondern die Überwindung unserer Gottesfeindschaft, Gottes Sieg über die Macht des Teufels und der Sünde. „Same Abrahams" war im AT die Gemeinde des Alten Bundes (Jes 41, 8—9), jetzt ist es die Gemeinde der Gläubigen, die Schar der Kinder Gottes (Gal 3, 7—9)[112]. Gottes Liebe gilt zwar

dem allerfrömmsten Gotte gefallen, auch in uns durch Christum den Tod und die Werke des Teufels zu zerstören ... Christus hat uns vom Teufel erlöst: nicht, daß er nicht mehr sei, sondern daß er nicht mehr gefürchtet werde; so auch vom Tode: nicht, daß der Tod nicht mehr sei, sondern, daß er nicht gefürchtet werde. Vor nichts hat der Christ sich noch weiterhin zu entsetzen, weder in diesem noch im künftigen Leben, daß auch der Tod und alles Unglück für ihn in Heil und Segen gekehret sind."

[112] Vers 16 ergänzt das, was wir zu Vers 11 gesagt haben. Hier wird vom „Samen Abrahams" gesprochen, nicht vom „Samen Adams". Die Schar der geheiligten Brüder, mit der

allen Menschen. Aber Jesus nimmt sich in besonderer Weise der Kinder Gottes an. Seine Hilfe und Fürsorge richtet sich vor allem auf die Gläubigen. Darum bittet Jesus im Hohenpriesterlichen Gebet gerade für seine Gemeinde: „Ich bitte für sie. Nicht für die Welt bitte ich, sondern für die, welche du mir gegeben hast" (Jo 17, 9). Daß Jesus sich unserer annimmt, daß er sich in seiner Liebe um uns kümmert und um uns müht, findet darin seinen deutlichen Ausdruck, daß er unsere Sünden vor Gott sühnt (Vers 17), daß er uns von der Todesfurcht erlöst (Vers 15), daß er uns heiligt (Vers 11) und daß er uns in der Versuchung hilft (Vers 18).

17 In diesem Zusammenhang rührt der Apostel noch einmal an ein Geheimnis Gottes. Er sagt: Durch seine Menschwerdung ging Jesus in unsere irdisch-menschliche Geschichte ein, er nahm teil an Versuchung, Leiden und Sterben. Er m u ß t e in allen Dingen den „Brüdern" gleichwerden. Sein Weg über diese Erde wurde für ihn zu einer Schule der Barmherzigkeit.

Jesus hat von seinem Vater im Himmel als dem „Barmherzigen" gesprochen (Lk 6, 36). Paulus betet zu Gott, dem „Vater der Barmherzigkeit" (2 Ko 1, 3). In Hbr 2, 17 spricht der Apostel von der Barmherzigkeit als einem besonderen Kennzeichen der Wesensart Jesu. Hier tauchen wieder letzte Zusammenhänge zwischen dem Wesen Gottes und dem Wesen Jesu auf. Aber ebenso, wie die Barmherzigkeit ein Kennzeichen des priesterlichen Wirkens Jesu ist, soll die tätige Barmherzigkeit auch Merkmal seiner Gemeinde sein, die zu einem Volk von Priestern berufen ist.

„. . . damit er barmherzig und ein treuer Hoherpriester vor Gott würde!" Im AT war der Hohepriester beides gleichzeitig: Vertreter des Volkes vor Gott und Beauftragter Gottes an das Volk. Schon der Priester Eli empfing von Gott eine Verheißung, die sich in unserem Wort widerspiegelt: „Ich aber will mir einen t r e u e n P r i e s t e r bestellen, der nach meinem Herzen und nach meinem Sinne tut" (1 Sam 2, 35). Diese Verheißung zielt nicht nur auf den Knaben Samuel, den Gott in außerordentlicher Weise herausstellt; Samuel wurde zum Propheten berufen, nicht zum Hohenpriester bestellt. Sie findet ihre endgültige Erfüllung erst in der Person Jesu, in dem „getreuen Hohenpriester". Jesu Leiden und Sterben waren das Sühneopfer des wahren Hohenpriesters. Weil er als der sündlose Gottessohn sich selbst opferte, bleibt sein Opfer von unermeßlichem Wert und ermöglicht zugleich seinen himmlischen Hohenpriesterdienst in alle Ewigkeit. Sein Sterben war ein Sterben **vor Gott**[113], d. h. er gab

sich Jesus Christus eins macht, hat ihre heilsgeschichtlichen Wurzeln in Abraham, nicht in Adam.

[113] Der grie Ausdruck *ta pros ton theón* „vor Gott" kann im Sprachgebrauch der LXX und

sein Leben an Gott hin. Durch seinen Tod am Kreuz bezwang Christus den Widersacher Gottes und erwirkte die Versöhnung für alle unsere Sünden. Die Aufgabe des Hohenpriesters im AT war die Sühnung aller Schuld Israels am großen Versöhnungsfest (3 Mo 16, 5—24). Ebenso übt auch Christus im Sterben und im Hingang zum Vater sein hohepriesterliches Amt aus (Hbr 9, 11 ff). Er erfüllt den Dienst des Hohenpriesters, indem sein Tod der radikale Einsatz des Lebens für die Schuld anderer wurde[114].

Am Schluß unseres Kapitels weist der Apostel noch einmal auf 18
die Folgen der Menschwerdung Jesu (vgl. V. 14) hin. Zum vollen Menschsein Jesu gehört auch seine Versuchlichkeit. Was uns die Evangelisten über die Versuchung Jesu in der Wüste (Mt 4, 1—11) berichten, ist kein religiöses Schauspiel, sondern ein Geschehen, in dem bereits alles auf dem Spiel steht. Die Schwere der Versuchung liegt gerade darin, daß der Teufel etwas von Jesus erwartet, was ihm als dem Sohn Gottes zusteht. Er hätte ein Recht dazu gehabt, aus Steinen Brot zu machen, er hätte sich auch von der Zinne des Tempels herabstürzen können, und die Engel wären ihm zu Hilfe gekommen. Aber gerade darin überwindet er die Versuchung, daß er im Gehorsam gegen seinen himmlischen Vater freiwillig auf seine göttliche Macht und Herrlichkeit verzichtet. Lukas schließt seinen Bericht von der Versuchung Jesu in der Wüste mit den Worten: „Nachdem der Teufel alle Versuchung vollendet hatte, stand er von ihm ab bis zu gelegener Zeit" (Lk 4, 13). Der Versucher hat also Jesus nicht in Ruhe gelassen (vgl. Mt 16, 22 f). In Jesu Leiden hat die Versuchung ihren Gipfelpunkt erreicht. Als die Schriftgelehrten

des NT verschiedene Bedeutung haben: Anwalt vor Gott für das Volk (2 Mo 18, 19), widerspenstig sein gegen Gott (5 Mo 31, 27), an Gottes Statt sein (2 Mo 4, 16) und vor Gott, in seiner Gegenwart sein (Rö 15, 17; Hbr 2, 17; 5, 1).

[114] O. Michel, S. 90 f: „Durch Jesus Christus wurde der geschichtliche und theologische Begriff des Hohenpriesters einmalig erfüllt und zu Ende gebracht:

1. Durch die Erfüllung des Willens Gottes (10, 7), durch den Gehorsam (5, 7—8), durch Überwindung der Versuchungen und Leiden (2, 18; 4, 15) ist sein ganzes Leben einschließlich des Todes (*ephápax heautón anenégkas* 7, 27) ein einziges Opfer gewesen. Diese Tatsache allein ermöglicht den Zugang als Hoherpriester und ‚Vorläufer' *pródromos*) ins Allerheiligste (6, 20; 10, 19—20).
2. Durch die Übernahme der gleichen Situation (2, 18; 4, 15) gibt er uns die Bürgschaft, daß er uns in unserer Anfechtung versteht und hört, daß also keine Not ihm fremd ist. So ist das Mitfühlen (*sympathein, metriopathein* 4, 14; 5, 1), das Helfen (2, 18) und das Eintreten (*entygchánein hypér autón* 7, 25) Ausdruck seiner Barmherzigkeit (*hína eleáemon génätai* 2, 17). Diese Barmherzigkeit des Christus ist also eine geschichtlich gewordene, keine ohne Kampf und Gehorsam von Gott mitgegebene: sie trägt die Spuren der irdischen Existenz Jesu an sich. Durch den Gehorsam, der sich im Leiden bewährt (5, 7—8), erweist Jesus, daß er wirklich der getreue, zuverlässige Hohepriester ist, auf den Gottes Wort hingewiesen hat (1 Sam 2, 35), der also im Gebet für uns Gottes Ohr hat."

und Ältesten in den letzten Lebensstunden Jesu zu ihm sagen: „Er steige jetzt vom Kreuz herab, und wir werden an ihn glauben!", da stand noch einmal alles auf dem Spiel. Jesus hätte das Recht und die Macht gehabt, vom Kreuz herabzusteigen, aber er wußte, daß damit nicht der ganze Wille Gottes erfüllt würde, und darum ist er am Kreuz geblieben und hat dieser Versuchung widerstanden (Mt 26, 53 f). Er ist im Leiden und Sterben durch eine Tiefe der Versuchung geschritten, wie sie nie ein Mensch vor oder nach ihm durchlitten hat. Die heilsgeschichtliche Folge dieser Wirklichkeit aber — für die Gemeinde Jesu von entscheidender Bedeutung — ist, daß Jesus den bedrängten und versuchten Gotteskindern in jeder Lage helfen kann. Das „Mitleiden" mit den angefochtenen Gotteskindern (Hbr 4, 15) führt ihn zum Helfen. Der Endsieg Jesu in dieser Welt (2, 5) schließt auch den Sieg Jesu über die Versuchung im Leben der Gläubigen ein.

Zusammenfassung

Mit wenigen Worten, aber in erschütternder Deutlichkeit, stellt uns der Apostel die Größe des Menschensohnes in seiner Erniedrigung und Erhöhung vor Augen:

Jesus hat seine Herrlichkeit, die er beim Vater besaß, freiwillig aufgegeben (Jo 10, 17 f; Phil 2, 6 f) und sich unter die Engel erniedrigt (V. 9).

Er hat nicht die Natur der Engel, sondern die Natur sündiger Menschen, er hat unser Fleisch und Blut angenommen (V. 14).

Er machte uns zu seinen Brüdern (V. 11); er hat sich mit den Sündern auf die gleiche Stufe gestellt (Lk 15, 2).

Er ist in a l l e n Dingen uns gleichgeworden (V. 17): Er wurde versucht (V. 18), er hat gelitten (V. 9. 10. 18), er ist gestorben (V. 9. 14).

Im Kreuzestod Jesu hat seine Erniedrigung ihren tiefsten Punkt erreicht.

So unsagbar schwer wie sein Leiden und Sterben, so unaussprechlich groß ist aber auch die Frucht seiner Menschwerdung:

Gott hat seinen Sohn durch Todesleiden v o l l k o m m e n gemacht (V. 10; 5, 9);

Gott hat Jesus Christus „mit Herrlichkeit und Ehre gekrönt" (V. 9)[115].

[115] E. Sauer, Der Triumph des Gekreuzigten, BSZ 4/5, 1962[8], S. 14: „Die Herrlichkeit des verklärten Menschen Christus Jesus im Himmel ist gewiß keine geringere als die, welche das ewige ‚Wort' vor seiner Menschwerdung gehabt hat. Sagt er doch selbst: ‚Verherrliche du mich, Vater, bei dir selbst mit der Herrlichkeit, die ich schon bei dir besessen habe, ehe die Welt war' (Jo 17, 5)."

So ist Jesus für uns zum Bahnbrecher des Heils (V. 10), zum treuen Hohenpriester geworden (V. 17), der den Machthaber des Todes, den Teufel, entmächtigt hat (V. 14).

Gott hat seinem Sohn die Weltherrschaft übertragen (V. 8).

Nun ist der erhöhte Menschensohn in der Lage, den Kindern Gottes in jeder nur denkbaren Versuchung seine Hilfe zuteil werden zu lassen (V. 18).

Damit deutet der Apostel den Lesern des Hbr ihre eigene Situation und gibt ihnen die entscheidende Hilfe: Wenn Gott keinen anderen Weg als den des Leidens hatte, um seinen Sohn Jesus Christus vollkommen zu machen, so gibt es auch für die Gemeinde Jesu keinen anderen Weg zum Ziel der Herrlichkeit. Gott führte seinen Sohn durch Leiden, damit er barmherzig und ein treuer Hoherpriester würde. Das gleiche Ziel der Vollkommenheit hat Gott auch mit der Gemeinde im Auge, wenn er Leiden schickt: Wir sollen barmherzige und treue Priester werden!

Auf diesem Weg *durch Leiden zur Herrlichkeit* sind wir aber nicht allein. Die Bewährung des Glaubens in den Schwierigkeiten unserer irdischen Existenz ruht nicht auf unserer Treue oder unserer menschlichen Kraft und Befähigung. Wir sind nicht auf uns allein gestellt. Vielmehr haben wir in unsichtbarer Weise – und doch ganz real – den Sohn Gottes zur Seite. Er ist nicht der Ferne, sondern der ganz Nahe; bei ihm sind wir geborgen, und inmitten aller Bedrängnis ist er jederzeit in der Lage, uns zu helfen.

4. Die Überlegenheit Jesu über Mose, den Erbauer der Hütte Gottes

Hbr 3, 1–19

A. Die Überlegenheit des Sohnes über den Diener

Hbr 3, 1–6

1 **Darum, ihr heiligen Brüder, Teilhaber der himmlischen Beru-**
fung, richtet euer Augenmerk fest auf den Apostel und Hohen-
2 **priester unseres Bekenntnisses, auf Jesus, * der dem treu war, der**
ihn dazu gemacht hat, wie auch Mose in seinem ganzen Hause.
3 *** Denn dieser ist in dem Maße größerer Herrlichkeit als Mose**
wertgeachtet worden, wie der Erbauer (des Hauses) **größere Ehre**
4 **hat als das Haus selbst. * Denn jedes Haus wird von jemandem**
5 **erbaut, der aber alles erbaut hat, ist Gott. * Auch Mose zwar war**
als Diener treu in seinem ganzen Haus zum Zeugnis für das, was

Zu Vers 1:
Hbr 9, 15
Phil 3, 14
Hbr 2, 17
4, 14
10, 21. 23
Zu Vers 2:
4 Mo 12, 7
LXX

Zu Vers 3:
Hbr 2, 9; 8, 6
Zu Vers 6:
Hbr 10, 21
Eph 2, 19—22
1 Tim 3, 15
1 Pt 2, 5
Rö 15, 4
Kol 1, 23
Hbr 3, 14
6, 11
10, 23
Mk 13, 13

6 **gesagt werden sollte, * Christus aber als Sohn über seinem Hause.**
Dessen Haus sind wir, sofern wir die freudige Zuversicht und den Ruhm der Hoffnung bis zum Ende festhalten.

Der erste Vers unseres Kapitels schließt an Hbr 2, 17 an. Jesus ist der wahre Hohepriester[116], der Vertreter des Gottesvolkes Gott gegenüber und der Beauftragte Gottes seinem Volk gegenüber. Er ist der „eine Mittler zwischen Gott und Menschen" (1 Tim 2, 5). Er kennt unsere Lage, denn er wurde ebenso versucht wie wir (Hbr 2, 18; 4, 15). Weil Jesus Christus barmherzig ist und helfen kann, **darum** kommt alles darauf an, daß die **heiligen Brüder,** die **Teilhaber der**
1 **himmlischen Berufung** die rechte geistliche Blickrichtung behalten.
Jesus ist der Heilige, der die Glieder seiner Gemeinde heiligt. Weil er sich nicht schämt, uns seine Brüder zu nennen (Hbr 2, 11), darum sind auch wir untereinander heilige Brüder. Die Berufung zu dieser heiligen Bruderschaft ist nicht menschlichen Gedanken und Plänen entsprungen: sie ist eine himmlische Berufung, die von Gott durch seinen Sohn an uns ergeht, durch **„den Apostel",** d. h. den unvergleichlichen Gesandten Gottes[117]. Der Urgrund des neuen Lebens und der ewigen Seligkeit liegt nicht in uns, sondern in Gott selbst. Sein Ruf ergeht durch Christus an alle Menschen. Wer dem Ruf Gottes Gehorsam leistet, wird Teilhaber der himmlischen Berufung, er gewinnt Anteil am Reich Gottes, wird Bürger der himmlischen Welt (Phil 3, 20)[118].

Dieser Verwurzelung menschlicher Existenz in der Ewigkeit Gottes entspricht nun aber eine geistliche Lebensrichtung, die dem natürlichen Denken widersprüchlich erscheinen muß. Der Apostel fordert die Gläubigen auf: **Richtet euer Augenmerk fest auf den Apostel und Hohenpriester unseres Bekenntnisses, auf Jesus!** Ist es denn nicht unmöglich, eine Person anschauen zu wollen, die gar nicht sichtbar gegenwärtig ist? Diese berechtigte Fragestellung macht uns sofort deutlich, daß hier nicht an einen Vorgang körperlicher Wahrnehmung, sondern an eine geistliche Erfahrung gedacht ist. Der Apostel meint hier die immer neue bewußte Vergegenwärtigung Gottes in unserem Leben (vgl. ähnlich 2 Tim 2, 8 „Halt im Gedächtnis Jesum Christum").

[116] Das Hohepriestertum Jesu wird im Hbr in seiner Einzigartigkeit ausdrücklich hervorgehoben: 2, 17; 3, 1; 4, 14; 5, 5. 10; 6, 20; 7, 26; 8, 1; 9, 11; 10, 21.

[117] Vgl. F. Rienecker, Über den Begriff „Apostel", W. Stb. Mark. S. 85 f, ebenso Theol. Begriffslexikon zum NT, Wuppertal 1965, S. 31 ff.

[118] „Unser Wandel aber ist im Himmel" Phil 3, 20 LÜ heißt sachlich zutreffender „Das Reich, in dem wir Bürger sind, ist in den Himmeln" ZÜ. Das grie Wort *políteuma*, das Luther mit „Wandel" übersetzt, bedeutet eigentlich „Gemeindewesen, Staatsverband". Vgl. W. Stb. Phil S. 134 f.

Daß er hier wie Hbr 2, 9 und 12, 2 nur den Namen Jesus ohne den Messiastitel Christus nennt, ist offenbar beabsichtigt. Es geht um die Identität des irdischen mit dem erhöhten Herrn. Der himmlische Christus, den sie mit den Augen des Herzens sehen (Eph 1, 18), ist niemand anders als der von den Aposteln verkündigte Jesus von Nazareth. Die Teilhaberschaft an der himmlischen Berufung, nämlich die persönliche Zugehörigkeit der einzelnen Gläubigen zur Gemeinde, legt ebenso wie die Wolke von Zeugen (Hbr 12, 1–2) eine innere Verpflichtung auf, den Glaubensblick auf Jesus gerichtet zu halten, d. h. in der ungebrochenen Lebensgemeinschaft mit ihm zu bleiben.

Vom Leben mit dem Herrn und der Zugehörigkeit zur Gemeinde läßt sich wiederum das Bekenntnis des Glaubens nicht trennen. Dabei geht es dem Apostel nicht um irgendein schriftlich festgelegtes Glaubensbekenntnis einer Gemeinde, sondern um das standhafte Zeugnis vom persönlichen Heil in Christus, das jedes Kind Gottes der Welt schuldig ist, gerade auch angesichts der Bedrohung durch die widergöttlichen Mächte (Rö 10, 10).

Wenn in unserem Vers von Jesus, dem Apostel und Hohenpriester, gesprochen wird, dann bilden hier zwei grundlegende Heilstatsachen den Inhalt des Bekenntnisses: Jesus ist der letzte Sendbote Gottes, der durch sein Opfer die vollkommene Sühnung für alle Schuld der Menschen erwirkt hat.

Dem Herrn Jesus Christus, der ein und alles im christlichen Be- 2
kenntnis und im Leben der Gemeinde ist, stellt der Apostel den Gottesmann Mose gegenüber, der im Denken Israels eine zentrale Stellung einnahm. Was das Erlösungswerk Christi für die ntst Gemeinde bedeutet, war für die Juden der Auszug Israels aus Ägypten unter Mose. Jesus und Mose werden miteinander verglichen, wobei einzelne Stichworte in der Auslegung des atst Textes für den Apostel besonders wichtig sind. **Er war treu dem, der ihn dazu gemacht hat, wie auch Mose in seinem ganzen Hause[119].** Als Besonderheit wird die Treue hervorgehoben (das grie Wort *pistós* „treu" ist sinnverwandt mit dem Wort *pístis* „Glaube").

Beide, Mose und Jesus, haben ihre Treue und ihren Glauben in der Anfechtung bewährt. Die Worte „der ihn dazu gemacht hat" bedeuten nicht, daß Gott den Herrn Jesus Christus etwa geschaffen habe wie irgendeins seiner himmlischen oder irdischen Geschöpfe, sondern sie zielen entweder auf die Einsetzung Jesu als Apostel und Hoher-

[119] Hbr 3,2 greift zurück auf 4 Mo 12, 7 LXX: *uch hútos ho therápon mu Moysäs: en hólo to oíko mu pistós estin;* „Nicht so mein Diener Mose: In meinem ganzen Hause ist er treu."

priester durch Gott, den Vater, oder auf seine Menschwerdung[120]. Auf jeden Fall hebt unser Wort die bewußte Abhängigkeit von Gott hervor, in der Jesus in seiner menschlichen Existenz gelebt hat. Er selber hat den Juden gesagt: „Der Sohn kann nichts von sich aus tun, er sehe denn den Vater etwas tun; denn was jener tut, das tut ebenso auch der Sohn" (Jo 5, 19; vgl. Jo 17, 8a).

Das Haus, das Mose anvertraut worden war, war das Zelt der Offenbarung, die Stiftshütte. Das grie Wort *kataskeuázein* „bauen, einrichten" in Vers 4 hat seine besondere Bedeutung im Zusammenhang mit der Errichtung der Stiftshütte Hbr 9, 6. Spätjüdische Ausleger haben dieses Wort auf das ganze Volk Israel bezogen, das im AT oft „Haus Israel" genannt wird[121]. Eine letzte sichere Entscheidung hierüber ist nicht möglich. Vielmehr ergänzen beide Auslegungen einander sinnvoll.

3 Jesus und Mose werden im Blick auf ihre „Herrlichkeit" und „Ehre" miteinander verglichen. Jesus verhält sich zu Mose wie der Erbauer eines Hauses zum Haus selbst. Er besitzt größere Herrlichkeit als Mose, wie auch der Dienst des Neuen Bundes den Dienst des Alten Bundes an Herrlichkeit weit überragt (2 Ko 3, 7—11). Den gleichen Tatbestand hebt auch Jo 1, 17 hervor: „Das Gesetz ist durch Mose gegeben, die Gnade und die Wahrheit durch Christus geworden." Daraus erkennen wir, daß bei aller Übereinstimmung zwischen Mose und Jesus doch nicht nur ein gradueller, sondern ein qualitativer Unterschied vorhanden ist! — Jesus Christus wird in unserem Vers auch als „der Erbauer" bezeichnet. Das führt uns zum nächsten Gedanken.

4 **Der aber alles erbaut hat, ist Gott.** Manche Ausleger sehen darin einen Hinweis, daß Jesu Ursprung in Gott selbst liege, der der Schöpfer des Alls ist. Fassen wir aber die Verse 3 und 4 genauer ins Auge, so sehen wir, daß Mose und die Stiftshütte bzw. Israel miteinander einem Bau verglichen werden, dem Christus als der Baumeister gegenübersteht. Jesus ist es, der das „Haus herrichtet", sowohl im AT wie im NT[122]. Er steht hinter den Aufträgen der Propheten (vgl.

[120] Der grie Ausdruck *to poiáesanti autón* findet sich auch Jes 17, 7 LXX vgl. W—B 1958^5, Sp. 1350.
Hbr 3, 2 entspricht 5, 5; das würde nahelegen, an die Einsetzung Jesu zum Apostel und Hohenpriester zu denken; vgl. Apg 2, 36. Auch im Blick auf die Berufung Moses und Aarons spricht das AT von einem „Schaffen" Gottes 1 Sam 12, 6. 8.

[121] J. Brown, S. 162: „Der Ausdruck ‚das Haus zu bauen' ist gleichbedeutend damit, der Gründer einer Familie zu sein, vgl. 2 Mo 1, 21; Rth 4, 11; 2 Sam 7, 11." Er versteht mit Haus die „Familie Gottes". Die Berleburger Bibel (S. 16) stellt die „Haushaltung Moses" der „Haushaltung des NT" gegenüber. L. Präger, S. 27: „Mose war betraut mit der Leitung des Hauswesens Gottes."

[122] J. A. Bengel, S. 632: „Das heißt: der Alles bereitet, von dem muß gesagt werden, der ist Gott. Nun aber hat Christus Alles bereitet; also ist Christus — Gott."

1 Pt 1, 11) und Engel ebenso, wie er sich im Leben seiner Gemeinde offenbart[123].

Der Vergleich zwischen Jesus und Mose wird weitergeführt. Noch 5
einmal wird das hervorgehoben, was beiden gemeinsam ist: Beide empfangen von Gott das Zeugnis, treu zu sein. Dann aber folgt die Betonung des Gegensätzlichen: Mose ist nur der Diener, er waltet in seinem ganzen Haus, das ihm von Gott anvertraut worden ist[124]. Aber Jesus Christus ist weit erhabener als Mose. Er ist nicht Diener, sondern Sohn; er ist nicht zur Verwaltung im Haus, sondern als Herr über sein Haus eingesetzt[125] und zugleich dessen Erbauer; sein „Haus" ist seine Gemeinde. Bei dieser Feststellung schließt sich der Apostel mit allen Gläubigen zusammen: **Sein Haus sind wir**[126]**!**

Die Zugehörigkeit zum Hause Gottes ist aber an eine Bedingung 6
geknüpft. Die geistlichen Gaben und Kräfte des Herrn sollen sich in der Gemeinde entfalten und in der frohen Glaubensgewißheit und der Hoffnung, der man sich zuversichtlich hingibt, ihren Ausdruck finden. Sein Haus sind wir, **sofern wir die freudige Zuversicht und den Ruhm der Hoffnung bis zum Ende festhalten.** Der Apostel trifft am Ende seines Gedankens zwei wichtige Feststellungen. Es gibt bestimmte geistliche Lebensäußerungen, die im Leben eines Christen nie fehlen und nie preisgegeben werden dürfen, die „beiden unzertrennlichen Begleiter des Glaubens" (Calvin). Dazu gehören die freudige Zuversicht, d. h. die Heilsgewißheit (grie *parräsía*)[127] und

[123] E. Riggenbach, S. 71: „Die Gemeinde Gottes, die zur Zeit des Alten Bundes in der Gestalt des israelitischen Volkes vorhanden war, ist ebenso Christi Werk wie die ntst Gemeinde, weshalb auch schon Moses die Schmach Christi getragen hat, vgl. 11, 26."

[124] Die Worte „zum Zeugnis für das, was geredet werden sollte", beziehen sich sowohl auf das, was dem Volk Israel durch Mose selber verheißen wurde (vgl. 5 Mo 18, 15. 18), als auch auf die Verkündigung Jesu und der Apostel. Der treue Dienst des Mose ist Zeugnis und Unterpfand dafür, daß Gott seine Zusagen erfüllen wird.

[125] Diese Gegenüberstellung und Überlegenheit kommt betont in den grie Formen *en hólo to oíko* (Vers 5) „in seinem ganzen Haus" und *epí ton oíkon autú* (Vers 6) „über sein Haus" zum Ausdruck.

[126] Mehrfach wird die Gemeinde im NT mit einem Bauwerk verglichen, so mit einem Tempel (grie *naós)* 1 Ko 3, 16; 6, 19; 2 Ko 6, 26; Eph 2, 21; mit einem Haus (grie *oíkos)* 1 Tim 3, 15; Hbr 3, 6; 10, 21; 1 Pt 2, 5; 4, 17; mit einem Gebäude, das im Aufbau befindlich ist *(grie oikodomáe)* Eph 2, 21.

[127] *parräsía* „freudige Zuversicht, Gewißheit, Freudigkeit" wird uns als Gabe des Heiligen Geistes zuteil zum Zeugnis (Apg 4, 29. 31), zum Gebet (1 Jo 5, 14; Hbr 4, 16; 10, 19) und zur Begegnung mit Christus im Gericht bei seiner Wiederkunft (1 Jo 4, 17). Das Ausmaß und die Auswirkungen der Gewißheit in unserem Leben sind abhängig davon, wie weit unser persönliches Leben in der Gemeinschaft mit Christus und seinem Wort verwurzelt ist (1 Jo 2, 28).

O. Michel, S. 100: „Der Begriff entwickelt verschiedene theologische Seiten: 1. er bezeichnet die Überwindung der Scheu, die Bereitschaft, für eine Sache in der Öffentlichkeit

die lebendige Hoffnung, die die endgültige Erfüllung aller Verheißungen Gottes mit Sicherheit erwartet. An diesen grundlegenden Bestandteilen echten Glaubenslebens gilt es festzuhalten – „bis zum Ende"! Der Apostel weiß, wie sehr der Weg der Nachfolge durch gottfeindliche Mächte gefährdet ist. Darum kann er nicht von der alles überragenden Größe Jesu Christi sprechen, ohne zugleich der Gemeinde den Ernst ihrer Verantwortung zu zeigen: „Nicht der Anfang, nur das Ende krönt des Christen Glaubensstreit" (Benjamin Schmolck).

Zusammenfassung

Wir überblicken noch einmal den kurzen Abschnitt Hbr 3, 1–6. Der Verfasser hat Jesus und Mose einander gegenübergestellt. Was beiden gemeinsam ist, wurde deutlich ausgesprochen: Beide sind von Gott in ihr hohes Amt eingesetzt, beide bewahren in ihrer irdischen Wirksamkeit ihre Abhängigkeit von Gott, beide erhalten das Zeugnis unwandelbarer Treue. Auf beider Weg ruht Gottes Herrlichkeit (grie *doxa* vgl. V. 3). Beide – Mose und Jesus – besitzen ein Volk. Für beide „Völker", in beiden „Häusern" gelten die gleichen Gesetze geistlichen Lebens: Es ist derselbe Heilige Geist, der im AT und NT zu den Menschen spricht.

Aber gerade im Gegenüber des atst Gottesmannes und Bundesmittlers erstrahlt um so stärker die Überlegenheit und Größe des Gottessohnes. Jesus Christus ist nicht ein „zweiter Mose", er ist mehr! Mose war ein D i e n e r i m Hause Gottes, Jesus aber als S o h n ü b e r das Haus gesetzt. Mose hat ein i r d i s c h e s Heiligtum aufgerichtet, Jesus aber ist Herr über das Haus Gottes aus lebendigen Steinen (1 Pt 2, 5), über seine Gemeinde, den Organismus des Leibes, eine h i m m l i s c h e Körperschaft. Wohl besitzen beide ein Volk; aber Mose ist es nur a n v e r t r a u t worden, Jesus jedoch hat sein ntst Gottesvolk durch sein Blut als Eigentum e r w o r b e n (Apg 20, 28).

Das ist aber nun der Zielgedanke, auf den hin der Apostel seine Meditation angelegt hat: Jesus Christus – und zwar er ganz allein – ist Grund und Inhalt unserer Heilsgewißheit und unserer Hoffnung. In ihm besitzen wir das völlige Heil, ohne ihn, außerhalb seiner Gemeinschaft, haben wir nichts. Hat uns Gott durch seinen Geist einmal den Blick für die Wirklichkeit des auferstandenen Herrn erschlos-

einzutreten; 2. ein festes Vertrauen Gott gegenüber, die Freudigkeit und den Freimut, die aus der Vergebung und der Heilsgewißheit stammen."
Die *parrăsía* ist hier die Gewißheit des ewigen Heils, das durch Gottes eigenes Handeln verbürgt und verwirklicht worden ist.

sen, *dann müssen wir aber auch unentwegt daran festhalten*. Im ganzen NT wird nirgends stärker als im Hbr mit solcher Eindringlichkeit auf die Tatsache hingewiesen, daß Beständigkeit im Christenleben der Beweis für die Echtheit des Glaubens ist. Mag auch das Gottesvolk des Alten Bundes unter Mose versagt haben, das Bleiben in der Heilsgewißheit und der Hoffnung, das Bleiben in Christus ist für uns möglich — eben *weil Jesus erhabener ist als Mose*. Diese trostvolle Verheißung beherrscht unausgesprochen die Ausführungen des Apostels im nächsten Abschnitt, wir werden in der Zusammenfassung von Hbr 3, 7—19 noch einmal davon sprechen müssen.

B. Die Wüstenwanderung Israels als warnendes Beispiel für die Gemeinde

Hbr 3, 7—19

7 **Deshalb** (gilt es so), **wie der Heilige Geist spricht: „Heute, wenn**
8 **ihr seine Stimme hört, * verhärtet eure Herzen nicht wie bei der**
9 **Verbitterung am Tage der Versuchung in der Wüste, * wo eure**
Väter mich versuchten und erprobten und meine Werke sahen
10 *** vierzig Jahre lang. Deshalb zürnte ich diesem Geschlecht und**
sprach: „Immer irren sie im Herzen." Sie aber erkannten meine
11 **Wege nicht, * so daß ich in meinem Zorn schwur: „Sie sollen nicht**
12 **in meine Ruhe eingehen." * Seht darauf, Brüder, daß nicht bei**
einem von euch ein böses, ungläubiges Herz entstehe, das sich
13 **von dem lebendigen Gott abwendet; * sondern ermahnt euch**
selbst jeden Tag, solange noch das „Heute" gilt, damit nicht je-
14 **mand von euch durch Betrug der Sünde verhärtet werde. * Denn**
wir sind Teilhaber des Christus geworden, sofern wir die ur-
15 **sprüngliche Standhaftigkeit bis zum Ende fest bewahren. * Wenn**
es heißt: „Heute, wenn ihr seine Stimme hört, verhärtet eure
Herzen nicht wie bei der Verbitterung am Tage der Versuchung
16 **in der Wüste." * Denn welche hörten es und wurden verbittert?**
Waren es nicht alle, die unter Mose aus Ägypten ausgezogen
17 **waren? * Wem aber zürnte er vierzig Jahre lang? Nicht denen,**
18 **die sündigten, deren Leiber in der Wüste zerfielen? * Wem aber**
schwur er, daß sie nicht in seine Ruhe eingehen sollten, als nur
19 **den Ungehorsamen? * Und wir sehen, daß sie nicht hineinkom-**
men konnten um des Unglaubens willen.

Zu Vers 7:
Ps 95, 7—11
Hbr 4, 7
Zu Vers 8:
2 Mo 15, 23 f
2 Mo 17, 1—7
4 Mo 20, 2—5
5 Mo 6, 16
Zu Vers 9:
4 Mo 14, 22
Zu Vers 11:
4 Mo 14, 21—23
Ps 106, 26
Zu Vers 12:
2 Chro 29, 6
Jer 16, 12
Jer 17, 5—6
Jer 18, 12
Hbr 12, 15
2 Th 2, 3
Zu Vers 13:
1 Th 5, 11
1 Mo 3, 13
Mk 4, 19
Rö 7, 11
2 Ko 11, 3
2 Th 2, 10
Zu Vers 14:
Rö 11, 22
Hbr 3, 6

Hat der Apostel im vorigen Abschnitt Mose und Jesus einander gegenübergestellt, so setzt er jetzt diesen Gedanken fort, indem er

Zu Vers 15:
Ps 95, 8
Hbr 3, 7–8
Zu Vers 16:
2 Mo 17, 1–7
4 Mo 14, 1–3
Zu Vers 17:
4 Mo 14, 29
1 Ko 10, 5. 10
Zu Vers 18:
4 Mo 14, 22b
Hbr 3, 11
Zu Vers 19:
Hbr 4, 6

den bedeutsamsten Abschnitt aus dem Leben des Mose, die Zeit der Wüstenwanderung, den Gläubigen vor Augen führt und Israel und die Gemeinde einander gegenüberstellt. Die Überlegenheit Jesu über Mose begründet die erhöhte Verantwortung der Gemeinde (vgl. Hbr 2, 1–4). Die Ermahnung des Apostels zielt darauf, daß die Gläubigen bewußt an der Gemeinschaft mit Christus festhalten, bis sie das Ziel der ewigen Herrlichkeit erreicht haben. Er weiß, daß der Weg der glaubenden und hoffenden Gemeinde hier auf Erden allezeit gefährdet ist. Die geistlichen Gefahren, die der Gemeinde drohen, sieht er bereits in der Geschichte Israels vorgebildet.

Deshalb – so setzt der Autor mit seiner Ermahnung ein und greift
auf ein Wort aus dem AT zurück; er führt das Zitat aus Ps 95, 7–11
7–11 als Reden des Heiligen Geistes ein (ebenso ist das Wort des Propheten Jeremia Jer 31, 33 Zeugnis des Heiligen Geistes vgl. Hbr 10, 15). Ohne den Vorgang der Inspiration im AT aufzuhellen oder zu erklären, setzt der Apostel ihn doch als selbstverständlich voraus. **Heute, wenn ihr seine Stimme hört, verhärtet eure Herzen nicht.** In dieser Warnung an Israel haben schon die jüdischen Schriftausleger ein Geheimnis erkannt und es auf die Zeit des Messias gedeutet: Wenn ganz Israel seinen Ungehorsam gegen Gott und die Verstocktheit seines Herzens aufgeben und Gottes Gesetz vollkommen erfüllen wird, so wird der Messias, der Sohn Davids kommen. Ps 95 blickt zurück auf die Zeit der Wüstenwanderung. Gottes Wege mit Israel liefen anders, als die Menschen es erwarteten. Gott ersparte seinem Volk die Prüfungen und Belastungsproben nicht. Hunger und Durst, feindliche Heere und übermenschliche Gefahren wurden dem Volk Gottes zur Versuchung. „Du sollst gedenken des ganzen Weges, den dich der Herr, dein Gott, nun vierzig Jahre lang geführt hat in der Wüste, um dich zu demütigen und zu e r p r o b e n, auf daß er erkenne, wie du gesinnt seist" (5 Mo 8, 2). Diese Stelle macht deutlich, daß schon das AT – und nicht erst der Apostel auf Grund ntst Erkenntnis – rückblickend die Wüstenwanderung als eine Zeit der göttlichen Anfechtung sieht, in der die Möglichkeit zur Bewährung gegeben war. Die Israeliten bestanden die Probe nicht. Die Frage, die die Israeliten in der Versuchung stellten, lautete: „Ist der Herr in unserer Mitte oder nicht?" (2 Mo 17, 7). In der Verbitterung über das, was Gott ihnen zumutete, verhärteten sie sich, d. h. sie wiesen Gottes Wort von sich. Dieses Geschehen wird für den Apostel zu einer dringenden Warnung an die Gemeinde: Wenn Gott uns schwere, dunkle Wege gehen läßt, die wir nicht begreifen, dann ist das kein Grund, an Gottes Führung und an seiner Gegenwart zu zweifeln.

Sie sahen meine Werke . . ., aber sie erkannten meine Wege nicht.

Ps 95 wird durch ein Wort aus 4 Mo 14, 22 gestützt. Israel hat die herrlichen Taten Gottes seit dem Auszug aus Ägypten immer wieder mit eigenen Augen gesehen. Aber die Israeliten haben keinen Blick für Gottes gnädiges Walten über seinem Volk gehabt, sie haben seine Wege nicht erkannt; das Erlebte wurde nicht zum inneren geistlichen Besitz, der ihre Gemeinschaft mit Gott hätte festigen können. Sie haben Gottes Herrlichkeit mit ihren Augen gesehen und doch nicht erkannt[128]. Deshalb wurde Gott zornig über Israel. Wenn Gott schwört (vgl. Hbr 6, 13; 7, 21), dann verbürgt er sich mit seiner heiligen Person für das gegebene Wort. Gott macht sich selbst zum Unterpfand dafür, daß sein Wort unverbrüchliche Wahrheit ist und in Erfüllung gehen wird[129]. Hier wird Gottes Gerichtsandrohung durch den Schwur Gottes bekräftigt[130]. Die Wüstengeneration soll die „Ruhe", das verheißene Land, nicht erreichen.

Das Wort **Ruhe** (grie *katápausis*) finden wir in der LXX schon 1 Mo 2, 2—3. „Gott ruhte von allen seinen Werken." Die „Ruhe" ist im tiefsten Sinne Ausdruck der unbeschreiblichen Herrlichkeit Gottes und seiner ewigen Herrschaft, die in der kommenden Weltzeit offenbar werden soll[131]. Die verheißene Ruhe im Lande Kanaan ist nur Abbild der ewigen Ruhe Gottes und wird zum Hinweis auf die Herrlichkeit in der Vollendung. Das Wort aus Ps 95 jedoch warnt vor der Möglichkeit, daß Menschen, denen die Ruhe Gottes verheißen ist, um ihres Ungehorsams willen im Gericht Gottes umkommen können.

An das warnende Wort des AT schließt der Apostel seine eigene 12
Mahnung an. Die Glieder der Gemeinde werden zur Wachsamkeit und zur Verantwortung füreinander aufgerufen. **Seht darauf, Brüder, daß nicht bei einem von euch ein böses, ungläubiges Herz entstehe, das sich von dem lebendigen Gott abwendet.** Also auch die Gläubigen des Neuen Bundes ebenso wie die Gläubigen des Alten Bundes können in die Gefahr und Versuchung geraten, dem lebendigen Gott den Rücken zu kehren (vgl. 2 Chro 29, 6 mit Hbr 10, 25). Ihre letzte Wurzel hat die Abkehr des Menschen von Gott in seinem „bösen Herzen", dessen wesentliches Kennzeichen nicht moralische oder sittliche

[128] Vgl. Jes 6, 9—10; Mt 13, 14—15; Apg 28, 26—27; Rö 11, 8.

[129] Ebenso gebraucht Jesus die atst Schwurformel, wenn er sagt: „Wahrlich, ich sage euch!" grie *„amáen, légo hymín"* vgl. Mk 8, 13.

[130] Vgl. Jer 22, 5; 49, 13; 51, 14; Am 6, 7.

[131] Im Spätjudentum wird die „Ruhe" Umschreibung für die verheißene Vollendung, den ewigen Sabbat: „Das ist der Tag, der ganz Sabbat ist, an dem es kein Essen und Trinken gibt, kein Kaufen und kein Verkaufen; sondern die Gerechten werden dasitzen mit Kronen auf ihren Häuptern und sich laben an dem Glanz der Schechina" (Gnadengegenwart Gottes); vgl. O Michel, S. 102.

Schwäche ist, sondern der Unglaube. Schon Jeremia hat diesen Wesenszug des menschlichen Herzens gebrandmarkt: „Ihr folgt ja ein jeder der Verstocktheit seines bösen Herzens und h ö r t n i c h t a u f m i c h !" (Jer 16, 12). Unglaube, Ungehorsam, d. h. nicht hören und gehorchen wollen, und Verstocktheit sind Merkmale des „bösen Herzens", aus denen das „böse Gewissen" (Hbr 10, 22) folgt, sind die Kennzeichen des von Gott gelösten Menschen.

Unglaube und Ungehorsam lauern als Gefahr auch auf der Schwelle zum Herzen des Gläubigen. Mit jedem „Nein", das wir dem Wort Gottes entgegensetzen – ganz gleich, wo und wie es uns erreicht, wird unser Herz um einen Grad härter und unempfänglicher für die
13 Wirkungen des Heiligen Geistes. Darum ist die geistliche Fürsorge unter den Gliedern der ntst Gemeinde dringend geboten: Zu dem t ä g l i c h e n Umgang mit dem Wort Gottes in der Heiligen Schrift (Apg 17, 11) und der t ä g l i c h e n Gemeinschaft mit Gotteskindern (Apg 2, 46) gehört auch die t ä g l i c h e Ermahnung und der ermunternde Zuspruch (vgl. 1 Th 5, 11)[132], weil der Gnadenzeit von Gott eine bestimmte Grenze gesetzt ist, „solange noch das Heute gilt". Wer diese Zeit nicht zu seinem ewigen Heil ausnützt, fällt dem Betrug der Sünde zum Opfer, er verliert die innere Widerstandskraft gegen die Sünde. **Damit nicht jemand durch Betrug der Sünde verhärtet werde** – das ist die apostolische Warnung vor der unausweichlichen Folge geistlicher Unachtsamkeit! Die Sünde betrügt, sie hält nicht, was sie verspricht. Schon die ersten Menschen mußten mit erschreckender Deutlichkeit erkennen, daß sie einem B e t r u g S a t a n s zum Opfer gefallen waren, als sie Gottes Gebot übertraten. Sie hatten sich von Gottes Ordnung gelöst, aber anstatt der erwarteten Herrlichkeit fielen sie in die Sklaverei der Sünde. Das bekennt Eva mit den Worten: „Die Schlange b e t r o g mich, und ich aß!" Der Gemeinde droht die gleiche Gefahr (2 Ko 11, 3), wenn die geistliche Wachsamkeit nachläßt.

14 Was in Vers 6 bereits anklang, vertieft der Apostel in Vers 14. Die Größe der Gabe Gottes und die Größe der Verantwortung der Gläubigen stehen in unauflösbarem Zusammenhang. Die **Teilhaber des Christus** sind die Menschen, die zum „Hause des Christus" gehören, die „lebendigen Steine" (1 Pt 2, 5), die Glieder der Gemeinde. Sie sind Brüder Christi (Hbr 2, 11), haben Genossenschaft, Bruderschaft

[132] F. F. Bruce, S. 67: „Die Ermunterung zu gegenseitiger Ermutigung war einsichtig: In der Absonderung von seinen Glaubensgenossen war jeder einzelne unter ihnen stärker in Gefahr, den schleichenden Versuchungen zu erliegen, die ihn von so manchen Seiten bedrängten. Aber wenn sie regelmäßig zu gegenseitiger Aufmunterung zusammenkämen, würde ihr geistliches Leben frisch erhalten bleiben, und ihre gemeinsame Hoffnung wäre nicht mehr in Gefahr, wie ein flackerndes Licht zu erlöschen."

mit ihm und haben Anteil an Wesen, Weg und Herrlichkeit ihres Herrn. So spricht der Apostel sie auch Hbr 3, 1 als „heilige Brüder" an, er erkennt sie als wahre Kinder Gottes an, die in der Wiedergeburt das ewige Leben empfangen haben. Aber sie sind noch nicht am Ziel, nicht am Ziel ihres Erdenlebens und auch noch nicht am Ziel ihres Glaubens. Eben darum gilt es, am Glauben bis zum Ende festzuhalten. Im grie Text fällt der wörtliche Gleichklang mit Vers 6 auf. Hier spricht der Verfasser mit besonderem Nachdruck. Der Glaube schafft sich bestimmte Ausdrucksweisen, die im Leben der Gläubigen nie fehlen dürfen: Glaubensfreudigkeit und frohe Hoffnung (vgl. Rö 5, 2), ebenso die Standhaftigkeit, d. h. das unerschrockene, beharrliche Einstehen für den Glauben. Diese geistliche Haltung, die den Anfang ihres Glaubensweges prägte, darf auf keinen Fall preisgegeben werden.

Noch einmal führt uns der Apostel auf den Anfang seines Psalm- 15
zitates zurück, um an dem grie Zeitwort „hören" anzuknüpfen und
von den drei Worten aus Ps 95, 7—11 „hören — zornig werden —
schwören" die ganze Wüstenwanderung Israels vor unseren Augen
erstehen zu lassen. Alle Israeliten hatten die Wunder Gottes gesehen 16
und seine Verheißung durch Mose empfangen. Aber alle hatten teil
an der Erbitterung, alle machten sich des Abfalls schuldig. Das wan- 17
dernde Gottesvolk mußte immer wieder die harte Wahrheit erfah-
ren: „Gottes Zorn vom Himmel wird offenbart über alles gottlose
Wesen" (Rö 1, 18). Wer dem „Betrug der Sünde" erlag, kam in der
Wüste um. Schließlich kam es zu jenem Gerichtsschwur Gottes, der 18
das murrende Volk Gottes traf. Gott hatte seinem Volk den Besitz
des Landes Kanaan versprochen. Die Kundschafter kehrten zurück,
aber zehn von ihnen machten dem Volk das Herz schwer. Weil Israel
Gott den Glauben und Gehorsam verweigerte, erlebten sie die Er-
füllung der Verheißung nicht. Mit einem einzigen Satz weist der
Apostel auf den atst Tatbestand hin, der auch für die ntst Gemeinde
von Bedeutung ist: Am Sinai mußte Mose auf Gottes Befehl alle
Israeliten vom 20. Lebensjahr an zählen (4 Mo 1, 1 ff). Die Zahl der
Männer, ohne die Leviten, betrug 603 550 (4 Mo 1, 46). Diese Män-
ner traf der Fluch Gottes (4 Mo 14, 29—30), außer Josua und Kaleb.
Vierzig Jahre mußten sie in der Wüste umherziehen (4 Mo 14,
33—34). Nach Ablauf dieser Zeit, als Israel an der Grenze Kanaans,
am Jordan gegenüber Jericho lag, mußte Mose das Volk erneut zäh-
len (4 Mo 26, 1 —2. 63). Dort wurde gewissermaßen der Schlußstrich
unter ein erschütterndes Kapitel Gottesgeschichte gezogen, und der
Bericht schließt mit den Worten: „Darunter war keiner von denen,
die von Mose und Aaron, dem Priester, gemustert worden waren, als
diese die Israeliten in der Wüste am Sinai musterten; denn der Herr

hatte ihnen gesagt, sie müßten in der Wüste sterben, und es war
19 keiner von ihnen übriggeblieben" (4 Mo 26, 64–65). Im Rückblick auf dies erschütternde Geschehen im Volk Israel schärft der Apostel seinen Lesern noch einmal neu ein: Die Verweigerung des Glaubens – des Gehorsams gegen Gottes Wort – ist Aufruhr gegen die höchste Majestät, in dem der Mensch umkommt.

Die Anwendung muß für die Empfänger verständlich genug gewesen sein. Auch sie hatten die erlösende Kraft Gottes erfahren. Sie hatten ein himmlisches Ziel, um sich darauf zu freuen. Aber der Unglaube konnte es verhindern, die göttliche Verheißung Wirklichkeit werden zu lassen, gerade wie er es verhindert hatte, daß die Israeliten, die aus Ägypten ausgezogen waren, nach Kanaan gelangten.

Zusammenfassung

Das NT spricht in mannigfacher Weise die Tatsache aus, daß die atst Offenbarung in Israel über sich hinaus in die Zeit der ntst Gemeinde weist. So ist das Gesetz, und zwar besonders das priesterlich-kultische Gesetz im AT Schatten (grie *skiá*) der ntst Heilsordnung (Kol 2, 17). Aufbau, Gliederung und Ordnungen der Stiftshütte sind Schatten und Abbild bzw. Beispiel (grie *hypódeigma*) himmlischer Urordnungen, die in den geistlichen Lebensordnungen der Gemeinde Jesu verwirklicht werden sollen (Hbr 8, 5; 9, 1–9. 23; 10, 1). Schließlich sind die geschichtlichen Ereignisse während der Wüstenwanderung Spuren und Vorbilder (grie *týpos*) des geschichtlichen Weges der Gemeinde bis zur Wiederkunft des Herrn (1 Ko 10, 6. 11).

So wird auch das Erlösungswerk Christi im NT immer wieder unter dem Blickpunkt eines neuen „Auszugs" gesehen. Der Tod des Herrn wird als „Auszug" bezeichnet (Lk 9, 31)[133], Jesus selber ist das wahre Passah (1 Ko 5, 7), das untadelige und unbefleckte Lamm[134]. Die Gläubigen sind wie Israel nach dem Auszug die „Gemeinde in der Wüste[135]", ihre Taufe entspricht dem Durchzug Israels durchs Rote Meer, die Mahlfeier der gläubigen Gemeinde am Tisch des Herrn hat ihr Urbild in der Speisung Israels mit Manna und Wasser aus dem Felsen; Christus, der lebendige Felsen, ist ihr Führer durch

[133] Lk 9, 30 f lesen wir: „Und siehe, zwei Männer redeten mit ihm – es waren Mose und Elia – die erschienen in Lichtglanz und redeten von seinem Lebensausgang, den er in Jerusalem vollenden sollte" ZÜ. Das grie Wort für „Lebensausgang", mit dem auf den Tod Jesu hingewiesen wird, heißt *éxodos* und ist in der biblischen Sprache fester Begriff für den Auszug Israels aus Ägypten; vgl. auch die Bezeichnung für 2 Mo als „Exodus".

[134] Vgl. 2 Mo 12, 5 mit 1 Pt 1, 19.

[135] Vgl. Apg 7, 38 mit 1 Pt 1, 1 und 2, 11.

die Wüste (1 Ko 10, 1–4)[136]. In einigen Handschriften des NT lesen wir sogar im Judasbrief V. 5: „Ich will euch aber, obgleich ihr dies alles wißt, daran erinnern, daß Jesus, nachdem er das Volk aus dem Land Ägypten einmal errettet hatte, das zweitemal die, welche nicht glaubten, hat umkommen lassen[137]." Diese typologische Auslegung ist dem Autor und den Lesern des Hbr vertraut gewesen. So zeigt der Apostel in Hbr 3, wie sich in der Wüstenwanderung Israels unter Mose mit ihren Segnungen und Gefahren bereits der Weg der ntst Gemeinde abzeichnet[138].

Ps 95, 7–11 weist zurück auf 4 Mo 14, 26–44. Es geht um einen Ausschnitt aus der Geschichte Israels, den Zug des Volkes Gottes durch die Wüste von Ägypten, dem Land der Knechtschaft, nach Kanaan, dem Land der Verheißung. Auf der Wüstenwanderung sollte das Volk demütige Abhängigkeit von Gott lernen (5 Mo 8, 2–3). Gott sorgte für alles, aber er ersparte seinem Volk auf diesem Erziehungsweg nicht die Schwierigkeiten und Überraschungen. An drei Klippen scheiterte das Volk:

Als die Israeliten kein Wasser hatten, stieg die Erbitterung (Hbr 3, 16) in ihren Herzen empor (2 Mo 15, 24; 17, 3. 7; 4 Mo 20, 2). Die Unzufriedenheit mit den äußeren Umständen des Lebens führte sie in die Verstockung, verschloß ihnen Ohren und Herzen für Gottes Wort und Weg. Weil ihnen Gottes Wege unverständlich blieben, lehnten sie sich gegen seine Führung auf.

Immer wieder fielen die Israeliten unterwegs in Sünde (Hbr 3, 17): Fremde Frauen verleiteten sie zur Anbetung fremder Götter (4 Mo 25, 1–2; 1 Ko 10, 8). Sie waren unzufrieden mit den Gaben Gottes, durch die er sie auf dem Weg stärkte. Sie wollten wieder zurück zu den „Fleischtöpfen Ägyptens". An ihrer Begierde (4 Mo 11, 4–7. 31–34; 1 Ko 10, 6) gingen sie zu Tausenden zugrunde.

In der Empörung gegen Gott und seinen Diener Mose (4 Mo 13–14

[136] K. Heim, Die Gemeinde des Auferstandenen, 1949, S. 131 f: „Die alte Gottesgemeinde, die durch die Wüste ging, das sind die Väter der neuen Gottesgemeinde. Es handelt sich nicht um eine Vaterschaft im leiblich-völkischen Sinn, sondern um eine Vaterschaft in der Heilsgeschichte. Was der alten Gottesgemeinde geschah, ist darum der typische Ansatz, das Beispiel für das, was der neuen Gottesgemeinde geschieht."
„Wir haben eine volle Analogie zwischen dem zweiten Auszug, den Christus führt, und dem ersten Auszug, den Moses führte. Nur ist der Unterschied der, daß dem Tierpassah beim ersten Auszug beim zweiten Auszug das Passah in der Person des historischen Jesus entspricht. Der Weg für den neuen Zug ins neue Zeitalter, den Einzug in das neue Land, ist bereitet."

[137] F. F. Bruce, S. 63, Anm. 46: „Die Belege der alten Texte unterstützen überzeugend die Auffassung, daß die ursprüngliche Leseart an dieser Stelle ‚Jesus' war (so Alexandrinus, Vaticanus und die lateinischen und koptischen Übersetzungen)."

[138] Vgl. a. a. O. S. 62 f, ebenfalls Sidney G. Sowers „Old Testament Types of Christ", in The Hermeneutics of Philo and Hebrews, Zürich 1965, S. 115 ff.

und 16) steigerte sich der Unglaube und Ungehorsam (Hbr 3, 18 f) der Israeliten zum Höhepunkt. Da traf sie Gottes Zorn vernichtend. Die Wüstengeneration kam unterwegs um, auch Aaron mußte sterben (4 Mo 20, 23 ff), und selbst Mose durfte nur das verheißene Land schauen, aber seinen Fuß nicht über die Grenze setzen (5 Mo 34). Nur zwei Männer aus der ersten Generation erreichten das Ziel: Josua und Kaleb. Die Menschen, die ursprünglich die Verheißung empfangen hatten, kamen auf dem Zug durch die Wüste ums Leben. Tatsächlich führte Josua das Volk über den Jordan in das verheißene Land. Gottes Plan erfüllte sich, aber mit anderen Menschen, als zunächst vorgesehen war – weil die erste Generation versagt hatte. Gott kommt zum Ziel, auch ohne, ja sogar gegen die Menschen, die ursprünglich Träger der Verheißung waren.

Mit erschütternder Deutlichkeit stellt der Apostel diese Tatsachen vor uns hin, weil er weiß, daß der Weg der Gemeinde Jesu zu allen Zeiten von den gleichen Gefahren bedroht ist. Dabei will er aber gerade den Gläubigen, die erneuter äußerer Bedrängnis und Verfolgung entgegensehen müssen, bewußt machen, daß die entscheidenden Gefahren für das Glaubensleben nicht von außen, sondern von innen her, aus unseren eigenen Herzen kommen. Darum ist tägliche Ermahnung nötig (Hbr 3, 13; 1 Ko 10, 11)!

Aber über diesem Abschnitt Hbr 3, 7–19, der uns das düstere Bild des Unglaubens, des Abfalls vom lebendigen Gott, vor Augen führt, leuchtet die Erkenntnis von Hbr 3, 1–6 auf: Jesus ist größer als Mose! Mose konnte das Volk Israel nicht vor dem Abfall bewahren; Jesus aber kann seine Gemeinde, kann uns bis ans Ziel der Herrlichkeit bringen. Er kann uns völlig erretten; niemand vermag uns seiner Hand zu entreißen (Hbr 7, 25; Jo 10, 28). Er schafft in jeder Veruchung, durch die wir hindurchgehen, auch die Möglichkeit, sie zu bestehen (1 Ko 10, 13); darum gilt uns in der Anfechtung das Trostwort des Apostels Paulus: „Der Herr ist treu, der wird euch stärken und bewahren vor dem Argen" (2 Th 3, 3)[139].

[139] In diesem Zusammenhang verweisen wir auf Literatur, in der besonders anschaulich wichtige Begebenheiten des AT in ihrer Bedeutung für die ntst Gemeinde beschrieben werden: John Bunyan: Pilgerreise zur seligen Ewigkeit, Lahr 1957[5]. Wilh. Busch: Spuren zum Kreuz, Gladbeck 1959[3]. H. F. Kohlbrügge: Die Sprache Kanaans, Berlin 1936. G. D. Krummacher: Wanderungen Israels durch die Wüste nach Kanaan, Moers 1880. Wilh. Vischer: Das Christuszeugnis des Alten Testamentes, München 1935[2].

5. Die Überlegenheit Jesu über Josua, den Führer Israels nach Kanaan

Hbr 4, 1–13

A. Aufforderung zum gläubigen Hören auf die Verheißungen Gottes

Hbr 4, 1–2

1 **Laßt uns nun fürchten, – weil die Verheißung, einzugehen in**
seine Ruhe, noch aussteht – daß nicht jemand von euch als zurück-
2 **gebliebcn erscheine. * Denn auch wir haben die frohe Botschaft**
empfangen, ebenso wie jene; aber das gehörte Wort nützte jenen
nichts, weil es sich bei den Hörern nicht mit dem Glauben ver-
band.

Zu Vers 1:
Ps 95, 11
Mt 7, 21–23
1 Ko 10, 12
Phil 2, 12
Hbr 12, 15

Zu Vers 2:
4 Mo 13, 31–32
4 Mo 14, 11
Apg 2, 41
Eph 1, 13

Der apostolische Schreiber knüpft an den warnenden Beispielen
des voraufgegangenen Kapitels an und läßt seinen Gedankengang
in eine persönliche Ermahnung für die Gemeinde ausmünden. Bild
und Vergleich mit der Wüstenwanderung werden wie in Hbr 3,
7–19 festgehalten und vertieft: jetzt faßt der Apostel das Geschehen
unter Josua schärfer ins Auge. **„Laßt uns nun fürchten . . ."** so be- 1
ginnt er seine Mahnung und erinnert uns daran, daß es auch im Leben der Kinder Gottes noch „Furcht und Zittern" (Phil 2, 12) gibt. Nicht nur die Ehrfurcht, eine heilige Scheu, soll unseren Umgang mit Gott bestimmen; es muß auch im Leben der Christen eine heilige Furcht um das eigene Heil geben (vgl. 1 Pt 1, 17)[140]. Niemals dürfen wir das Geschenk der Errettung leichtfertig aufs Spiel setzen[141]. Es geht nicht um „eine äußere Form von Frömmigkeit" (2 Tim 3, 5), in der wir mit dem Herzen fern von Gott leben. Dann mögen wir zwar von anderen Menschen als Christen angesehen, aber im letzten Gericht **„von Gott als zurückgeblieben erfunden werden"**. Die Verheißung, an der ewigen Herrlichkeit Gottes teilzuhaben, steht ja noch unerfüllt vor uns. Wir sind noch nicht am Ziel.

Der Apostel greift hier schon einen Gedanken auf, den er in Vers 8 noch deutlicher ausspricht: Israel hat die Erfüllung der Verheißung nicht empfangen. Josua ist es nicht gelungen, das Volk in die letzte Ruhe einzuführen. Die Verheißung steht noch aus. Wo in besonderen Stunden der Heilsgeschichte Männer Gottes bekannten, daß Gott dem Volk Israel „Ruhe" gegeben habe (Josua, Salomo u. a.)[142], da handelt

[140] J. Calvin, S. 40: „Die Furcht wird uns empfohlen, nicht daß sie die Gewißheit des Heils raube, sondern daß sie die Unruhe uns verleihe, die vor dem Schlaf der Sicherheit bewahrt."

[141] Sirach 3, 24 „Wer die Gefahren liebt, kommt darin um". MÜ

[142] Vgl. Jos 1, 15; 21, 43–45; 22, 4; 23, 1; 1 Kö 8, 56; 2 Chro 14, 6–7; 15, 15; 20, 30.

es sich doch immer nur um eine vorläufige Erfüllung, die
2 über sich hinaus auf die Endvollendung der Gemeinde weist. Das ist die grundlegende Erkenntnis, von der aus der Apostel das AT auslegt. Die Verheißung der wahren Gottesruhe gilt der ganzen Gemeinde Jesu Christi zu allen Zeiten bis zur Wiederkunft des Herrn! Sie gilt auch unserer gegenwärtigen Generation! Sie wird uns im Wort Gottes angeboten — schon im Wort des AT — und soll nach Gottes Willen zur Vollendung kommen. Aber wir können durch Unglauben und Ungehorsam ihre Erfüllung versäumen. „Wer die Verheißung wegwirft, der beraubt sich selbst der Hilfe[143]." **Denn auch wir haben die frohe Botschaft empfangen, ebenso wie jene.** Immer wieder hebt der Apostel die Parallelität im Geschehen an atst und ntst Gottesvolk hervor. Gottes Handeln mit Israel ist vorbildlich für die Gemeinde. Israel empfing die Verheißung, „in die Ruhe einzugehen" (5 Mo 12, 9—10)[144]. Ihr entspricht im NT die Verheißung, „in das Reich Gottes einzugehen" (Mt 5, 20; 7, 21; Jo 3, 5). Aber das **gehörte Wort nützte jenen nichts, weil es sich bei den Hörern nicht mit dem Glauben verband.** Gottes Verheißungen gleichen einem Scheck, den wir einlösen dürfen. Das kann aber nur im Glauben geschehen. Es geht nicht nur darum, daß wir Gottes Wort hören, sondern es auch im Glauben aufnehmen, daß wir es uns aneignen, damit es zum Bestandteil unseres innersten Seins wird. Daß Gottes Wort sich bei uns mit dem Glauben verbindet, daß es bei uns Glauben weckt und unser Glaube unbeirrbar an seinem Wort festhält, das ist die einzige Voraussetzung dafür, daß Gottes Verheißungen im Leben seiner Gemeinde Wirklichkeit werden. Ist diese Voraussetzung erfüllt, dann kann Gottes Wort seine rettende Kraft in unserem Leben entfalten.

B. Die Verheißung der Gottesruhe für die Gemeinde

Hbr 4, 3—11

Zu Vers 3: Ps 95, 11; Hbr 3, 11; 1 Mo 2, 1
Zu Vers 4: 1 Mo 2, 2
Zu Vers 5: Ps 95, 11

3 **Denn wir, die wir gläubig geworden sind, gehen in die Ruhe**
ein, wie er gesagt hat: „... daß ich in meinem Zorn schwur: Sie
sollen nicht in meine Ruhe eingehen"; und doch waren die Werke
4 **seit der Grundlegung der Welt geschaffen. * Denn irgendwo hat**
er über den siebten (Tag) **so gesprochen: „Und Gott ruhte am**
5 **siebten Tage von allen seinen Werken." * Und an dieser** (Stelle)

143 Berleburger Bibel, S. 19.

144 J. A. Bengel, S. 628: „... es betraf nämlich die Verheißung des Landes Kanaan; perspektivisch aber sieht man hindurch auf das Evangelium vom ewigen Leben."

6 **wieder: „Sie sollen nicht in meine Ruhe eingehen." * Da nun be-**
stehen bleibt, daß einige in sie eingehen werden, und die, denen
die frohe Botschaft zuerst verkündigt wurde, nicht hineinkamen
7 **um des Ungehorsams willen, * bestimmt er wieder einen Tag, ein**
Heute, in dem er nach so langer Zeit durch David spricht, wie es
vorhin gesagt worden ist: „Heute, wenn ihr seine Stimme hört,
8 **verstockt eure Herzen nicht." * Denn wenn Josua sie zur Ruhe**
gebracht hätte, würde er nicht von einem anderen Tag danach
9 **reden. * Also steht noch eine Sabbatruhe für das Volk Gottes**
10 **aus. * Denn wer in seine Ruhe eingegangen ist, ruht auch selbst**
11 **von seinen Werken, geradeso wie Gott von seinen. * Laßt uns**
nun eifrig sein, in jene Ruhe einzugehen, damit nicht jemand
durch das gleiche Beispiel des Ungehorsams zu Fall komme.

Zu Vers 6:
Hbr 4, 3. 11
4 Mo 14, 29. 30
4 Mo 26, 63—65
Hbr 3, 19
Zu Vers 7:
Ps 95, 7. 8
Hbr 3, 7. 13. 15
Zu Vers 8:
5 Mo 31, 7
Jos 22, 4
Ri 2, 1—4
Zu Vers 9:
Mt 11, 28
Zu Vers 10:
1 Mo 2, 2
Offb 14, 13
Zu Vers 11:
Hbr 3, 19
6, 6

Alles das, was der Apostel bisher nur indirekt, verhüllt gesagt
hat, spricht er nun unmittelbar aus: Die Verheißung der Gottesruhe
gilt der Gemeinde. **Wir, die wir gläubig geworden sind, gehen in**
die Ruhe ein, wie er gesagt hat . . . Zum echten Glauben gehört die
Gewißheit im Blick auf Weg und Ziel, die sich auf das Wort Gottes
gründet. „Gott hat geredet" — das ist der Grund allen Glaubens.
Der Apostel verweist seine Leser wieder auf das schriftlich festge- 3
legte Wort der LXX. Während er aber das Wort von der „Ruhe" aus
dem Davids-Psalm[145] überdenkt, das auf die kommende Zeit des
Messias, auf das „Heute" der Heilszeit hindeutet, taucht vor seinem
geistigen Auge jene ursprüngliche Gottesruhe auf, von der uns schon
bei der Vollendung der Schöpfung berichtet wird. Die „Ruhe", für
den am AT orientierten Apostel Umschreibung der unwandelbaren
Herrlichkeit und Majestät Gottes, ist ja nicht erst eine kommende
Wirklichkeit, sondern sie ist vorhanden seit jener Zeit, als bei der
Grundlegung der Welt Gottes Schöpfungswerk fertig war (2 Mo 31,
17). Damals fand Gottes schöpferisches Handeln im Kosmos seinen 4
Abschluß, aber sein schöpferisches Handeln zum Heil der Mensch-
heit ging weiter. Dieses Heil Gottes, das in der Teilhaberschaft der 5
Menschen an der Herrlichkeit Gottes besteht (vgl. Hbr 2, 9—10),
wird in den Worten von Ps 95 aufs neue verheißen[146]. Wenn Gott 6
aber den Menschen eine Verheißung gibt, dann will er sie auch ein-

[145] Die Erkenntnis, daß Ps 95 ein Wort Davids ist, wird uns erst im NT Hbr 4, 7 vermittelt, vgl. auch Ps 2 mit Apg 4, 25.

[146] Ed. Karl August Riehm, Der Lehrbegriff des Hebräerbriefes, Basel 1867, S. 801: „Obschon also die schon längst vorhandene Gottesruhe das Ziel und Ende der Schöpfertätigkeit Gottes war, so ist sie doch nicht das letzte Ziel, welches Gott sich vorgesetzt hat. Vielmehr geht aus der Vergleichung des über die Israeliten zu Moses Zeiten ergangenen eidlichen Gotteswortes mit dem Bericht über die Ruhe Gottes am siebenten Tage klar

lösen. Die Wüstengeneration hat die Verheißung – die „Ruhe" im Lande Kanaan als Abbild der ewigen „Ruhe" Gottes – nicht erlangt. Der Ungehorsam (grie *apeítheia*) der Menschen jedoch kann Gottes Plan und Verheißung nicht aufheben. Wohl kann sich im AT wie im NT der Mensch selbst von der Verheißung und dem Heil Gottes ausschließen. Aber dann ruft Gott eben andere Menschen herzu, mit
7 denen er seinen Heilsratschluß zum Ziel führt: **Einige werden in die Ruhe eingehen!** Deshalb bestätigt Gott noch einmal ausdrücklich seine ursprünglich gegebene Verheißung. Durch David läßt er auf die „Ruhe Gottes" hinweisen, die in der Heilszeit des „göttlichen Heute" den Menschen zuteil werden soll. Nach dem „Tag der Versuchung" (Ps 95, 7; Hbr 3, 8) setzt Gott seinen neuen „Tag" fest[147]. Dieser neue „Tag" ist die Heilszeit der Gemeinde (2 Ko 6, 2), ist das endzeitliche Geschehen, das David vorausgeschaut und das mit Christus begonnen hat[148].

8 **Denn wenn Josua [149] sie zur Ruhe gebracht hätte, würde er nicht von einem anderen Tag danach reden.** Noch ein letztes Mal setzt der Apostel die Verheißung der „Ruhe" an Israel (5 Mo 12, 9–10; Jos 1, 15) in Beziehung zu der erneuten Verheißung der Gottesruhe, die er in Ps 95 angekündigt findet. Und beim Nachsinnen über das atst Schriftwort enthüllt sich ihm ein zweifacher Schriftsinn. Die „Ruhe", die Israel zugesagt war, bestand in dem Besitz des Landes Kanaan und gleichzeitig in dem Friedenszustand, der dem Volke Gottes dort verheißen war. Auch wenn Israel durch eigene Schuld, durch Unachtsamkeit und Ungehorsam (Jos 9; Ri 2), nicht den wahren dauernden Frieden erlebte, so weiß der Apostel doch, daß Gott bei der Landnahme in Kanaan seine Verheißung an Israel erfüllte. Israel ist Zeuge dafür, daß Gott sein Wort in einer Kette von geschichtlichen Ereignissen eingelöst hat. Aber die irdische Erfüllung einer Verheißung an Israel ist nie das Letzte, setzt damit Gottes Handeln keine Grenze, sondern ist nur Vorletztes und weist über sich hinaus[150]: in der Gemeinde – auf ihrem irdischen Weg und in ihrer Vollendung in der Herrlichkeit werden Gottes Verheißungen eine noch

hervor, daß nach den Gnadenabsichten Gottes aus der Ruhe, welche er seit Grundlegung der Welt für sich allein genießt, schließlich eine Gottesruhe werden soll, welche er in Gemeinschaft mit seinem Volke genießt."

[147] Vgl. auch die göttliche Festsetzung des „Tages des Gerichts" Apg 17, 31.

[148] Vgl. Erich Sauer, Gott, Menschheit und Ewigkeit, 1955², S. 77 ff: Die „Tage" Gottes.

[149] Im grie Text steht hier der Name „Jesus". Das ist die grie Übersetzung des Namens „Josua". Schon frühere Schriftausleger haben auf die bedeutungsvolle Parallelität der Namen hingewiesen.

[150] O. Michel, S. 64 f: „Die eschatologische Vollendung zieht die Verheißung Gottes an sich und macht die geschichtliche Erfüllung eines Gotteswortes zu einem vorläufigen und auf die Endzeit hinweisenden Geschehnis." Vgl. auch L. Bender, S. 78 f.

umfassendere Erfüllung finden. Der Apostel erwähnt hier nicht, daß auch das Volk Israel nach seiner endzeitlichen Umkehr zu Gott an der Vollerfüllung der Verheißungen Gottes teilhaben wird (Rö 11, 26). Israel bleibt trotz seines Ungehorsams auch in der Zeit der Gemeinde Gottes Volk, denn „Gott kann seine Gnadenverheißungen
und seine Berufung nicht bereuen“ (Rö 11, 29)[151]. Darum fährt er
fort: **Also steht noch eine Sabbatruhe für das Volk Gottes aus.** Nicht 9
allein die Gemeinde, auch Israel wartet noch auf den großen Sabbat.

Auf Grund der Erkenntnis, die dem Apostel durch den Heiligen Geist zuteilgeworden ist, erschließt sich ihm hier ein vertieftes Verständnis der atst Verheißung, wie es allein auf dem Boden des AT noch gar nicht möglich gewesen ist: Ruhe ist nicht nur das Aufhören aller feindlichen Anfechtung, sondern auch die Vollendung jedes irdischen Werkes[152]. Diese wahre Gottesruhe in der ewigen Herrlichkeit nennt er grie *sabbatismós*. Es ist ein unmittelbarer Anklang an das jüdische Wort Sabbat, hebr śābāt „ruhen“, 1 Mo 2, 2–3. So
knüpft das apostolische Wort von der Gottesruhe für die Gemeinde
an der Ruhe Gottes nach Vollendung der Schöpfung wieder an. **Denn** 10
wer in seine (d. h. Gottes) **Ruhe eingegangen ist, ruht auch selbst**
von seinen Werken, geradeso wie Gott von seinen. Gottes Ruhe ist also beispielhaft für unsere Ruhe. Die Verheißung, „einzugehen in Gottes Ruhe“, ist nicht nur zukünftiges und jenseitiges Hoffnungsgut der Gemeinde, sondern die Verheißung gilt auch für die Heilszeit der Gemeinde, ihre Erfüllung vollzieht sich anbruchhaft schon in dieser Welt und Zeit. Die Gemeinde Jesu empfängt jetzt bereits auf ihrem Weg mitten in aller Anfechtung einen Vorgeschmack der göttlichen Ruhe[153]. Der Glaubende ist mit Christus gestorben und auferstanden und liefert sich immer wieder neu in vollem Gehorsam an Christus aus. Er handelt als Glaubender, aber doch so, daß in Wirklichkeit C h r i s t u s d u r c h d e n H e i l i g e n G e i s t s e i n L e b e n i n i h m v o l l z i e h t ! „Nicht mehr ich lebe, sondern Christus lebt in mir“ (Gal 2, 20). Das ist das Ende des eigenen Wirkens. Dazu sagt die Berleburger Bibel (S. 20): „Wir, die glauben, gehen in die Ruhe ein, nicht in die Faulheit des Fleisches, sondern in die Kraft des neuen Lebens, das sich Gott stille ergibt und ihn in sich herrschen und wirken läßt.“ Und was Gott in seinen Kindern hier auf Erden beginnt, vollendet er im Leben des einzelnen beim Heim-

[151] Vgl. F. Laubach, Art. „Bekehrung, Buße, Reue“ in Theol. Begriffslexikon zum NT, 1965, S. 72.

[152] Vgl. O. Michel, S. 112.

[153] So ist ebenfalls die Gabe des Heiligen Geistes ein „Angeld“ des Erbes (wörtl. „Anzahlung“), d. h. eine Gewähr dafür, daß noch viel Größeres in der Herrlichkeit Gottes für uns bereit liegt. Vgl. Eph 1, 14 mit 1 Pt 1, 4.

gang des Gläubigen (Offb 14, 13), im Leben der Gesamtgemeinde aber bei der Wiederkunft Jesu und ihrer Entrückung in die Herrlichkeit, bei ihrem Eingang in die „Sabbatruhe des Volkes Gottes".

11 Immer wieder kehrt der Apostel zu dem gleichen Gedanken zurück, der ihn so stark bewegt: Dem alten Gottesvolk hat der Herr seine Offenbarung durch die Propheten gegeben; die Gemeinde des Neuen Bundes hat unendlich viel mehr empfangen. Gott hat uns seinen Sohn als Retter und Herrn geschenkt! Israel bekam die Verheißung der irdischen Ruhe, die Gemeinde Jesu aber die Zusage der ewigen Gottesruhe! Diese „Ruhe" jedoch, die Anteilnahme an der Herrlichkeit Gottes, ist kein statischer, ruhender Besitz, mit dem die Gläubigen nach ihrer Willkür schalten und walten könnten. Das Ziel der ewigen Herrlichkeit fordert vielmehr von der Gemeinde den Einsatz der ganzen Existenz. Gerade das „Eingehen in die Ruhe" verlangt die Konzentration aller Kräfte auf das eine Ziel. Jetzt ist die Zeit des Arbeitens und Wirkens, die Zeit des Kampfes und der Wanderschaft, die „Werktagswoche" der Gemeinde, der einmal die Sabbatfeier, der Ruhetag der Kinder Gottes folgen wird. Das Wort des AT ist nicht nur Trost und Verheißung für die ntst Gemeinde, sondern stellt ihr auch als Warnzeichen[154] den Ungehorsam der Wüstengeneration vor Augen. Wer nicht mehr auf das Ziel schaut, kann unterwegs zu Fall kommen[155]. Davor können wir nur im engsten Anschluß an Jesus Christus bewahrt werden.

C. Die Wirksamkeit des Wortes Gottes

Hbr 4, 12–13

Zu Vers 12:
Jes 40, 8
Jes 55, 11
Jer 23, 29
Jo 6, 63
1 Pt 1, 23
Jes 49, 2
Eph 6, 17
Offb 1, 16

12 Denn das Wort Gottes ist lebendig und wirksam und schärfer
als jedes zweischneidige Schwert und dringt durch bis zur Scheidung von Seele und Geist, Gelenken und Mark und ist ein Rich-
13 ter der Vorstellungen und Gedanken des Herzens; * auch ist kein Geschöpf vor ihm unsichtbar, alles aber ist unverhüllt und ist bloßgelegt vor seinen Augen; ihm haben wir Rechenschaft abzulegen[156].

[154] Wie die Wüstengeneration ein warnendes Beispiel (grie *hypódeigma)* für die Gemeinde, so ist der Untergang von Sodom und Gomorrha ein Warnzeichen für die gottlose Welt. 2 Pt 2, 6 steht ebenfalls *hypódeigma.*

[155] Das grie Wort *píptein* „fallen" steht in innerem Zusammenhang mit dem Wort *parapíptein* „abfallen" in Hbr 6, 6 und bedeutet hier soviel wie „umkommen, dem Verderben anheimfallen", ebenso Rö 11, 11; 14, 4; 2 Ko 10, 8. 12; Offb 17, 10; 18, 2; vgl. E. Riggenbach, S. 109.

[156] Der Schluß von Hbr 4, 13 kann ebenso übersetzt werden: „... vor dem reden wir."

Offb 2, 12
Offb 2, 16
Offb 19, 15
Jo 12, 48
1 Ko 4, 5
Zu Vers 13:
Ps 139, 2
Rö 14, 12

Geht es einerseits dem Apostel darum, die Überlegenheit des
Neuen Bundes gegenüber dem Alten Bund herauszustellen, so hebt
er doch andererseits auch das Gemeinsame und Verbindende beider
heilsgeschichtlichen Zeiträume hervor. In Israel wirkt ebenso wie in
der Gemeinde der Heilige Geist (Hbr 3, 7; 9, 8; 10, 15)[157], altes und
neues Gottesvolk haben in gleicher Weise **Gottes Wort** empfangen
(Hbr 2, 2–3; 4, 2). Hatte der Apostel bisher stärker das Wort der
Verheißung in den Vordergrund gerückt, so geht es ihm im Zusam- 12
menhang seiner Ermahnung jetzt darum, von der offenbarenden
und richtenden Macht des Wortes Gottes zu sprechen. Fünf besondere
Aussagen unterstreichen seine Bedeutung: lebendig – wirksam –
scharf – durchdringend – richtend.

Lebendig ist das Wort Gottes, weil es aus der nie versiegenden Quelle allen Lebens (Ps 36, 10) strömt und imstande ist, neues Leben in Menschenherzen hineinzusenken (Jo 6, 63; 1 Pt 1, 23–25 vgl. Jes 40, 8). Auch von Christus, dem ewigen Sohn Gottes, bezeugt die Bibel, daß er das Leben in sich trägt und als der Lebendige Tote zum Leben rufen kann (Jo 5, 24–26; 14, 6; Offb 1, 18). Daran wird uns deutlich, daß wir die Leben schaffende Kraft des Wortes Gottes nie von der Person unseres Herrn Jesus Christus und dem Wirken des Heiligen Geistes lösen können.

Das Wort ist niemals nur „Schall und Rauch", es ist immer unmittelbar **wirksam**[158]. Die Begegnung mit dem Wort bringt uns in Berührung mit Gott; wer es mißbraucht oder geringachtet, tastet Gottes Heiligkeit an. Es wird gespeist von der „Wirksamkeit", grie *enérgeia*, Jesu Christi (Phil 3, 21), die sich als umwandelnde Kraft Gottes nicht nur in unserem Heiligungsleben, sondern noch viel stärker in der Umgestaltung unseres irdischen Leibes in den Herrlichkeitsleib ausweisen wird.

Gottes Wort ist **schärfer als jedes zweischneidige Schwert.** Wir werden hier nicht nur an das Wort des Apostels Paulus erinnert, uns mit dem Wort Gottes wie mit einem Schwert zu rüsten, um allen Anfeindungen und Versuchungen irdischer und überirdischer Mächte standzuhalten (Eph 6, 17). Vielmehr gebraucht schon Gott im AT den Mund des Propheten, d. h. das Wort, das er durch seinen Propheten spricht, „wie ein scharfes Schwert" (Jes 49, 2), das er auch gegen sein ungehorsames Volk richten kann. Der erhöhte Herr läßt seiner Gemeinde in Pergamon sagen: „Tue Buße! sonst komme ich schnell über dich und werde mit ihnen Krieg führen mit dem Schwert meines

[157] Vgl. 2 Ko 4, 13.

[158] Das grie Wort *energáes* wird in mehrfachem Sinne gebraucht: LÜ „Mir ist eine große Tür aufgetan, die viel Frucht wirkt" (*energáes*) 1 Ko 16, 9; „... daß der Glaube, den wir miteinander haben, in dir kräftig werde" (*energáes*) Phlm 6.

Mundes!" (Offb 2, 16). Gottes Wort soll also nicht zuerst eine Waffe in unserer Hand sein, mit der wir gegen andere kämpfen, sondern es bleibt vor allem „das Schwert des Geistes", das gerade auch das Leben der Gläubigen trifft. Ja, es **dringt durch bis zur Scheidung von Seele und Geist, Gelenken und Mark und ist ein Richter der Vorstellungen und Gedanken des Herzens.** Die offenbarmachende und richterliche Funktion des Wortes liegt hier allein im Blickfeld des Apostels[159]: „Das Wort Gottes kann Tod und Gericht mit sich bringen, wie sich auch der Gottesschwur tödlich ausgewirkt hat[160]" (vgl. 1 Mo 3, 19; 4 Mo 14, 28–33; Jer 22, 5; Apg 5, 1–10).

Wenn nicht nur von einer Scheidung zwischen „Seele und Geist", sondern auch zwischen „Gelenken und Mark" gesprochen wird, dann ist es dem Apostel sicher nicht zuerst um eine klare begriffliche Unterscheidung im Sinne der modernen Naturwissenschaft, besonders der Psychologie und Medizin zu tun. Er richtet vielmehr unsere Aufmerksamkeit auf den Tatbestand, daß Gottes Wort als geistige Macht sich sowohl im geistigen als auch im leiblichen Bereich des wiedergeborenen Menschen auswirkt. **„Seele und Geist",** die im Sprachgebrauch der Bibel oft sinnverwandt auftauchen und an manchen Stellen scheinbar ausgetauscht werden könnten, sind doch voneinander unterschieden. Die Bibel kennt das Miteinander der beiden menschlichen Seinsbereiche, des körperlichen Seins und der immateriellen Wirklichkeit des Menschen, des „äußeren" und des „inneren" Menschen (2 Ko 4, 16), die beide zusammen die Ganzheit menschlichen Lebens ausmachen. Neben der Zweiteilung bei der Umschreibung des menschlichen Wesens finden wir aber auch die „trichotomische" (wörtl. „dreigeteilte") Schau, die den Menschen in drei Seinsbereiche gliedert: in Leib, Seele und Geist (vgl. 1 Th 5, 23). Der L e i b wird als Behausung und Stütze der Seele gesehen, ohne den keine irdische Existenz möglich ist. Die S e e l e ist das, was den Menschen zur Person macht, seine Fähigkeit wahrzunehmen, zu empfinden und zu wollen, sein Vermögen zur bewußten Steuerung des Antriebserlebens. Der G e i s t hingegen ist das Zentrum der Person, das „Nichtgegenständliche Ich" des Menschen, in das hinein

[159] L. Präger, S. 28 f: „Dieses Wort ist lebendig, denn Gott ist lebendig. Es ist durchdringender als Röntgenstrahlen; wir liegen offen vor ihm wie die Organe des Körpers vor dem Messer des Operateurs oder, im Bilde des Textes: wie die zum Schlachten freigelegte Kehle des Opfertieres. Da hört alles Versteckspielen auf. Da kommt Licht in das unglaubliche Gewirr unseres Herzens, da werden wir ganz erkannt. Der Mensch steht mit Leib, Seele und Geist unter dem Gericht (Schwert) des Wortes Gottes. Daß dieses Ganz-Erkanntwerden, Ganz-Durchrichtetwerden größte Hilfe ist, das hat eine aus unseren Reihen verstanden, wenn sie bittet: Herr, wir sind Steine, die Schatten werfen; mach uns zum Glas, durch das deine Liebe und dein Gericht hindurchglüht."

[160] O. Michel, S. 117.

Gott sich mitteilen kann (Rö 8, 16). Durch den Geist kann der Mensch in unmittelbare Beziehung zu Gott treten[161]. Das Herz ist in der biblischen Sprache nicht nur Mittelpunkt und wichtigstes Organ des leiblichen Lebens, sondern es gilt ebenfalls als Ursprung für Denken, Fühlen und Wollen (Mt 15, 18 ff). Herz, Geist und Seele werden als biblische Begriffe nicht willkürlich gebraucht; wenn vom „Herzen" als dem Zentrum der menschlichen Existenz gesprochen wird, dann sind Seele und Geist darin eingeschlossen. „Beides wird im Herzen eins, es ist geistig-seelisch: die zentrale Innerlichkeit des Menschen, als Einheit gefaßt, nach allen Seiten und Beziehungen ihrer Betätigung, unter dem Gesichtspunkt der Verpflichtung zum Gehorsam gegen Gottes Willen[162]."

Es wird nicht unbedingt notwendig sein, die Worte des Apostels in unserem Vers im Sinne der paulinischen Unterscheidung von Seele und Geist zu verstehen. Noch viel weniger brauchen wir anzunehmen, der Apostel habe seine Begriffe von Philo entlehnt. Dieser jüdische Philosoph hatte die Zweiteilung in Seele und Geist betont, wobei der Geist für ihn der wertvollere Teil war, mit dem ein Mensch die göttliche Weisheit begreifen konnte. Der Apostel will vielmehr sagen, daß Gottes Wort in der Kraft des Heiligen Geistes in alle Bereiche des geistigen und leiblichen Lebens dringt und als sichtende und richtende Macht auch in den verborgensten Schichten unseres geistlichen Seins Ordnung schafft[163]. Das Wort Gottes — Jesus Christus, das fleischgewordene Wort, der sich uns im schriftlich überlieferten Wort des AT und NT offenbart — hat die richterliche Vollmacht. Letzter Maßstab für Gottes Urteil über alle Lebensäußerungen des Menschen bis in seine Willensregungen, Gedanken und Gemütsbewegungen hinein ist Gottes Wort, das auch die uns oft unbewußten Motive unseres Handelns ans Licht bringt.

Wir werden hier daran erinnert, daß Gott der „Herzenskündiger" ist (Apg 1, 24; 15, 8). Was der Herr am Tage des Gerichtes tun wird,

[161] Wilh. Schlatter, Biblische Menschenkunde, Hamburg 1959, S. 15 f: „Der Mensch als Seele ist selbstbewußte Persönlichkeit; seine Seele ist dasjenige Organ in ihm, vermöge dessen er von sich selbst weiß, sich bewußt unterscheidet von Gott und Welt und jeder anderen Kreatur, auch jedem anderen Menschen und zugleich zu allem anderen sich in Beziehung setzt ... Die Seele hat das Leben durch den Geist. Er ist das Lebensprinzip im Menschen, das der Seele bedarf, damit in ihm das Leben bewußt persönlich wird, und durch das er in seiner Seele seine Gottbezogenheit erfährt."

[162] a. a. O. S. 21 — Die ausführlichste Darstellung der biblischen Anschauung von Leib, Seele und Geist finden wir bei Johann Tobias Beck, Umriß der biblischen Seelenlehre, Stuttgart 1843, und Franz Delitzsch, System der biblischen Psychologie, Leipzig 1855. Zur neueren Literatur verweisen wir auf Hans Neuffer, Seelisches und geistliches Christentum, Geisweid 1956, S. 10 ff, und Alfred Lechler, Der seelische und der geistliche Christ, 3. Auflage, Stuttgart o. J., S. 11 ff.

[163] Ebenso F. F. Bruce, S. 82.

daß er „auch das Verborgene der Finsternis ans Licht bringen und die Ratschläge der Herzen offenbar machen wird" (1 Ko 4, 5) — das vollzieht sich heute schon vorlaufend in der Begegnung des Menschen mit der Bibel. Gottes Wort richtet uns, aber wenn wir uns unter den Urteilsspruch Gottes stellen, werden wir auch gerettet (vgl. 1 Ko 11, 31—32). Niemand kann sich der durchdringenden Macht des Gottes-
13 wortes entziehen. **Kein Geschöpf ist vor ihm unsichtbar, alles ist unverhüllt und bloßgelegt vor seinen Augen.** Das grie Wort *ktísis* kann sowohl die gesamte Schöpfung wie auch das einzelne Geschöpf bezeichnen. Nichts kann sich vor Gottes Augen verbergen, alle irdischen und himmlischen Mächte sind vor ihm offenbar[164]. Das gilt in unserem Zusammenhang ganz besonders dem M e n s c h e n, der u n t e r d e m E i n f l u ß der O f f e n b a r u n g Gottes steht (vgl. das Wort *ktísis* in Mk 16, 15; 2 Ko 5, 17; Kol 1, 23[165]). „Es gibt kein Mittel, die richtende Macht des Wortes von uns abzuhalten. Hier gilt die Regel: entweder richten wir uns selbst, oder wir werden gerichtet. Entweder lassen wir das Wort willig und gehorsam sein richterliches Geschäft in uns vollbringen und das Böse in uns austilgen; dann schlägt sein Gericht uns zum Heile aus. Oder wir sträuben uns gegen das Wort und halten unsere Sünde fest; dann wird Seele und Leib am Schwertstoß des göttlichen Worts verderben[166]."

Ihm haben wir Rechenschaft abzulegen. Damit wendet sich der Apostel noch einmal dem Grundgedanken zu, der ihn in den voraufgegangenen Überlegungen geleitet hat. So wie die Israeliten sind auch die Glieder der Gemeinde dem Herrn Rechenschaft darüber schuldig, was sie mit dem offenbarten Wort in ihrem Leben getan haben (vgl. Hbr 2, 2—3 mit Mt 25, 15. 19). Der Apostel weiß sich selbst auch davon betroffen, deshalb sagt er: W i r müssen Rechenschaft ablegen. Das, was er im Auftrag Gottes und unter der Inspiration des Heiligen Geistes schreibt, verpflichtet ihn ebenso wie die Glieder der Gemeinde, an die er seinen Brief richtet. Die Worte am Ende des Verses lassen sich auch übersetzen „vor dem reden wir". Das könnte vielleicht bedeuten, daß der Apostel mit dem, was er als göttliche Botschaft von Gericht und Gnade, Verheißung und Warnung der Gemeinde schreibt, vor Gott steht und sich unmittelbar von ihm beauftragt weiß.

[164] O. Michel, S. 118: „Der seltsame Begriff grie *tetrachälisménos* „bloßgelegt" läßt mehrfache Auslegung zu . . . Chrysostomus denkt zuerst an ein geschlachtetes Tier, dessen Inneres durch Abziehen der Haut freigelegt wird. Andere gehen in seinen Spuren und nehmen an, daß das Opfertier aufgehängt, mit zurückgebogenem Hals den tödlichen Stich erwartet."

[165] Vgl. Jes 29, 15—16.

[166] A. Schlatter, S. 289.

Zusammenfassung

Zwei Gedankenreihen hat der Apostel in dem Abschnitt Hbr 4, 1—13 miteinander verknüpft.

1. Gottes Handeln an Israel ist vorbildlich für den Weg der Gemeinde. Das Neue Gottesvolk hat ebenso wie Israel die Verheißung empfangen, in die Ruhe Gottes einzugehen. Vorbild aller Gottesruhe ist die Herrlichkeit und unumschränkte Herrschermacht Gottes am 7. Schöpfungstage[167]. Irdisches Abbild dieser wahren Ruhe war für Israel — und zwar für die Wüstengeneration — die Besitznahme des Landes Kanaan. Die Wüstengeneration hat die Verheißung nicht erlangt[168]. Die kurze, zeitweilige Ruhe Israels in Kanaan wurde zum Hinweis auf die ewige Ruhe bei Gott, zu der das Volk in Kanaan nicht gelangen konnte[169]. „Nach so langer Zeit", d. h. zur Zeit Davids (Hbr 4, 7), wird eine neue Ruhe (grie *katápausis*) für die Heilszeit verheißen, die der Israel verheißenen Ruhe entspricht, aber an ein heilsgeschichtliches „Heute" gebunden ist, zu dem Christus uns den Zugang eröffnet hat (2 Ko 6, 2). Diese uns verheißene, noch ausstehende Ruhe ist der *sabbatismós* in der Herrlichkeit Gottes (Hbr 4, 9—11). Damals hat Israel wegen seines Unglaubens und Ungehorsams die Verheißung nicht erlangt (Hbr 3, 18—19; 4, 6). Auf dem Wege der Gemeinde lauern die gleichen Gefahren. Weil wir das wissen, ist vermehrte Wachsamkeit geboten!

2. Aber die Gemeinde Jesu tritt ihren Weg unter unvergleichlich größeren Verheißungen an. Das wird deutlich in der Gegenüberstellung des Josua mit Jesus Christus. Was Josua („Der Herr ist Rettung") für Israel bedeutete, ist Hinweis auf die überragende Heilsbedeutung des ntst „Josua", des Jesus Christus für seine Gemeinde. Beide haben ein Volk, beide führen es auf einem bestimmten Wege ans Ziel. Aber Jesus ist größer als Josua. Josua führte Israel nach Kanaan, das nur ein Abbild wahrer Ruhe Gottes sein konnte. Israel fand dort fremde Einwohner vor, es gab neue Kämpfe. Jesus Christus dagegen führt seine

[167] Das hebr Wort sābat „ruhen" heißt in der LXX *katapaúo* 1 Mo 2, 2—3. Daran knüpft Hbr 4, 3—4 unmittelbar an. Im Anklang daran ist das Wort *sabbatismós* Hbr 4, 9 gebildet. Die „Ruhe", die Israel in Kanaan verheißen wurde, heißt hebr m^e^nuhāh, in der LXX *katápausis* 5 Mo 12, 9; Hbr 4, 3.

[168] Vgl. auch Jes 28, 12: „Er hat zu ihnen gesprochen: Das ist die Ruhe; schaffet Ruhe dem Müden, und das ist die Erlösung! Aber sie wollten nicht hören."

[169] Vgl. das Miteinander von Rückblick auf die Wüstenwanderung „... Als Israel wanderte, zu seiner Ruhe zu kommen" und Ausblick auf die Zukunftshoffnung Israels in Jer 31, 1—6.

Gemeinde in die ewige Herrlichkeit, die der Ruhe Gottes am 7. Schöpfungstage gleicht, in die Sabbatruhe, in der es nichts mehr zu überwinden gibt. Die Anspannung aller geistlichen Kräfte in der ntst Gemeinde kann nur dazu dienen, im Glauben und Gehorsam diesem Ziel entgegenzugehen (Hbr 4, 11).

Israel und die Gemeinde haben beide Gottes Wort – als Verheißung und Maßstab für Gottes Richterspruch. Durch Ungehorsam und Zweifel kam Israel zu Fall. An der Stellung zu diesem Wort wird sich auch das Schicksal der Gemeinde und der ungläubigen Welt entscheiden (Jo 12, 48).

6. Die Überlegenheit Jesu über Aaron, den ersten Hohenpriester

Hbr 4, 14 – 5, 10

Zu Vers 14:
Hbr 2, 17
3, 1
5, 5
5, 10
6, 20
7, 26
8, 1
9, 11
10, 21
Hbr 3, 1
10, 23. 32–34

Zu Vers 15:
Mt 4, 1–11
Mk 1, 13
Lk 4, 1–13
Mt 26, 41
Mt 27, 40
Lk 22, 28
Hbr 2, 17. 18
5, 2
2 Ko 5, 21

Zu Vers 16:
Hbr 10, 22
Jo 14, 6
Rö 3, 25
Rö 5, 2
Eph 2, 18
Eph 3, 12
1 Pt 3, 18
1 Jo 3, 21–22

14 Da wir nun einen großen Hohenpriester haben, der die Him-
mel durchschritten hat, Jesus, den Sohn Gottes, so laßt uns am
15 Bekenntnis festhalten. * Denn wir haben nicht einen Hohen-
priester, der nicht Mitleid mit unseren Schwachheiten haben
könnte, sondern der versucht worden ist in allen Dingen, gleich
16 wie wir, doch ohne Sünde. * So laßt uns nun mit freudiger Zu-
versicht zum Thron der Gnade hinzutreten, damit wir Barm-
herzigkeit empfangen und Gnade zu rechtzeitiger Hilfe finden.
5, 1 * Denn jeder Hohepriester, der aus (dem Kreis der) **Menschen**
genommen wird, wird für Menschen zum Dienst vor Gott ein-
2 gesetzt, um Gaben und Opfer für Sünden darzubringen, * wobei
er mit den Unwissenden und Irrenden mitfühlen kann, da er selbst
3 auch mit Schwachheit behaftet ist; * und um ihretwillen mußte er
wie für das Volk, so auch für sich selbst Sündopfer darbringen.
4 * Niemand nimmt sich selbst die Ehre, sondern er wird von Gott
5 berufen, gerade wie auch Aaron. * So hat auch Christus sich nicht
selbst verherrlicht, als er Hoherpriester wurde, sondern der, der
zu ihm sprach: „Du bist mein Sohn, heute habe ich dich gezeugt."
6 * Wie er auch an anderer Stelle sagt: „Du bist Priester in Ewig-
7 keit nach der Ordnung Melchisedeks." * Er hat in den Tagen
seines Fleisches Gebete und Flehen mit starkem Geschrei und
Tränen dem dargebracht, der ihn vom Tod erretten konnte, und
8 er ist erhört worden auf Grund der Gottesfurcht. * Und obwohl
er der Sohn war, hat er an dem, was er litt, den Gehorsam ge-
9 lernt, * und nachdem er vollendet worden war, ist er allen, die
10 ihm gehorchen, der Urheber ewigen Heils geworden, * von Gott
„Hoherpriester nach der Ordnung Melchisedeks" genannt.

Schon in Hbr 2, 17 und 3, 1 hat der Apostel von Jesus als dem „Hohenpriester“ gesprochen, ohne näher zu beschreiben, was er damit sagen wollte. Jetzt entfaltet er in kurzen, machtvollen Sätzen diese Aussage. **Da wir nun einen großen Hohenpriester haben, der die Himmel durchschritten hat, Jesus, den Sohn Gottes, so laßt uns am Bekenntnis festhalten.** Die ganze Gewißheit apostolischer Erkenntnis kommt in den Worten „wir haben“ zum Ausdruck. Das ist echtes Kennzeichen lebendigen Glaubens: Kinder Gottes sind nicht nur im „Werden“, sie leben auch im „Haben“. Wir haben die Erlösung durch Christi Blut (Eph 1, 7), wir haben Frieden mit Gott (Rö 5, 1), wir haben einen Fürsprecher beim Vater (1 Jo 2, 1). Diese Gewißheit des „Habens“ spiegelt sich auch in dem sicheren „Wissen“, von dem der Apostel Johannes spricht, wenn er die Glaubenserfahrungen der Kinder Gottes umschreibt (1 Jo 3, 2. 14; 5, 15. 18—20)[170]. Der Apostel vergleicht Jesus Christus und den Hohenpriester Aaron miteinander. Er sagt: Jesus ist der **große Hohepriester,** weil er das vollbringt, wozu Aaron nicht in der Lage war[171]. Aaron war Hoherpriester auf Erden, Jesus Christus dagegen hat nicht nur auf Erden durch die Hingabe seines Lebens das vollkommene hohepriesterliche Opfer dargebracht; auch nach seiner Auferstehung dient er in der Ewigkeit Gottes als der himmlische Hohepriester.

Wie der Hohepriester das irdische Heiligtum zu durchschreiten hatte, um im Allerheiligsten zu dienen, so **hat Jesus die Himmel durchschritten,** um in die Gegenwart Gottes zu treten. Mit diesem Ausdruck weist der Apostel wie schon Hbr 1, 3 auf die Himmelfahrt Jesu hin. Sie ist Bestätigung der überragenden Größe des Hohenpriestertums Jesu. Er ist aus unserer irdischen Welt in die unsichtbare Welt Gottes eingegangen[172]. In Hbr 1, 10 sind „die Himmel“ das Werk der Hände Gottes, ein Teil der Welt, der Schöpfung, des Kosmos. In unserem Vers und Hbr 7, 26 sind „die Himmel“ der Zwischenbereich zwischen der ewigen Welt Gottes und unserer Menschenwelt (vgl. Eph 2, 2; 4, 10; 6, 12), der Wirkungsraum der unsichtbaren Geister, auch der bösen Mächte und Dämonen. In Hbr 8, 1 sind „die Himmel“ der Wohnsitz Gottes, die ewige Herrlichkeit, das „himmlische Heiligtum“. „Jesus geht nicht nur in den Himmel, son- 14

Zu Kapitel 5
Zu Vers 1: Hbr 2, 17; 8, 3
Zu Vers 2: Hbr 4, 15; 7, 28; 4 Mo 15, 28—31; Lk 23, 34; Apg 3, 17; 1 Tim 1, 13
Zu Vers 3: 3 Mo 9, 7; 3 Mo 16, 6; Hbr 7, 27
Zu Vers 4: Jo 3, 27; 2 Mo 28, 1; 4 Mo 3, 10
Zu Vers 5: Ps 2, 7; Apg 13, 33; Hbr 1, 5
Zu Vers 6: Ps 110, 4; Hbr 5, 10; 6, 20; 7, 1 ff; 7, 17. 21
Zu Vers 7: Mt 26, 36—46; Mk 14, 33—36; Lk 22, 41—44; Jo 12, 27; Phil 2, 6—8; Mt 27, 46. 50; Lk 23, 46
Zu Vers 8: Phil 2, 8; Hbr 2, 10

[170] Die Gewißheit persönlicher Heilserfahrung spricht auch aus den Worten des Philippus: „Den, von dem Mose im Gesetz und die Propheten geschrieben haben, ihn h a b e n w i r g e f u n d e n, Jesus, den Sohn Josephs, aus Nazareth“ (Jo 1, 45).

[171] O. Michel, S. 121, Anm. 2: „Wichtig ist . . ., daß der Hbr immer die drei Gedankenformen anwendet: Die Parallele, die Überbietung und die Verabsolutierung.“

[172] Der Apostel gebraucht das Wort „Himmel“ in Einzahl und Mehrzahl. So steht die Pluralform Hbr 9, 23 grie *uranoí*, die Singularform Hbr 9, 24 grie *uranós*. Nur der Zusammenhang des Textes kann uns zeigen, welche theologische Bedeutung der Vf dem Wort „Himmel“ gibt.

Zu Vers 9:
Jes 45, 17
Jo 17, 1. 5
Phil 2, 9—11
Hbr 9, 12
2 Ko 10, 5
Phil 2, 12
Zu Vers 10:
Ps 110, 4
Hbr 5, 6

dern durch den Himmel hindurch über ihn empor zu Gott. Für ihn gibt es keine Schranke, bei der er stille stehen müßte. Nirgends verwehrt ihm eine Warnungstafel den Zutritt; nirgends steht für ihn geschrieben: Hier gehe kein Unheiliger hinein. Er tritt nicht nur zu den seligen Geistern und himmlischen Mächten, sondern noch höher empor, auch über die Schranke empor, die jene von Gott trennt[173]."

Jesus Christus lebt jetzt als Hoherpriester in der ewigen Herrlichkeit Gottes; für die Gemeinde auf Erden erwächst daraus die Verpflichtung zum Bekenntnis vor der Welt. Daran erinnert der Apostel mit den Worten: **Laßt uns am Bekenntnis festhalten.** Auch hier wieder ist das „Bekenntnis" nicht identisch mit einem theologischen Lehrsatz, einem formulierten Glaubensbekenntnis der Gemeinde. Nein, im „Bekenntnis" geht es darum, sich in der Anfechtung und Bedrängnis eindeutig und öffentlich auf die Seite Jesu zu stellen. Gerade auch dann, wenn der Christ um seines Glaubens willen vor Gericht gestellt wird, soll er in der Gerichtsverhandlung die großen Heilstaten Gottes bezeugen (vgl. 1 Pt 4, 14—16)[174]. Nicht nur der Apostel — auch die Empfänger seines Schreibens sind Augenzeugen der ersten Verfolgungen gewesen. Hbr 10, 33 erinnert er sie an die durchstandenen Leiden: „Ihr wurdet teils durch Schmähungen und Trübsale zur Schau gestellt, teils seid ihr Genossen derer geworden, die das erlebten. Ihr habt mit den Gefangenen gelitten und den Raub eurer Güter mit Freuden hingenommen." Der Gang der Kirchengeschichte bis in unsere Tage hinein lehrt uns, daß jede Verfolgungszeit für die Gläubigen Sichtungszeit ist, weil sie die Möglichkeit des Abfalls in sich birgt. Es liegt unserer menschlichen Schwäche nahe, durch Verleugnung des Glaubens den vielfachen Leiden auszuweichen. Hier bangt der Apostel innerlich für die ihm anbefohlenen Christen. Er weiß aus dem Kreis der Urapostel, wie nahe am Rand des Glaubensweges die Gefahr der Verleugnung liegt. Es gilt aber um jeden Preis, auch im Leiden — in aller Öffentlichkeit — am Bekenntnis zum Herrn festzuhalten! Inhalt und innere Triebkraft zu diesem Bekenntnis wurzeln in den fünf Worten: **„Jesus ist der Sohn Gottes"** (vgl. Apg 8, 37). Wenn der Apostel hier wie schon Hbr 3, 1 nur den Namen „Jesus" nennt, dann geht es ihm darum, den heilsgeschichtlich unendlich wichtigen Tatbestand deutlich hervorzuheben: Jesus von Nazareth, der Sohn der Maria, er, der Fleisch und Blut getragen hat wie wir, der gekreuzigte und auferstandene Herr ist wirklich der Sohn Gottes (vgl. Mt 14, 33; 16, 16). Für den Hbr bezeichnen die Worte „Sohn" und „Hoherpriester" Wesen und

[173] A. Schlatter, S. 291 f.
[174] O. Michel, Ki—Th Wb. Bd. 5, S. 207: „Der forensische Sinn des *homologein* ist vielleicht in der ntst Überlieferung der wichtigste."

Würde, Person und Werk Jesu und gehören unlösbar zusammen (vgl. Hbr 7, 28).

Noch einmal greift der Apostel den Gedanken von Hbr 2, 14–18 15
auf. Zum Menschsein gehören sowohl die Geschöpflichkeit des Menschen als auch seine Versuchlichkeit. Wurde Jesus Mensch, dann mußte er auch daran teilhaben. **Wir haben nicht einen Hohenpriester, der nicht Mitleid mit unseren Schwachheiten haben könnte, sondern der versucht worden ist in allen Dingen, gleich wie wir, doch ohne Sünde.** Die „Schwachheit" des Menschen bezeichnet seine Hinfälligkeit in körperlicher und glaubensmäßiger Hinsicht. Seine „Krankheit"[175] besteht darin, daß er immer wieder der Versuchung nachgibt, „schwach" wird (Mt 26, 41). Das ist nun gerade das unbegreifliche Geheimnis des Lebens Jesu, daß er an unserer „Schwäche" Anteil hatte, ihr aber nie erlegen ist. Jesus hat die Versuchung überwunden. Er erwies „seine Gottessohnschaft durch das vollkommene Vertrauen, Gehorchen und Lieben[176]".

Von einer besonderen Versuchung, die an Jesus herantrat, erfahren wir zunächst unmittelbar vor Beginn seiner öffentlichen Wirksamkeit. Bei seiner Taufe hatte Jesus die göttliche Bestätigung empfangen: „Dieser ist mein geliebter Sohn" (Mt 3, 17). In der Wüste näherte sich ihm der Teufel mit der versucherischen Frage: „Wenn du Gottes Sohn bist . . ." (Mt 4, 3. 6). Diese Worte erinnern uns an 1 Mo 3, 1: „Ja, sollte Gott gesagt haben . . .?" Es gibt eine diabolische Methodik, in der der Teufel sich wiederholt. Hinter diesem Infragestellen der Gottessohnschaft Jesu steht das Messiasbild des Spätjudentums, das den leidenden Messias nicht kennt. Es ist eine wichtige Seite der Versuchung, die im Leben Jesu immer wieder auftaucht, sich dem Leiden zu entziehen. Wir finden sie auch in den beschwörenden Worten des Petrus: „Herr, schone dich selbst; das widerfahre dir nur nicht!", die Jesus mit dem Vorwurf zurückweist: „Hebe dich hinweg, Satan, von mir! Du bist mir ärgerlich; denn du meinst nicht, was göttlich, sondern was menschlich ist" (Mt 16, 22–23).

Adolf Schlatter hat darauf hingewiesen, daß es bei der Versuchung Jesu nicht um den äußerlich sichtbaren Erfolg unter Menschen geht[177]. Bei der ersten und dritten Versuchung entfallen die Zuschauer. So wird auch Mt 4, 5–6, bei der Versuchung zum Sturz von der Zinne des Tempels, nicht von dem Eindruck auf Menschen gesprochen. Es geht vielmehr um die Stellung Jesu zum Vater. Der Teufel spricht Jesus auf sein Vertrauen zu Gott an. Wenn Jesus unbedingten Glauben hat, darf er die Gefahr suchen. Aus der Vollkommenheit des

[175] Das grie Wort *asténeia* bedeutet sowohl Schwäche wie auch Krankheit.
[176] A. Schlatter, Der Evangelist Matthäus, Stuttgart 1959[5], S. 111.
[177] W. Stb. Matth. S. 42 ff; W. Stb. Luk. 2. 104; vgl. A. Schlatter, a. a. O. S. 95 ff.

Glaubens folgt der Mut, der alles wagt (Mk 9, 23; 10, 27). Die Haltung des Sohnes aber ist der vollendete Gehorsam (Hbr 5, 8). Jesus stellt die Verheißung nicht infrage, aber sein Glaube an Gottes Zusage schließt den Gehorsam gegen den Willen des Vaters ein. Die Tiefe dieser Versuchung liegt darin, daß der Teufel etwas erwartet, was Jesus mit Recht tun könnte. Jesus hätte als Sohn Gottes die Steine in Brot verwandeln können (Mt 4, 3), wie er später mit 5 Broten und 2 Fischen mehr als 5 000 Menschen gespeist hat (Mt 14, 19—21). Die versucherische Frage: „Wenn du Gottes Sohn bist . . ." tritt aber noch einmal an Jesus heran, als er in den allerschwersten Stunden seines Lebens am Kreuz hängt. Jesus hat auch dieser letzten, schwersten Versuchung widerstanden, vom Kreuz herabzusteigen (Mt 27, 40; Lk 23, 39). Im vollen Gehorsam gegen Gottes Willen blieb er am Kreuz, blieb er ohne Sünde, und so hat er uns den Weg zu Gott bereitet.

16 Weil Jesus uns den Weg zu Gott gebahnt hat, sollen wir ihn jetzt auch gehen (vgl. Rö 5, 1—2). Die Tatsache, daß wir einen Hohenpriester bei Gott haben, der für uns eintritt, ermächtigt uns nun auch, mit froher Zuversicht im Gebet zu Gott zu kommen[178]. Die freudige, innere Gewißheit, die unser Gebetsleben auszeichnen soll, hat ihre tiefste Wurzel im Hohenpriestertum Jesu, weil er mit seinem Opfer und seinem Gebet für uns eintritt[179]. Durch Jesus Christus, den rechten Hohenpriester, ist Gottes Thron für uns zum Gnadenthron geworden[180]. Der Weg zum Herzen Gottes steht allen Kindern Gottes offen. Nicht fromme Leistungen, sondern Jesu Mittlerwort beim Vater öffnet die Schleusen für den Segen Gottes, so daß wir seine Barmherzigkeit und Gnade erlangen und Gottes Hilfe zur rechten Zeit erfahren. Mit diesem Vers werden wir auf die Möglichkeiten und Grenzen unseres Gebetes verwiesen. In jeder Lage dürfen wir uns an den allmächtigen Gott wenden. Aber wir können ihm nicht den Zeitpunkt seiner Hilfe vorschreiben, der ihm allein vorbehalten ist. Das Wort sagt uns jedoch zu, daß Gott immer zur rechten Zeit eingreift und hilft.

5,1 Hat der Apostel zunächst von Jesus, dem himmlischen Hohenpriester, gesprochen, so stellt er jetzt Gottes Ordnung für das irdische

[178] Die grie Form *èchontes un* (V. 14) ... *proserchómetha* (V. 16). „Da wir nun haben ... laßt uns herzutreten" finden wir im gleichen Zusammenhang auch Hbr 10, 19 und 22. Vgl. Eph 2, 13. 18; 3, 12; 1 Jo 3, 21 f.

[179] Ähnlich Jo 17, 15. 24: Die Gewißheit unseres Betens ruht auf der Fürbitte Jesu für seine Gemeinde. Vgl. auch die Auslegung zu Hbr 9, 24.

[180] Der Ausdruck „Thron der Gnade" (grie *thrónos täs cháritos*) erinnert uns an den Sühnedeckel, „Gnadenthron" (Luther), die goldene Deckplatte über der Bundeslade, welche die Cherube trug (hebr. kaporet, grie *hilastáerion*) 2 Mo 25, 22; Rö 3, 25.

Hohepriestertum in den Mittelpunkt. In den Worten „aus Menschen ... für Menschen" (grie *ex anthrópon ... hypér anthrópon*) begegnen uns Vorrecht und Begrenzung, Auftrag und Verpflichtung des irdischen Hohenpriestertums in Israel. Der Hohepriester war a u s g e s o n d e r t aus der Schar des Volkes Gottes zum Dienst für andere. Aber er blieb seinem natürlichen Wesen nach doch ein Mensch wie alle anderen auch. Obgleich die Erkenntnis seiner Gleichheit mit den anderen in seinem Dienst nie schwinden durfte, hatte er doch den Auftrag, für andere vor Gott[181] einzutreten und für sie zu leben. Die Aufgabe des Hohenpriesters, **Gaben und Opfer für Sünden darzubringen,** zeigte den tiefen Zusammenhang zwischen Sünde und Opfer[182]. Jedes Opfer war ein erneutes Erinnern an die Trennung des Menschen von Gott. Solange diese Trennungswand bestand, mußten Opfer dargebracht werden. Für den erlösten Menschen aber ist der Opferritus aufgehoben worden, weil das ganze Leben in allen Beziehungen zum Opfer wird (Rö 12, 1; 1 Pt 2, 5). In der Vollendung wird es keinen Tempel mehr, d. h. in irdischem und geistlichem Sinne keinen Raum mehr für das Opfer geben (Offb 21, 22). Der Unterschied in den Worten „Gaben und Opfer" kann verschieden verstanden werden. So können damit unblutige und blutige Opfer gemeint sein, oder allgemeine Gaben für den Tempel und besondere Opfergaben für den Altar. Ist das Wort „Gaben" als Oberbegriff in diesem Satz zu verstehen, so können wir sinngemäß übersetzen „sowohl Opfergaben als auch unter ihnen Schlachtopfer". Schließlich könnte uns das Wort „Gaben" an die Dank- und Speisopfer erinnern, und das Wort „Opfer für Sünden" auf den Vollzug der Sühnung am Altar hinweisen.

Um in rechter Weise für andere Menschen Opfer darbringen zu 2
können, bedurfte der Hohepriester nicht nur der rechten Gaben, sondern auch des rechten Herzens. Er mußte barmherzig sein. Er mußte **mit den Unwissenden und Irrenden mitfühlen** können. Das grie Wort *metriopathein* „mitfühlen", das nur hier im NT steht, hebt hervor, daß der irdische Hohepriester durch seine eigene Schuld und Schwachheit immer wieder gemahnt wurde, in seinem Unwillen und Zorn über die fortwährenden Übertretungen des Volkes Gottes maßvoll zu sein. Dieses Wort „mitfühlen" weist zurück auf den Ausdruck „Mitleid haben" (grie *sympathein*), den der Apostel Hbr 4, 15 für Christus gebraucht hat. Wenn beide Worte auch sprachlich eng ver-

[181] Zu dem Ausdruck „vor Gott" vgl. S. 72 Anm. 113.

[182] M. Luther, S. 78: „Es ist des Priestertums Amt und Natur, Sünde zu heben und zu tragen. Die Sünden sind also sein, weil er von anderen sie auf sich nimmt und trägt. Damit ist wiederum Christus, im Bilde begriffen, der wahre Aaron und das Lamm Gottes, das der Welt Sünden trägt."

wandt sind, so wird uns gerade an ihnen der wesensmäßige Unterschied deutlich, der zwischen der Gesinnung des Hohenpriesters Aaron und der Gesinnung unseres himmlischen Hohenpriesters Christus besteht. Jesus hat während seines Erdenlebens das ganze Ausmaß unserer menschlichen Versuchlichkeit und Schuld kennengelernt, obschon er ohne Sünde geblieben ist. Darum entspringt sein fürbittendes Eintreten für uns vor Gott nicht schwächlicher Nachsicht, mit der er etwa großzügig alle unsere Fehler übersehen würde. Vielmehr sieht er die tödliche Bedrohung unseres Lebens durch die Sünde deutlicher als je ein Mensch auf Erden das zu erkennen vermag; und das wird der Grund seines tiefen, herzlichen Erbarmens zu uns Menschen, die wir auch als Glaubende versuchlich und anfällig für die Sünde bleiben[183].

Unwissenheit und Irrtum sind Grundkennzeichen des unerlösten sündigen Menschen. Sie haben ihre Wurzel im Unglauben, der selber Sünde ist und notwendig die Sünden als konkrete Übertretungen der Ordnungen Gottes zur Folge hat (Jo 16, 9). Der Begriff der „Unwissenden und Irrenden" hat seine Wurzel im AT (4 Mo 15, 28—31): Gemeint sind die Menschen, die durch Unwissenheit und Irrtum in Sünde geraten. Wir erinnern uns auch an die Frage und Bitte des Psalmisten: „Wer kann merken, wie oft er fehle? Sprich mich ledig
3 von meinen verborgenen Fehlern" (Ps 19, 13). Weil der Hohepriester selbst nicht ohne Sünde war, mußte er zuerst persönlich das Sündopfer für eigene Schuld darbringen, damit das stellvertretende Opfer für das Volk möglich wurde, das alljährlich am großen Versöhnungstage wiederholt werden mußte (3 Mo 9, 7; 16, 6).

4 Neben die göttliche Ordnung für das Opfer tritt die Ordnung der Berufung, die für den Priester von gleicher Wichtigkeit war. **Niemand nimmt sich selbst die Ehre, sondern er wird von Gott berufen, gerade wie auch Aaron.** Die Berufung und Einsetzung in das Hohepriestertum durch Gott war für Israel unaufgebbare Tradition (2 Mo 28, 1; 4 Mo 3, 10). Niemand darf „die Ehre an sich reißen", Hoherpriester zu werden. Allein Gottes Wahl kann einem Menschen diese Würde
5 und Verantwortung auferlegen. Was im atst Bundesvolk als Ordnung Gottes galt, hat Christus in vollkommener Weise erfüllt. Auch er, der ewige Sohn, hat sich der Ordnung Gottes freiwillig unterstellt. Er hat sich nicht selbst zum Hohenpriester gemacht, er ist von Gott, dem Vater, dazu erhoben worden.

[183] Wilh. Michaelis, Ki—Th Wb., Bd. 5, S. 935 f: „Sein *sympatháesai* (mitleiden) ist nicht ein verstehendes Mitleid, das alles entschuldigt, ... sondern ein Mitfühlen, das aus der vollen Vertrautheit mit dem Ernst der Lage stammt und auch die uns selbst verborgene Schuld einzuschließen vermag."

Bisher hatte der Apostel, wenn er von der Erhöhung Jesu sprach und 6
sie aus den Schriften des AT belegen wollte, immer wieder auf Ps 110, 1 zurückgegriffen. Jetzt führt er einen anderen Vers aus diesem Psalm an, der für die gesamte weitere Gedankenführung von außerordentlicher Bedeutung werden soll: **„Du bist Priester in Ewigkeit nach der Ordnung Melchisedeks"** (Ps 110, 4). Ps 2 und Ps 110 dienen nicht nur zur Begründung der Sohnschaft und Königswürde Jesu, sondern liefern auch den atst Beweis für das ewige Hohepriestertum Jesu. „Aus Jesu Sohnesstellung vor Gott stammt alles, was er als Priester für uns vermag und tut[184]." Sohnschaft, Hohepriestertum und Königswürde sind in der Person Jesu untrennbar vereint.

Die Frage entsteht hier, auf welchen Zeitpunkt die atst Worte hinweisen. Handelt es sich bei der Einsetzung Jesu in das Hohepriestertum um ein vorweltliches Ereignis, geschah sie bei der Menschwerdung, in der Taufe, der Auferstehung oder erst bei der Himmelfahrt? Wann beginnt das ewige Hohepriestertum Jesu? Hier stehen wir an einer Grenze christologischer Aussagemöglichkeit: Jesus ist der Sohn von Ewigkeit her (Hbr 1, 1—2; 5, 8), vom Vater zum Hohenpriester berufen. Die Berufung erfolgt vor der Menschwerdung, wird aber wirksam im Leiden und Sterben und erfährt ihre Bestätigung in Auferweckung und Himmelfahrt. Die freiwillige Abhängigkeit des Sohnes vom Vater wird betont, der sich mit seiner Menschwerdung ganz den Ordnungen Gottes unterstellt (Jo 5, 19;
Gal 4, 4). Wie der atst Hohepriester, so hat auch Christus als der 7
Hohepriester des neuen Gottesvolkes Opfer dargebracht. Die ganze Lebenszeit, der gesamte irdische Weg Jesu war ein Leiden, war ein Opfergang (vgl. Phil 2, 5 ff). Hier aber ist besonders an das Geschehen von Gethsemane, an den Gebetskampf Jesu und an seinen Kreuzestod auf Golgatha gedacht[185]. Jesus opferte „Gebete und Flehen"[186], Jesus opferte im Gebet seinen eigenen Willen. Er wußte: Gott war der einzige, in dessen Hand sein Leben lag, und der seinen Leidensweg hätte ändern können. Aber er betet: „Nicht mein Wille, sondern dein Wille geschehe." Jesu Opfergang jedoch endet nicht in Gethsemane, er führt ihn bis ans Kreuz. Dort stirbt er unter „starkem Ge-

[184] A. Schlatter, S. 296.

[185] J. A. Bengel, S. 634 bezieht alle Aussagen ausschließlich auf das Geschehen in Gethsemane: „Jesus hat in Gethsemane dreimal gebetet. Gebet und Flehen ist zweierlei: Das Gebet ist Sache des Herzens, das Flehen geht auch den Leib an, es ist die tiefgebeugte Stellung des Supplikanten. Vgl. Mt 26, 39. Das starke Geschrei und Tränen betreffend, so liest man, daß er am Kreuz geschrien, nicht aber, daß er geweint habe. Die Worte: Schreien, Geschrei bezeichnen ... ein innerliches Schreien der Seele oder ein heftiges Verlangen, Lk 22, 44."

[186] Im AT und im NT wird das Gebet mit dem Räuchopfer verglichen. Ps 141, 2 vgl. 3 Mo 16, 12—13; vgl. Offb 5, 8; 8, 3—4 mit Lk 1, 8—10.

schrei" (Mt 27, 46. 50; Lk 23, 46). Der Apostel beschreibt den Leidensweg des Herrn mit Worten, die das wahre Menschsein Jesu hervorheben. Er wurde wirklich „in jeder Weise versucht gleich wie wir" (Hbr 4, 15). Aber auch über dem schwersten Weg, den Jesus gehen mußte, dem Weg über Gethsemane ans Kreuz, liegt ein Glanz göttlicher Herrlichkeit. **„Er ist erhört worden auf Grund der Gottesfurcht."** Die grie Worte *apó täs eulabeias* können „erhört aus Furcht" oder „auf Grund seiner Gottesfurcht" heißen. Beide Übersetzungen sind wegen der Mehrdeutigkeit des Begriffes möglich. Da aber in Hbr 2, 15 die Worte *phóbos thanátu* für „Todesfurcht" stehen, ist deshalb hier wahrscheinlich „Gottesfurcht" gemeint. Jesus wurde von Gott erhört. Diese Gewißheit liegt über allen Gebeten Jesu. Er konnte beten: „Vater, ich danke dir, daß du mich erhört hast. Ich aber wußte, daß du mich allezeit erhörst" (Jo 11, 41—42). Aber in seinen Gebeten weicht Jesus nie den Leiden aus (vgl. Jo 12, 27—28). Darum kann Gott sein Gebet erhören. Allerdings spüren wir über diesen Worten auch das Geheimnis der Unterscheidung von Erhörung und Erfüllung unserer Gebete. Die Erhörung des Gebetes Jesu wurde in der Stärkung durch den Engel in Gethsemane deutlich (Lk 22, 43). Sie bestand in der Stärkung zum Leiden, in der Überwindung der Todes-
8 furcht, nicht in der Abwendung des Todes (vgl. 2 Ko 12, 8—9). Die Erhörung des Gebetes befreite selbst den Sohn Gottes nicht vom Gehorsam gegen den Vater. Dieser Gehorsam fiel ihm nicht mühelos zu, sondern er hat ihn durch Übung im Leiden erlernt. Auch der Sohn Gottes mußte den Gehorsam lernen, und dieser Gehorsam führte ihn ins Leiden — bis zum Kreuzestod (Phil 2, 8). Jesus selber verstand seinen Weg auf Erden als vollendeten Gehorsam; er sagte: „Ich kann nichts von mir aus tun . . . denn ich suche nicht meinen Willen, sondern den Willen dessen, der mich gesandt hat"
9 (Jo 5, 30). Weil er den vollkommenen Gehorsam auch im Leiden bewährt hat[187], kann er mit göttlicher Vollmacht seinen Jüngern befehlen: „Lernt von mir!" (Mt 11, 29)[188]. So wie zur Gottessohnschaft

[187] Die grie Worte *émathen aph hon épathen* „er hat gelernt an dem, was er litt", heben deutlich hervor: das Lernen des Gehorsams beginnt im Leiden. — Nur auf dem Weg des Leidens konnte Jesus die Vollendung erreichen. Hier drängt sich uns die Frage auf: Warum mußte Christus, der vollkommene Sohn Gottes von Ewigkeit her, noch durch das schwerste Leiden hindurchgehen, um vollendet zu werden? Der Zusammenhang des Satzes gibt uns die Antwort: „Nachdem er vollendet worden ist, ist er allen, die ihm gehorchen, zum Urheber einer ewigen Rettung geworden." Es fehlte nichts an der wesenhaften Vollkommenheit Jesu, aber nach dem Ratschluß Gottes sollte der Sohn Gottes auch noch der Heiland der Welt werden. Das aber wurde er erst durch seine Menschwerdung, seinen Tod am Kreuz und seine Auferstehung. In ähnlicher Weise sieht Paulus, daß zur Vollkommenheit Christi auch die Gemeinde hinzugehört, die erst durch seine Heilandstat geschaffen wurde (Eph 1,23); vgl. W. Stb. Eph., S. 78.

[188] Gehorsam des Jüngers und Bereitschaft zum Leiden sind schon in

Jesu sein Gehorsam gegenüber dem Vater gehörte, gibt es auch für uns keine wahre Gotteskindschaft ohne den Gehorsam gegen Christus (2 Ko 10, 5; Phil 2, 12). Mit dieser Aussage möchte der Apostel dem Gläubigen nun ins Bewußtsein rufen, daß auch die Gemeinde nur durch Leiden im Gehorsam sich bewähren kann und so vollendet wird. Praktischer Gehorsam bedeutet hier, auch im Leiden nicht zurückzuweichen, sondern festzuhalten am Bekenntnis zu Jesus.

Nur auf dem Weg des Leidens und Sterbens konnte Jesus unser
Heil erwirken. Nach seiner Vollendung, d. h. durch seine Auferste-
hung und Himmelfahrt, ist er **der Urheber ewigen Heils geworden.**
In der Erhöhung seines Sohnes hat der Vater dem Heilswerk des
Heilsmittlers seine göttliche Bestätigung verliehen (vgl. Phil 2, 9—11).
Mit seiner Himmelfahrt tritt Jesus sein himmlisches Hohepriester- 10
amt an. Das prophetische Wort des AT hat sich erfüllt: Jesus ist
„Hoherpriester nach der Ordnung Melchisedeks" geworden. In den
Aussagen des Apostels über das Hohepriestertum Jesu finden wir
eine deutliche Steigerung. Jesus ist Hoherpriester (3, 1), er ist der
treue Hohepriester (2, 17), er ist der große Hohepriester (4, 14), und
schließlich ist er der Hohepriester nach der Ordnung Melchisedeks
(5, 10).

Zusammenfassung

Nachdem der Apostel die unvergleichliche Größe des Herrn Jesus Christus in der Gegenüberstellung mit den atst Gottesmännern Mose und Josua aufgezeichnet hat, vergleicht er abschließend in Hbr 4, 14 bis 5, 10 Jesus und Aaron miteinander. Auch hier zeigt er die überragende Größe und Herrlichkeit dessen auf, was der Gemeinde gegenüber Israel in der Person des erhöhten Herrn geschenkt worden ist. Jesus und Aaron: beide sind Hohepriester — Aaron war der erste Hohepriester, Jesus ist der letzte Hohepriester. Beide waren von Gott berufen, beide wurden „von Menschen genommen"; auch Jesus war wie Aaron wahrer Mensch (Hbr 2, 14). Beide, Aaron und Jesus, wurden „für Menschen eingesetzt"; auch Jesus kam um der Menschen willen (Hbr 2, 16). Beide wurden versucht, beide können deshalb „Mitleid mit unseren Schwachheiten" haben. Beider Aufgabe im

der messianischen Weissagung aus den Gottesknechtsliedern des Jesaja miteinander verbunden Jes 50, 4—6: „Gott der Herr hat mir eines Jüngers Zunge verliehen, daß ich den Müden durch das Wort zu erquicken wisse. Er weckt alle Morgen, weckt mir das Ohr, *wie ein Jünger zu hören*. Gott der Herr hat mir das Ohr aufgetan, ich aber *habe nicht widerstrebt*, bin nicht zurückgewichen; den Rücken bot ich denen, *die mich schlugen*, und die Wangen denen, die mich rauften; mein Angesicht verhüllte ich nicht, wenn sie mich schmähten und anspien."

AT und NT ist es, die Menschen vor Gott zu vertreten, um Sühnung zu erwirken (Hbr 2, 17; 5, 1—3), und beide bringen Opfer dar.

Aber Jesus ist größer als Aaron. Aaron war Hoherpriester, Jesus ist der große Hohepriester. Aaron war nur ein Mensch. Jesus war auch wahrer Mensch, aber er ist der Sohn Gottes; er hat seinen Ursprung in der Ewigkeit. Aaron wurde durch Mose zum Hohenpriester eingesetzt, Jesus wurde von Gott, seinem Vater, zu diesem Dienst berufen. Aaron mußte für sich selber zuerst Opfer darbringen, weil er mit Sünden behaftet war, Jesus aber war rein von aller Sünde, Aaron opferte Gaben und Opfer, die er zuvor von den Israeliten empfing (Hbr 8, 3), er ging mit „fremdem" Blut (Hbr 9, 25) in das Heiligtum. Jesus aber opferte Gebet, Flehen und Tränen, er brachte seinen Willen Gott dar, er opferte sein eigenes Leben. Aaron blieb trotz aller Opfer ein unvollkommener Mensch, Jesus wurde durch das Opfer seines Lebens zum vollkommenen Hohenpriester (Hbr 7, 28). Die Opfer Aarons bedurften der Wiederholung, jährlich einmal ging er in das irdische Allerheiligste (Hbr 9, 7. 25). Jesu eines Opfer gilt für alle Zeit, er hat die Himmel ein für allemal durchschritten, um jetzt auf ewig vor dem Angesicht Gottes für uns zu erscheinen (Hbr 4, 14; 8, 1. 2; 9, 24). Aaron legte die Sünden Israels einem Tier auf (3 Mo 16, 21. 22), sein Opfer hatte nur sinnbildliche Bedeutung, es war nicht aus sich selbst wirksam (Hbr 10, 4. 11). Jesus hat die Sünden der ganzen Welt auf sich genommen (Jo 1, 29; 1 Pt 2, 24), sein Opfer ist für alle Zeiten wirksam. Aaron hatte nur ein vergängliches Hohepriestertum zu verwalten, dessen Ordnung dem Volk Israel am Sinai gegeben worden war. Aber Jesus hat ein ewiges Hohepriestertum empfangen, dessen Gültigkeit in der ewigen Ordnung Melchisedeks begründet ist.

Auf dem Weg des Gehorsams, der ihn durch Leiden führte, ist Jesus der vollkommene Hohepriester und zugleich eine Ursache des ewigen Heils geworden. So wie Jesus dem Vater gehorsam war und in die Herrlichkeit einging, so führt auch der Weg der Gläubigen nur durch Gehorsam und Leiden in die Herrlichkeit (Apg 14, 22; 2 Tim 3, 12). Die göttlichen Heilslinien des Alten Bundes gelten auch für die Gemeinde des Neuen Bundes. Zugleich sind aber der Dienst und die Herrlichkeit der Gottesboten des AT durch Jesus Christus erfüllt und überboten. Die unermeßliche Größe der Gabe Gottes in Jesus Christus leuchtet auf dem Hintergrund der atst Geschichte des Volkes Israel und seines Hohenpriestertums auf. Jesus Christus ist die große Gabe Gottes, von ihm strömt uns die Kraft zu, die wir brauchen, um auch unter schweren inneren und äußeren Belastungen auf dem Weg der Nachfolge zu bleiben.

7. Erste Ermahnung: Warnung vor dem Abfall

Hbr 5, 11 – 6, 20

A. Tadel der geistlichen Unreife

Hbr 5, 11–14

11 Darüber hätten wir noch viel zu sagen, aber es läßt sich mit
Worten schwer erklären, da ihr stumpf geworden seid im Hören.
12 * Denn während ihr der Zeit nach schon Lehrer sein müßtet,
habt ihr wieder jemanden nötig, der euch in den allerersten
Grundlagen der Worte Gottes unterrichtet, und ihr braucht Milch,
13 nicht feste Speise. * Denn jeder, der noch Milch genießt, ist un-
erfahren im Worte der Gerechtigkeit; denn er ist unmündig.
14 * Für die Vollkommenen aber ist die feste Speise, für die, die in-
folge ihrer Gewöhnung geübte Sinne zur Unterscheidung des
Guten und Bösen haben.

Zu Vers 11: Hbr 6, 12
Zu Vers 12: 2 Tim 2, 2; 1 Ko 3, 1–3; 1 Pt 2, 2
Zu Vers 13: Eph 4, 14
Zu Vers 14: 1 Mo 2, 17; 1 Mo 3, 5; 2 Mo 18, 21; 1 Chro 26, 8; Rö 12, 2; Rö 16, 19; 1 Ko 2, 12–14; Phil 1, 9–10; 1 Jo 5, 20

Der Apostel hat von der überwältigenden Größe Jesu und seiner Überlegenheit über die Engel, über Mose, Josua und Aaron gesprochen. Nach Hbr 5, 10 unterbricht er plötzlich seinen Gedanken. Und jetzt wird deutlich, was den Apostel innerlich bewegt. Es ist nicht nur die Herrlichkeit der Person Jesu und die unfaßliche Größe des
Heils, das Gott der Menschheit bereitet hat, die ihn überwältigt haben 11
und ihn dazu drängen, sein inneres Erleben und seine geistliche Erkenntnis niederzuschreiben. Es ist vielmehr die brennende Sorge um den geistlichen Stand der Gemeinde, die ihn umtreibt. Er möchte ihnen noch so vieles mitteilen von dem, was ihn innerlich zutiefst erfüllt, aber er spürt, daß das in der augenblicklichen Lage der Gläubigen gar nicht ohne weiteres möglich ist. Darum wendet er sich jetzt mit einem mahnenden und tadelnden Wort und einer unmittelbaren Warnung an die Gläubigen. Deshalb schreibt er ihnen im Rückblick auf all das, was er ihnen an Christuserkenntnis übermittelt hat: **Darüber hätten wir noch viel zu sagen, aber es läßt sich mit Worten schwer erklären, da ihr stumpf geworden seid im Hören.** Wir sehen hier, wie auch an manchen anderen Stellen des NT, daß sich das Ausmaß apostolischer Glaubenserkenntnis nicht auf das allein beschränkt, was die Verfasser der ntst Schriften uns überliefert haben. Der Apostel könnte der Gemeinde noch vieles aus dem Reichtum der geistlichen Erkenntnis weitergeben, die ihm durch den Heiligen Geist zuteil geworden ist[189]. Er möchte der Gemeinde noch so vieles

[189] Auch das Wort 2 Th 2, 6 zeigt uns, daß die mündliche Verkündigung der Apostel weit über das hinausging, was sie schriftlich in ihren Briefen festgehalten haben.

zu ihrem inneren Aufbau sagen, aber es ist „schwer darzustellen". Die Begründung dafür liegt nicht in der Sache. Es ist nicht so, als bedürfe es einer außerordentlichen Erleuchtung durch Gottes Geist, um das Zeugnis der Apostel zu verstehen. Einsicht in die biblischen Wahrheiten und Zusammenhänge ist jedem Gläubigen möglich. Es geht nur darum, daß das Verhältnis des einzelnen Christen zu seinem Herrn lauter und klar ist. Die Begründung dafür, daß „es sich mit Worten schwer erklären läßt", liegt im Leben der Hörer. **Ihr seid stumpf geworden mit euren Ohren.** Der Apostel tadelt nicht ihr sittliches Verhalten, er klagt sie nicht wegen schwerer Sünden an. Er rügt vielmehr ihr Verhalten dem Wort Gottes gegenüber. Die Gläubigen sind „stumpf", „schwerhörig" für die Botschaft geworden. Es ist eine „negative Entwicklung" in ihrem geistlichen Leben im
12 Gange, die verhängnisvolle Folgen haben kann. Der Apostel gründet sich dabei auf die Tatsache, daß es für jeden Christen die Möglichkeit einer g e s u n d e n, n o r m a l e n Entwicklung und Entfaltung im Glaubensleben gibt. Das NT kennt Wachstumsstufen im geistlichen Leben der Kinder Gottes: 1. Kinder im Glauben – 2. heranwachsende „junge Menschen" im Glauben (Jünglinge) – 3. Menschen mit einem ausgereiften Glaubensleben (Väter). Dabei bedeutet reifer werden im Glauben immer tiefer in die Abhängigkeit von Jesus Christus hineinzuwachsen (1 Jo 2, 12–14; Eph 4, 14)[190]. Darum sagt Jesus zu Petrus: „Als du jünger warst, gürtetest du dich selbst und wandeltest, wohin du wolltest, wenn du aber alt wirst, wirst du deine Hände ausstrecken, und ein anderer wird dich gürten und führen, wohin du nicht willst" (Jo 21, 18). Das Normale ist Wachstum in der Erkenntnis und Fortschritt in der Heiligung (2 Pt 3, 18)[191]. Es gibt aber auch die Gefahr des inneren Stillstandes, der zum Abfall führen kann. Mangel an Glauben und geistlicher Aufnahmefähigkeit ist ein „unnatürlicher", dem Wachstum des Glaubens widersprechender Vorgang.

Ihr solltet der Zeit nach schon Lehrer sein. Die Zeitspanne seit ihrem Gläubigwerden wäre also schon ausreichend zu einem solchen angestrebten Reifungsprozeß gewesen, der sie in die Lage versetzt hätte, nun auch in rechter Weise andere im Worte Gottes zu unterweisen und zum lebendigen Glauben an Christus zu führen. Aber sie haben die Zeit ihrer Nachfolge nicht recht genutzt. Die Fähigkeit zur Unterweisung anderer wird ihnen abgesprochen. „Lehrer sein" bedeutet hier nicht, ein kirchliches Amt auszuüben. Es geht um die Be-

[190] Vgl. Fritz Binde, Die Vollendung des Leibes Christi, Wuppertal 1963, S. 46 ff.

[191] Auch das Wort Jesu Jo 16, 4: „Solches aber habe ich euch von Anfang nicht gesagt; denn ich war bei euch" zeigt uns, daß Jesus seinen Jüngern vieles erst im Laufe ihrer Jüngerschaft und Nachfolge offenbart hat, was er ihnen nicht gleich zu Beginn gesagt hat.

tätigung und Entfaltung einer geistlichen Begabung (1 Ko 12, 28; Eph 4, 11). Ihr ist der durch den Heiligen Geist geschärfte Blick für die gesunde Lehre eigen, ihr ist der Wächterdienst für die biblisch ausgerichtete Verkündigung anvertraut; ebenso ist aber mit der „geistlichen Lehrfähigkeit" die Verantwortung übertragen, andere für die Verkündigung des Evangeliums berufene Menschen auf diesen Dienst zuzurüsten[192]. Weil die Zeit ihrer Nachfolge[193] nicht den erwarteten Reifeprozeß in ihrem geistlichen Leben herbeigeführt hat, brauchen sie wieder jemanden, **der sie in den allerersten Grundlagen des Wortes Gottes unterrichtet.** Der Apostel sagt, daß die Hebräerchristen noch einmal Elementarunterricht[194] im christlichen Glauben brauchen. Die „Anfangsgründe des Wortes Gottes", mit denen sie auf den ersten Schritten ihres Glaubenslebens bekannt wurden, scheinen ihnen wieder verlorengegangen zu sein. Schon in Hbr 2, 1 hatte der Apostel darauf hingewiesen, wie notwendig es ist, an dem Wort Gottes festzuhalten, so wie es ihnen im allerersten Anfang gesagt wurde[195]. Unser Vers weist schon voraus auf Hbr 6, 2, wo wir die Bausteine zum „Fundament" des Glaubens näher kennenlernen werden.

[192] Vgl. 1 Tim 4, 16; 6, 3. 20; 2 Tim 1, 13—14; 2, 2; Tit 2, 1.

[193] Die grie Worte *diá ton chrónon* „der Zeit nach" können auch im Sinne des Ausdrucks „um der Zeit willen" übersetzt werden. Damit wäre dann weniger die Zeitdauer des Glaubenslebens der einzelnen Christen gemeint, als vielmehr der Charakter der Heilszeit angedeutet. Zum Wesen der ntst Heilszeit gehört es gerade, von Gott unmittelbar belehrt zu werden, also nicht unbedingt auf menschliche Lehrer angewiesen zu sein (Jer 31, 34; 1 Th 4, 9; Hbr 8, 11). Dann würde gerade die Tatsache, daß sie wieder menschlicher Lehrer bedürfen, auf den verhältnismäßig niederen geistlichen Stand im Glaubensleben der Hebräerchristen schließen lassen. — Wir möchten der oben genannten Deutung den Vorzug geben, da der Vf das grie Wort *chrónos* „Zeit" (im allgem. Sinn) und nicht *kairós* „Heilszeit" gebraucht.

[194] Der Begriff *stoicheia* stammt aus dem philosophischen und religiösen Sprachgebrauch der Antike und hat verschiedenartige Bedeutungen gehabt, die auch im NT ihren Niederschlag gefunden haben. Er kann im Sinne von „Anfangsgründe, Grundlehren" verwandt werden (Hbr 5, 12), wie er auch die Bedeutung „Urbestandteile, Grundstoffe, Elemente" (2 Pt 3, 10. 12) annehmen kann. Von hier aus gewinnt *stoicheia* den Sinn „Elementargeister", die nach heidnischer Anschauung als überirdische Wesenheiten die Elemente Feuer, Wasser, Erde und Luft repräsentierten (vgl. Gal 4, 3. 9; Kol 2, 8. 20), zugleich auch auf die Gestirne bezogen wurde, die vielfach als persönliche Wesen gedacht waren. Im NT wird der Ausdruck „Elemente der Welt" grie *stoicheia tu kósmu* meist in abwertendem Sinne für die menschliche Überlieferung der vor- bzw. außerchristlichen Religion gebraucht. Vgl. W—B 1958[5], Sp. 1523; Ki—Th W Bd. VII, 1963, S. 670 ff.

[195] Berleburger Bibel, S. 31: „Die ersten Buchstaben (Grundlagen) werden damit nicht verachtet; denn es sind Gottes Worte: Aber das ist wider Gottes Willen, daß man immer will sitzen bleiben. Der Katechismus ist aller Ehren wert; aber immer dabei sitzen bleiben und sagen: Ei, ich bleibe bei der Einfalt, beim Katechismus! das ist tückisch, nicht einfältig. Die Katechismuslehren greift der Apostel nicht an, sondern daß man nicht weitergehen will, zurückkriecht und sich wie Sechs-Wochen-Kinder traktieren läßt."

Die Glieder der Gemeinde, an die der Apostel seinen Brief richtet, haben seinen Tadel offensichtlich verdient. Müßte der Apostel an uns nicht ebenso schreiben? Es ist doch eine auffallende Not in unserer Zeit, daß so wenige Kinder Gottes noch wirklich mit dem Wort der Heiligen Schrift vertraut sind, daß sie nicht mehr in dem Wort leben, daß das Wort Gottes sich kaum noch im alltäglichen Verhalten der Christen auswirkt. Wie viele Mangelerscheinungen im geistlichen Leben lassen sich auch in unseren Tagen darauf zurückführen, daß wir den Elementarunterricht des geistlichen Lebens zu rasch vergessen haben. Diesem bedenklichen Zustand muß auch die Verkündigung gerecht werden. **Ihr braucht Milch, nicht feste Speise.** „Milch" ist hier ein Bild für die Verkündigung, die es einem junggläubigen Christen ermöglicht, in der Erfahrung des Heils zu wachsen. Im Verständnis des Hbr ist „Milch" (grie *gála*) die grundlegende Verkündigung, von der Hbr 6, 1–2 spricht, in der die Fundamente des Glaubenslebens gelegt werden. Die feste Speise (grie *stereá trophá*) dagegen ist eine Verkündigung im Sinne von Hbr 7, 1 ff, die eine tiefere Erkenntnis der Person Jesu Christi gewährt und einen umfassenderen Einblick in das uns geschenkte Heil; in unserem Zusammenhang ist es ein Hinweis auf die christologische Auslegung des AT. Es ist immer dort ein bedrohlicher Zustand des inneren Lebens eingetreten, wo Kindern Gottes, die schon längere Zeit auf dem Glaubensweg sind, noch eine Verkündigung zuteil werden muß, wie sie eigentlich für Jungbekehrte gedacht ist.

13 **Denn jeder, der noch Milch genießt, ist unerfahren im Worte der Gerechtigkeit; denn er ist unmündig.** Worin im einzelnen die „feste Speise" besteht, wird in diesem Zusammenhang nicht erörtert. Deutlich ist aber, daß „Milch" und „Unmündiger" einander entsprechen. Sie kennzeichnen den Zustand des ungereiften Christen, der noch stark in Abhängigkeit von Menschen lebt und jeder Lehrmeinung, damit auch jeder ungeistlichen Strömung in der Verkündigung des Wortes
14 Gottes offensteht und zuneigt. Ihnen gegenüber stehen die „Vollkommenen". Dabei handelt es sich nicht um Gläubige, die den „Stand der Sündlosigkeit" erreicht hätten. Wohl aber sind es Menschen, die in treuem und gehorsamem Leben mit Gott gereift sind, und deren Glaubenserfahrung es ihnen erlaubt, klar zwischen dem Willen Gottes und irriger Menschenmeinung zu unterscheiden. Sie haben durch **Gewöhnung geübte Sinne zur Unterscheidung des Guten und Bösen.** Zum rechten Glaubensleben gehören Übung und Bewährung. Die Fähigkeit des geistlichen Urteilsvermögens gewinnt man nicht von heute auf morgen, sondern im Verlauf eines geistlichen Lebensprozesses durch fortwährende geistliche Betätigung. Nur im ständigen Umgang mit Gott, in der regelmäßigen Beschäftigung mit seinem

Wort, in einem innigen Gebetsleben und durch die Gemeinschaft mit Gläubigen (Apg 2, 42) reifen wir zu erprobten, zuverlässigen Glaubensmenschen heran, werden wir „tüchtig zum Dienst" (2 Mo 18, 21; 1 Chro 26, 8).

Das „Gute und Böse", das es voneinander zu unterscheiden gilt, bezieht sich immer auf Lehre und Leben zugleich. Es geht hier nicht nur um sittliche Begriffe, sondern auch um die Fähigkeit und ernste Verantwortung, zwischen heilsamer und schädlicher Lehre zu unterscheiden. Aber dazu befähigt auch tatsächlich der lebendige Gott in einem Leben treuer Nachfolge. Diese Worte, „Gutes und Böses zu unterscheiden", erinnern uns ja unmittelbar an den „Baum der Erkenntnis des Guten und Bösen" im Paradies und an das versucherische Wort der Schlange, das sie an Eva richtet: „Ihr werdet sein wie Gott und wissen, was gut und böse ist" (1 Mo 2, 17; 3, 5). Die ersten Menschen wollten sich diese Gabe aus eigener Machtvollkommenheit aneignen und zerstörten dadurch die Gottesgemeinschaft. Tatsächlich erlangten sie kein unfehlbares Unterscheidungsvermögen. Gerade in einer gefallenen Welt sind „geübte Sinne zur Unterscheidung des Guten und Bösen" nötig und werden uns durch den Heiligen Geist in einem erlösten Leben zuteil.

Der kurze Abschnitt Hbr 5, 11—14, in dem der Apostel die Gläubigen tadelt, spricht wichtige Grundtatsachen des Glaubens aus. Jedes normale Christenleben ist durch gesundes Wachstum im Glauben gekennzeichnet. Alles Wachstum braucht Zeit, im geistlichen Leben ebenso wie im organischen Leben. Kennzeichen eines fortgeschrittenen Wachstumsstadiums sind geistliches Urteil und die Fähigkeit, die Grundlagen des christlichen Glaubens denkend zu verarbeiten und verbindlich weiterzusagen. Aber im Blick auf den tatsächlichen Zustand der Gemeinde sieht der Apostel zwei Möglichkeiten des Christseins. Man kann unmündig sein, im Kindheitsstadium leben, d. h. „unerfahren" sein im Wort Gottes. Solche Menschen gelten ihm als „Anfänger im Glauben", sie sind gewissermaßen die ABC-Schützen, sie bedürfen der Milch, einfacher Anfangsunterweisung für unerfahrene Kinder Gottes. Ihnen gegenüber stehen die „Vollkommenen", d. h. die Erwachsenen im Glauben, Christen mit geistlicher Erfahrung. Sie sind in der Lage, auch andere Menschen zu Christus zu führen und Gläubige in ihrem Leben mit dem Herrn zu fördern. Sie zeichnen sich durch Stetigkeit im Glaubensleben und durch Festigkeit im biblisch begründeten Urteil aus[196]. Ihr Leben ist in

[196] J. A. Bengel, S. 637: „Die innere Stärke macht, daß einer mit Munterkeit, Geschicklichkeit, Nutzen, ohne affektiertes Wesen oder jenes verkehrte Kopieren anderer, eine Übung erlangt."

allen seinen Bereichen und Möglichkeiten beständiger Dienst für den lebendigen Gott (Da 6, 16. 20; Kol 3, 17).

Ist der Tadel des Apostels auch unüberhörbar, so enthält er doch auch zugleich den deutlichen Hinweis auf eine wunderbare Möglichkeit, die Gott seinen Kindern schenkt. Es gibt im rechten Sinne „Einübung im geistlichen Leben". Es gibt „gute Gewohnheiten", die im Leben der Kinder Gottes nicht fehlen sollten, durch die wir „geübte Sinne" bekommen, d. h. zu echter geistlicher Urteilsfähigkeit gelangen. Aus dem Zusammenhang des ganzen Briefes können wir die Frage beantworten, um welche „Gewohnheiten" es sich hierbei handeln wird. Der regelmäßige Umgang mit dem Worte Gottes (Hbr 6, 1—2), die Geduld des Glaubens, die wir bewußt auch in schwierigen Lebenslagen üben (Hbr 6, 12), der innige Umgang mit Gott im Gebet (Hbr 4, 16; 10, 19) und die Pflege der brüderlichen Gemeinschaft (Hbr 10, 24) lassen uns zu reifen Christen heranwachsen. Dann wird auch unser persönliches Zeugnis von Christus (Hbr 4, 14; 10, 23), die gegenseitige brüderliche Ermahnung (Hbr 3, 13; 10, 25) und unser praktischer Dienst am Nächsten (Hbr 6, 10) von Gott gesegnet sein.

B. Die Unmöglichkeit, die Buße zu erneuern

Hbr 6, 1—8

Zu Vers 1:
Hbr 5, 12
Kol 3, 14
Hbr 5, 14
1 Ko 3, 10
Mk 1, 15
Apg 17, 30. 31
Apg 20, 21
Eph 2, 1—2. 5
Hbr 9, 14
Jo 14, 1
Zu Vers 2:
Mt 9, 18
Mt 19, 13
Mk 5, 23
Mk 6, 5
Mk 7, 32
Mk 8, 23. 25
Mk 16, 18
Lk 4, 40
Lk 13, 13
Apg 6, 6
Apg 8, 17—19
Apg 9, 12. 17

1 **Deshalb wollen wir den Anfang der Christus-Verkündigung da-**
hintenlassen und uns der Vollkommenheit zuwenden, nicht wie-
der den Grund legen mit der Buße von toten Werken und dem
2 **Glauben an Gott, * mit der Lehre von den Taufen, von der Hand-**
auflegung, der Auferstehung der Toten und dem ewigen Gericht.
3/4 *** Und dies wollen wir tun, sofern Gott es zuläßt. * Denn es ist**
unmöglich, die, die einmal erleuchtet worden sind und die himm-
lische Gabe geschmeckt haben und des Heiligen Geistes teilhaftig
5 **geworden sind * und das gute Wort Gottes und die Kräfte der**
6 **zukünftigen Welt geschmeckt haben * und** (dann doch) **abgefallen**
sind, von neuem zur Buße zu bringen, da sie den Sohn Gottes für
7 **sich noch einmal kreuzigen und der Schande preisgeben. * Denn**
die Erde, die den oft auf sie herabfallenden Regen getrunken hat
und für diejenigen nützliches Kraut hervorbringt, um deretwillen
8 **sie auch bearbeitet wird, empfängt Segen von Gott. * Wenn sie**
aber Dornen und Disteln hervorbringt, ist sie unbrauchbar und
dem Fluch nahe, dessen Ende zur Verbrennung führt.

Eben noch hat der Apostel einen Tadel ausgesprochen: „Ihr seid träge geworden im Hören". — „Ihr müßt noch einmal von vorne anfangen!" Nun würden wir erwarten, daß eine nochmalige Unterweisung der Gläubigen in den Grundlagen des christlichen Glaubens einsetzen müßte. Aber wir sind überrascht. Der Apostel führt in ganz anderer Weise seine Gedanken fort, als wir es nach der uns gewohnten Art zu denken erwarten: **Deshalb wollen wir den Anfang der Christus-Verkündigung dahintenlassen und uns der Vollkommenheit zuwenden.** Der Anfang der Christus-Verkündigung, grie *ho täs archäes tu Christú lógos,* entspricht genau dem, was er in Hbr 5, 12 „die Anfangselemente des Wortes Gottes" genannt hatte. Er will das zum Stillstand gekommene geistliche Wachstum wieder beleben. Dazu erscheint ihm nun nicht die Anfangsverkündigung das geeignete zu sein, sondern vielmehr die Vertiefung in das Wesen und die Geheimnisse der Person Christi[197].

Ist das nicht ein Hinweis, den wir für unsere Praxis in Verkündigung und Seelsorge ernstnehmen müssen? Wie oft geschieht es, daß Gotteskinder in der Nachfolge zu Fall kommen, oder daß sie in ihrem Glaubensleben lau werden, daß ihr geistliches Wachstum nicht mehr weitergeht. Haben wir nicht alle Ähnliches irgendwann erlebt? Dann geht es nicht darum, daß wir immer und immer wieder von vorne anfangen und unser Leben lang am ABC des Glaubens herumbuchstabieren, um stets an der gleichen Stelle unseres Glaubensweges stehen zu bleiben. Wir sollen uns dann erst recht durch das Wort Gottes und den Heiligen Geist, vielleicht auch durch einen seelsorgerlichen Menschen, tiefer in das Verständnis der Person unseres Herrn Jesus Christus und seines Erlösungswerkes führen lassen, damit aus den neugewonnenen geistlichen Erkenntnissen auch neue Kräfte in unser Glaubensleben strömen.

„Wir wollen uns der Vollkommenheit zuwenden[198]!" Die Vollkommenheit ist für den Apostel der angestrebte Zustand eines geistlich reifen Christenlebens und zugleich eine Weise der Verkündigung, die dem Gläubigen hilft, das Wort Gottes immer tiefer zu erfassen und so in eine immer engere Gemeinschaft mit Christus hineinzuwachsen. In Hbr 5, 14 hat der Apostel nur kurz von der „festen Speise für die Vollkommenen" gesprochen. Auch an dieser Stelle sagt er uns nicht, was er darunter versteht. Wir dürfen aber aus dem Zusammenhang des Briefes schließen, daß der Apostel in seiner lehrhaften Unterweisung Hbr 7, 1 — 10, 18 den Gläubigen biblische Erkenntnis als „geistliche Gabe" (Rö 1, 11) vermittelt, die der ange-

Apg 13, 3
Apg 28, 8
1 Tim 4, 14
1 Tim 5, 22
2 Tim 1, 6
1 Ko 15, 23
Kol 1, 18
Mt 25, 31—46
1 Pt 4, 5

Zu Vers 3:
Rö 15, 18
1 Ko 4, 19
Jak 4, 15

Zu Vers 4:
Mk 10, 27
Jo 1, 9
2 Ko 4, 6
Hbr 10, 32
Jo 3, 16
Jo 4, 10
Jo 6, 32—33
Rö 5, 15
2 Ko 9, 15
Ps 34, 9

Zu Vers 5:
Jos 21, 45
Jos 23, 15
1 Pt 2, 3
Hbr 2, 5
Hbr 2, 4

Zu Vers 6:
Mt 12, 31
Mk 3, 29
Hbr 10, 26—29
2 Pt 2, 20—22
1 Jo 5, 16

Zu Vers 7:
1 Mo 1, 11—12
Jes 55, 10

Zu Vers 8:
1 Mo 3, 17—18
Mt 7, 16—17
Mt 13, 7

[197] K. F. Hartmann, S. 4: „Wie man bei den äußerst Kranken und Schwachen oft die allerstärksten Arzneien gebraucht, so beobachtet die Heilige Schrift auch diese Weise, daß sie die Verlegensten durch Vorhaltung der höchsten Wahrheiten und Verheißungen wieder aufrichtet."

[198] Vgl. Phil 3, 12—15.

strebten „Vollkommenheit" entspricht; diese reiche Christuserkenntnis ist „feste Speise" für Gläubige. Um so deutlicher sehen wir, was der Apostel zum „Anfang der Christus-Verkündigung", zu den Bausteinen evangelistisch-missionarischer Verkündigung rechnet.

1b–2 **Wir wollen nicht wieder den Grund legen mit der Buße von toten Werken und dem Glauben an Gott, mit der Lehre von den Taufen, von der Handauflegung, der Auferstehung der Toten und dem ewigen Gericht.** Buße und Glaube gehören zusammen. Das kennzeichnet die Verkündigung Jesu und seiner Apostel von Anfang an (vgl. Mk 1, 15 mit Lk 15, 11 ff). Mit den „toten Werken" sind nicht in erster Linie einzelne sündige Taten des unerlösten Menschen gemeint. Die Bibel sieht das ganze Sein des Menschen ohne Gott als „tot" an[199]. Darum geht es in der Buße auch nicht um das Bekenntnis einzelner falscher Handlungen vor Gott, sondern um die totale Übergabe des Lebens an den Herrn, nicht nur um eine „Sinnesänderung", sondern um die Wiederherstellung unserer Gottesbeziehung, eben darum, daß unsere ganze Existenz aus dem Todeszustand herauskommt. Das geschieht durch Glauben. Glaube an Gott ist im ntst Sinne nur möglich durch lebendigen Glauben an Jesus Christus (Jo 14, 1). Das bedeutet nicht ein gedankliches Erfassen und Fürwahrhalten der biblischen Aussagen, noch viel weniger nur das Nachsprechen eines christlichen Bekenntnisses. Glaube an Jesus Christus, das meint der Apostel hier mit „Glauben an Gott", ist Ausdruck für die unmittelbare, persönliche Lebensgemeinschaft eines Menschen mit Gott. Glauben heißt, Jesus Christus als persönlichen Herrn und Retter in sein Leben aufzunehmen (Jo 1, 12).

Für die ntst Zeit ist es selbstverständlich, daß Buße und Glauben den Anfang des Christseins bedeuten. Ebenso selbstverständlich gehört aber zur grundlegenden apostolischen Verkündigung auch die Unterweisung über die **„Lehre von den Taufen"**. Uns befremdet vielleicht, daß hier von „den Taufen" in der Mehrzahl gesprochen wird, obgleich doch die ntst Gemeinde nur e i n e T a u f e d e r G l ä u b i g e n kannte (Eph 4, 5). Dieser Ausdruck ist aber sicher vom Apostel mit Bedacht gewählt worden. Schon in vorchristlicher Zeit kannten die Mysterienreligionen einen Taufritus; auch die Juden vollzogen bei der Vollaufnahme eines nicht-israelitischen Jahwe-Gläubigen die Proselytentaufe, die ihren Ursprung in den levitischen Taufbädern des AT hatte (3 Mo 14, 8; vgl. 2 Kö 5, 14). Wenn auch in der äußeren Form Ähnlichkeiten bestehen, so grenzte die ntst

199 E. Thurneysen, Lehre von der Seelsorge, 1948, S. 202: „Nichts Gutes, nichts Edles, nichts Reines, das so gut, so edel, so rein wäre, daß es nicht doch mit allem Menschlichen noch unterhalb der unheimlichen Bruchlinie der Sünde läge. Die Gottlosigkeit des Menschen im Guten ist nicht weniger real als seine Gottlosigkeit im Bösen."

Gemeinde die Taufe der Gläubigen doch klar von der hellenistischen Mysterientaufe und der Proselytentaufe der Synagoge ab.

Im NT selbst finden wir unterschiedliche Taufaussagen, die offenbar ihren Grund in der Verkündigung der Apostel haben. So werden die Johannestaufe[200], die Taufe Jesu[201], die Taufpraxis des Herrn und seiner Jünger[202], die Leidens- und Todestaufe Christi[203], die Feuertaufe des Gerichtes[204] und die Taufe der Gläubigen mit dem Heiligen Geist[205] deutlich von der nach Pfingsten geübten Taufe der Gläubigen[206] unterschieden. Offensichtlich gehörte in gewissem Umfang eine klare biblische Taufunterweisung in die „Anfangsverkündigung" hinein. Nur so können wir uns auch erklären, daß die Gläubiggewordenen gleich am Anfang ihres Glaubensweges die Taufe für sich begehrten (Apg 8, 36).

Es fällt uns auf, daß neben die Taufunterweisung eine Belehrung über die **Handauflegung** tritt. Ohne Zweifel wurde in urchristlicher Zeit bei der Taufe auch die Handauflegung geübt (Apg 19, 5—6), so daß beide in einen engen geistlichen Zusammenhang rücken. Umgekehrt wird aber aus der Heiligen Schrift deutlich, daß die Handauflegung in vielfältiger Bedeutung bekannt war. So diente sie der Segnung und wurde zur Stärkung und Heilung der Kranken ebenso geübt wie bei der Mitteilung von Geistesgaben. Die biblische Unterweisung darüber gehörte nach apostolischem Verständnis zur klaren Ausrichtung des geistlichen Lebens eines jungen Christen[207].

[200] Mt 3, 6—7; Mk 1, 4—5; Lk 3, 3. 7. 12; 7, 29—30; Jo 1, 25—26. 28; 10, 40; Apg 1, 5; 10, 37; 19, 3.

[201] Mt 3, 13—14. 16; Mk 1, 9; Lk 3, 21.

[202] Jo 3, 22. 26; 4, 1—2.

[203] Mk 10, 38 f; Lk 12, 50.

[204] Mt 3, 11—12.

[205] Mt 3, 11; Mk 1, 8; Lk 3, 16; Jo 1, 31—33; Apg 1, 5; 11, 16; 1 Ko 12, 13.

[206] Rö 6, 3—4; 1 Pt 3, 20—21 und die Taufstellen in Apg.

[207] Die Heilige Schrift berichtet von einer Vielzahl von Gelegenheiten, bei denen die Handauflegung geübt wurde:

1. Das AT kennt die Handauflegung bei der Opferhandlung; sie erfolgte im Zusammenhang mit der Weihe der Priester (2 Mo 29, 10. 15. 19 par. 3 Mo 8, 14. 18. 22) und der Weihe der Leviten (4 Mo 8, 12), ebenso beim Brandopfer (3 Mo 1, 4), beim Dankopfer (3 Mo 3, 2. 8. 13) und beim Sündopfer (3 Mo 4, 4. 15. 24. 29. 33). Am großen Versöhnungsfest mußte der Hohepriester beim Sündenbekenntnis dem „Sündenbock" beide Hände aufs Haupt legen (3 Mo 16, 21).
2. Eine einzige Stelle des AT spricht von der Handauflegung vor der Bestrafung eines Gotteslästerers (3 Mo 24, 14).
3. Die Handauflegung zur Erteilung des Segens ist im AT und NT bekannt: Jakob segnet Ephraim und Manasse (1 Mo 48, 14); Jesus segnet die Kinder (Mk 10, 16) par. Lk 24, 50.
4. Die Berichte von der Handauflegung bei der Einsetzung zum Dienst sind ebenfalls AT und NT gemeinsam: bei der Weihe der Leviten zum stellvertretenden

In der Verkündigung, die zu Buße und Glauben ruft, wird der Blick des Christen nicht zuerst auf sich selbst oder auf die menschliche Sünde gerichtet, sondern auf das Kreuz, die Tat Gottes auf Golgatha. Buße und Glauben vollziehen sich im Menschen, wenn der Heilige Geist das Wort vom Kreuz lebendig macht. Aber biblische Verkündigung ist nicht nur am Handeln Gottes in der Vergangenheit ausgerichtet, sondern richtet den Blick des Hörers auch in die Zukunft, auf die beiden großen Ereignisse, denen die gesamte Menschheit entgegengeht: **Auferstehung und Gericht.** Christus ist in seinem Tod und seiner Auferstehung der Anfänger einer neuen Menschheit geworden. Zugleich hat Gott in der Auferstehung Jesu den Grund zur Auferstehung aller Menschen gelegt (1 Ko 15, 22). Schließlich hat Christus durch dieses wunderbare Ereignis die Bestätigung göttlicher Vollmacht zum Gericht empfangen (Apg 17, 30–31). So bleibt er unwandelbar der Mittelpunkt aller Heilsgeschichte und der christlichen Verkündigung von Erlösung und Vollendung. „Achten wir auf die Reihenfolge, wie sie uns der Apostel hier aufzählt. Zuerst Buße und Glauben, dann Taufe und Handauflegung, und endlich das Ergreifen der Stücke der Hoffnung der Zukunft. Leider bleiben viele bei den ersten beiden Stücken stehen, ohne zu den andern fortzuschreiten. Aber man soll auch die Dinge nicht umkehren in ihrer Reihenfolge. Keine dieser Wahrheiten darf übersehen und gering geachtet werden, keine aber auch auf Kosten einer andern hervorgehoben werden. Sie alle gehören zu den Grundlagen, den Fundamenten, den Anfängen christlichen Lebens, und keine von ihnen kann ohne Schaden für das innere Leben vernachlässigt werden[208]."

Dienst für Israel (4 Mo 8, 10), bei der Berufung Josuas zum Nachfolger Moses (4 Mo 27, 18–33; 5 Mo 34, 9), bei der Einsetzung der 7 Armenpfleger zur diakonischen Mitarbeit (Apg 6, 6) und bei der Aussendung von Saulus und Barnabas zum Missionsdienst (Apg 13, 3); ähnlich 1 Tim 5, 22a.

5. Speziell in der Apg finden sich die Hinweise auf die Handauflegung zur Mitteilung des Heiligen Geistes (Apg 8, 17; 19, 6), und
6. nur die Pastoralbriefe sprechen von der Handauflegung zur Mitteilung besonderer geistlicher Gaben (1 Tim 4, 14; 2 Tim 1, 6).
7. Während uns im AT nur ein indirekter Hinweis (2 Kö 5, 11) auf die Handauflegung zur Krankenheilung gegeben wird, wird sie uns vielfach aus der Tätigkeit Jesu berichtet – Mk 5, 23 par. (Tochter des Jairus), Mk 6, 5 (Jesus in Nazareth), Mk 7, 32 (ein Taubstummer), Mk 8, 23. 25 (der Blinde zu Bethsaida), Lk 4, 40 (Jesus in Kapernaum), Lk 13,13 (die Frau, die 18 Jahre krank war) – und ist den Jüngern als fester Bestandteil ihres Dienstauftrages geboten (Mk 16, 18 in Verbindung mit Jak 5, 14–16), vgl. Apg 28, 8.

Zusammenfassend können wir sagen, daß die Bibel die Handauflegung zur Schuldübertragung, Segensvermittlung, Dienstweihe, Mitteilung der Kräfte und Gaben des Heiligen Geistes und zur Krankenheilung kennt.

[208] L. Bender, S. 110 f.

Was der Apostel mit wenigen Worten den Gläubigen in Erinnerung bringt, möchte er ihnen gerne noch einmal ausführlich mitteilen. Aber er weiß sich in seinem Dienst für die Gemeinde vom Herrn abhängig: Gott muß zum Lehren die Leitung des Heiligen Geistes geben. Er muß die Möglichkeit zu einer erneuten Unterweisung in den Glaubensgrundlagen schenken — und Gott allein kann den Empfängern des Briefes dafür die Herzen öffnen. 3

Nun aber bricht sich wieder die Sorge des Apostels um die Gemeinde Bahn. Es ist offensichtlich im geistlichen Leben der Gläubigen zu einem Stillstand der inneren Entwicklung gekommen. Er weiß, daß Trägheit im Glaubensleben dazu führen kann, daß ein Christ endgültig alles das wieder verliert, was ihm durch Christus geschenkt wurde. Zwar zeigt uns Hbr 6, 9, daß das innere Leben der Gemeinde noch nicht erloschen ist. Aber hier wird eine unüberhörbare Warnung ausgesprochen: Achtet darauf, daß eure Stumpfheit nicht zum Abfall führt!

Der Apostel beschreibt in den folgenden Sätzen geistliche Erfahrungen, die den Empfängern seines Briefes vertraut sind, Erfahrungen, die das Leben des einzelnen wie der Gemeinde mit Christus kennzeichnen.

Er spricht von Menschen, die **einmal erleuchtet wurden.** Hier handelt es sich um ein Glaubensereignis, das Einmaligkeitscharakter trägt. In Hbr 10, 32 heißt es: „Erinnert euch aber der früheren Tage, in denen ihr, nachdem ihr erleuchtet worden waret, viel Kampf der Leiden erduldet habt." Auch die Wendung „. . . nachdem wir die Erkenntnis der Wahrheit erlangt haben . . ." (Hbr 10, 26) weist uns auf ein grundlegendes Geschehen im menschlichen Leben hin. Vergleichen wir damit das Wort des Apostels Paulus 2 Ko 4, 6, das den gleichen Vorgang umschreibt[209], so werden wir darauf geführt, daß mit der einmaligen Erleuchtung[210] die Grundlegung des Glaubens, der Empfang des Heiligen Geistes in Bekehrung und Wiedergeburt gemeint sein wird. Darauf deuten auch die folgenden Worte. 4

Ein weiteres Kennzeichen der Menschen, die der Apostel ins Auge faßt, ist die Tatsache, daß sie die **himmlische Gabe geschmeckt** haben. Hier geht es um nichts anderes als die persönliche Glaubenserfahrung, in der ein Mensch Jesus Christus als seinen Heiland erlebt. Jesus Christus ist Gottes unermeßliche Gabe vom Himmel her.

[209] 2 Ko 4, 6 „Denn Gott, der gesagt hat: Aus der Finsternis soll Licht aufstrahlen! er ist es, der es in unseren Herzen hat aufstrahlen lassen, so daß wir erleuchtet wurden durch die Erkenntnis von der Herrlichkeit Gottes auf dem Angesicht Christi." ZÜ

[210] Das grie Wort *hápax* „einmal" steht auch Hbr 9, 7. 26. 27. 28; 10, 2; 12, 26. Der Einmaligkeit des Erlösungstodes Jesu entspricht der Einmaligkeitscharakter der Erleuchtung.

So hat es Jesus von sich selber gesagt (Jo 3, 16; 4, 10; 6, 32 f), so haben es auch die Apostel bezeugt (Rö 5, 15; 2 Ko 9, 15). Wenn der Apostel für diese Erfahrung den Ausdruck „schmecken"[211] wählt, dann nur, um dadurch hervorzuheben, daß es sich im Glauben um eine konkrete Erlebniswirklichkeit handelt, die nicht nur die Vernunft und den Willen, sondern auch das Empfindungsleben des Menschen anspricht.

5 **Sie sind des Heiligen Geistes teilhaftig geworden und haben das gute Wort Gottes geschmeckt.** Das ist wieder eine andere Weise, den Empfang des neuen Lebens durch Christus zu beschreiben[212]. Wie das Wort Gottes und der Heilige Geist untrennbar miteinander verbunden sind (vgl. Jo 6, 63), so gehören auch Christus und der Heilige Geist zusammen, weil sie ihren gemeinsamen Ursprung in der himmlischen Welt haben. Die Teilhaber am Christus (Hbr 3, 14) sind immer zugleich auch Teilhaber des Heiligen Geistes. Durch den Heiligen Geist ist den Gläubigen das ganze, unteilbare, vollkommene Heil in Christus geschenkt.

Das „gütige Wort Gottes" (LÜ)[213] sind die Verheißungen, deren Erfüllung die Gläubigen im irdischen Leben bereits erfahren haben. Hinter diesem Satz stehen bestimmte Erlebnisinhalte des Glaubens, die als persönliche Erfahrung in das Bewußtsein der Gläubigen getreten sind: Vergebung der Sünden, Frieden des Herzens und Gewissens, Glaubensfreudigkeit, geistliche Kraft zu einem neuen Leben, Erfahrungen der Hilfe Gottes im Alltag, frohe Zuversicht im Blick auf die Zukunft.

In diesen inneren Erfahrungen zeigen sich für den Christen bereits die **Kräfte der zukünftigen Welt.** Schon in der Vergangenheit hat Gott seinen Knechten in ungewöhnlichen Situationen auf außerordentliche Weise geholfen und seine Macht bewiesen (Hbr 11, 33–34). So wirkt auch Gott heute bei der Verkündigung des Evangeliums immer wieder in besonderer Weise mit durch „Zeichen, Krafttaten und Geistmitteilungen" (Hbr 2, 4), die als göttliche Kraft aus der Ewigkeit offenbar werden. Letztlich sind aber auch gerade der Empfang des Heiligen Geistes und seine Wirksamkeit in unserem Glaubensleben Anzeichen der Herrlichkeit Gottes, die in zukünftiger Zeit uns einmal in Vollkommenheit zuteil werden soll (Eph 1, 13 f).

[211] Vgl. Ps 34, 9, ebenso Spr 31, 18 „. . . sie erfährt, daß ihr Gewerbe gedeiht." Im NT steht grie *geúomai* für „erfahren" Mt 16, 28; Mk 9, 1; Lk 9, 27; Jo 8, 52; Hbr 2, 9.

[212] J. A. Bengel, S. 639: „Wir haben hier eine vollständige Beschreibung des Christentums, in welches einer eintritt, wenn er durch den Glauben das Evangelium annimmt und sich taufen läßt."

[213] Der grie Ausdruck *kalón rhάema*, das „gute Wort" hat seinen Ursprung im AT Jos 21, 45; 23, 15.

In den Worten des apostolischen Schreibers wird spürbar, daß die Christen von der zukünftigen Welt nicht nur als Hoffende reden oder gar als Phantasten von ihr träumen, wie man ihnen immer wieder vorgeworfen hat. Als Glaubende „schmecken" sie vielmehr ihre Kräfte schon hier und jetzt. Durch die Bezeichnung des Heiligen Geistes im NT als „Erstlingsgarbe", als „Angeld" oder „Pfand unseres Erbes" wird deutlich, daß er uns die zukünftige Welt ein Stück weit bereits hier in voller Wirklichkeit schenkt. Die „erste Garbe" ist tatsächlich schon ein Teil der kommenden Ernte. Zwar ist unsere irdische Leiblichkeit als „irdenes Gefäß" (2 Ko 4, 7) dieser göttlichen Gabe in keiner Weise angemessen, und wir werden in der Herrlichkeit Gottes einen neuen Leib empfangen, der dem Wesen des Heiligen Geistes völlig entsprechen wird. Der Heilige Geist aber, der uns dann vollkommen erfüllen wird, wird kein anderer sein als der, der heute schon in den Gläubigen wohnt.

Der ganzen Größe der geistlichen Erfahrungen, die wir als Gottes- 6
kinder machen dürfen, und die der Apostel in wenigen Worten umrissen hat, entspricht auch der tiefe Ernst der apostolischen Warnung: Es ist **unmöglich,** Menschen mit solchem Reichtum der Gotteserfahrung, **die dann doch abgefallen sind, von neuem zur Buße zu bringen[214], da sie den Sohn Gottes für sich noch einmal kreuzigen und der Schande preisgeben.** Hier wird mit letzter Schärfe ausgesprochen, daß die Gefahr des Abfallens als Möglichkeit den Weg des Glaubenden begleitet. Mit dem Abfall ist sicherlich „nicht jede beliebige schwere Sünde[215]" gemeint, sondern ein völliger Bruch mit der Nachfolge Jesu, die Preisgabe der erfahrenen göttlichen Wahrheit. Ein Mensch, der die Brücken zu Christus radikal abgebrochen hat, kann nie mehr zu ihm zurück[216]. Damit rückt das Wort des Apostels in die Nähe des Wortes Jesu Mk 3, 29: „Wer wider den Heiligen Geist lästert, hat in Ewigkeit keine Vergebung!"

Der Apostel will mit seiner Warnung nicht ängstliche, zaghafte Seelen beunruhigen, sondern er will schlafende Christen aufstören, die in ihrer geistlichen Entwicklung steckengeblieben sind. Er weiß um die drohende Gefahr, daß Lauheit und Trägheit im Glaubensleben an die lebensgefährliche Grenze des Abfalls führen können. Nur Gott allein wird mit letzter Klarheit ein Urteil darüber sprechen können, ob und wann ein Mensch diese Grenze überschritten hat. Und doch nennt der Apostel auch ein untrügliches Kennzeichen dafür. Es wird für die Gemeinde unmöglich sein, einen solchen Men-

[214] Die grie Worte *parapiptein „abfallen"* und *anakainizein* „erneuern" stehen nur hier im NT; sie haben besonderes theologisches Gewicht.

[215] O. Michel, S. 149.

[216] Ebenso E. Riggenbach, S. 157.

schen zur Umkehr und geistlichen Erneuerung zu bringen. Alles Mühen um ihn wird umsonst sein. Nicht Gleichgültigkeit oder mangelndes Verständnis für das Wort der Vergebung werden dabei im Wege stehen, sondern dieser Mensch „kreuzigt aufs neue für sich den Sohn Gottes und gibt ihn der Schande preis". Er tritt in den unmittelbaren Aufruhr und Kampf gegen Christus, indem er „den Sohn Gottes mit Füßen tritt und das Blut des Bundes, durch das er geheiligt worden ist, für unrein achtet und gegen den Geist der Gnade frevelt" (Hbr 10, 29)[217]. Eben weil ein solcher Mensch das Geheimnis des Glaubens kannte, wird sich jetzt sein Widerstand um so erbitterter gegen Christus und seine Gemeinde richten[218].

7 Noch einmal wird deutlich, daß der Apostel mit seinen warnenden Worten den Lesern vor allem ihre Verantwortung vor Gott in Erinnerung rufen wollte. Die Gemeinde wird einmal Rechenschaft ablegen müssen, was sie mit dem ihr von Gott anvertrauten Auftrag gemacht hat, wie sie mit dem vom Herrn geschenkten Segen umgegangen ist (Mt 25, 19). Dazu gebraucht er ein Gleichnis aus der Natur, das schon aus dem AT bekannt ist. Das Land, das Frucht her-

[217] O. Michel, S. 150: „Das Kreuz Jesu wird zu einem gegenwärtigen Geschehnis, an dem nicht nur die Gegner Jesu, sondern auch die versagenden Glieder der Gemeinde schuldig sind. Mit dem Abfall setzt ein Zustand ein, der den Christus der Welt preisgibt und bekämpft. Es genügt also nicht, davon zu sprechen, daß der abfallende Christ der Kraft des Kreuzes beraubt wird, er tritt vielmehr unmittelbar in den Kampf gegen Christus ein."

[218] Ohne damit ein Urteil fällen zu wollen, verweisen wir hier auf die Biographie Friedrich Engels. Er stammte aus einer gläubigen Familie und ist in einer pietistischen Umwelt aufgewachsen. In einem Gedicht, das möglicherweise aus dem Jahre 1837 stammt, bekennt er:

Herr Jesu Christe, Gottes Sohn,
o steig herab von Deinem Thron
und rette meine Seele!
O komm mit Deiner Seligkeit,
Du Glanz der Vaterherrlichkeit,
gib, daß ich Dich nur wähle!
Lieblich, herrlich, ohne Leide ist die Freude, wenn dort oben
wir Dich, unsern Heiland, loben!
O wär sie da, die Zeit der Lust,
wo ich an Deiner Liebesbrust
vom Tode soll erwarmen!
Dann seh' ich, Gott, ich dank es Dir,
die all', die waren teuer mir,
kann ewig sie umarmen!
Ewig, ewig, ewig lebend, vor Dir stehend, Dich zu sehen,
wird mein Leben neu erblühen.

(Zitiert bei Auguste Cornu, Karl Marx und Friedrich Engels, Berlin 1954, S. 109 Anm. 149.)
Friedrich Engels hat sich später völlig von Christus abgewandt und ist zusammen mit Karl Marx zum philosophischen Vorkämpfer des atheistischen Kommunismus geworden.

vorbringt, wird von Gott gesegnet (5 Mo 11, 11—12), das unfruchtbare Land verworfen. **Wenn die Erde aber Dornen und Disteln her- 8
vorbringt, ist sie unbrauchbar**[219] **und dem Fluch nahe, dessen Ende zur Verbrennung führt.** Nicht nur Dornen und Disteln verbrennen, sondern Gott zieht das Land zur Verantwortung. Diese Mahnung an das Gericht Gottes führt über den Gedanken von 1 Ko 3, 12—15 hinaus[220]. Nicht allein die Gedanken, Worte und Taten des Christen, vielmehr unser ganzes Leben, wir selber werden vor Gottes Richterthron offenbar und gerichtet. Wir werden unmittelbar an das Wort Jesu aus den Abschiedsreden erinnert: „Jede Rebe an mir, die nicht Frucht trägt, nimmt er weg. — Wenn jemand nicht in mir bleibt, wird er weggeworfen wie die Rebe und verdorrt, und man sammelt sie und wirft sie ins Feuer, und sie verbrennen" (Jo 15, 2. 6)[221]. In all diesen ernsten Hinweisen auf das Gericht Gottes geht es nicht darum, eine Grenze für Gottes Vergebung aufzurichten. Der Apostel will im Hbr auch nicht gefallene Christen aus der Gemeinde ausschließen. Aber er will die Gemeinde noch einmal auf den ganzen Ernst der Nachfolge hinweisen — und das gerade angesichts kommender Schwierigkeiten, Not und Bedrängnis. Seine Worte wollen Warnlichter sein, die uns vor dem Sturz in den Abgrund bewahren sollen. Es bedarf eben doch des Einsatzes unserer ganzen Existenz als Christen, um mit dem uns „anvertrauten Gut" (2 Tim 1, 14) recht umzugehen, nicht selbstzufrieden und träge zu werden, sondern in der Nachfolge treu zu bleiben, bis wir das Ziel unseres Glaubensweges erreicht haben[222].

C. Ermunterung zum Festhalten an den Verheißungen Gottes

Hbr 6, 9—20

9 **Wir sind im Blick auf euch, Geliebte, eines Besseren gewiß und zwar dessen, daß ihr dem Heil nahe seid, wenn wir auch so reden.**
10 *** Denn Gott ist nicht ungerecht, daß er eure Arbeit und Liebe vergäße, die ihr für seinen Namen bewiesen habt, indem ihr den**

Zu Vers 9: Phil 1, 6
Zu Vers 10: Rö 15, 25

[219] Das grie Wort *adókimos,* das hier steht, kann mit „unbewährt, unbrauchbar, unfruchtbar, verworfen" übersetzt werden.

[220] Vgl. S. 55, Anm. 84. Der Abgefallene gilt als unrettbar verloren und kommt im Weltgericht (Offb 20) um. Die Aussagen von 1 Ko 3 treffen auf ihn nicht mehr zu.

[221] Vgl. Mt 22, 7.

[222] J. Schneider, S. 34: „Der Hebräerbrief vertritt mit großem Nachdruck den Satz, daß es keinen Heilsbesitz gibt, der ein für allemal gesichert wäre. Gott kann die Zusage, die Er dem Menschen gegeben hat, widerrufen, wenn der Mensch sich der Verpflichtung entzieht, der Heilsgabe Gottes entsprechend zu wandeln. Gott verlangt von uns beständigen Glauben und treuen Gehorsam."

2 Ko 8, 4; 9, 1
Gal 6, 6
Hbr 10, 32—34
13, 16
1 Jo 3, 17—18
Offb 2, 19
Zu Vers 11:
Hbr 3, 6. 14
Zu Vers 12:
Hbr 5, 11
1 Ko 4, 16; 11, 1
Phil 3, 17
1 Th 1, 6; 2, 14
2 Th 3, 7. 9
Hbr 13, 7
11, 9
Zu Vers 13:
1 Mo 22, 16—18
Lk 1, 73
Rö 4, 17—21
Zu Vers 15:
Hbr 10, 36
Zu Vers 16:
2 Mo 22, 10—11
Zu Vers 17:
Rö 11, 29; 15, 8
Zu Vers 18:
Jo 8, 17
Offb 11, 3
4 Mo 23, 19
1 Sam 15, 29
Tit 1, 2
Rö 5, 5
Kol 1, 5
1 Pt 1, 3—4
Zu Vers 19:
3 Mo 16, 2. 12
Mt 27, 51
Mk 15, 38
Lk 23, 45
Hbr 9, 3
10, 19—20
Zu Vers 20:
Jo 14, 2—3
Hbr 4, 14
Ps 110, 4
Hbr 5, 6. 10

11 Heiligen dientet und noch dient. * Wir wünschen aber, daß jeder
von euch den gleichen Eifer beweise, um die volle Gewißheit
12 der Hoffnung bis ans Ende festzuhalten, * damit ihr nicht stumpf
werdet, sondern Nachahmer derer, die durch Glauben und Ge-
13 duld die Verheißungen erben. * Denn als Gott dem Abraham die
Verheißung gab — da er niemand Größeres hatte, um zu schwö-
14 ren, schwur er bei sich selbst * und sprach: „Ich will dich gewiß
über die Maßen segnen und dich überaus zahlreich machen."
15 * Und so erlangte er durch geduldiges Ausharren die Verheißung.
16 * Denn Menschen schwören bei dem Größeren, und der Eid dient
17 ihnen zur Bekräftigung als Ende allen Widerspruchs. * Da Gott
ja besonders nachdrücklich den Erben der Verheißung die Unver-
brüchlichkeit seines Ratschlusses beweisen wollte, verbürgte er
18 sich mit einem Eid, * damit wir durch zwei unwandelbare Tat-
sachen, bei denen es unmöglich ist, daß Gott lügt, einen starken
Trost haben, die wir unsere Zuflucht dazu genommen haben, an
19 der vor uns liegenden Hoffnung festzuhalten. * Wir besitzen sie
als sicheren und festen Anker der Seele, der auch in das Innere
20 hinter den Vorhang hineinreicht, * wohin Jesus als Vorläufer für
uns hineingegangen ist, der nach der Ordnung Melchisedeks
Hoherpriester in Ewigkeit geworden ist.

Hatte der Apostel eben noch vom Gericht Gottes und der Verantwortung des Christen gesprochen, so leitet er nun mit einem trostvollen, ermunternden Wort zu einem neuen Gedanken über: **Wir sind im Blick auf euch, Geliebte, eines Besseren gewiß, und zwar dessen, daß ihr dem Heil nahe seid.** Der Abfall vom Glauben, auf den der Apostel mahnend hinwies, ist also noch n i c h t eingetreten; das wird hier deutlich herausgestellt. Ebenso wie Hbr 10, 26—39 schließt sich an die Warnung vor dem Abfall eine Ermunterung und Bestätigung für den Glauben der Empfänger an. Der Apostel bleibt in seinen Gedanken und Worten nicht bei dem geistlichen Zustand der Hebräerchristen stehen, auch nicht bei der Möglichkeit des Abfalls, er lenkt die Aufmerksamkeit der Gemeinde auf die Verheißungen Gottes, die über dem Weg des Glaubenden stehen. Nicht unser menschliches Versagen oder gefahrvolle Möglichkeiten, sondern die Treue Gottes ist das Letzte, auf das wir unseren Blick richten sollen. Sehr fein hat Luther hierzu bemerkt: „Nicht so soll man ja die Sünder schelten, daß man nur Wunden schlägt und zur Verzweiflung treibt, sondern soll sie auch wieder pfleglich behandeln, auf daß sie wiederum aufleben — zum Gehorsam[223]."

[223] M. Luther, S. 98.

Denn Gott ist nicht ungerecht, daß er eure Arbeit und Liebe ver- 10
gäße, die ihr für seinen Namen bewiesen habt. In diesen Worten begegnet uns apostolische Seelsorge. Selbst im Leben einer Gemeinde, deren geistliches Leben versandet zu sein scheint, erkennt der Blick der Liebe (vgl. V. 9 „Geliebte") noch etwas Gutes, woran er anzuknüpfen vermag. Der Apostel weiß, daß Gott nicht vergißt, was an echter Frucht des Heiligen Geistes gewachsen ist. „Liebe" und „Arbeit" lassen sich nicht voneinander trennen. Die Liebe erschöpft sich nicht in einer Gemütsbewegung, sondern drängt zur helfenden Tat. Die Liebe zu Jesus[224] will b e w i e s e n werden im **„Dienst an den Heiligen"** — das ist Ausdruck lebendigen Glaubens (Gal 5, 6; 1 Th 1, 3). Der Apostel Johannes fragt (1 Jo 3, 17): „Wer aber die Güter der Welt hat und sieht seinen Bruder Mangel leiden und verschließt sein Herz vor ihm, wie kann die Liebe Gottes in ihm bleiben?" Gerade darin soll das Leben Christi in seinen Jüngern und Jüngerinnen vor der Welt sichtbar werden, daß eine ständige Bereitschaft zum Dienst am Nächsten ihr Leben auszeichnet. Zum Wesen Jesu gehörte es zu dienen (Mk 10, 45), und sein Wesen will der Herr immer neu in den Gläubigen ausprägen[225]. Die vorbildliche Dienstwilligkeit, die uns im NT gezeigt wird, bedeutet eine ernste Gewissensfrage an unsere Generation der Christenheit, aus deren Wortschatz das „Dienen" beinahe verschwunden ist. Allein im Dienst am leidenden Menschenbruder kann sich unser Bekenntnis zu Gott bewähren.

Jetzt erst erkennen wir, was der tiefere Beweggrund für den Apo- 11
stel war, den Gläubigen ein tadelndes und warnendes Wort zu schreiben, wenn doch der „glimmende Docht" ihres Glaubenslebens noch nicht erloschen war: **Wir wünschen aber, daß jeder von euch den gleichen Eifer beweise, um die volle Gewißheit der Hoffnung bis ans Ende festzuhalten.** Es ist der brennende Wunsch des Apostels, daß die Gläubigen im geistlichen Leben standhaft bleiben möchten. Jedes Glied der Gemeinde soll in gleicher Weise seine ganze Kraft einsetzen, das Ziel des Glaubens zu erreichen. Wie kann das geschehen? Zunächst einmal dadurch, daß wir die Fülle des Reichtums der Hoffnung unbeirrbar festhalten. Das grie Wort *plärophoría,* das der Apostel gebraucht, ist doppeldeutig; es kann sowohl mit „volle Gewißheit" als auch mit „Fülle des Reichtums" übersetzt werden. Beides wird uns im neuen Bund geschenkt. In der biblischen Hoffnung

[224] „. . . für seinen Namen" weist uns an die Person Jesu. Die Liebe, die wir Ihm zuwenden, verwirklicht sich in angemessener Weise nur im Dienst am Nächsten (Mt 25, 35—40)!

[225] Vgl. Gal 6, 10; Phlm 5—6; 3 Jo 5—6. Vom „Dienst an den Heiligen" im Sinn der materiellen bzw. finanziellen Unterstützung sprechen Rö 15, 25; 2 Ko 8, 4; 9, 1; ähnlich Gal 6, 6; Hbr 13, 16.

für die Gemeinde, für Israel und für die Welt leben wir als Christen nicht in einem unsicheren Meinen, sondern in der vom Heiligen Geist gewirkten Gewißheit, daß Gott alle seine Zusagen einlösen wird. Aber diese Gewißheit soll nicht nur am Anfang des Glaubenslebens einmal blitzartig aufleuchten, sondern wir sollen sie festhalten, sie soll unseren Weg als Kinder Gottes begleiten bis zum Ziel[226]. Hier spricht der Apostel von der „vollen Gewißheit der Hoffnung", in Hbr 10, 22 von der „vollen Gewißheit des Glaubens". Beides läßt sich nicht voneinander trennen. Das zeigt uns auch der folgende Vers.

12 Immer und immer wieder tritt im NT die Bedeutung der Hoffnung für das Glaubensleben in den Vordergrund. Sie ist das Ziel, auf das der Glaube gerichtet ist, und zugleich die bewegende Kraft für ein Leben in der Heiligung. Den ganzen Reichtum ntst Hoffnung gegen alle Zweifel festzuhalten, ist eine Gewähr dafür, daß wir im Glauben **nicht stumpf werden.** Wie schon Hbr 5, 11–14 werden uns zwei Möglichkeiten der inneren Entwicklung gezeigt: „stumpf werden" oder „Erbe der Verheißung" sein. Auch ein Christ, der einen guten Anfang im Glauben gemacht hat, kann in der Nachfolge Jesu stekkenbleiben (vgl. Gal 5, 7). Aber dagegen hält der Apostel den Gläubigen das leuchtende Vorbild vor Augen: **Werdet Nachahmer derer, die durch Glauben und Geduld die Verheißungen erben.** In Vers 10 hatte er von der Liebe gesprochen, in Vers 11 von der Hoffnung, jetzt zeigt er der Gemeinde die Herrlichkeit des Glaubens. Glaube – Liebe – Hoffnung, das sind die Grundpfeiler, auf denen das Leben der Gemeinde Jesu ruht, die sie nie entbehren kann (1 Ko 13, 13)[227]. Alle drei geistlichen Lebensäußerungen bedürfen einander zur gegenseitigen Ergänzung: Ein Glaube ohne Liebe ist kalter, toter Vernunftglaube; Liebe ohne Glauben entspringt menschlichem Idealismus; eine Hoffnung, die nicht in der Glaubensgemeinschaft mit Christus verwurzelt ist und in die Tat helfender Liebe mündet, ist eigensüchtige Spekulation und Schwärmerei.

Der Glaube, von dem der Apostel spricht, hat seine Geschichte. Generation um Generation hat sich Gott in atst Zeit Menschen herausgerufen, die sich beharrlich an Gottes Versprechen geklammert und als „Erben" das Verheißungsgut empfangen haben. So stehen die einzelnen Glieder der Gemeinde also auch in diesem Sinn nicht

[226] Der grie Ausdruck *áchri télus* „bis ans Ende" (auch Hbr 3, 6. 14) hebt hervor, daß der Glaube nicht etwas Statisches, sondern etwas Dynamisches ist; der Glaubende ist unterwegs auf einem „Weg" (Apg 9, 2; 18, 25; 24, 14) hin zu einem „Ziel" (Phil 3,12–14).

[227] Die Verbundenheit von Glaube, Liebe und Hoffnung als Grundlage allen geistlichen Lebens der Gemeinde begegnet uns auch Eph 1, 15–18; Kol 1, 4–5; 1 Th 1, 3; Hbr 10, 22–24.

einsam da, sondern sie ordnen sich als „Nachahmer" in die Reihe der Väter ein (vgl. Hbr 11). Die Treue Gottes, die den Weg der Väter
begleitet hat, überstrahlt auch den Weg der Gemeinde Jesu. Diese 13
unverbrüchliche Treue Gottes in der Geschichte eines Menschen wird am Leben Abrahams nachgewiesen. Gott macht aus dem Leben eines schwachen Menschen, der durch Zweifel, Not und Sünde hindurchgeht, das Vorbild des Glaubens für alle kommenden Generationen, er bestimmt ihn selbst zum „Vater der Gläubigen" (Rö 4, 16). Ausgangspunkt des Glaubens ist allein Gottes Wort, seine Verheißung, die er Abraham gegenüber durch einen Eidschwur bekräftigt[228]. An der Zusage Gottes, die das menschlich Unausdenkliche und Un-
mögliche verspricht, soll sich der Glaube Abrahams entzünden. „Ich 14
will dich über alle Maßen segnen und dich überaus zahlreich machen." Abraham muß es lernen, „gegen alle Hoffnung auf Hoffnung hin zu glauben" (Rö 4, 18). So liegt im lebendigen Glauben immer beides ineinander: Gottes Treue und die Geduld des Glaubenden. Gerade die Beharrlichkeit ist ein wesentliches Merkmal des Glau-
bens; der Glaube kann warten. **So erlangte er durch geduldiges Aus- 15**
harren die Verheißung. Abraham ist für den Apostel das Vorbild, dem die Gläubigen nacheifern sollen. Dieses geduldige Ausharren und Wartenkönnen auf die Stunde Gottes, in der er sein Versprechen einlöst, wird vom Apostel besonders hervorgehoben, sicher auch im Blick auf die innere Bedrängnis der Hebräerchristen (Hbr 10, 36)[229]. Abraham erlangte die Verheißung; aber bei ihm blieb alles irdische Empfangen nur Angeld und Anfang, Vorzeichen des Zukünftigen, Hinweis auf die kommende Vollendung (Vgl. Hbr 11, 13—16).

Abraham empfing die Verheißung Gottes, die Gott durch seinen 16
Schwur bestätigte. Was bedeutet dieser Gottesschwur? Das ist die Frage, der der Apostel nun nachgeht. Der Eid ist die letzte und stärkste Bekräftigung einer Zusicherung (1 Mo 22, 16; vgl. 1 Mo 26, 31).
Er hebt jeden möglichen Zweifel und Widerspruch auf[230]. Das ist 17
nun das geradezu Unbegreifliche: Gott bestätigt die Unverbrüchlichkeit seines Gnadenwillens durch einen Eid. Er tritt als Bürge seines eigenen Wortes auf. Wem gegenüber verbürgt sich Gott mit seinem Eid? Den **Erben der Verheißung.** Der Apostel meint damit nicht nur Abraham, der den Gottesschwur als Bestätigung der Verheißung

[228] Zum „Schwur Gottes" vgl. die Auslegung zu Hbr 3, 11.

[229] Auf das Eingreifen Gottes nicht warten können, das war im Leben Sauls der entscheidende Punkt, an dem er scheiterte (1 Sam 13, 5—14). Dagegen wird im NT gerade das Wartenkönnen auf Gottes Stunde zum Kennzeichen demütigen Glaubens (Jo 2, 3—4; 7, 6—10; Jak 5, 7—8).

[230] Der Eid bewirkt den (wörtl.) „Abschluß der Gegenrede" grie *péras antilogías.*

empfing. Hier wird von „den Erben" in der Mehrzahl gesprochen.
18 Wer wird davon betroffen? Der in Vers 17 begonnene Satz geht im nächsten Vers weiter „. . . damit **wir** einen starken Trost haben". Der Eidschwur Gottes an Abraham gilt also u n s, den Gliedern der Gemeinde Jesu. Es gibt nicht nur e i n e n Erben der Verheißung, sondern eine V i e l z a h l v o n E r b e n der atst Verheißungen – die Gotteskinder (Rö 4, 12. 16. 23–24). Die Verheißung Gottes verspricht ein Erbe, ein zukünftiges Gut, ist also Gegenstand menschlicher Hoffnung. Aber die Hoffnung des Glaubens ist keine Phantasie, sondern gründet sich auf die Zusage Gottes und seinen Eid, **„zwei unwandelbare Tatsachen".** Schon Gottes Wort allein würde uns genügen; nun aber hat Gott sich selbst in außergewöhnlicher Weise verpflichtet, sein Versprechen einzulösen[231]. Darin liegt für die Gläubigen ein **starker Trost.** Abrahams Glaube war in die Zukunft gerichtet, er schaute nach der Erfüllung der Verheißungen Gottes aus. Der Glaube der ntst Gemeinde weist ebenso in die Zukunft (Rö 8, 24). Wir leben nicht allein davon, daß Christus für uns starb, sondern unser Glaube weiß davon, daß Christus als der Auferstandene wiederkommen wird, um in Gericht und Gnade seine Herrlichkeit zu offenbaren. **Wir haben unsere Zuflucht dazu genommen, an der vor uns liegenden Hoffnung festzuhalten.** Ebenso wie bei Abraham ist auch unser Glaube durch zähes, unbeirrbares Festhalten am Wort der Verheißung geprägt. Besonders in unseren Tagen, in denen geistige Strömungen auf die Gemeinde einwirken, die uns viele Zukunftsaussagen der Bibel nur als mythologische Anschauungen und bloße Bilder hinstellen wollen, ist es für alle Gläubigen wichtig, daß wir im vollen Vertrauen an den Verheißungen
19 Gottes festhalten. „Er hat's gesagt, er wird's auch tun!" Der zielgerichtete Glaube des Christen lebt in Vergangenheit, Gegenwart und Zukunft zugleich. Wir halten am vollbrachten Erlösungswerk Christi fest; wir leben heute in der Gemeinschaft mit Christus, und wir schauen aus nach dem wiederkommenden Herrn. **Wir besitzen die Hoffnung als sicheren und festen Anker der Seele.** Der Apostel greift ein Bild aus der Seefahrt auf: Der Anker verschwindet unter der Oberfläche des Wassers, er sinkt auf den Meeresgrund und hält das Schiff am verborgenen Felsengrund fest. So ist das Lebensschiff des Christen durch die Hoffnung in dem unsichtbaren Felsengrund der Ewigkeit verankert. Glaubende Menschen halten Gottes Versprechen, die Hoffnung auf die Herrlichkeit, für größere Realität als

[231] J. Brown, S. 318, meint, die „zwei unwandelbaren Tatsachen" seien Gottes Eidschwur an Abraham und Gottes Eidschwur durch David Ps 110, 4 „Der Herr hat geschworen, und es wird Ihn nicht gereuen: Du bist ein Priester ewiglich nach der Weise Melchisedeks", auf den sich die Hoffnung der Christen gründe.

die Bedrängnis der Gegenwart. Die Hoffnung, verbürgt durch Gottes Wort, ist der Anker ihres Lebens, der in der Ewigkeit haftet.

Der Apostel stellt im gleichen Gedanken ein zweites Bild unmittelbar daneben. Er denkt an den Gottesdienst Israels in der Stiftshütte. Ein Vorhang trennte Heiligtum und Allerheiligstes voneinander. Im Allerheiligsten erschien Gottes Gegenwart, seine strahlende Herrlichkeit, dem Blick der Menschen entzogen. Auch die Ewigkeit Gottes, das himmlische Heiligtum, hat gewissermaßen einen Vorhang, einen Schleier, der die Herrlichkeit Gottes unseren menschlichen Augen verbirgt. Aber unser Glaube und unsere Hoffnung reichen schon jetzt in die Herrlichkeit Gottes hinein, **in das Innere hinter den Vorhang,** in die unmittelbare Gegenwart Gottes, in der Jesus als unser Hoherpriester lebt.

Jesus ist dorthin als Vorläufer für uns eingegangen. Im AT durfte 20
nur der Hohepriester einmal im Jahr hinter den Vorhang in das Allerheiligste gehen (3 Mo 16, 2. 12), das Volk hatte keinen Zutritt. Als Jesus Christus am Kreuz starb, riß dieser Vorhang im Tempel entzwei (Mt 27, 51). Der irdische Vorhang ist nur Abbild und Hinweis auf den „himmlischen Vorhang", die Grenze zwischen Gott und unserer Welt. Jesus hat sie überschritten. Er ist der „Vorläufer", der uns den Weg in die Herrlichkeit gebahnt hat (Jo 14, 6; Hbr 10, 19 ff). Er lebt bereits in der unmittelbaren sichtbaren Gegenwart Gottes. Wir leben noch in einer gefallenen Welt und haben nur durch Glauben und Hoffnung den Zugang zu dieser Herrlichkeit. Aber einmal dürfen auch wir das Allerheiligste betreten, in der unmittelbaren Gnadengegenwart Gottes erscheinen (1 Jo 3, 2), wenn der „Vorläufer" seine „Brüder" (vgl. Hbr 2, 10–11) zu sich holen wird. Dann wird der Vorhang völlig weggenommen werden. Bis zu diesem Zeitpunkt bleibt der Herr zwar noch unseren Augen verborgen, aber er ist heute schon unser **Hoherpriester in Ewigkeit nach der Ordnung Melchisedeks.** Mit diesem Satz greift der Apostel den Gedanken wieder auf (Hbr 5, 10), den er durch seine seelsorgerliche Ermahnung unterbrochen hatte (Hbr 5, 11 ff). Was das bedeutet, daß Jesus unser Hoherpriester nach einer ewigen Priesterordnung Gottes ist, will er im folgenden der Gemeinde deutlich machen.

Zusammenfassung

Versuchen wir, den Abschnitt Hbr 5, 11 – 6, 20 mit einem raschen Blick zu überschauen, so entsteht der Eindruck, als ginge der Verfasser zwei einander widersprechenden, sogar einander ausschließenden Gedanken nach. Einerseits tadelt er die Gläubigen heftig und sieht bereits am Rande ihres Weges den Abfall vom Glauben drohen. Andererseits bestätigt er sie in ihrer Glaubensexistenz. Er spricht die

Überzeugung aus, daß sie das Heil nicht verloren haben, noch viel mehr: unter dem Hinweis auf die Glaubwürdigkeit und Treue Gottes versichert er sie ihrer Heilsgewißheit. Unser Abschnitt beginnt mit den schärfsten Warnungen und schließt mit den stärksten Ermunterungen zum Glauben und Hoffen. Ganz selbstverständlich erwächst uns daraus die Frage: Widerspricht der Apostel sich hier nicht selbst? Wir dürfen die Antwort in anderer Richtung suchen. Die seelsorgerliche Perspektive veranlaßt den apostolischen Autor, in dieser Weise zu schreiben. Ihm geht es in seinem gesamten Schreiben vor allem darum, daß die Empfänger als Beweis für die Echtheit ihrer Bekehrung die Geduld des Glaubens auch unter Druck und Verfolgung bewähren. Dazu ist aber beides in gleichem Maße notwendig: die ernste Warnung ebenso wie die trostreiche Verheißung! Wir können uns diese geistliche Wirklichkeit an einem gegenwartsnahen Bild veranschaulichen: Auf beiden Seiten einer modernen Autobahn sind die weißen Leitplanken angebracht; sie grenzen die Fahrbahn ab und dienen der Sicherheit und dem reibungslosen Ablauf des Verkehrs. Es wäre töricht von einem Kraftfahrer, wollte er auf der einen oder anderen Seite die Leitplanken mit großer Geschwindigkeit durchstoßen und jenseits der Leitplanken seine Fahrt fortsetzen. Der Tod wäre ihm sicher. So können wir auch niemals die beiden biblischen Wahrheiten außer acht lassen, ohne innerlich Schaden zu leiden; wir brauchen den Zuspruch der **Heilsgewißheit** ebenso wie die Ermahnungen zu Treue und **Wachsamkeit.** Beide stehen nicht im Widerspruch zueinander; wir vollziehen in dieser Welt unsere Existenz als Glaubende, d. h. das Leben im Heiligen Geist immer nur in unserer irdischen Leiblichkeit, die jederzeit der Anfechtung und Versuchung offensteht. Bei aller Gewißheit dürfen wir uns deshalb nie in falscher Sicherheit wiegen.

Damit taucht aber in unserem Abschnitt unentrinnbar die Frage nach der Unverlierbarkeit des Heils auf. An den Versen Hbr 6, 1–8 sind heftige Kontroversen entstanden. Denn hier wird ja nicht von einem „Straucheln" oder „Fallen im Glauben", auch nicht von einem Rückfall gesprochen, sondern von einem vollständigen Abfall. Können gläubige Menschen, die eine Bekehrung und Wiedergeburt durch den Heiligen Geist erlebt haben, von diesem Wort betroffen werden? Es gibt eine große Zahl von Christen, die sich unbedenklich der Aussage von Leopold Bender anschließen: „Es steht mir unerschütterlich fest, daß ein wahrhaft wiedergeborener Mensch nicht endgültig abfallen kann. Er kann fallen, rückfällig werden, geistlich zurückgehen und sittlich zu Fall kommen, aber niemals abfallen, niemals wieder den Sohn Gottes für Spott achten[232]." Wir möchten eine solche innere

[232] L. Bender, S. 119.

Einstellung wohl achten, müssen aber zu bedenken geben, daß jede vorgefaßte dogmatische Einstellung, mit der wir an die Heilige Schrift herantreten, es uns unmöglich macht, wirklich auf das zu hören, was das Wort Gottes sagt.

Wir müssen zunächst folgendes beachten: Der Hebräerbrief ist für Christen bestimmt; auch die Warnung von Hbr 6, 4–6 richtet sich an Gläubige, bei denen die geistlichen Fundamente, die Hbr 6, 1–2 genannt sind, vorausgesetzt werden. In Hbr 6, 4–5 werden Glaubenserfahrungen beschrieben, die Kennzeichen der ntst Gemeinde sind. F. F. Bruce vertritt die Überzeugung: „Die Erleuchtung legt den Gedanken an die Taufe nahe, das Schmecken der himmlischen Gabe läßt uns an die Teilnahme am Abendmahl denken (vgl. Apg 20, 11)[233]." Die Behauptung, mit der Warnung vor dem Abfallen würden Menschen angesprochen, die wohl vom Evangelium berührt, aber noch keine wahren Christen seien, läßt sich nicht begründen[234].

Der Apostel läßt keinen Zweifel darüber: auch für einen Menschen, der im vollen Sinne „Teilhaber des Heiligen Geistes" ist, ist es möglich, sich bewußt dem Geist der Gnade zu widersetzen.

Wie haben wir nun diese Aussage in das Gesamtzeugnis der Heiligen Schrift einzuordnen?

Die Bibel enthält eine Vielzahl von Worten, die von unumstößlicher Heilsgewißheit und der Zuversicht der bereits erfahrenen, ewig-gültigen Errettung sprechen. So sagt Jesus im Blick auf die Menschen, die ihm im rechten Glaubensgehorsam nachfolgen: „Ich gebe ihnen ewiges Leben, und sie werden in Ewigkeit nicht umkommen, und niemand wird sie aus meiner Hand reißen" (Jo 10, 28). Im Hohenpriesterlichen Gebet spricht der Herr: „Vater, ich will, daß dort, wo ich bin, auch die bei mir seien, die du mir gegeben hast, damit sie meine Herrlichkeit sehen!" (Jo 17, 24). Diese Worte legen Zeugnis ab für die unerschütterliche Geborgenheit, die wir Menschen hier schon inmitten der Welt im Glauben an Jesus Christus erfahren können. Es ist sicher von Bedeutung, wenn eine Zusage Gottes uns dreimal im gleichen Wortlaut begegnet: wir finden die Verheißung „Jeder, der den Namen des Herrn anruft, wird gerettet werden" an den Stellen Joe 3, 5, Apg 2, 21 und Rö 10, 13. Wohl handelt es sich nicht um eine voraussetzungslose Verheißung, denn Gott erwartet die bewußte Umkehr des Menschen aus seiner Verlorenheit. Sicher aber ist es ein universales Versprechen Gottes, das jeder Mensch sich zu eigen machen darf. Vor

[233] F. F. Bruce, S. 120 f; dort auch die Belegstellen.

[234] Ebenso E. K. A. Riehm, Der Lehrbegriff des Hebräerbriefes, S. 764 ff.

allem ist es eine Verheißung, deren Inhalt keiner zeitlichen Beschränkung unterliegt; es geht nicht um „Rettung auf Zeit"! Im Licht des Wortes 2 Ko 1, 20, daß „in Christus alle Gottesverheißungen Ja und Amen" sind, gelten auch sehr viele andere atst Verheißungen für den einzelnen Gläubigen der ntst Gemeinde. Die ungetrübte Heilsgewißheit als Gabe des erhöhten Herrn an die Glieder der Gemeinde begegnet uns immer wieder im Zeugnis des NT und hat ihren erhabensten Ausdruck im Bekenntnis des Paulus gefunden: „Ich bin überzeugt, daß weder Tod noch Leben noch Engel noch Mächte noch Gegenwärtiges noch Zukünftiges noch Gewalten noch Höhe noch Tiefe noch irgendeine andere Schöpfung imstande sein wird, uns zu trennen von der Liebe Gottes, die in Christus Jesus ist, unserem Herrn[235]!"

In die gleiche Richtung weisen uns auch die bildhaften Aussagen vom „Buch des Lebens", in denen schon im AT von der sicheren Gewähr des Heils und der endgültigen Errettung der Gläubigen die Rede ist (Da 12, 1 vgl. Ps 139, 16). In Anknüpfung an das Wort Jesu, daß die Namen der Jünger „im Himmel aufgeschrieben" sind (Lk 10, 20), schreibt Paulus Phil 4, 3 von seinen Mitarbeitern, daß „ihre Namen im Buch des Lebens stehen[236]". In der Offb finden wir ähnliche Wendungen als Zusage des ewigen Lebens, das uns mit der Vergebung durch Jesu Blut geschenkt wird (Offb 13, 8; 17, 8; 20, 12. 15; 21, 27)[237]. Aber an einigen Stellen wird die Möglichkeit angedeutet, daß ein Mensch aus dem „Buch des Lebens" gestrichen werden, d. h. des Heils verlustig gehen kann (vgl. 2 Mo 32, 32; Ps 69, 29; Offb 3, 5).

Das führt uns nun zu den Worten des Herrn und seiner Apostel hin, in denen wir darauf verwiesen werden, daß Menschen, die einmal gläubig geworden sind, trotzdem verloren gehen können, wenn sie sich wieder vom Herrn abwenden. So sagt Jesus in seinen Abschiedsreden Jo 15, 6: „Wenn jemand nicht in mir bleibt, wird er weggeworfen wie die Rebe und verdorrt, und man sammelt sie und wirft sie ins Feuer, und sie verbrennen[238]." C. Roffhack hat in seiner Auslegung treffend geschrieben: „Es wird der Fall gesetzt, daß irgendwer, der bisher in Christus erfunden, nicht in ihm bliebe. Was nun bei einem solchen? Könnte er es denn mit dem, was er von Christus empfangen und gelernt, nicht doch für sich noch zu etwas bringen, auch nachdem er von Christus geschieden ist? Nein, – Wegwerfung und Verdorrung würde die Folge davon sein . . . So müßte

[235] Vgl. W. Stb. Rö S. 218 f.
[236] Vgl. W. Stb. Phil S. 142.
[237] Vgl. Hellmuth Frey, Das Ziel aller Dinge, 1953, S. 127 f, 201.
[238] Ähnliche Gedanken finden wir Rö 11, 20—22; Phil 3, 17—19; 1 Jo 5, 16.

es Petrus, Jakobus und Johannes, nicht weniger als Judas, ergehen, wenn sie von Christus weichen wollten ... Ohne Mittler steht er in der Nacktheit seiner Schande der Heiligkeit und Gerechtigkeit Gottes gegenüber und verfällt ihrem Gericht[239]." Neben den Warnungen in unserem Brief Hbr 6, 4–8; 10, 26–31. 39; 12, 15–17 finden wir diese Tatsache in schärfster Form 2 Pt 2, 20–22 ausgesprochen: „Wenn sie (die Irrlehrer) nämlich, den Befleckungen der Welt durch die Erkenntnis des Herrn und Heilandes Jesus Christus entflohen, aber wieder in diese verstrickt, sich von ihnen überwältigen lassen, so ist für sie das letzte schlimmer geworden als das erste. Denn es wäre ihnen besser, sie hätten den Weg der Gerechtigkeit nicht erkannt, als daß sie sich, nachdem sie ihn erkannt haben, von dem ihnen überlieferten heiligen Gebot wieder abwenden. Es ist ihnen widerfahren, was das wahre Sprichtwort sagt: Ein Hund kehrt wieder um zu dem, was er selber ausgespien hat, und: Ein Schwein, das sich gebadet hat, geht wieder in den Mistpfuhl." Diese Sätze stellen den Ausleger vor eine Reihe von Problemen, denen wir hier im einzelnen nicht nachgehen wollen. Sicher wird in erster Linie eine Warnung vor christlichen Irrlehrern ausgesprochen, die in den Gemeinden auftauchen und junge, ungefestigte Christen an sich binden. Jedoch enthalten diese Worte zugleich eine Charakteristik rückfälliger Christen. Hier wird der Rückfall der Verführten nicht nur mit harten Worten gegeißelt; es wird uns vielmehr deutlich gemacht, daß es ein echtes Zurück in den natürlichen Zustand des „Unbekehrtseins" für den Christen gar nicht gibt. Ein Mensch, der mit Christus gelebt hat, kann diese Wegstrecke seines Lebens niemals auslöschen. Wendet er sich wieder von Christus ab, so geht er einer unaufhaltbaren Katastrophe entgegen[240].

Beide Tatsachen, die ewige Errettung der Gläubigen, und die Möglichkeit, daß ein Erwählter verloren gehen kann, stehen in der Bibel unversöhnt nebeneinander. Wir können diese zwei sich anscheinend widersprechenden Aussageweisen nicht ohne weiteres mit unserem Denk- und Vorstellungsvermögen erfassen; die Gesetzmäßigkeit der aristotelischen Logik (im Gegensatz zu modernen naturwissenschaftlichen Denkformen) versagt hier. Wir müssen zugeben, daß Gottes Gedanken höher sind als unsere Gedanken. Die Heilige Schrift läßt

[239] C. Roffhack, Evangelium des Johannes, 1871, S. 195 f: Th. Zahn, Evangelium des Johannes, 1921[6], S. 579 f sagt: „Für die Jünger besteht die Möglichkeit ... sie können sich von Jesus losreißen und selbstwillig handeln ... Mit dem inneren Band, das ihn an Jesus knüpfte, reißt auch das äußere. Er verliert auch das, was an Resten der von Jesus ihm zugeflossenen Lebenskraft ihm noch geblieben sein mag, und er wird dem Gericht überantwortet."

[240] Zur Stelle vgl. G. Wohlenberg, im Kommentar zum NT, Hrsg. Th. Zahn, 1915[2], S. 240 ff; Friedrich Hauck, Die Kirchenbriefe, NTD, 1949[5], S. 96.

beide Linien nebeneinander stehen als Ausdruck der einen Wirklichkeit des lebendigen Gottes. Als Christen können wir auf den Tag der Herrlichkeit warten, an dem unser Herr uns zur vollen Erkenntnis führen wird (1 Ko 13, 9–12). Die Trostworte der Bibel sollen uns immer neu zur Dankbarkeit für das empfangene Heil anregen; die Mahnungen des Wortes Gottes lassen sich in dem Satz des Apostels Paulus zusammenfassen: „Darum, wer meint, er stehe, der sehe zu, daß er nicht falle!" (1 Ko 10, 12)[241].

Wir erinnern uns nun noch einmal an das, was wir eingangs über die seelsorgerliche Absicht des apostolischen Mahnwortes sagten. Der Autor verharmlost nicht die Gefahren, die sich im Glaubensleben der Hebräerchristen anbahnen. Aber er vermeidet mit der Weisheit des erfahrenen Seelsorgers, daß ihr Blick – wie auf einen schwarzen Punkt gebannt – nur die Gefahren, Anfechtungen und Versuchungen zur geistlichen Trägheit und Ermüdung sieht. Mag noch so viel Anlaß zur Warnung bestehen, der Apostel weiß sich und seine Brüder von der Treue Gottes getragen. Darum schärft er seinen Lesern ein: Gefährdung unseres Glaubens wird nicht dadurch überwunden, daß wir aus eigener Kraft der Schwierigkeiten Herr zu werden suchen, sondern allein dadurch, daß wir in großer Unbekümmertheit und Gelassenheit uns immer neu Christus anvertrauen, der als einziger imstande ist, uns von Tag zu Tag im Glauben zu erhalten.

[241] Das echte geistliche Spannungsverhältnis, in dem wir unser Christsein vollziehen, hat Philipp Friedrich Hiller in den Liedstrophen prägnant ausgedrückt:

Ich will streben nach dem Leben,
wo ich selig bin;
ich will ringen einzudringen,
bis daß ich's gewinn.
Hält man mich, so lauf ich fort;
bin ich matt, so ruft das Wort:
Fortgerungen, durchgedrungen
bis zum Kleinod hin!

Du mußt ziehen; mein Bemühen
ist zu mangelhaft.
Wo ihr's fehle, spürt die Seele;
aber Du hast Kraft,
weil Dein Blut ein Leben bringt
und Dein Geist das Herz durchdringt. –
Dort wird's tönen bei dem Krönen:
Gott ist's, der es schafft.

Zweiter Teil

DAS WERK JESU, SEIN DIENST ALS EWIGER HOHERPRIESTER

Hbr 7, 1 — 10, 18

8. Die Überlegenheit des Priestertums nach der Ordnung Melchisedeks über das levitische Priestertum nach der Ordnung Aarons

Hbr 7, 1—28

A. Melchisedek und Abraham

Hbr 7, 1—3

1 **Denn dieser Melchisedek, König von Salem, Priester des höchsten**
Gottes, der Abraham begegnete, als er von der Niederwerfung der
2 **Könige zurückkehrte und ihn segnete, * dem Abraham auch den**
Zehnten von allem entrichtete, heißt übersetzt zuerst König der
Gerechtigkeit, danach aber auch König von Salem, d. h. König des
3 **Friedens; * ohne Vater, ohne Mutter, ohne Geschlechtsregister, hat**
er weder einen Anfang der Tage noch ein Ende des Lebens, ist
aber dem Sohn Gottes gleichgemacht und bleibt Priester für immer.

Zu Vers 1: 1 Mo 14, 17—20
Zu Vers 2: Jes 9, 5—6; Jer 23, 5—6; Sach 9, 9—10; Rö 14, 17
Zu Vers 3: Jo 7, 27; Ps 110, 4

Mit den Worten Hbr 5, 6. 10; 6, 20, dem Zitat aus Ps 110, 4 „Du
bist Priester in Ewigkeit nach der Ordnung Melchisedeks", ist das 1
Stichwort gegeben, das zum zweiten Hauptteil unseres Briefes
überleitet, das alle weiteren Aussagen beherrscht: *Jesus Christus ist der Hohepriester*; sein Priestertum gründet sich nicht auf die levitische Ordnung des Aaron, sondern auf eine göttliche Urordnung, die sich im Priesterkönig Melchisedek verkörpert hat.

Ps 110, 4 ist die einzige atst Stelle, die an dem geheimnisvollen Bericht von 1 Mo 14, 17—20 anknüpft. Zunächst erzählt der Apostel mit wenigen Worten noch einmal den Ablauf jener Begebenheit — so wichtig ist ihm der ursprüngliche geschichtliche Vorgang. Das Geschehen ist ihm bis in die Einzelheiten bedeutsam, jedes Wort des alten Berichtes wird transparent: Als Abraham aus dem „Krieg der 9 Könige" — nach dem Sieg über vier Könige[242] — nach Hause zu-

[242] 1 Mo 14, 9 werden genannt: Kedor-Laomer, der König von Elam; Thideal, der König von Gojim; Amraphel, der König von Sinear; Arjoch, König von Ellasar. Es handelt sich

rückkehrt, treten ihm zwei Könige in den Weg. Es sind der König von Sodom, der erste Mann jener Stadt, die im AT Inbegriff der Sünde und des Strafgerichtes Gottes ist, und die vom Geheimnis Gottes umgebene Gestalt des Melchisedek. Er ist König von Salem, der „Stadt des Friedens[243]". „Eine geheimnisvolle Begegnung und eine Handlung von tiefster Bedeutung! Aus dem Nebel der Vorgeschichte leuchten hier für einen Augenblick die goldenen Zinnen der heiligen Hochburg auf. Jerusalem, der Gegenpol zu Babel! Jerusalem, die Stadt des großen Königs, der Mittelpunkt der priesterlichen Königsherrschaft Gottes über alle Reiche dieser Welt (Ps 76). Jerusalem, die Christusstadt, wo der Thron des Gesalbten Gottes und seiner Platzhalter aus dem Hause Davids stehen wird[244]." Melchisedek tritt auf den Plan, um Abraham zu segnen, um ihm nach der Schlacht Stärkung zu bieten; er bringt himmlische Gaben, Brot und Wein, als Zeichen der Gemeinschaft mit Gott. „Es ist eine Erquickung aus der oberen Welt, die dieser so unerwartet auftretende König von Salem, ein Priester Gottes, des Allerhöchsten, dem Abraham bringt. Als Priester Gottes, des Allerhöchsten, konnte er darum auch in Brot und Wein göttliche Kräfte legen, Erfrischung aus der oberen Welt, Gnaden- und Lebensmitteilung unter der Gestalt von Brot und Wein[245]." Der König von Sodom dagegen tritt Abraham mit einem versucherischen Angebot entgegen: „Gib mir die Leute; die Habe behalte für dich" (1 Mo 14, 21). Das ist bezeichnend für die Macht der Sünde und für den Versucher unserer Seele, in dessen Schatten der König von Sodom steht: Er fordert etwas, worauf er keinen Anspruch hat, und verspricht etwas zu geben, was ihm nicht gehört. Aber durch die Gaben des Melchisedek ist Abraham in seinem Widerstand gegen das verführerische Angebot des Königs von Sodom gestärkt worden[246]. Auf den äußeren Sieg folgt der innere Sieg. Er weist den Versucher von sich.

nicht um erfundene Namen, sondern um geschichtliche Gestalten. Vgl. John Bright, Geschichte Israels, Düsseldorf 1966, S. 69.

243 In den Keilschrifttafeln von Tel el Amarna wurde der Name Uruschalima entdeckt, der identisch mit Jerusalem ist und „Stadt des Friedens" bedeutet. Hierin hat man einen Hinweis auf die Stadt „Salem" gefunden. Auch in der hebr. Schrift sind die Buchstaben des Wortes „Salem" die gleichen wie im Wort „Frieden".

244 Wilh. Vischer, Das Christuszeugnis des Alten Testaments, Bd. 1, 1935², S. 161 f.

245 Otto Stockmayer, Abraham, der Vater der Gläubigen, 1953⁴, S. 43. Vgl. auch W. Vischer, Bd. 1, S. 164: „Wenn Melchisedek Brot und Wein brachte, so sehn wir darin den deutlichen Hinweis auf das Sakrament des Neuen Bundes, den Jesus zur Erfüllung und Aufhebung des Alten stiftete."

246 Otto Stockmayer, Abraham, der Vater der Gläubigen, 1953⁴, S. 50: „In entscheidenden Augenblicken müssen wir zuerst eine Begegnung mit unserem Gott haben, von ihm aufs neue gesegnet werden, sonst können wir den Königen der Erde nicht königlich begegnen."

Abraham erkennt die göttliche Autorität des Melchisedek an; Ausdruck seiner Abhängigkeit und Dankbarkeit ist die Gabe des Zehnten an Melchisedek. Diesen letzten Gedanken entfaltet der Apostel erst im nächsten Abschnitt, zuerst geht es ihm um die Deutung des grundlegenden Geschehens. Er hat der Wiederholung des atst Berichtes das Psalmwort vorangestellt. Ps 110, 4 gibt uns den einzigen atst Hinweis: Melchisedek verkörpert eine ursprüngliche Priesterordnung Gottes, die Geltung für die Ewigkeit hat. Da aber Ps 110 eine messianische Weissagung ist (Mt 22, 41—45), so „erweist sich Melchisedek als ein Typus Christi und gewinnt dadurch erst seine volle Bedeutung[247]".

Der Verfasser des Hbr ist nicht der erste Schriftforscher, der sich 2
um das Verständnis der geheimnisumwobenen Gestalt des Melchisedek müht. Schon im Spätjudentum ist wiederholt der Versuch einer Erklärung unternommen worden. So sahen einige in Melchisedek Sem, den Sohn Noahs, der Abraham mit Brot und Wein die Bestimmungen über die Schaubrote und Trankopfer übermittelte. Andere verbanden mit Melchisedek den Erzengel Michael; der jüdische Philosoph Philo, der zur Zeit Jesu lebte, identifizierte ihn mit einer Erscheinung des „Logos", des göttlichen Geistes und Wortes. Diese Gedanken sind in späteren Jahrhunderten von christlichen Schriftauslegern wieder aufgegriffen worden, die Melchisedek als ein Engelwesen oder eine Fleischwerdung des Heiligen Geistes deuteten[248].

Der Apostel selber beschreitet einen anderen Weg, um der Gemeinde das Wort des AT zu erklären. Weil er in 1 Mo 14, 17—20 und Ps 110, 4 einen unzweideutigen Hinweis auf Christus sieht, legt er von der in Vers 3 mitgeteilten Erkenntnis her die Namen Melchisedeks aus. Genaugenommen trägt er seine persönliche Erkenntnis, die ihm durch den Heiligen Geist zuteil geworden ist, in das AT hinein.

Damit tritt uns in den apostolischen Worten erneut die Tatsache entgegen, daß die Namen in der Bibel nicht zufällig gewählt wurden, sondern geistliche Bedeutung haben. **Melchisedek** war der **König von Salem.** In der Übersetzung und Worterklärung tritt die Heilsbedeutung der Namen zutage: **König der Gerechtigkeit und König des Friedens.** Schon aus dem AT sind uns Gerechtigkeit und Frieden als Zeichen der messianischen Königsherrschaft bekannt. So verheißt Jesaja: „Er wird genannt: Wunderrat, starker Gott, Ewigvater, F r i e d e f ü r s t. Groß wird die Herrschaft sein und des F r i e d e n s

[247] E. Riggenbach, S. 182.

[248] Ausführliche Angaben und Literaturhinweise bei E. Riggenbach, S. 178 ff und O. Michel, S. 159 f.

kein Ende auf dem Thron Davids und über seinem Königreiche, da er es festigt und stützt durch Recht und Gerechtigkeit von nun an bis in Ewigkeit" (Jes 9, 5–6; vgl. Mi 5, 3–4; Mal 3, 20). Gerechtigkeit und Frieden, in der Person unseres Herrn Jesus Christus vereinigt, schenkt Christus den Menschen, die sich im Glauben an ihn anschließen; das sind zugleich auch die Kennzeichen der heute noch verborgenen, aber einmal sichtbar anbrechenden Gottesherrschaft[249]. Was die Namen Melchisedeks andeuten, ist in der Person Jesu zur vollkommenen Erfüllung gelangt.

3 Der Apostel bleibt jedoch bei der Erklärung der Namen nicht stehen. Er geht weit über das hinaus, was der atst Bericht von Melchisedek aussagt; gewissermaßen verleiht er dem Bild des atst Priesterkönigs einprägsame Züge. O. Michel schreibt dazu: „Unser Verfasser hat nicht das Empfinden, die Gestalt Jesu durch Hervorhebung des Melchisedek zu beeinträchtigen, sondern im Gegenteil: je mehr man über Melchisedek aussagen kann, desto mehr strahlt die Herrlichkeit des Sohnes Gottes auf[250]." Im Bericht 1 Mo 14, 17–20 wird nur der geschichtliche Ablauf des Ereignisses berichtet. Der Apostel aber kennzeichnet die Person des Melchisedek genauer: **ohne Vater, ohne Mutter, ohne Geschlechtsregister, hat er weder einen Anfang der Tage noch ein Ende des Lebens, ist aber dem Sohn Gottes gleichgemacht und bleibt Priester für immer.** Was uns bei diesem Satz zunächst ins Auge fällt, ist die Tatsache, daß der Apostel hier mehr sagt als im AT steht. Aus dem Tatbestand fehlender Angaben, daß also bestimmte Einzelheiten nicht in der Bibel stehen, zieht der Apostel für seine Auslegung einen wichtigen Schluß[251]. Darin folgt er dem rabbinischen Denken des Spätjudentums, das den Gedanken vertrat: „Was nicht in der Thora (Gesetz, Schrift) steht, existiert nicht in der Welt[252]!" Ob es auf dem Boden des NT die innere Freiheit und Berechtigung gibt, auch für die Unterweisung der gläubigen Gemeinde diese spätjüdische Auslegungsmethode anzuwenden, das ist eine Frage, die nicht wissenschaftlich, sondern nur geistlich entschieden werden kann. Der Apostel hat es jedenfalls getan. Und er erhebt den Anspruch, eine für die ganze Gemeinde verbindliche Auslegung des AT zu geben. Gerade damit will er betonen, daß AT und NT zusammengehören, daß Jesus Christus nur vom AT aus zu verstehen

[249] Vgl. Rö 14, 17; Eph 2, 14 ff; Offb 21, 1–5; 22, 3–5.
[250] O. Michel, S. 164.
[251] J. A. Bengel, S. 606: „In diesem Briefe werden viele Beweise vom Stillschweigen der Schrift hergenommen, 1, 13; 2, 16; 7, 3. 14."
[252] St–B Bd. III, S. 694; A. M. Stibbs, S. 1099: „In der Heiligen Schrift ist beides, was sie berichtet ebenso, wie das, was sie verschweigt, gleich wichtig."

ist, daß aber auch umgekehrt nur durch Jesus Christus das AT seinen Sinn empfängt[253].

Sieben Aussagen zur Person des Melchisedek reiht der Apostel aneinander. **„Ohne Vater"**, grie *apátor*, war ursprünglich eine Bezeichnung für verwaiste, verstoßene oder uneheliche Kinder[254], möglicherweise für Findelkinder, deren Abstammung unbekannt war. Das Wort **„ohne Mutter"**, grie *amáetor*, weist auf die mutterlose Entstehung hin. Beide Worte kommen nur hier im NT vor und dienen dazu, die himmlische Herkunft des Melchisedek zu bezeichnen[255]. Die dritte Angabe zur Person des Melchisedek **„ohne Stammbaum"**, grie *agenealógätos*, ist ein völlig ungewöhnlicher Begriff, der in der grie Sprache sonst unbekannt ist und ebenfalls im NT nur in unserem Vers vorkommt[256].

Wenn in Israel ein Priester im Heiligtum Dienst tun wollte, dann mußte er ein Nachkomme Aarons sein (2 Mo 28, 1; 4 Mo 3, 10; 18, 1–7). Sein Priesterrecht beruhte ausschließlich auf seiner Abstammung. Außerdem mußte seine Mutter eine Israelitin mit gutem Ruf sein (3 Mo 21, 7; Hes 44, 22). Darüber hinaus mußte ein Priester jederzeit seine Herkunft aus einem Priestergeschlecht nachweisen können (vgl. Esr 2, 61–63; Neh 7, 63–65). Alle diese für das israelitische Priestertum unumgänglichen Voraussetzungen fehlen bei Melchisedek. Allein schon in diesen Andeutungen finden wir verborgene Hinweise auf Christus. Seiner irdischen Abstammung nach ohne Vater, seiner himmlischen Herkunft nach ohne Mutter, kam er aus einem Geschlecht Judas, das kein Anrecht auf das Priestertum besaß (Hbr 7, 14).

Aber der Apostel will gar nicht das für einen Juden Anstößige und Ärgerliche hervorheben, daß ein Mann ohne sichere Herkunft zum Priesterdienst berufen wird. Er will nicht nur sachlich feststellen, „die Heilige Schrift enthalte keine Geschlechtsregister Melchisedeks, während sie doch die Stammtafeln der Urväter und Erzväter mit großer Sorgfalt angibt[257]". Hier geht es um mehr! Melchisedek hat **weder einen Anfang der Tage noch ein Ende des Lebens.** „Auch hier klingt das Geheimnis an. In der Schrift wird weder Geburt noch Tod erwähnt; was aber in der Schrift nicht erzählt wird, ist entweder geschichtlich nicht nachweisbar oder hat sich nicht vollzogen. Der Priester ohne priesterliche Herkunft hat auch keine schriftgemäße Begrenzung seines Lebens und Wirkens. Damit werden die Grenzen

[253] Vgl. O. Michel, Hebräerbrief, 1949[8], Vorwort S. IV.
[254] W–B, 1958[5], Sp. 163.
[255] a. a. O., Sp. 91.
[256] a. a. O., Sp. 16.
[257] E. Riggenbach, S. 184.

des menschlichen Seins gesprengt[258]." Der Apostel spricht nicht nur davon, daß das AT die Geburt und den Tod Melchisedeks verschweigt. Aus seinen Worten geht klar hervor: Hier fehlt der irdische Zusammenhang, Melchisedek steht außerhalb der üblichen Lebensordnung. Weder hat er sein Priestertum empfangen, noch hat er es weitergegeben[259]. Sein Ursprung ist himmlischer, unerklärbarer Art und weist auf die Ewigkeit des Melchisedek hin[260]. Das bestätigen uns die Worte „Er hat das Zeugnis, daß er lebt" (Vers 8), „Er ist Priester auf Grund der Kraft unauflöslichen Lebens" (Vers 16) und „Er hat, weil er in Ewigkeit bleibt, ein unvergängliches Priestertum" (Vers 24).

Gegen Ende seines Gedankenganges lüftet der Apostel ein wenig den Schleier des Geheimnisses: **Er ist aber dem Sohn Gottes gleichgemacht[261] und bleibt Priester für immer.** Auf diesen Satz hat der Apostel offenbar am meisten Gewicht gelegt. Darum greift er wieder auf das Psalmwort zurück; aber unter der Autorität des Heiligen Geistes verändert er in der Auslegung dessen Sinn. In Ps 110, 4 heißt es: „Du bist Priester in Ewigkeit nach der Ordnung Melchisedeks." Der Messias wird angesprochen; ihm wird das ewige Priestertum zugesagt. Melchisedek wird als Vorbild hingestellt, der Messias ist sein Abbild, nicht umgekehrt. Die Ordnung Melchisedeks wird vorbildlich für das messianische Priestertum. Diesen ursprünglichen Sinn vertauscht der Apostel hier; er sagt: Melchisedek ist dem Sohn Gottes gleichgemacht worden. C h r i s t u s i s t d a s U r b i l d,

[258] O. Michel, S. 163. Ebenso J. Schneider, S. 62: „Die Schrift kennt weder den Vater noch die Mutter noch den Stammbaum Melchisedeks. Dafür gibt es nach dem Urteil unseres Verfassers nur eine Erklärung. Der Ursprung Melchisedeks ist ein übernatürlicher. Und wie sein Ursprung, so ist auch seine Existenz wunderbarer Art. In ihm ragt ein göttliches Geheimnis in die Zeit hinein."

[259] O. Michel, S. 164, Anm. 2.

[260] Die Feststellung bei E. Riggenbach, S. 185, stellt zweifellos eine Verkürzung der Schriftaussage dar: „Daß er weder Anfang der Tage noch Ende des Lebens hat, gilt nicht von Melchisedek überhaupt, sondern nur von dem, was die Schrift über ihn berichtet."
Ebensowenig vermögen wir A. Schlatter, S. 329 f zu folgen, wenn er schreibt: „Das ist das Höchste, was zur Ehre Melchisedeks gesagt werden kann, daß er in manchem die Züge des Christus an sich trug. — Hier wird Melchisedeks Priestertum als fortwirkende Tat betrachtet, die nicht der Vergangenheit verfallen ist, sondern ihre bleibende Bedeutung hat. Das Psalmwort zeigt, daß sein Priestertum vor Gott nicht vergessen, sondern gegenwärtig ist; also hat es eine fortdauernde Wirkung und Gültigkeit." Ähnlich urteilt J. Calvin, S. 75 f.
Dagegen M. Luther, S. 105: „In gleicher Weise, wie in Christus die Menschheit durch Einigung mit der göttlichen Natur ein und dieselbe Person geworden ist, folgt daraus, daß dieser Melchisedek nicht anders ein König der Gerechtigkeit sein konnte, denn so, daß er in Name und Gestalt Christum darstellte, der da allein Sonne der Gerechtigkeit und König der Gerechtigkeit ist und alle, die je gerecht sind, rechtfertigt."

[261] Das grie Wort *aphomoiün* heißt „ähnlich, gleich machen", im Pass. „ähnlich, gleich werden", in den Vergangenheitsformen „gleichgestaltet sein". W—B, 1958[5], Sp. 252.

in ihm besteht von Ewigkeit her die wahre Priesterordnung, *Melchisedek ist das Abbild*, das wiederum auf die volle Erfüllung allen Priestertums in Christus hinweist[262]. Melchisedek ist die frühzeitige irdische Gestalt dieses ewigen Priestertums, das Abbild, in dem aber nichts von dem Gehalt des Urbildes verlorengegangen ist. Darum bleibt dieses Priestertum Melchisedeks in Ewigkeit[263].

In wenigen einprägsamen Sätzen hat der Apostel der Gemeinde das Verständnis der erhabenen Person des Melchisedek erschlossen, ihr den Schlüssel zum geistlichen Geheimnis der atst Aussagen in 1 Mo 14, 17—20 und Ps 110, 4 gegeben. Melchisedek ist dem Sohn Gottes gleich, ist Abbild des Sohnes. Die Gestalt des Melchisedek wird transparent für Jesus Christus; *in Melchisedek begegnet uns der Herr*[264] (vgl. Jo 8, 56).

B. Die Überlegenheit Melchisedeks über Abraham und Levi beim Empfang des Zehnten

Hbr 7, 4—10

4 Seht aber, wie groß dieser ist, dem Abraham, der Patriarch, den
5 Zehnten von der Beute gab. * Und zwar haben die, die von
den Söhnen Levis das Priestertum empfangen, ein Gebot, nach
dem Gesetz den Zehnten von dem Volk zu erheben, also von
ihren Brüdern, obwohl sie aus den Lenden Abrahams hervor-
6 gegangen sind. * Der aber, der nicht von ihnen abstammt, hat
den Zehnten von Abraham erhoben und den gesegnet, der die
7 Verheißungen besaß. * Ohne allen Widerspruch aber wird das
8 Geringere von dem Besseren gesegnet. * Und hier zwar empfan-
gen sterbliche Menschen die Zehnten, dort aber einer, der das
9 Zeugnis hat, daß er lebt. * Und sozusagen ist durch Abraham
10 auch Levi, der die Zehnten empfängt, verzehntet worden. * Denn
er war noch in der Lende des Vaters, als Melchisedek ihm be-
gegnete.

Zu Vers 4: 1 Mo 14, 20
Zu Vers 5: 4 Mo 18, 21. 26

[262] J. A. Bengel, S. 645: „Der Sohn Gottes ist älter als Melchisedek, er ist das Urbild (Hbr 8, 5); gleichwie die himmlischen Dinge vor den levitischen sind."

[263] O. Michel, S. 164: „Daß auch Melchisedek in Ewigkeit bleibt, geht über Wortlaut und Sinn von Ps 110, 4 hinaus."
H. Strathmann, S. 105: „Die Ewigkeit, die für den Verfasser das Wichtigste ist, ergibt sich ihm daraus, daß die Schrift nichts über seine Geburt und seinen Tod berichtet. Also, wird gefolgert, waren sie nicht zu berichten. Er kam aus der Ewigkeit und ging in sie, wie der Sohn Gottes selbst."

[264] W. Busch, Spuren zum Kreuz, 1959³, S. 31: „Der Hebräerbrief sagt uns deutlich, daß dieser König der Gerechtigkeit in dem Reiche des Friedens Jesus ist. Der Sohn Gottes, der — als die Zeit erfüllt war — Fleisch und Blut annahm und unser Bruder wurde, war vordem von Ewigkeit her beim Vater. Er selbst tritt dem Abraham entgegen."

Zwei heilsgeschichtliche Linien des Priestertums beherrschen das Denken des AT. Es gibt eine irdische Linie, die von Abraham über Levi auf Aaron und seine Nachkommen übergeht, und eine himmlische, die mit Melchisedek beginnt. Sie führt zu David, der in diesem Zusammenhang zum Mittler der Verheißung wird, weil ihm das Wort von dem kommenden messianischen Priesterkönig anvertraut ist. Die himmlische Priesterlinie mündet in dem kommenden Messias aus, sie weist auf Christus. Obwohl die Priester, Söhne Levis und Aarons, den Zehnten empfangen, gerade so wie Melchisedek ihn von Abraham entgegennahm, sind sie doch als Priester dem Melchisedek nicht gleichgestellt. Diesen Gedanken will der Apostel in unserem Abschnitt entfalten[265].

4 Der Apostel greift noch einmal auf eine Besonderheit des atst Berichtes zurück, die er zunächst nur am Rande erwähnt hatte: **Seht aber, wie groß dieser ist, dem Abraham, der Patriarch, den Zehnten von der Beute gab.** Abraham ist der Anfänger des atst und zugleich Vorbild des ntst Gottesvolkes, darin hat er bleibende Bedeutung. Wird er schon im AT als „Gottesfürst" bezeichnet (1 Mo 23, 6) und von Gott „Freund" genannt (Jes 41, 8), so spricht der Verfasser hier von ihm als dem „Patriarchen". Das, was von ihm berichtet wird, trägt zeichenhaften Charakter.

Abraham hat an Melchisedek den Zehnten entrichtet. Er hat diesen Zehnten von der Beute genommen[266]. Im Ablauf des atst Geschehens wird uns hier zum erstenmal berichtet, daß der Zehnte gegeben wird. Die Abgabe des Zehnten durch Abraham an Melchisedek (1 Mo 14, 20) steht in der Heiligen Schrift nicht isoliert; der Apostel setzt in diesem Abschnitt Hbr 7, 4—10 diese zuerst berichtete Abgabe des Zehnten mit großer Selbstverständlichkeit zu der späteren Zehntenordnung in Israel in unmittelbare Beziehung.

In Israel waren verschiedene Formen der Abgabe des Zehnten bekannt. Man unterschied zwischen einem „ersten Zehnten" und einem „zweiten Zehnten". Der erste Zehnte war eine Abgabe, die jeder fromme Israelit am Heiligtum für den Herrn zu entrichten hatte. Die ursprüngliche Ordnung lautete: „Alle Zehnten des Landes, sowohl vom Ertrag des Bodens als von den Früchten der Bäume, gehören dem Herrn, sind dem Herrn geweiht" (3 Mo 27, 30—32; 4 Mo 18, 21—24). Dagegen war der zweite Zehnte eine Art „Zwangssparkasse". Jeder Israelit sollte den zehnten Teil seines Besitzes zurücklegen, um davon seinen Unterhalt zu bestreiten, wenn er zum Tempel

[265] E. Riggenbach, S. 179: „Melchisedek ist Typus Christi und steht wie er in einem Gegensatz zu dem levitischen Priestertum."

[266] Das grie Wort *ta akrothinia* bedeutet eigentlich „die Auslese aus der Beute, die Erstlingsgabe".

des Herrn zog, um dort zu opfern und anzubeten. Alles an Gütern, was er nicht mitnehmen konnte, sollte er in Geld umsetzen, um sich dann an der Stätte seines Gottes mit dem zu versorgen, was er brauchte. Gottes Wort sagte: „Kaufe für das Geld, wonach nur dein Herz gelüstet, und iß daselbst vor dem Herrn, deinem Gott, und sei fröhlich, du und dein Haus" (5 Mo 14, 22—26). Außerdem kannte die atst Ordnung noch die dritte Form des „Armenzehnten" (5 Mo 14, 28—29). Alle drei Jahre sollte der fromme Israelit den Zehnten zurücklegen, um damit notleidenden Volksgenossen zu helfen. War es einerseits das Vorrecht der Leviten, daß sie den ersten Zehnten in Empfang nehmen durften, um ihn zu ihrem eigenen Unterhalt zu verwenden, so waren sie andererseits verpflichtet, auch wiederum von diesem Zehnten ihrerseits den Zehnten an den Herrn abzugeben, der dann in den unmittelbaren Besitz des Heiligtums überging (4 Mo 18, 26—28; Neh 10, 38). Zu den Besonderheiten der atst Zehntenordnung gehörte, daß der erste und zweite Zehnte an die Stätte des Heiligtums (5 Mo 12, 6. 11. 17), also in die unmittelbare Gegenwart Gottes gebracht werden mußte. Der Armenzehnte dagegen verblieb am Wohnort des Israeliten und durfte dort von Notleidenden in Anspruch genommen werden. Außerdem hatte jeder Israelit die Verpflichtung, dann, wenn er jedes dritte Jahr den Armenzehnten entrichtet hatte, vor Gott ein „Zehntbekenntnis" abzulegen, bei dem er vor Gott und Menschen aussprach, daß er Gottes Ordnung erfüllt habe, und um seinen Segen bat (5 Mo 26, 12—15).

Schon längst vor der Gesetzgebung am Sinai war den Patriarchen die Gepflogenheit der Zehntenabgabe bekannt (1 Mo 14, 20; 28, 22) und vor allem sichtbarer Ausdruck ihrer Dankbarkeit und ein Bekenntnis ihrer Abhängigkeit von Gott. Diese geistliche Bedeutung ist auch in späterer Zeit erhalten geblieben. Zugleich sollte die pünktliche und gewissenhafte Ablieferung des Zehnten zu einer beständigen geistlichen Übung in der Gottesfurcht werden (5 Mo 14, 22—23) und ein Schlüssel zum Segen Gottes (5 Mo 14, 28—29). Jedem Israeliten sollte es möglich sein, durch willige Hingabe im Glauben die Zuverlässigkeit der göttlichen Verheißungen zu prüfen (Mal 3, 10 vgl. Spr 3, 9—10).

So oft der Israelit den Zehnten entrichtete, sah er sich von Gott vor grundsätzliche Fragen gestellt: Von wem empfängst du deine Gaben? Was erhältst du? Wem sollst du etwas geben? Was sollst du geben? Was bedeutet dir diese Gabe? Wie gibst du? — Fragen, die auch der Gläubige der ntst Gemeinde immer neu zu bedenken hat. Der Israelit mußte in der Praxis seines Lebens persönlich die Antwort darauf geben.

Wenn Gott seinem Volk Zeiten besonderen Segens und eines

geistlichen Neubeginns schenkte, so etwa unter dem König Hiskia und unter Nehemia, berichtet die Bibel von der freudigen Erfüllung der Zehntenpflicht (2 Chro 31, 5. 6. 12; Neh 10, 38–39; 12, 44; 13, 5. 12). Gott nahm das demütige Bekenntnis menschlicher Abhängigkeit bei der Zehntenabgabe an und segnete es. Dagegen stand die ungeistliche Zehntenabgabe, bei der der Mensch nicht in der rechten Herzensstellung vor Gott lebte, unter dem Wort des Gerichtes (Am 4, 4; Mt 23, 23; Lk 11, 42; 18, 12).

Als die Israeliten von Samuel die Einsetzung eines Königs forderten, verkündete Samuel ihnen im Auftrag Gottes das Recht dieses Königs. Daß 1 Sam 8, 15–17 die Forderung des Zehnten zum Recht des Königs erhoben wird, hat zweifache Bedeutung. Der König in Israel tritt nicht an Gottes Statt, wird nicht – wie vielfach im Heidentum – zur Gottheit erklärt, kommt aber doch in eine unmittelbare Beziehung zu Gott. Aller Zehnte, der dem König gegeben wird, ist letztlich doch Zehnter an Gott. Ps 2 und Ps 110 verleihen dem Königtum Israels messianische Bedeutung für die Endzeit; in Jesus Christus ist es zur Erfüllung gekommen. Damit wird aber Christus zum eigentlichen König im Vollsinn der Verheißung, demgegenüber alle Könige Israels nur Vorläufer waren. Ihm steht im tiefsten Sinn als dem König des ntst Gottesvolkes das Recht des Zehnten zu. Es ist in unserem Zusammenhang wichtig, daß der Apostel auf Grund seiner Erkenntnis **nicht ein neues Leistungsgesetz** aufrichtet, sondern das gesetzliche Denken überwunden hat. Der Christusgläubige im Neuen Bund ist *nicht abgabepflichtig*. Vielmehr sieht der Autor in Hbr 13, 16 ebenso wie Paulus 1 Ko 16, 1 ff und 2 Ko 8, 9 ff, daß in der ntst Gemeinde der Geber sich *aus Dankbarkeit* zum Opfer verpflichtet weiß.

5 Wir sehen, daß das Interesse des Verfassers nicht den Einzelheiten
der Zehntenordnung gilt, sondern dem Verhältnis, in dem Abraham,
die Leviten und Melchisedek bei der Zehntenabgabe zueinander
stehen. Alle Zehntenordnung des AT gründet sich letztlich auf
Abraham. Er selber hatte an Melchisedek den Zehnten entrichtet.
Nun hebt der Apostel hervor, daß eine Auswahl der Nachkommen
Abrahams, die Priester aus dem Geschlecht Levis, den Zehnten von
ihren Volksgenossen einziehen. Wie alle anderen Israeliten stammen
auch sie von Abraham ab, sind irdischer Herkunft. Und doch sind
6 sie als Leviten gegenüber ihren Brüdern bevorrechtet. Dieser schöp-
fungsmäßigen Gleichheit aller Israeliten als Nachkommen Abrahams
tritt nun die Überlegenheit Melchisedeks über Abraham gegenüber.
Die Israeliten entrichten ihren Zehnten an **Priester**, die *mensch-
licher Herkunft* sind, deren Geschlechtsregister auf Abraham
zurückgeführt wird. Abraham aber hat den Zehnten an einen Prie-

ster entrichtet, der himmlischer Herkunft war. Die Existenz des Melchisedek vor Gott ist einzigartig, unvergleichlich. Gott hat in Melchisedek ein Priestertum außerhalb des Gesetzes, ein Amt ohne gesetzliche Grundlage und Nachfolge aufgerichtet[267].

Darum war das Segenswort des Melchisedek auch in besonderer Weise wirksam im Leben des gesegneten Abraham und vermittelte ihm Anteil an Gottes Gaben und Reichtum. Dieser Gedanke wird im
nächsten Satz erläutert: **Ohne allen Widerspruch wird das Geringere** 7
von dem Besseren gesegnet. Immer nur will der Apostel die Überlegenheit Melchisedeks über Abraham und das levitische Priestertum herausstellen. Hier spricht er nicht von dem Zehnten, sondern von dem Segen. Der Unterschied zwischen dem „Geringeren und dem Besseren" besteht nicht in menschlichen Maßstäben von Würde und sozialer Stellung, sondern in der Bestätigung Gottes und der Ausrüstung mit geistlicher Vollmacht. Beim Segnen geht es immer um die Vollmacht von Gott, die dem priesterlichen Menschen aus dem persönlichen Umgang mit dem Herrn und dem Leben in seiner Nähe erwächst[268].

Die „Geringeren" sind sterbliche Menschen, der „Bessere" ist 8
Melchisedek, der das Zeugnis hat, „daß er lebt". Wenn unser Text auch gar nichts darüber aussagt, wie wir uns das Leben des Melchisedek vorzustellen haben, so macht doch das apostolische Wort deutlich, daß nicht nur an ein Fortleben des Melchisedek in den Gedanken Gottes zu denken sei, sondern daß er wirklich in der Ewigkeit Gottes lebt. Dieser Gedanke wird uns verständlich, wenn wir an das denken, was wir im voraufgegangenen Abschnitt über Melchisedek gesagt haben. Der königliche Priester Melchisedek ist niemand anderes als die vom Geheimnis Gottes überwaltete Person unseres Herrn Jesus Christus in einer für unser Denkvermögen unergründbaren Offenbarungsgestalt. Nach seiner kurzfristigen irdischen Erscheinung, die dem Aufleuchten eines Meteors am dunklen Firmament gleicht, ist er in der Kraft seines unvergänglichen Lebens wieder in die Herrlichkeit Gottes zurückgegangen.

Mit eindringlicher Schärfe geht der Apostel dem Gedanken nach, 9
die Überlegenheit Melchisedeks über Abraham und Levi nachzuweisen: Melchisedek empfing den Zehnten; Levi und seine Nachkommen empfangen auch den Zehnten. Sind beide deshalb nicht einander gleichgestellt? Gerade das verneint der Apostel. Er betont, daß eben auch die Leviten durch Abraham den Zehnten an Melchisedek entrichtet haben. Also stehen sie in einem Abhängigkeitsverhältnis von

267 Vgl. O. Michel, S. 167.
268 Vgl. Erich Schick: Vom Segnen, Stuttgart 1937, S. 11 ff.

10 ihm. Wir werden auf ein schicksalhaftes Geschehen hingewiesen, das über die Grenzen der persönlichen Existenz des einzelnen hinausgreift. Wie haben wir das zu verstehen? Im biblischen Denken ist der Ahnherr und Stammvater die Verkörperung seiner gesamten Nachkommenschaft[269]. Levi war ein Urenkel Abrahams und noch nicht geboren, als Abraham Melchisedek begegnete. Aber so wie Levi in seiner Person das israelitische Priestertum aller kommenden Jahrhunderte verkörperte, so kann auch von ihm gesagt werden, daß er in der Person seines Vorfahren Abraham den Zehnten an Melchisedek entrichtete. Anders gesagt: Mit der Abgabe des Zehnten an Melchisedek hat Abraham eine Entscheidung getroffen, deren Folgen sich auf alle kommenden Generationen erstrecken. Wir haben dazu auch eine ntst Parallele: Ohne unser persönliches Zutun stehen wir alle in einer schicksalhaften Verbindung mit dem ersten Menschen Adam, mit seiner Urschuld und dem Todesverhängnis. Ebenso stehen wir aber auch in einer schicksalhaften Verbindung zu Christus, indem seine Auferstehung die Grundlage dafür geworden ist, daß einmal alle Menschen auferstehen werden (Rö 5, 12 ff; 1 Ko 15, 21 ff). Eine solche Schicksalsverbindung weist der Apostel auch zwischen Abraham, Levi und den levitischen Priestern nach. Levi, der Stammvater der israelitischen Priester, „war noch in der Lende des Vaters, als Melchisedek ihm begegnete".

C. Das neue Priestertum fordert eine neue Priesterordnung

Hbr 7, 11–17

Zu Vers 11:
Hbr 7, 18–19
8, 6
Ps 110, 4
Zu Vers 14:
1 Mo 49, 10
5 Mo 33, 7–10
Jes 11, 1
Mi 5, 1
Mt 2, 6
Offb 5, 5
Zu Vers 15:
Ps 110, 4
Zu Vers 16:
Rö 6, 9
Eph 1, 19–20

11 **Wenn nun die Vollendung durch das levitische Priestertum erreicht worden wäre, denn das Volk war darauf gesetzlich verpflichtet worden, wozu war es dann nötig, einen anderen Priester nach der Ordnung Melchisedeks einzusetzen und ihn nicht nach**
12 **der Ordnung Aarons zu nennen? * Denn wenn das Priestertum verändert wird, tritt mit Notwendigkeit auch eine Änderung des**
13 **Gesetzes ein. * Denn er, von dem dies gesagt wird, gehörte zu einem anderen Stamm, aus dem niemand mit dem Altar zu tun**
14 **gehabt hat. * Denn offensichtlich ist unser Herr aus Juda hervorgegangen: zu dem Stamm hat Mose nichts über Priester gesagt.**
15 *** Und noch viel deutlicher ist es, wenn nach der Ähnlichkeit mit**
16 **Melchisedek ein anderer Priester eingesetzt wird, * der es nicht nach dem Gesetz eines fleischlichen Gebotes geworden ist, son-**

269 Wir erinnern an die Auswirkung von Segen und Fluch auf die Nachkommenschaft Jakobs und Esaus, vgl. 1 Mo 25, 23; Mal 1, 2 f; Rö 9, 11 ff.

17 **dern nach der Kraft unzerstörbaren Lebens. * Denn es wird be-**
zeugt: „Du bist Priester in Ewigkeit nach der Ordnung Melchi-
sedeks."

Zu Vers 17: Hbr 5, 6. 10

Der Apostel hatte in den Versen 4–10 vom Priestertum und dem 11
Empfang des Zehnten gesprochen. Jetzt faßt er das Verhältnis von Priestertum und Gesetz (V. 11–17) näher ins Auge, um schließlich über die Bedeutung des Einsetzungswortes nachzudenken (V. 18–28), durch das Gott das Priestertum des Melchisedek in Geltung gesetzt hatte. In allen drei Beziehungen erweist sich das Priestertum nach der melchisedekianischen Ordnung dem aaronitischen Priestertum überlegen. Jetzt bildet eine Frage den Ausgangspunkt seiner Überlegungen: **Wozu war es nötig, einen anderen Priester nach der Ordnung Melchisedeks einzusetzen und ihn nicht nach der Ordnung Aarons zu nennen?** Gott selber hatte doch zusammen mit dem Bundesschluß am Sinai seinem Volk eine gültige Priesterordnung geschenkt. Gesetz und Priestertum waren gemeinsam in dem Bund verankert, den Gott mit seinem Volk geschlossen hatte. Israel wußte sich auf die Rechtssatzungen dieses Bundes verpflichtet. „Alle Gebote, die der Herr gegeben hat, wollen wir halten!" Das war das Bekenntnis aller Israeliten (2 Mo 24, 3–8). Warum wollte Gott nun eine neue Priesterordnung in Kraft treten lassen? Der Apostel weiß hierauf nur eine Antwort: **Weil durch das levitische Priestertum keine Vollendung erreicht worden ist.** Seit der Zeit der Makkabäerkriege war in vielen Juden die Hoffnung auf ein neues, besseres Zeitalter lebendig, die Zeit der Wiederherstellung der wahren Gottesordnung, in der ein ehrwürdiger Priester über das Volk herrschen würde[270]. Aber dieser künftige Priester aus dem Stamm Levi konnte bestenfalls das Idealbild des aaronitischen Hohenpriestertums verwirklichen, niemals aber die Vollendung herbeiführen in dem Sinne, wie der Apostel sie in unserem Brief versteht. Das grie Wort *teleíosis*, „Vollendung", begegnet uns im NT nur noch Lk 1, 45, im Segensgruß der Elisabeth an Maria, die Mutter des Herrn: „Selig bist du,

[270] Diese Hoffnung findet ihren Ausdruck u. a. auch in den Schriften von Qumran. An vielen Stellen taucht die Person des „letzten Priesters", des „Lehrers der Gerechtigkeit" auf, der das priesterliche Oberhaupt der Söhne des Lichtes ist. Im Jesaja-Kommentar heißt es: „Es wird einer der Priester mit angesehenem Namen hervorgehen." Die „Rolle der Regel" zeigt die Wertschätzung des eschatologischen Priestertums: „Nur die Söhne Aarons sollen in Sachen des Rechts und der Güter gebieten" (IX, 7) ... „Der Priester trete an der Spitze der ganzen Gemeinde Israels ein, dann alle Häupter der Söhne Aarons, die Priester" (V 12–13). In der „Rolle der Bestimmungen für den Krieg" ist es der Oberpriester (Hoherpriester), der das Volk anführt. Vgl. André Dupont-Sommer, Die Essenischen Schriften vom Toten Meer, 1960, S. 103, 118, 211 ff, 293, 297, 387 ff. Ebenfalls Hans Bardtke, Die Handschriftenfunde am Toten Meer, 1958, S. 298 ff.

die du geglaubt hast! denn es wird vollendet werden (grie *éstai*
teleíosis), was dir gesagt ist von dem Herrn." Beide Aussagen
Lk 1, 45 und Hbr 7, 11 stehen sich innerlich nahe, sind aber doch
auch klar voneinander zu unterscheiden. In unserem Vers geht es
nicht nur um die Erfüllung einer einzelnen Zusage Gottes, sondern
um die Vollendung des göttlichen Heilsplanes. Das atst Priestertum
ist mit seinen von Gott gegebenen Ordnungen nur ein wichtiger
Abschnitt auf dem Weg der Heilsgeschichte zur Heilsvollendung; es
macht weder das Ganze der Heilsgeschichte aus, noch ist es die letzte
Etappe. Der Heilsratschluß Gottes zur Rettung der verlorenen Welt
hat in Christus und der Gemeinde seine Mitte; **seine Vollendung**
findet er in der Neuschöpfung von Himmel und Erde.
12 Priestertum und Priesterordnung waren nach Gottes Willen im AT
durch das Kultgesetz festgelegt. Setzt Gott ein neues Priestertum
ein, dann wird damit dieses Gesetz innerhalb der Ordnungen des
Alten Bundes aufgehoben und ein neues Gesetz tritt in Kraft[271].
13 Daß dies bereits tatsächlich geschehen ist, liegt für den Apostel offen
zutage. Das atst Gesetz sah vor, daß nur Männer aus dem Stamm
Levi zum Dienst am Heiligtum berufen werden konnten, und nur
Nachkommen Aarons als Priester am Altar stehen durften[272]. Da-
durch, daß Jesus Christus von Gott zum Hohenpriester berufen
worden ist, hat Gott selber diese Ordnung außer Kraft gesetzt.
14 **Denn offensichtlich ist unser Herr aus Juda hervorgegangen: zu dem**
Stamm hat Mose nichts über Priester gesagt. Die messianische Ver-
heißung, die schon Jakob auf den Stamm Juda gelegt (1 Mo 49, 8—12)
und die Gott auf der Höhe des Prophetentums erneuert hat (Jes 11,1),
findet im Neuen Bund in Jesus Christus ihre Bestätigung und Erfül-
lung (Mt 2, 6; Offb 5, 5). In ihm, dem „Löwen aus dem Stamm Juda",
sind Königtum und Priestertum vereinigt (Ps 110, 1. 4; Sach 6, 11).
15 Aber nicht nur daran, daß der Hohepriester des ntst Gottesvolkes
aus dem Stamm Juda kommt, wird deutlich, daß Gott die Priester-
ordnung des Alten Bundes durchbrochen hat. Der neue Hohepriester
steht seinem Wesen nach in einer unmittelbaren Beziehung zu Mel-
chisedek, sein Priestertum gründet sich auf eine
16 priesterliche Urordnung Gottes. Christus ist nicht
Hoherpriester geworden **nach dem Gesetz eines fleischlichen Gebotes.**

[271] Andere Ausleger verstehen unter dem Begriff des „nómos" (Gesetz), das der Verfasser hier verwendet, das gesamte mosaische Gesetz. Vgl. Ferdin. Zißler, Das Hohepriestertum Christi, Geisweid und Basel, o. J., S. 55: „Die geweissagte Aufhebung des Priestertums schließt notwendig die Aufhebung des Gesetzes ein. Der 110. Psalm weissagt ja die Aufhebung der ganzen mosaischen Zwischenanstalt. Vgl. Gal 3, 17. Diese Weissagung geschah mit einem Eidschwur Gottes. Das zeitweilige Priestertum Aarons, dem der Eidschwur Gottes mangelte, war zum Bleiben nicht bestimmt."

[272] Vgl. 2 Mo 28, 1. 43; 4 Mo 3, 10; 16, 8—10. 40; 18, 1—7; 5 Mo 33, 8—11.

Die alte Ordnung band das priesterliche Amt an irdisch-menschliche
Voraussetzungen. Die Priester mußten bestimmter menschlicher Her-
kunft sein — eben Nachkommen Aarons, sie durften keine körper-
lichen Gebrechen haben (3 Mo 21, 17—21) und konnten nur bei kul-
tischer Reinheit ihren Dienst versehen. Die neue Priesterordnung
aber, nach der Christus zum Hohenpriester berufen wurde, trägt
das Kennzeichen der **Kraft unzerstörbaren Lebens.** Diese Kraft (grie
dýnamis) ist das Zeichen des neuen Bundes, der „zukünftigen Welt",
ist zugleich die Kraft des Wortes, des Heiligen Geistes und der Wun-
der, die durch Jesus und die Apostel geschahen[273]. In dieser Kraft
tut sich Gottes unmittelbar gegenwärtige Wirksamkeit kund. In ele-
mentarer Weise hat sich diese „göttliche Kraft unzerstörbaren Le-
bens" bei der Auferstehung Jesu offenbart und ist heute noch fort
und fort im Leben der Gläubigen wirksam (Eph 1, 19—20)[274]. Immer 17
wieder begegnen wir der Treue, mit der der Apostel an der Offen-
barung Gottes im AT festhält. Darum ist ihm besonders daran ge-
legen, jede wichtige Glaubensaussage mit einem Wort aus dem AT
zu begründen. So schließt er seinen Gedanken mit einem erneuten
Hinweis auf Ps 110, 4. Schon das atst Wort, das Königtum und
Priestertum in dem kommenden Messias vereinigt sieht, spricht von
der Ewigkeit dieses neuen Priestertums. Keinem der Nachkommen
Aarons galt die göttliche Zusage: „Priester in Ewigkeit". Aber in
Christus ist sie Wirklichkeit geworden; als Auferstandener besitzt
er die „Kraft des unzerstörbaren Lebens" (vgl. Rö 6, 9), er ist „Prie-
ster in Ewigkeit".

D. Die Bestätigung des besseren Priestertums durch den Eidschwur

Hbr 7, 18—28

18 **Denn die Aufhebung des vorangegangenen Gebotes erfolgt um**
19 **seiner Schwäche und Nutzlosigkeit willen, * denn das Gesetz hat**
nichts zur Vollendung gebracht, es dient aber der Einführung
20 **einer besseren Hoffnung, durch die wir Gott nahen. * Und in-**
wiefern es nicht ohne Eidschwur geschah, — denn jene sind ohne

Zu Vers 18:
Rö 8, 3
Hbr 7, 11
9, 9
10, 1—2
10, 4. 11
13, 9

[273] Vgl. „Die Kräfte der zukünftigen Welt" Hbr 6, 5. — „Unsere Verkündigung des Evangeliums geschah bei euch nicht allein durchs Wort, sondern auch in Kraft und im Heiligen Geist und in großer Gewißheit" 1 Th 1, 5. — „Nicht auf Worten beruht das Reich Gottes, sondern auf Kraft" 1 Ko 4, 20. — „Gott gab Zeugnis durch Zeichen und Wunder und vielerlei machtvolle Taten (grie *dynámeis*)" Hbr 2, 4.

[274] Vgl. 2 Ko 13, 4 „. . . er lebt durch die Kraft Gottes." Weil er der ewig Lebendige ist, kann er geistlich tote Menschen zu neuem Leben erwecken und mit sich in den Himmel erheben.

Zu Vers 19:
Hbr 6, 18
1, 4
7, 22
8, 6
9, 23
10, 34
11, 16. 35. 40
12, 24
Zu Vers 21:
Ps 110, 4
Hbr 6, 17
Zu Vers 22:
2 Mo 24, 8
Jer 31, 31—34
Jer 32, 40
Sach 9, 11
Lk 22, 20
1 Ko 11, 25
2 Ko 3, 6—11
Hbr 8, 6—12
9, 15—20
10, 29
12, 24
13, 20
Zu Vers 24:
Ps 110, 4
Lk 1, 32—33
Hbr 13, 8
Zu Vers 25:
Hbr 10, 14
Offb 1, 18
Jo 14, 6
Rö 8, 34
1 Jo 2, 1
Zu Vers 26:
Hbr 1, 3
4, 14—15
Zu Vers 27:
3 Mo 16, 6. 15
Hbr 9, 12
10, 10
Zu Vers 28:
Hbr 5, 1—2
Ps 2, 7
Ps 110, 4

21 **Eidschwur Priester geworden, * er aber mit einem Eidschwur durch**
den, der zu ihm spricht: „Der Herr hat geschworen, und es wird
22 **ihn nicht gereuen: Du bist Priester in Ewigkeit!" — * insofern ist**
23 **Jesus auch Bürge eines besseren Bundes geworden. * Und jene**
sind in Vielzahl Priester geworden, da sie durch den Tod gehindert
24 **wurden zu bleiben. * Er aber hat, weil er in Ewigkeit bleibt, ein**
25 **unvergängliches Priestertum. * Daher kann er auch die, die durch**
ihn zu Gott kommen, völlig erretten, weil er allezeit lebt, um
26 **für sie einzutreten. * Denn einen solchen Hohenpriester mußten**
wir auch haben, der heilig, schuldlos, unbefleckt, von den Sün-
27 **dern geschieden und über die Himmel erhöht worden ist; * der es**
nicht täglich nötig hat wie die Hohenpriester, zuerst für die
eigenen Sünden Opfer darzubringen, danach für die des Volkes;
denn dies hat er ein für allemal getan, als er sich selbst dar-
28 **brachte. * Denn das Gesetz bestimmt Menschen zu Hohenprie-**
stern, die mit Schwachheit behaftet sind, das Wort des Eidschwu-
res aber, der nach dem Gesetz erfolgte, den Sohn, der in Ewigkeit
vollendet ist.

Zuerst hatte der Apostel von der Abgabe des Zehnten an die Priester, dann von der Zuordnung von Priestertum und Gesetz gesprochen, um in stets neuen Perspektiven die überragende Größe des Priestertums nach der Ordnung Melchisedeks zu zeigen, das sich in Christus erfüllt hat. Den letzten Gedanken, die Aufhebung der alten Priesterordnung zugunsten einer neuen, greift der Apostel hier noch einmal auf. **Die Aufhebung des vorangegangenen Gebotes erfolgt um seiner Schwäche und Nutzlosigkeit willen.** Schon im AT, in dem zuvor angeführten Wort aus Ps 110, 4, wird eine neue Priesterordnung, eine besondere Art und Form des Priestertums angekündigt, das die Beibehaltung der aaronitischen Priesterordnung überflüssig macht. Das bedeutet keine Geringschätzung der atst Ordnungen. Gesetz und Priestervorschriften entspringen der heiligen Offenbarung Gottes, sie sind wunderbare Gabe Gottes an Israel. Dieses Bewußtsein lebt in jedem gottesfürchtigen Israeliten und beherrscht das Denken des AT (Ps 27, 4; Ps 119, 18. 162; Rö 7, 12. 14). Das AT wird nicht abgewertet oder entwertet, vielmehr sollen *Größe und Grenze des Gesetzes* deutlich hervorgehoben werden. Das Gesetz wird nur deshalb als „schwach und nutzlos" bezeichnet, weil es nicht die „Vollendung" (vgl. Hbr 7, 11) herbeizu-
18/19 führen vermag. Auf dem Weg des Gesetzes und der atst Priesterordnungen wird nicht das Ziel der göttlichen Heilsabsichten erreicht. Warum nicht? Weil die durch das Gesetz angeordneten Opfer „den, welcher Gott damit dient, nicht dem Gewissen nach zur Vollendung

führen können" (Hbr 9, 9). Wohl weist das atst Priestertum als Verheißung bereits auf die kommende Herrlichkeit hin; das AT wird zum Vorboten der Erfüllung des göttlichen Heilsratschlusses. Aber das priesterliche Gesetz bringt uns nicht in Gottes Nähe, es ist nicht der Weg zum Heil. Die beiden grie Ausdrucksweisen, die wir in unserem Vers finden: *teleiún* **zur Vollendung bringen** und *engízein to theó* **Gott nahen,** stehen hier in einem engen inneren Zusammenhang. Gottes Schöpferwille hatte die ungehinderte Gemeinschaft des Menschen mit seinem Schöpfer zum Ziel. Was durch die Sünde und Schuld des Menschen verhindert wurde, wird durch Gottes Heilswillen in Christus „vollendet". In Christus dürfen wir unmittelbar Gott nahen. Deshalb bekennt der Apostel Hbr 10, 19: „Wir haben die frohe Zuversicht zum Eintritt in das Heiligtum durch das Blut Jesu." Und was uns heute im Glauben an Jesus als beglükkende Möglichkeit geschenkt ist, wird in der erneuerten Schöpfung sichtbare Wirklichkeit sein (Offb 21, 22—27); „Vollendung" — das heißt: ungehindert, dankbar und froh in der unmittelbaren Nähe Gottes leben! Gerade das aber war auf dem Weg des atst Priestertums unmöglich!
Der ganze atst Gottesdienst mit Priesterordnung und Opfervorschriften diente weit mehr dazu, dem Menschen seine natürliche Gottesferne bewußt zu machen, als ihn in die Nähe Gottes zu bringen. An anderer Stelle kann unser Verfasser sagen: „Die Opfer bewirken Erinnerung an die Sünden. Denn unmöglich kann Blut von Rindern und Böcken Sünden hinwegnehmen." Auf dem Wege des Kultes wird die menschliche Existenz nicht in ihrem Kern umgewandelt (vgl. Hbr 10, 1—2. 4. 11)!

Ganz am Rande seiner Überlegungen hat uns der Apostel damit eine Erkenntnis mitgeteilt, die von tiefgreifender Bedeutung für jede Generation der Christenheit ist, gewiß aber in unserer Zeit besondere Aktualität hat. Der Gang der Kirchengeschichte lehrt uns, daß die Gemeinde Jesu nur dort ihren Gottesdienst recht verstanden hat — als Ausdrucksform ihres gemeinsamen Lebens mit dem erhöhten Herrn, wo ihr Blick für die Wichtigkeit des Wortes Gottes und die Wirksamkeit des Heiligen Geistes ungetrübt war. Seit der frühchristlichen Zeit begegnen wir immer wieder Strömungen, die die persönliche Erneuerung des geistlichen Lebens durch Gottes Wort und den Heiligen Geist, durch eine echte Bekehrung und Wiedergeburt, zurücksetzten zugunsten menschlicher frommer Übungen und eines falsch verstandenen Sakramentsdenkens. Gerade in unserer Zeit, in der das Vertrauen in das Wort der Heiligen Schrift durch die moderne Theologie systematisch erschüttert wird und darum so wenige Menschen die neuschaffende Kraft des Heiligen Geistes in ihrem Leben erfahren, suchen viele ihre Zuflucht in Kultus und Liturgie, in strengen gottesdienstlichen Formen und Übungen und einem mystisch-magischen Sakramentsverständnis. Wo uns der lebendige Christus nicht mehr in seinem Wort begegnen und zu uns reden kann, da bleibt nur noch der Kultus, die äußere Form. Das aber bedeutet immer eine Verarmung des geistlichen Lebens und zwangsläufig einen Rückfall in Gesetzlichkeit. Kultus und Liturgie können niemals Ersatz für die persönliche Gemeinschaft mit Christus sein, in dem allein uns das Heil gegeben ist.

20/21 Hatte der Apostel bei der Begründung seiner theologischen Aussagen bisher den Nachdruck auf den zweiten Teil des Verses Ps 110, 4 gelegt: „Du bist Priester in Ewigkeit nach der Ordnung Melchisedeks!", so besinnt er sich jetzt auf die erste Zeile dieses Verses: „Der Herr hat geschworen, und es wird ihn nicht gereuen." Hier wird, wie bei Abraham (Hbr 6, 13) und wie bei dem Gericht über die Wüstengeneration (Hbr 3, 11), von einem Gottesschwur gesprochen. Die Einsetzung Aarons und seiner Nachkommen zu Priestern erfolgte durch das Wort des Gesetzes am Sinai — ohne Eidschwur. Das ist bei der Berufung zum neuen Priestertum anders. Christus ist durch den göttlichen Eidschwur zum ntst Hohenpriester berufen. Der Schwur Gottes unterstreicht die absolute Unverbrüchlichkeit — „es wird ihn nicht gereuen" — und die ewige Gültigkeit — „Priester in Ewigkeit" — des Hohenpriesters Jesu.

Wenn der Apostel das Psalmwort **„es wird ihn nicht gereuen"** ohne weitere Erklärung übernimmt, so verbindet er damit die atst Vorstellungsweise. Wird im AT von einem Menschen gesagt, daß er Reue empfinde, so bezeugt dieser Ausdruck die demütige Unterordnung und Übereinstimmung mit Gottes Willen, im Guten und Bösen, entsprechend seinem gerechten Gericht. Wenn das AT sagt, daß Gott „bereue", so schließt das eine zweifache Möglichkeit in sich: Gott kann trotz seiner früheren Erwählung Menschen verwerfen (1 Sam 15, 11. 35), weil sie sich im Ungehorsam gegen ihn gewandt haben. Gott kann aber auch trotz seines Gerichtes dem Menschen erneut seine Gnade und Barmherzigkeit zuwenden (1 Chro 21, 15; Ps 106, 45; Am 7, 3. 6; Jon 3, 9 f; 4, 2). In Ps 110, 4 und Jer 4, 28 wird ausdrücklich betont, daß Gott keine Reue empfinden wird. Darin liegt die Zusicherung, daß Gott auf keinen Fall von seinem ursprünglich gefaßten Plan abweichen will[275].

AT und NT stehen im gleichen Verhältnis wie die Gottesworte,

[275] Vgl. W. Stb. Römer, S. 270, Anm. 215. — O. Michel, Ki—Th W Bd. 4, S. 630 ff — Kromminga, Art. Repentance, Bakers Dictionary of Theology, Hrsg. E. F. Harrison, 1960, S. 443 ff.

durch die Gott das Priestertum einsetzt: Der Überlegenheit des gött- 22
lichen Eidschwures über das Gesetzeswort vom Sinai entspricht die überragende Größe des Neuen Bundes gegenüber dem Alten Bund. **Bürge dieses besseren**[276] **Bundes** ist **Jesus** geworden. Schon durch die Anordnung der grie Satzkonstruktion unterstreicht der Apostel, daß Jesus der Träger göttlicher Vollmacht ist. Er, der Sohn Gottes, ist mit seinem Leben, Leiden, Sterben und Auferstehen der Garant für die Wirklichkeit und Vollendung des Heilswillens Gottes im Neuen Bund geworden.

Der Apostel sieht die alles überstrahlende Herrlichkeit des ntst 23
Hohenpriestertums nicht nur darin begründet, daß die Berufung und Einsetzung in dieses Amt durch den Eidschwur Gottes erfolgte, er denkt auch daran, daß sich das Psalmwort nur an einen richtet: „Du bist Priester in Ewigkeit!" Als Aaron und seine Söhne am Sinai zu Priestern berufen wurden, da sprach Gott: „Das ist für ihn und seine Nachkommen eine immerwährende Verpflichtung" (2 Mo 28, 43). Es war von vornherein an eine Vielzahl von Priestern gedacht. Das atst Priestertum hatte eine zeitliche Begrenzung, das Amt mußte von Generation zu Generation weitergegeben
werden. Der aber, zu dem Gott im Schwur gesprochen hat: „Du 24
bist Priester in Ewigkeit!" übergibt sein hohepriesterliches Amt nicht einem Nachfolger. Weil der Tod keine Macht mehr an ihm hat, besitzt er ein unvergängliches[277] Priestertum. Das Hohepriestertum Jesu reicht von Ewigkeit zu Ewigkeit, er ist „gestern und heute derselbe und in Ewigkeit" (Hbr 13, 8).

Alle Aussagen, die der Apostel in dem Vergleich des aaronitischen 25
Priestertums mit dem Hohenpriestertum Jesu, dem Priestertum nach der Ordnung Melchisedeks gemacht hat, gipfeln in diesem einen Satz: **Daher kann er auch die, die durch ihn zu Gott kommen, völlig erretten, weil er allezeit lebt, um für sie einzutreten.** Das, was Gesetz und Priestertum im AT nicht vermochten, das kann Jesus auf Grund seines ewigen göttlichen Lebens: er kann völlig erretten! „Er kann helfen!" (Hbr 2, 18) — das hatte der Apostel zunächst als Wirkung des Hohenpriesterdienstes Jesu herausgestellt. Hier geht er in seiner Aussage einen Schritt weiter. Jesus hat uns die totale Rettung gebracht, ein vollkommenes Heil erworben, das in alle Ewigkeit gültig ist[278]. Diese ewige, vollgültige Errettung gilt allen Menschen, wird

[276] grie *kreitton* „besser" ist eines der Schlüsselworte des Hbr, denen besondere theologische Bedeutung zukommt; vgl. 1, 4; 7, 19. 22; 8, 6; 9, 23; 10, 34; 11, 16. 35. 40; 12, 24. Das griech Wort *éngyos* „Bürge" findet sich nur hier im NT.

[277] Der Apostel gebraucht hier das grie Wort *aparábatos*, das ursprünglich „unverletzlich, nicht zu übertreten" bedeutet.

[278] Der grie Ausdruck *eis to pantelés* bedeutet sowohl „völlig, gänzlich" als auch „für immer, auf Dauer", hat also zugleich qualitativen und temporalen Sinn; vgl. Lk 13, 11.

jedermann angeboten, aber doch nur wirksam für den, der zu Gott umkehrt. Ähnlich wie Hbr 2, 16 grenzt auch hier der Apostel den Kreis von Menschen ein, denen das Heil zuteil wird. Dort hatte er gesagt: „Er nimmt sich des Samens Abrahams an." Hier heißt es: „Jesus kann die erretten, die durch Ihn zu Gott kommen!" Die Rettung von den Sünden wird nur denen zuteil, die sich in Buße und Glauben zum Herrn bekehren (vgl. Apg 3, 19). Wer durch die persönliche, freiwillige Glaubensentscheidung Jesus Christus als seinen Heiland und Herrn aufgenommen hat (Jo 1, 12), wer durch Jesus Christus zu Gott, dem Vater, gekommen ist (Jo 14, 6), der empfängt Vergebung und erfährt die Bewahrung in Anfechtung, Bedrängnis und Not. Der ewige Hohepriester (Offb 1, 18) ist nicht nur der Retter seines Volkes, sondern auch zugleich der Anwalt, der ewige Fürsprecher der Gläubigen (Rö 8, 34; 1 Jo 2, 1)[279].

Diese umfassende Heilstatsache stellt der Apostel einer Gemeinde vor Augen, die er auf kommende Leiden vorbereiten will: Rettung, Bewahrung und Vollendung sind uns durch unseren ewigen Hohenpriester geschenkt. Er lenkt dabei unseren Blick auf das vollbrachte Heilswerk Jesu, der sich selbst als vollgültiges, unwiederholbares Opfer Gott dargebracht und die Sündenschuld der Menschheit getilgt hat. Ebenso deutlich zeigt er uns die ganze Größe und Heiligkeit des
26 ntst Hohenpriesters. **Denn einen solchen Hohenpriester mußten wir auch haben, der heilig, schuldlos, unbefleckt, von den Sündern geschieden und über die Himmel erhöht worden ist.** Nicht nur in der Rettungstat Jesu, sondern ebenso in dem Wesen seiner göttlichen Person ist unser Heil begründet. Was an kultischer Reinheit von atst Priestern gefordert wurde, ist durch Christus unendlich weit überboten. Jesus ist **heilig** – völlig ohne sündhaftes Wesen[280], heilig, wie Gott der Vater heilig ist, vollkommen heilig nach dem Gesetz; aber seine Heiligkeit erschreckt uns Sünder nicht, durch sie gerade

[279] F. F. Bruce, S. 153 f: „Die Christus als ihren Hohenpriester und Mittler vor Gott kennen, besitzen in ihm einen Heiland, dessen rettende Kraft unbegrenzt wirksam und nicht den Mißgeschicken des menschlichen Lebens unterworfen ist. Er lebt ewig und ist unablässig darauf bedacht, die zu segnen und zu schützen, die ihr Leben ihm anvertraut haben. Der Weg, um durch ihn Gott zu nahen, steht allezeit offen, weil er als ‚ewiger Priester' sein Volk in Gottes Gegenwart vertritt. Er ist nicht Vermittler im gewöhnlichen Sinn, nicht ein Mittelsmann, der seine guten Dienste zwei Parteien zur Verfügung stellt, in der Hoffnung, sie zu einer Übereinstimmung zu bringen. Er ist der einzigartige Mittler zwischen Gott und Menschen, weil er in seiner Person Gottheit und Menschheit vollkommen vereinigt; in ihm kommt Gott den Menschen nahe, und durch ihn dürfen sich die Menschen Gott nahen in der Gewißheit, in ihm den unveränderlichen und unmittelbaren Zugang zu haben."

[280] Hier gebraucht der Verfasser nicht das grie Wort *hágios*, das „heilig", d. h. „für Gott und seinen Dienst beschlagnahmt" bedeutet, sondern das Wort *hósios*, d. h. ursprünglich „von aller Schuld rein".

kann er uns vor Gott vertreten. Er ist **schuldlos** — ohne Rückhalt und Hinterlist[281], **unbefleckt** — er konnte wahrhaft fragen: „Welcher unter euch kann mich einer Sünde zeihen?" (Jo 8, 46), **von den Sündern geschieden** — Mensch wie wir (Hbr 2, 14), versucht wie wir (Hbr 4, 15) und doch der einzige, der ohne Sünde blieb und deshalb
über die Himmel erhöht worden ist. Er hat durch Auferstehung und 27
Himmelfahrt den unmittelbaren Zugang zur Herrlichkeit Gottes gewonnen. Dieser unermeßliche Reichtum göttlichen Wesens in der Person Jesu wirkt sich schon in seinem Erdenleben, seinem irdischen Hohenpriesterdienst aus. Bewußt stellt der Apostel das t ä g l i c h e Opfer des atst Hohenpriesters und das e i n m a l i g e[282] Opfer Jesu einander gegenüber. Der Hohepriester mußte zuerst für sich selbst
opfern, um Sühnung für eigene Schuld zu erwirken. Das brauchte 28
Jesus nicht. Der atst Hohepriester brachte O p f e r g a b e n dar, Jesus opferte s i c h s e l b s t ! Worin ist dieser Gegensatz begründet? Mit dieser Frage kehrt der Apostel an den Ausgangspunkt seiner Überlegungen in unserem Abschnitt zurück. Das Priestergesetz vom Sinai bestimmte **Menschen zu Hohenpriestern, die mit Schwachheit**[283] **behaftet** waren. Erst viel später, z. Z. des Königs David, offenbarte Gott das **Wort des Eidschwures** in Ps 110, durch das er **den Sohn** berief, der **in Ewigkeit vollendet** ist. Gesetz und göttlicher Eidschwur stehen im gleichen Verhältnis zueinander wie die menschlichen, mit Schwachheit, d. h. Versuchlichkeit behafteten Priester und der ewige, vollkommene Sohn[284].

Zusammenfassung

In Hbr 1—6 ließen manche Äußerungen, besonders auch die immer wieder eingestreuten Warnungen und Ermahnungen es zu, in Umrissen ein Bild der Gemeindesituation zu entwerfen, in der der Apostel seine Verkündigung ausrichtet. Hbr 7 dagegen, das Kapitel, mit dem der Hauptteil des Briefes einsetzt, enthält keinen einzigen Hinweis auf die konkrete Lage der Gemeinde. Die Art, in der hier Alter und Neuer Bund einander gegenübergestellt werden, trägt nicht den

[281] Das grie Wort *ákakos* „schuldlos, arglos" ist sinnverwandt dem Wort *akéraios* „ohne Falsch, lauter" **Mt 10, 16.**

[282] grie *ephápax;* einmaliges Opfer (Hbr 7, 27), einmaliger Eintritt ins Heiligtum (Hbr 9, 12) und einmalige Heiligung der Gläubigen (Hbr 10, 10) stehen in innerem Zusammenhang.

[283] grie *asthéneia* „Schwachheit", vgl. Hbr 4, 15; 5, 2 weist auf Wesen und Eigenart des Menschen hin, der kein Leben aus Gott hat.

[284] O. Michel, S. 181 f: „Jesus wird niemals als ‚schwach' geschildert; er ist den Anfechtungen zwar ausgesetzt, aber nicht preisgegeben. ‚Vollendet' ist der Sohn: er hat auf Erden sich selbst zum Opfer gebracht, hat daher die Vollmacht und Würde empfangen, die ihn zum Sohn und Priester vor Gott beruft."

Charakter einer Auseinandersetzung eines ntst Gläubigen mit atst Gesetzesfrömmigkeit, wie etwa der Apostel Paulus sie im Galaterbrief durchführt. Wir können auch nicht sagen, daß die Ausführungen des Apostels sich gegen ein Wiederaufleben atst Kultordnungen in der Gemeinde richten. Bei den Gedanken, die der Autor in Hbr 7 niedergeschrieben hat, scheint er den Problemen seiner unmittelbaren Gegenwart entnommen zu sein. So wie Paulus im Epheserbrief zunächst ohne direkten Bezug auf die gegenwärtigen Probleme der Gemeinde über den Heilsratschluß Gottes von Ewigkeit zu Ewigkeit nachsinnt[285], so meditiert unser Verfasser in Hbr 7 über den Worten 1 Mo 14, 17—20 und Ps 110, 4. Dabei werden ihm diese Worte lebendiger Hinweis auf die alles überragende Größe Jesu Christi. Jesus allein — größer als alles, was Gott seinem Volk Israel und der Welt an Offenbarung hat zuteil werden lassen — das steht vor seinem geistigen Blick. Die Entfaltung des Wesens und der Vollmacht Jesu in V. 25 und V. 26 sind der Kern seiner Aussage, um die herum er seine Gedanken gruppiert: Was Jesus von den atst Priestern unterscheidet und ihn weit über sie hinaushebt, sind seine Sündlosigkeit, das einmalige Opfer seines göttlichen Lebens, die Erhöhung in den Himmel, seine Unsterblichkeit und sein immerwährender Dienst der Fürbitte. Weil er bereits hinter der Person des Melchisedek die Herrlichkeit der Person Jesu Christi aufstrahlen sieht, und somit der Priesterkönig des Alten Bundes zum unmittelbaren Hinweis auf den ewigen königlichen Hohenpriester des Neuen Bundes wird, darum ist Jesu Hoherpriesterdienst dem Hohenpriestertum des Aaron unendlich überlegen.

Seine Aussage begründet der Apostel in drei Gedankengängen, die er streng gegliedert durchführt.

1. Grundlegend stellt er heraus, daß **Melchisedek** dem Patriarchen **Abraham,** seinem Nachkommen Levi und den aaronitischen Priestern **überlegen** ist.

a) Die Leviten stammen von Abraham ab; Melchisedek ist ohne Vorfahren, himmlischer Herkunft. Dem entspricht die Wirklichkeit, daß die Leviten sterbliche Menschen sind, Melchisedek aber unvergängliches Leben hat.
b) Die Leviten nehmen den Zehnten von ihren Brüdern; Melchisedek hat den Zehnten vom Stammvater empfangen.
c) Auch die Leviten sind Melchisedek gegenüber zur Abgabe des Zehnten verpflichtet, denn ihr Stammvater Levi war bei der Begegnung Abrahams mit Melchisedek in den „Lenden" des Patriarchen.

[285] Vgl. W. Stb. Eph S. 18 ff.

d) Schließlich hat Melchisedek Abraham gesegnet, und dieses Segensverhältnis kann nicht umgekehrt werden.

2. Die Gegenüberstellung von **Priestertum** und **Gesetz** entfaltet der Apostel ebenfalls in vier Stufen:

a) Gesetz und Priestertum sind unlösbar miteinander verbunden. Die Einsetzung eines neuen Priestertums zieht notwendig auch die Einsetzung einer neuen Ordnung nach sich.
b) Das alte Priestertum war durch die „Ordnung Aarons" begründet, das neue Priestertum dagegen durch die „Ordnung Melchisedeks".
c) Die alte Ordnung war Israel am Sinai gegeben worden. Die neue Ordnung erweist sich als die ältere, ursprüngliche, sie hat ihren Grund in Gottes Ewigkeit.
d) Die Einführung der neuen Priesterordnung wurde notwendig, weil durch das aaronitische Priestertum kein Abschluß der Heilsgeschichte erreicht werden konnte. Die Opfer im AT sind nur Vorbilder, das wahre Opfer hat erst der Hohepriester des ntst Gottesvolkes gebracht.

3. Die letzte Gewißheit dafür, daß die neue Priesterordnung in Christus Gültigkeit gewonnen hat, findet der Apostel in der Tatsache: der heilige Gott hat seine Gottheit zum Unterpfand eingesetzt und sich mit einem Eid dafür verbürgt, daß er seine Zusagen erfüllen wird. Vier Beziehungen zwischen Gottesschwur und Priestertum hebt er hervor:

a) Das Gesetz und die levitische Priesterordnung sind überholt durch den Eidschwur, durch den Jesus zum Hohenpriester eingesetzt ist. Aaron wurde Priester durch das Wort des Gesetzes, das keinen Abschluß der Heilsordnung brachte. Jesus ist zum Priester berufen worden durch das Wort des göttlichen Eides, das auf die letztgültige Erfüllung einer Urordnung Gottes hinweist.
b) Das Gesetz hat „die Einführung der Hoffnung auf das Bessere" gebracht, der Schwur Gottes seine Erfüllung.
c) Die Vielzahl der Priester wurde ohne Eidschwur eingesetzt; sie waren sterbliche Menschen, mit Schwachheit behaftet. Der eine Priester wurde mit Eidschwur eingesetzt, er ist unsterblich und nach dem Gesetz vollkommen. Deshalb kann er auch Bürge des besseren Testamentes sein.
d) In gleicher Weise, wie der göttliche Eid dem Gesetz überlegen ist, ist auch der Priesterdienst Jesu besser als der des Aaron und der Neue Bund besser als der Alte Bund.

Die Erfüllung der atst Hoffnung auf eine neue Priesterordnung schließt ein, daß jemand Priester werden kann, der nach dem mosaischen Gesetz keine Verheißung dafür hat. Nicht mehr Levi — sondern

Juda ist im Neuen Bund Stammhaus des Priestertums. Die Folgen dieser neuen Ordnung Gottes wirken sich in der ntst Gemeinde aus. Es werden jetzt Menschen zu Priestern Gottes berufen, denen auf der Stufe des AT jede Voraussetzung dafür fehlte. Die Glieder der Gemeinde Jesu sind das ntst Priestergeschlecht (1 Pt 2, 9; Offb 1, 6; 5, 9–10). Das Hohepriestertum Jesu wie das Priestertum seiner Gemeinde gründen sich nicht auf das atst Gesetz, sondern wie bei Melchisedek auf den inneren Reichtum der Person des Herrn, auf seine göttliche Herrlichkeit: „. . . nicht auf Grund eines Gesetzes menschlicher Bestimmungen, sondern auf Grund der Kraft eines unauflöslichen Lebens." Im Hohenpriestertum Jesu „nach der Ordnung Melchisedeks" tritt die von Gott gewollte ursprüngliche Priesterordnung in Vollkommenheit zutage[286].

Fast möchten wir meinen, daß die theologischen Gedanken des Verfassers aus einer verschwenderischen Fülle übersprudeln. Hat der Apostel darüber die Wirklichkeit vergessen? Denkt er nicht an die Not und die Probleme der Gemeinde, an die er sein Schreiben richtet? Doch – aber er lehrt seine Leser, und damit auch uns heute – eine notwendige geistliche Erkenntnis. Immer dann, wenn Not und Anfechtungen oder praktische Lebensprobleme uns bedrängen, besteht die Gefahr, daß wir uns von den Schwierigkeiten gefangennehmen lassen. Wohl bekennen wir Christus als unseren Herrn, wohl lassen wir ihn noch durch sein Wort zu uns reden und sprechen mit ihm im Gebet. Aber dennoch kreisen unsere Gedanken unablässig um die drohende Schwierigkeit und suchen einen Ausweg. Das hat verhängnisvolle Folgen: Wir können unsere Lage nicht mehr richtig beurteilen. Plötzlich erscheinen uns unsere Nöte übermächtig. Wir fangen an, uns selbst zu bemitleiden oder zu resignieren. Noch viel schlimmer: Wir berauben uns dadurch der geistlichen Kraft zur Überwindung der Krise. Hier zeigt der Apostel den rechten Weg: Zeit haben für Jesus! Nicht immer die Schwierigkeiten überdenken, sondern sich betend in Gottes Wort versenken, um die Größe Jesu anzuschauen. In ihm ruhen die verborgenen Quellen unseres geistlichen Lebens und unserer Kraft. Lassen wir uns von dem Apostel das Vertändnis für die heilsgeschichtlichen Zusammenhänge erschließen, dann gewinnen wir einen Blick für Gottes Offenbarung im geschichtlichen Wirken, gerade auch in der Entfaltung über lange Zeiträume hin; und wir lernen es, unser persönliches Leben in diesen großen

[286] O. Michel, S. 159: „Sieht man den Hbr im Zusammenhang mit der Entwicklung des jüdischen Priestertums, dann fällt seine Absage an den Stamm Levi auf (Hbr 7, 5 ff; 7, 14). Mit Melchisedek begegnet uns das Anfangslied einer eschatologischen Ordnung (Ps 110, 4), das sogar aus dem Rahmen des jüdischen Volkes herausfällt. Man erinnert sich an den Grundsatz, daß die Urzeit den eigentlichen Willen Gottes offenbart (Mt 19, 8; Gal 3, 17)."

Zusammenhängen zu sehen, die sich unter Gottes Hand alle zu einem vollkommenen Plan ordnen, und Gott dafür zu preisen und anzubeten.

9. Jesus Christus als himmlischer Hoherpriester ist der Mittler des neuen besseren Bundes geworden

Hbr 8, 1—13

1 **Die Hauptsache aber bei dem, was gesagt wird, ist: Wir haben**
einen solchen Hohenpriester, der sich zur Rechten des Thrones
2 **der Majestät in den Himmeln gesetzt hat, * als Diener des Heilig-**
tums und des wahren Zeltes, das der Herr errichtet hat, nicht ein
3 **Mensch. * Denn jeder Hohepriester wird eingesetzt, um Gaben**
und Opfer darzubringen; deshalb ist es notwendig, daß auch die-
4 **ser etwas hat, was er darbringen kann. * Wenn er nun auf Erden**
wäre, wäre er nicht Priester, weil (Priester bereits) **da sind, die**
5 **nach dem Gesetz die Gaben darbringen. * Sie dienen dem Abbild**
und Schatten der himmlischen Dinge, wie Mose die Weisung
empfing, als er das Zelt herstellen sollte; denn es heißt: „Siehe zu,
daß du alles nach dem Urbild anfertigst, das dir auf dem Berge
6 **gezeigt worden ist." * Jetzt aber hat er einen vorzüglicheren**
Dienst erhalten, wie er auch Mittler eines besseren Bundes ist,
7 **der auf besseren Verheißungen aufgebaut ist. * Denn wenn jener**
erste ohne Tadel wäre, würde nicht Raum für einen zweiten ge-
8 **sucht. * Denn tadelnd sagt er zu ihnen: „Siehe, es kommen Tage,**
spricht der Herr, da will ich mit dem Hause Israel und mit dem
9 **Hause Juda einen neuen Bund aufrichten, * nicht nach der Art**
des Bundes, den ich mit ihren Vätern machte, an dem Tage, als
ich sie an die Hand nahm, um sie aus dem Land Ägypten heraus-
zuführen; denn sie selbst blieben nicht in meinem Bund, und ich
10 **kümmerte mich nicht mehr um sie, spricht der Herr. * Denn dies**
ist der Bund, den ich mit dem Hause Israel schließen werde nach
jenen Tagen, spricht der Herr: Ich will meine Gesetze in ihren
Sinn geben und sie in ihr Herz schreiben, und ich will ihr Gott
11 **sein, und sie sollen mein Volk sein. * Und nicht mehr werden sie**
jeder seinen Mitbürger und jeder seinen Bruder belehren und sa-
gen: Erkenne den Herrn! Denn alle werden mich kennen vom
12 **Kleinsten bis zum Größten unter ihnen. * Denn ich will ihren**
Ungerechtigkeiten gnädig sein, und ihrer Sünden will ich nicht
13 **mehr gedenken." * Indem er sagt: „Einen neuen** (Bund)", **hat er**
den ersten für veraltet erklärt, was aber veraltet ist und sich über-
lebt hat, ist dem Untergang nahe.

Zu Vers 1:
Ps 110, 1
Hbr 1, 3
4, 14
Offb 3, 21
Zu Vers 2:
4 Mo 24, 6 LXX
Hbr 3, 5—6
9, 11
Offb 15, 5
Offb 21, 3
Zu Vers 3:
Hbr 5, 1
Zu Vers 5:
Hbr 9, 23
10, 1
13, 10
Kol 2, 17
2 Mo 25, 9. 40
2 Mo 26, 30
2 Mo 27, 8
4 Mo 8, 4
1 Chro 28, 11—12
1 Chro 28, 18—19
Apg 7, 44
Zu Vers 6:
Hbr 7, 22
9, 15
12, 24
2 Ko 3, 6
Zu Vers 7:
Hbr 7, 18—19
Zu Vers 8:
Jer 31, 31—34
Hbr 10, 16—17
Zu Vers 9:
2 Mo 19, 5—6

Zu Vers 10:
Sach 8, 8
2 Ko 6, 16
Hbr 10, 16
Zu Vers 11:
Rö 8, 3–4
Zu Vers 12:
Jes 43, 25
Hbr 10, 17
Zu Vers 13:
Mt 5, 17
Jo 1, 17
Apg 13, 38–39
Rö 10, 4
1 Ko 1, 30–31

Alles, was der Apostel im vorigen Kapitel über Christus gesagt hat, faßt er nun in einem Satz zusammen, der uns zugleich zeigt, was für ihn die geistliche Mitte[287] seines ganzen Briefes ist: **Das ist die Hauptsache, von der wir reden: Wir haben einen solchen Hohenpriester.** Hier bricht wieder der Ton völliger Glaubensgewißheit durch. In letzter Klarheit wagt er es, etwas über den ewigen Besitz auszusagen, den wir als Christen durch den Glauben haben. „Wir haben" – das gilt ihm als ein allen Zweifeln entrücktes Wissen (vgl. Rö 5, 1–5)[288]. Aber die große Gabe Gottes sieht er nicht in erster Linie in der Veränderung unseres inneren Wesens, in der Neuorientierung des menschlichen Lebens auf Gott hin, sondern in einer Person, die uns geschenkt ist – eben dem himmlischen Hohenpriester. Er ist in Auferstehung und Himmelfahrt von Gott mit der Herrschaft des ewigen Königtums über diese Welt betraut worden. Alle
1 Macht hat Gott in seine Hand gelegt (vgl. Jo 3, 31. 35). Damit will der Apostel der bedrängten Gemeinde erneut ins Bewußtsein rufen: Alle Fäden des irdischen und himmlischen Geschehens laufen in Jesu Händen zusammen, der in göttlicher Majestät unumschränkte Regierungsgewalt besitzt. Mit den Worten „gesetzt zur Rechten" greift der Apostel wieder eine Wendung aus Ps 110, 1 auf. Dieser Psalm, der Königtum und ewiges Priestertum zusammenschaut, hat in der Himmelfahrt Jesu seine Erfüllung gefunden.

Jesu Herrlichkeit umfaßt beides: ewige Königsherrschaft und ewigen Hohepriesterdienst. Er hat sich nicht nur „zur Rechten des Thrones der Majestät in den Himmeln gesetzt", sondern er ist zugleich
2 der **„Diener des Heiligtums"** geworden. Der grie Ausdruck *ta hágia*, „Heiligtum", umfaßt hier die gesamte himmlische Herrlichkeit Gottes. Für das Wort „Diener" gebraucht der Apostel das grie *leiturgós*, das in der LXX immer auf den priesterlichen Dienst zielt (vgl. unseren Begriff „Liturgie" = Gottesdienst). Jesu Dienst in der himmlischen Herrlichkeit wird noch näher gekennzeichnet: Er ist Diener **des wahren Zeltes, das der Herr errichtet hat.** Mit den Worten „das wahre Zelt", grie *hä skänáe hä aläthináe*, meint der Apostel das himmlische Urbild der Stiftshütte. Dieses „wahre Heiligtum" gehört der gleichen göttlichen Seinssphäre an wie die „Sabbatruhe des Volkes Gottes" (Hbr 4, 9), die „Stadt mit den festen Fundamenten", das „himmlische Vaterland" (Hbr 11, 10. 14–16) und auch das „unerschütterliche Königreich" (Hbr 12, 28).

Die Stiftshütte als Offenbarungsstätte des Herrn inmitten des wandernden Gottesvolkes Israel hat in der Heilsgeschichte ihren

[287] W. Manson, Epistle to the Hebrews, London 1951, S. 123 umschreibt das grie Wort *kephálaion* „Hauptsache" mit den Worten „die Krönung der Beweisführung".

[288] Vgl. die Auslegung zu Hbr 4, 14.

eigenen Weg genommen. Als Mose auf dem Berg Sinai war, hat Gott ihm das himmlische Urbild (grie *týpos*) der Stiftshütte, des irdischen Heiligtums, gezeigt. In 2 Mo 35—40 wird uns bis in alle Einzelheiten die Anfertigung und Errichtung der „Stiftshütte", des Offenbarungszeltes, geschildert[289]. Sie ist das getreue irdische Abbild (grie *hypódeigma*) jener himmlischen Wirklichkeit, die Mose auf dem Heiligen Berg geschaut hatte. So ist also die Stiftshütte nicht nach menschlichem, sondern nach göttlichem Plan errichtet worden, wie später auch der Tempel in Jerusalem nach göttlicher Anweisung gebaut wurde. Für das Bauwerk und die ganze Einrichtung hatte David Modelle anfertigen lassen und „den Salomo auf Grund einer Schrift von der Hand des Herrn unterwiesen über alle die zur Ausführung des Bauplanes erforderlichen Arbeiten[290]."

Die Stiftshütte hat dann den Weg des Volkes Israel durch die Wüste begleitet bis in das Land Kanaan hinein (2 Chro 1, 3—4). Bei der Einweihung des Salomonischen Tempels wird uns berichtet, wie die Stiftshütte mit ihrem gesamten Inhalt im Tempel aufgenommen wurde. Der biblische Bericht sagt uns: „Als nun alle Ältesten Israels gekommen waren, hoben die Priester die Lade des Herrn auf (grie *hä kibotós*) und brachten sie hinauf, dazu das heilige Zelt (grie *to skáenoma tu martyríu* LXX) und alle heiligen Geräte, die in dem Zelte waren. Das trugen die Priester und Leviten hinauf" (1 Kö 8, 3—4). Von dieser Zeit an fehlt jede weitere Nachricht über das Zelt der Offenbarung. Mit der Zerstörung des Tempels scheint es verschwunden zu sein. Aber das himmlische Urbild existiert weiter.

Wir begegnen der Stiftshütte noch einmal in der Offenbarung des Johannes. Hier wird dem Seher Johannes ein Blick in die ewige Herrlichkeit Gottes erlaubt. Vor der letzten schwersten Gerichtskatastrophe, die über diese Welt geht, vor der Ausgießung der sieben Zornschalen, öffnet sich noch einmal der Himmel, und das Urbild der Stiftshütte wird im Himmel sichtbar. „Der Tempel, das heilige Zelt im Himmel, wurde geöffnet" (Offb 15, 5)[291]. Es ist eine Offenbarung der Gnadengegenwart Gottes; die Herrlichkeit des Herrn

[289] H. Reuter: „Mose sah die fertige vollkommene Hütte und stellte nach diesem Vorbild die Stiftshütte her. Aber die irdische Nachbildung wurde sofort in Gebrauch genommen, während die Hütte Gottes im Himmel erst durch das Opfer Christi zum Gebrauch geweiht wurde, als der alte Tempel seine Aufgabe verlor. Weil wir nicht die Zeit der Herstellung beachten, sondern nach der Indienstnahme urteilen, setzen wir leicht die zwar früher, aber nur für die Zwischenzeit in Gebrauch genommene Stiftshütte als das Erste und Vorbild an, obwohl sie nur, wie auch das Gesetz, nebeneingekommen ist für die Zeit bis zur Verwirklichung des vollen Heils (Rö 5, 19)" (Aus einem vervielfältigten Manuskript, S. 227).

[290] Vgl. 1 Chro 28, 11—12. 18—19.

[291] Der grie Text hat hier die Worte *hä skänáe tu martyríu*, vgl. 1 Kö 8, 4 LXX.

leuchtet auch über den schwersten Gerichten auf. Die Gegenwart des lebendigen Gottes, die der Seher Johannes unter dem Bild des Offenbarungszeltes im Himmel schaut, soll vollkommene Wirklichkeit in dieser Welt werden. So wird das „Zelt Gottes“ Ausdruck der Gegenwart Gottes, die sichtbar unter den Menschen auf Erden erscheint. Was das himmlische Urbild der Stiftshütte andeutet, wird bei der Neuschöpfung von Himmel und Erde vollendete Wirklichkeit sein: „Ich hörte eine laute Stimme vom Thron her sagen: Siehe da, die Hütte Gottes (grie *hä skänáe tu theú*) bei den Menschen; und er wird bei ihnen wohnen und sie werden sein Volk sein, und Gott selbst wird bei ihnen sein“ (Offb 21, 3). In diese Gegenwart Gottes und unbeschreibliche Herrlichkeit der himmlischen Welt, die das Urbild der irdischen Stiftshütte ist, ist Jesus eingegangen, um dort als unser Hoherpriester Dienst zu tun[292].

3 Worauf der Apostel bereits Hbr 5, 1—3 hingewiesen hatte, wieder-
holt er hier noch einmal: **Jeder Hohepriester wird eingesetzt, um
Gaben und Opfer darzubringen.** Priestertum und Opferordnung
sind im Alten und im Neuen Bund unlösbar miteinander verbunden:
Jeder Hohepriester braucht notwendig etwas, was er als Opfer dar-
bringen kann. Die Hohenpriester in Israel empfingen Opfergaben
4 aus der Hand des Volkes. Jesu Opfergabe war sein eigenes Leben.
Schon in Hbr 7, 13—14 hatte der Apostel darauf hingewiesen, daß
das mosaische Gesetz und die irdische Priesterordnung die Möglich-
keit des Priesterdienstes Jesu auf Erden ausschließen. Das bestätigt
er noch einmal: Es gibt ein für das irdische Priestertum gültiges Ge-
setz, dem zufolge bereits Menschen zu Priestern bestimmt sind.
Jesus ist nicht Priester, der einen irdischen Dienst versieht. Er tut
vielmehr dort Priesterdienst, wo unerlösten Menschen für immer
der Zugang verschlossen bleibt. Mit der Einsetzung Jesu zum himm-
lischen Hohenpriester hat das irdische Priestertum seine Vollendung
und seinen Abschluß gefunden. In der Vollendung, in der Herrlich-
keit des himmlischen Jerusalems, wird es keine Stätte für ein beson-
deres Opfer mehr geben: „Einen Tempel sah ich nicht in ihr; denn
der Herr, der allmächtige Gott ist ihr Tempel und das Lamm“ (Offb
5 21, 22; vgl. Hbr 13, 10). Was tun nun die Priester, wenn sie hier im
Gehorsam gegen das Priestergesetz Israels ihren Dienst verrichten?
Sie dienen dem Abbild und Schatten der himmlischen Dinge. Aller
irdische Priesterdienst ist also ebenso wie das irdische Heiligtum in
Israel nur das Abbild einer ewigen himmlischen Urordnung und Wirk-
lichkeit. Er kann nur schattenhaft darstellen, was wahre Gemeinschaft

[292] H. Strathmann, S. 111: „Gemeint ist der Himmel als Ort der Gegenwart Gottes, vor dem Jesus nun das auf Golgatha vergossene Blut darbringt.“

des Menschen mit Gott bedeutet. Diesen Tatbestand leitet der Apostel von einem geschichtlichen Ereignis ab, das über das ursprüngliche Geschehen hinaus eine unauflösliche Bedeutung auch für die Gemeinde Jesu behält. Mose empfing eine Weisung, als er das Zelt herstellen sollte; denn es heißt: **„Siehe zu, daß du alles nach dem Urbild anfertigst, das dir auf dem Berge gezeigt worden ist**[293]**.“** Die Geschichtlichkeit der großen atst Heilstatsachen, die Offenbarung Gottes am Sinai, ist für den Apostel unaufhebbar; sein ganzes Denken ist geschichtlich orientiert. Das Sinai-Ereignis ist nicht nur grundlegend für den Weg Israels durch die Jahrhunderte, sondern weist über die Zeit Israels hinaus auf die Zeit der Gemeinde Jesu. Das Heiligtum und der Priesterdienst in Israel sind einerseits Abbild der wahren Gottesordnung in der himmlischen Herrlichkeit, zum andern auch Hinweis und Fingerzeig auf die Vollendung durch den Hohenpriesterdienst Jesu und die Herrlichkeit der Gemeinde[294].

Empfängt das atst Priestertum seine Würde und Größe dadurch, 6
daß es Nachbildung einer himmlischen Wirklichkeit ist, so empfängt der Hohepriesterdienst Jesu seine überragende Größe dadurch, daß er das wahrhaftige Urbild in Erscheinung treten läßt, daß Christus in seiner Person die Vollendung des atst Priesterdienstes darstellt. Jesus Christus, als der Hohepriester seiner Gemeinde, ist erhabener als jeder irdische Hohepriester. Der irdische Hohepriester ging in das irdische Heiligtum. Jesus Christus ist in den Himmel eingegangen. Der irdische Hohepriester diente in dem Heiligtum, das n u r A b b i l d u n d S c h a t t e n des wahren Heiligtums war. Jesus ist in die „Stiftshütte“ eingegangen, die Gott selber und nicht ein Mensch errichtet hat, in die ewige Herrlichkeit. Der irdische Hohepriester diente auf Grund eines irdischen Gesetzes. Jesus aber hat einen besonderen Dienst empfangen. Er ist als Hoherpriester der Bürge (Hbr 7, 22) und Mittler des Neuen Bundes geworden, der auf besseren Verheißungen ruht.

Der göttliche Auftrag des M i t t l e r s und die Begründung des N e u e n B u n d e s durch Jesus Christus sind in der Anschauung

[293] Eine ähnliche Offenbarung wurde Jahrhunderte später dem Propheten Hesekiel zuteil. Vgl. Hes 40, 2. 4; 43, 10.

[294] J. Calvin, S. 90: „Wie die äußere Einrichtung der Hütte auf ein höheres Vorbild hinwies, so sollte es auch mit den Gebräuchen und dem ganzen priesterlichen Dienst sein ... Zuerst lernen wir, daß es sich bei den früheren gottesdienstlichen Gebräuchen nicht um willkürliche Aufstellungen handelt, von Gott nur dazu bestimmt, das Volk wie in kindlichem Spiel zu beschäftigen ... Alles hatte vielmehr eine wahre geistliche Bedeutung, da Mose befohlen war, es genau in Übereinstimmung zu bringen mit dem himmlischen Urbild ... Zum zweiten werden wir hier belehrt, daß alle gottesdienstlichen Übungen verkehrt und falsch sind, welche die Menschen nach eigenem Ermessen und ohne göttlichen Befehl aufzustellen sich erlauben. Wenn Gott vorschreibt, daß alles nach seiner Ordnung geschehe, so darf daneben nichts völlig anderes gemacht werden.“

des Hebräerbriefes fest miteinander verknüpft. Atst Aussagen bilden auch hier den Hintergrund des apostolischen Zeugnisses. Der einzige sündige Mensch, den die Bibel als Mittler bezeichnet, war Mose, denn Gott betraute ihn mit der Aufgabe, dem Volk Israel Gottes Gesetz und Gottes Bund zu vermitteln. In der geheimnisvollen Gestalt des Mittlerengels, des „einen aus tausend" (Hio 33, 23), ist uns schon ein Hinweis auf die Mittlertätigkeit des Sohnes Gottes gegeben. Aber alle Mittlerschaft der Engel trägt einseitig den Charakter des helfenden und fürbittenden Eintretens für die Menschen vor Gott (vgl. Hbr 1, 14) und muß streng unterschieden werden von dem einmaligen und einzigartigen Mittlerdienst des Sohnes. Gerade der grundlegende Satz 1 Tim 2, 5 „Es ist ein Mittler zwischen Gott und den Menschen, nämlich der Mensch Christus Jesus" stellt uns vor die unausweichliche Tatsache: Es gibt kein un-mittelbares Verhältnis des Menschen zu Gott und Gottes zum Menschen! Das war das höchste Ziel des an Gott hingegebenen Lebens und des Opfertodes Jesu: Gottes Ehre sollte wiederhergestellt, seine heilige Majestät durch keine Befleckung beeinträchtigt werden. Zugleich setzte er seine ganze Existenz zur Rettung der schuldig gewordenen, verlorenen Menschen ein, die in ihrer Rebellion gegen Gott seine Ehre antasten. So wurde er zum Vermittler und Bürgen des Neuen Bundes, den Gott schon in der Zeit des AT versprochen hatte. Als der erhöhte Herr tritt er mit seiner Person dafür ein, daß Gott die eingegangene Verpflichtung der Heilsverfügung einlösen wird. Er hat den Menschen gegenüber die Gewähr übernommen, daß Gottes Heilsverheißung nicht unerfüllt bleibt, daß die Rettung vollendet wird[295]. Besserer Dienst, besseres Testament und bessere Verheißungen kennzeichnen die Person des himmlischen Mittlers. Der Begriff „besser" wird vom Apostel nicht definiert, aber seinem Sinn und seiner Bedeutung nach an Tatsachen aufgezeigt. Dazu dient ihm das folgende Zitat aus dem Propheten Jeremia.

7 Der irdische Priesterdienst des Aaron und der himmlische Priesterdienst des Sohnes Gottes stehen im gleichen Verhältnis zueinander wie der Alte Bund zum Neuen Bund. Der Alte Bund war deshalb nicht „ohne Tadel"[296], er war „schwach und nutzlos" (Hbr 7, 18), weil es noch eines Neuen Bundes zum vollkommenen Heil aller Menschen bedurfte. Erst durch Jesu Opfertod ist die Rettung aller Menschen möglich geworden.

8 Darin, daß Gott schon im AT einen neuen Bund verheißt, sieht der Apostel eine Begrenzung, einen „Tadel" des ersten Bundes. Die atst

[295] Vgl. Ki—Th W Bd. 4, S. 622 ff; Theol. Begriffslexikon zum NT, S. 161 ff; Lexikon zur Bibel, 1960, Sp. 929 f.

[296] Das grie Wort *ámemptos* heißt „untadelig, vollkommen".

Ankündigung des Neuen Bundes durch den Propheten Jeremia führt der Apostel zur Begründung seines Gedankens ausführlich an, wobei der Zusammenhang deutlich macht, daß es ihm nur auf die beiden Worte **„neuer Bund"** ankommt. An dieser Stelle strahlt die ganze Größe des AT auf, das auch hier bereits auf den kommenden Messias und den neuen Bundesschluß Gottes mit seinem neuen Gottesvolk hinweist.

Das AT kennt verschiedene Bundesschlüsse Gottes. So spricht es 9
von dem Bund Gottes mit Adam (Hos 6, 7), von Gottes Bund mit
Noah (1 Mo 9, 9) und mit Abraham (1 Mo 15, 18). Der „erste"
(V. 7) Bund, von dem der Apostel spricht, ist der „Bund mit den
Vätern", an den Gottes Wort durch den Propheten Jeremia erin-
nert[297]. Der Auszug Israels aus Ägypten und die Begegnung Gottes
mit seinem Volk am Sinai gehören für das AT als zwei voneinander
nicht zu lösende Tatsachen so eng zusammen, daß der Prophet Jere-
mia hier von dem Bundesschluß Gottes sprechen kann „an dem
Tage, als ich sie an die Hand nahm, um sie aus dem Land Ägypten
herauszuführen". Gemeint ist hier der Bund Gottes mit Israel am
Sinai (2 Mo 24, 3—11), den Gott mit allen Stämmen Israels schloß.
Dieser Bund ist durch die Schuld des Volkes zerbrochen, weil es die
Bundesforderung nicht hielt. Die Antwort Gottes war das Gericht:
„Ich kümmerte mich nicht mehr um sie." Nun verspricht Gott, einen 10
Neuen Bund aufzurichten. Der Inhalt dieses Bundes bleibt der gleiche
wie bei dem Alten Bund: Der Herr ist Israels Gott — Israel ist Got-
tes Volk. Das Gesetz, das Gott durch Mose gegeben hatte, bleibt
unverbrüchlich erhalten, sowohl in der Verheißung des göttlichen
Schutzes als auch in der Forderung des Gehorsams, der Erfüllung
des göttlichen Willens[298]. Das unbegreiflich Neue an diesem Bund
besteht darin, daß der Gehorsam gegen Gottes Wort restlos ver-
wirklicht werden wird, weil alle Glieder des Gottesvolkes ohne Aus-
nahme die rechte Erkenntnis Gottes besitzen werden. Das alte mo-
saische Gesetz stand auf Tafeln (2 Mo 31, 18; 34, 27—28) oder in
einem Buch (2 Mo 24, 7). Es trat dem Volk als fordernde Macht ge-
genüber. Nun aber tragen alle Glieder des Volkes Gottes dieses
Gesetz im Herzen, sind innerlich mit ihm eins, so daß das Wissen

[297] H. Strathmann, S. 108: „Der deutsche Ausdruck ‚Bund' ist insofern nicht ganz genau, als er an eine Vereinbarung aus dem freien Willen zweier oder mehrerer Partner denken läßt. Der biblische Begriff meint aber vielmehr die Festsetzung eines Verhältnisses, die auch durch einen einseitigen Willensakt, wie Erlaß eines Gesetzes oder Aufstellung eines Testamentes, erfolgen kann. Er wird mit Vorliebe für die Festsetzung eines solchen Verhältnisses von seiten Gottes gebraucht. Vgl. Theol. Begriffslexikon zum NT, S. 157 ff.

[298] Vgl. Wilhelm Rudolph, Jeremia, Handbuch zum AT, Tübingen 1947, S. 170 f.

11
vom Gesetz und seine Erfüllung in eins zusammenfallen. In der Wirklichkeit dieses Neuen Bundes wird es auch kein Versagen einzelner Glieder des Gottesvolkes mehr geben, das sich wie eine Last auf die anderen überträgt. Man wird nicht mehr der gegenseitigen Ermahnung und Unterweisung bedürfen. Glaube, Erkenntnis und Leben werden bei allen eine geistliche Einheit sein. Vollkommene Gotteserkenntnis ist die große Gabe Gottes an sein Volk im Neuen
12
Bund. Der tragende Grund der ganzen Verheißung besteht darin, daß Gott selber unter alles Bisherige einen Strich ziehen wird. Ein völlig neues Leben mit Gott kann nun für die Menschen beginnen. „Denn ich will ihren Ungerechtigkeiten gnädig sein, und ihrer Sünden will ich nicht mehr gedenken." Daß Gott das tun will, darin liegt die gnadenvolle Verheißung; wie Gott es tun wird, sagt Jeremia nicht. Der Apostel aber weiß, daß sich dieses Gotteswort in der Gemeinde Jesu verwirklicht. Mit der Einführung des Hohenpriestertums Christi nach der Ordnung Melchisedeks ist auch der Neue Bund in Kraft getreten.

13
Noch einmal kehrt er an den Anfang des Verheißungswortes durch Jeremia zurück und spricht von dem „Neuen Bund". Vers 13 schließt unmittelbar an Vers 8 an. **Indem er sagt: „Einen neuen", hat er den ersten für veraltet erklärt, was aber veraltet ist und sich überlebt hat, ist dem Untergang nahe.** Es geht dem Apostel an keiner Stelle des Hbr darum, in irgendeiner Form das AT mit seinen Ordnungen und Offenbarungen zu kritisieren, zu entwerten oder gar als minderwertig darzustellen. Wenn er hier von dem „alten, ersten" Bund spricht, dann meint er damit weder das AT in der uns schriftlich überlieferten Form, auch nicht Gottes Reden und Handeln mit Israel in Gesetz und Verheißung, in Gericht und Gnade, sondern die kultische Gesetzgebung, die Priesterordnung und den Opferdienst[299]. Dadurch, daß Christus mit seinem Opfer alle Opfer erfüllt hat, ist eine neue Heilsordnung eingetreten, ist uns ein neuer Heilsweg gezeigt. Damit ist die alte Heilsordnung, die Gott seinem Volk Israel offenbart hat, nicht entwertet worden, sie bleibt Gottes heilige Offenbarung, aber Gott selber hat sie durch Christus außer Kraft gesetzt.

[299] Israel und die Kirche, hrsg. von der Niederländischen Reformierten Kirche, Zürich 1961, S. 25 f: „Der Neue Bund besagt nicht die Tilgung des Alten, sondern vielmehr seine Wiederherstellung, seine Wiederbelebung in einer neuen, unzerstörbaren Gestalt. So ist im Hebräerbrief, wenn da von einem ‚besseren' Bunde die Rede ist (Hbr 8, 6), nicht gemeint, daß der Alte Bund, im sittlichen Sinne des Wortes, nicht gut gewesen wäre, sondern daß der Neue besser ist in seiner Wirkung, also: ein stärkerer Bund.
Der Bund mit Abraham wird also nicht aufgehoben; nur das, was zu der alten Form gehört, der Tempelkult mit seinen vorläufigen Opfern, ist ‚dem Verschwinden nahe' (Hbr 8, 13)." —
Vgl. hierzu auch im NT die Bezeichnung des Alten Bundes als „heiliger Bund" Lk 1, 72.

Als Jesus zu unserer Erlösung starb, endete die Zeit des Gesetzes, und der „Tag des Heils" begann.

Zusammenfassung

Ständig hat sich der Apostel in seinen Äußerungen auf das AT bezogen, die Geschichte Israels mit den atst Ordnungen über Priesterdienst und Opfer, Heiligtum und Gottesdienst stehen lebendig vor ihm. Nun erklärt er das alles für abgelöst und aufgehoben. Der Alte Bund hat sein von den Propheten geweissagtes Ende erreicht — der Neue Bund ist an seine Stelle getreten. Die Frage drängt sich uns auf: Wenn schon die atst Heilsordnung von Gott außer Kraft gesetzt wurde, wozu dann dieser Aufwand an geistiger Kraft, an Begründungen und Beweisführungen für eine Sache, die ohnehin erledigt ist? Hätte sich der Verfasser nicht die Mühe sparen können? Warum schreibt der Apostel dies alles den Gläubigen?

Wir wollen uns einmal daran erinnern, daß alle Briefe des NT ausnahmslos an Christen gerichtet sind; die Apostel haben sich nicht gescheut, immer wieder einmal den Gläubigen bedeutsame Tatsachen auf schriftlichem Wege ins Bewußtsein zu rufen, die ihnen aus der mündlichen Verkündigung längst bekannt waren[300]. Wenn unser Verfasser hier auch so ausführlich von dem Verhältnis des Alten Bundes zum Neuen Bund schreibt, so dürfen wir bei den Lesern doch voraussetzen, daß sie mit den Grundlagen der christlichen Heilsverkündigung vertraut waren. Es mögen zwei Gründe gewesen sein, die den Apostel bewogen haben, seine geistliche Schau den Gläubigen weiterzugeben, Gründe, die auch in der gegenwärtigen Generation für unser persönliches Glaubensleben von Bedeutung sind:

Ihm geht es vor allem darum, daß die Empfänger seines Schreibens mit der vollen Herrlichkeit ihres Herrn und Heilandes vertraut werden[301]. Denn alles, was Christus als der erhöhte Herr in seiner Person wesensmäßig umfaßt, was er an Herrlichkeit besitzt und als ewiger Hoherpriester tut, gehört seiner Gemeinde zu. Weil der Apostel weiß, daß wir auf Erden in unserer geistlichen Erkenntnis nie zu einem Ende kommen, niemals fertige Leute werden, möchte er uns an immer neuen Beispielen und Hinweisen aus dem AT die unbeschreibliche Größe Christi verdeutlichen.

Wir dürfen auch annehmen, daß die Leser seines Briefes immer wieder mit Menschen, und zwar mit Israeliten, ins Gespräch kamen,

[300] Darauf zielt die bei Paulus immer wiederkehrende Formel „Wißt ihr nicht, daß . . .?" Rö 6, 3; 1 Ko 6, 2 und 3 u. a. m., ähnlich 1 Th 3, 4; 2 Th 2, 5 f.

[301] Vgl. L. Bender, S. 156.

die noch an den atst Ordnungen festhielten und nun ihrerseits Fragen an die Christen richteten. Der Apostel wollte sicher nicht nur die Christen über die tiefen Geheimnisse der Christuserkenntnis unterrichten, sondern ihnen das Rüstzeug an die Hand geben, um auf die Fragen zweifelnder und suchender Menschen zu antworten und ihnen den Weg zu Christus zu zeigen. Das ist auch für uns heute wichtig. Immer wieder werden wir als Christen kritisch nach unserem Glauben gefragt. Als Glieder der Gemeinde Jesu dürfen wir nicht nur zu unserer eigenen Erbauung und zur Vertiefung unserer persönlichen Glaubenserkenntnis die Bibel lesen und die Gottesdienste besuchen. Wir sollen vielmehr die Heilswahrheiten der Heiligen Schrift so erfassen und durchdenken, daß wir in der Lage sind, auf die Frage nach dem Inhalt unseres Glaubens eine klare, überlegte Antwort zu geben, die auch anderen eine Hilfe werden kann.

In unserem Kapitel hat der Verfasser die Mitte christlicher Offenbarung in knappen Sätzen zusammengefaßt. Er spricht von der einzigartigen Größe des Neuen Bundes, den Gott in Christus mit uns geschlossen hat. In dreifacher Weise zeichnet sich der Neue Bund vor dem Alten Bund aus:

1. Gott selber hat in Christus das Gesetz in allen seinen Forderungen erfüllt. Was Jesus in der Bergpredigt sagte: „Ich bin nicht gekommen, das Gesetz aufzulösen, sondern zu erfüllen", hat er im Sterben am Kreuz vollendet. Jede menschliche Leistung vor Gott bleibt ausgeschlossen, weil Gott den Gehorsam nicht abverlangt, sondern selber ins menschliche Herz schenkt, dort, wo beim natürlichen Menschen Hochmut und Widerwillen ansetzen. Gott selber wirkt das Wunder. Seine Gesetze werden nicht mehr auf steinerne Tafeln, sondern in menschliche Herzen geschrieben (2 Ko 3, 3). Dadurch, daß Gottes Gesetze in Herz und Sinn geschrieben werden, entsteht ein neues Verhältnis zwischen Gott und seinem Volk. Gottes Wort und Wille werden richtig verstanden und von Herzen geliebt. In der Gemeinde Jesu wird das Psalmwort Davids zu einer lebendigen persönlichen Erfahrung: „Ich habe Lust, deinen Willen zu tun, mein Gott, und dein Gesetz trage ich im Herzen" (Ps 40, 9). Es vollzieht sich eine Umwandlung von Herz und Sinn, die die Erfüllung der Gebote Gottes möglich macht. Der Apostel Paulus faßt diese Tatsache in die Worte: „Die durch das Gesetz geforderte Gerechtigkeit wird in uns erfüllt, die wir nicht nach dem Fleische wandeln, sondern nach dem Geiste" (Rö 8, 4)[302].

[302] O. Michel, S. 190: „Mit dem Tod Jesu setzt für Hbr der Vollzug des Neuen Bundes ein. Nicht so, als ob schon hier auf Erden dies verheißene Werk Gottes vollendet würde, wohl aber vollzieht es sich schon jetzt. Der Neue Bund bringt einen das Herz und Sinn erfüllenden Gehorsam, daher wird das Gesetz des ersten Bundes überboten."

2. Wohl gab es auch in der Zeit des AT wirksame Vergebung der Sünden, doch blieb der Mensch in seinem Tun gegenüber Gott immer auf seine eigene Kraft angewiesen. Erst der Neue Bund bringt die endgültige Vergebung aller Übertretungen und das Vergessen der Sünden, weil der Heilige Geist die Herzen umwandelt (vgl. 1 Jo 1, 9). Darum wird der Neue Bund im AT auch als „ewiger Bund" (Jer 34, 40) und als „Bund des Friedens" (Hes 34, 25) angekündigt. Die Verheißung Gottes durch Jesaja: „Ich, ich tilge deine Missetat um meinetwillen, und deiner Sünden will ich nimmermehr gedenken" (Jes 43, 25) hat sich mit Christus erfüllt. Die Vergebung unserer Sünden hängt nun nicht mehr von einem Opfer ab, das Menschen bringen müssen, sondern ruht allein auf der Tatsache, daß Christus für die Sünden aller Menschen sein Leben gab.

3. Die gegenseitige menschliche Belehrung wird aufgehoben. Gott gibt sich durch Jesus Christus jedem, der zum neuen Bundesvolk gehört, unmittelbar zu erkennen. Israel hat das Gesetz gehabt. Auch die durch den Geist Christi erleuchteten Propheten (1 Pt 1, 10—11) haben dem Volk Israel die Botschaft Gottes gebracht. Aber erst die Gemeinde Jesu, deren Glieder „Teilhaber des Heiligen Geistes" sind (Hbr 6, 4), der in den Gläubigen wohnt (2 Tim 1, 14), hat die volle Gotteserkenntnis[303].

10. Die zeitlich-irdische Begrenzung der Stiftshütte und ihrer Ordnungen

Hbr 9, 1—10

1 **Es hatte nun zwar auch der erste** (Bund) **Ordnungen des Gottes-**
2 **dienstes und das irdische Heiligtum. * Denn es wurde das erste**
(vordere) **Zelt aufgerichtet, in dem sich der Leuchter, der Tisch**
und die Schaubrote befanden, welches das Heilige genannt wird.
3 *** Hinter dem zweiten Vorhang aber war ein Zelt, das Allerhei-**
4 **ligste genannt, * das den goldenen Räucheraltar enthielt und die**
Bundeslade, die von allen Seiten mit Gold überzogen war, in der
sich ein goldener Krug mit Manna und der Stab Aarons, der ge-
5 **grünt hatte, und die Tafeln des Bundes befanden. * Über ihr aber**
waren die Cherubim der Herrlichkeit, die den Sühnedeckel über-
schatteten. Von diesen Dingen ist jetzt im einzelnen nicht zu

Zu Vers 1:
2 Mo 21, 1
2 Mo 24, 3
Zu Vers 2:
2 Mo 25, 23. 30. 31
4 Mo 8, 4
Zu Vers 3:
2 Mo 26, 31—33
Mt 27, 51
Mk 15, 38
Lk 23, 45

[303] Ferdin. Zißler, „Das Hohepriestertum Christi", S. 63: „Diese selige Gotteserkenntnis wird auch dem allergeringsten Gläubigen zuteil. Der Herr kennt die Seinen, und er ist bekannt den Seinen. Sie sind von Gott gelehrt. Diese Gnade der Gotteserkenntnis gründet sich auf die Gnade der Sündenvergebung."

Zu Vers 4:
2 Mo 30, 1—3. 7
2 Mo 25, 10—22
2 Mo 16, 33
4 Mo 17, 1—8
Zu Vers 5:
2 Mo 25, 17—21
2 Mo 26, 34
Rö 3, 25
Zu Vers 6:
2 Mo 27, 20—21
2 Mo 29, 38—39
4 Mo 18, 1—7
Zu Vers 7:
2 Mo 30, 10
3 Mo 16, 2. 34
3 Mo 16, 3. 6. 11. 15
3 Mo 5, 17—18
Zu Vers 8:
Hbr 10, 19
Zu Vers 9:
Hbr 7, 18—19
10, 4. 11
Zu Vers 10:
3 Mo 2, 1
3 Mo 11, 2
3 Mo 23, 13
4 Mo 6, 3
2 Mo 30, 19—20
2 Mo 40, 32
3 Mo 8, 6
3 Mo 16, 4
4 Mo 19, 2—13
Hbr 13, 9

6 **reden. * Nachdem sie aber in dieser Weise hergerichtet sind, ge-**
hen die Priester allezeit in das erste Zelt, um den Gottesdienst
7 **zu verrichten. * In das zweite** (Zelt) **aber geht einmal im Jahr**
allein der Hohepriester, nicht ohne Blut, das er für sich selbst und
für die aus Unwissenheit begangenen Vergehen des Volkes dar-
8 **bringt. * Damit zeigt der Heilige Geist, daß der Weg zum Heilig-**
tum noch nicht offenbar geworden ist, solange das erste Zelt noch
9 **Bestand hat. * Es ist ein Gleichnis für die gegenwärtige Zeit, in**
der Gaben und Opfer dargebracht werden, die den nicht im Ge-
wissen zur Vollendung führen können, der den Dienst versieht,
10 *** sich ausschließlich auf Speisen und Getränke und verschiedene**
Taufen (Waschungen) **beziehen, fleischliche Ordnungen, die bis**
auf die Zeit einer besseren Ordnung auferlegt sind.

Immer wieder neu setzt der Apostel in seinen Überlegungen an, um die Übereinstimmung zwischen Altem und Neuem Bund hervorzuheben, ebenso aber auch die Grenze des AT und die Überlegenheit des NT deutlich zu machen. Zentrum aller seiner Aussagen bleibt Christus, der Sohn Gottes, in dessen Person alle Linien der Heilsgeschichte zusammenlaufen, durch den alle atst Gottesverheißungen in Erfüllung gehen und durch dessen Hohenpriesterdienst alle Priesterordnungen und kultischen Gesetze des AT vollendet und aufgehoben werden. Im 8. Kapitel hatte er von dem verheißenen Neuen Bund gesprochen; jetzt gleiten seine Gedanken noch einmal zum AT zurück, zum Herzstück der atst Heilsordnung: Heiligtum und Opfer. **Es hatte zwar auch der erste Bund Ordnungen des Gottesdienstes und das irdische Heiligtum.** Alter und Neuer Bund sind beide auf Ordnungen Gottes aufgebaut. Auch die alten Ordnungen haben ihr Recht und ihre Bedeutung, weil sie Vorbild für das Zukünftige sind, das mit Jesus begonnen hat. Aber alte und neue Satzung verhalten sich zueinander wie Buchstabe und Geist (Rö 7, 6; 2 Ko 3, 6), wie Abbild (grie *hypódeigma*) und Urbild (grie *týpos*), vgl. Hbr 8, 5. **Denn es wurde das vordere Zelt aufgerichtet, in dem sich der Leuchter, der Tisch und die Schaubrote[304] befan-**
1/2 **den, welches das Heilige genannt wird.** Der Apostel findet die Ordnungen Gottes für den israelitischen Priesterdienst in reinster und klarster Form in den Anweisungen, die Mose zur Einrichtung der Stiftshütte empfing. Er ist nicht an den historischen Gegebenheiten seiner Gegenwart oder der unmittelbaren Vergangenheit interessiert, etwa an den Gottesdienstformen, wie sie z. Z. Jesu im Jerusalemi-

[304] Hier steht der grie Ausdruck *hä próthesis ton árton*, der wörtlich übersetzt „die Auflegung der Brote" heißt.

schen Tempel geübt wurden[305], sondern nur an den Tatsachen der Geschichte Israels, des wandernden Gottesvolkes, soweit er in ihnen geschichtliche Hinweise auf die Gemeinde Jesu sieht. Deshalb geht er auf die Ordnungen des Wortes Gottes in 2 Mo 25 und 26 zurück. Die Stiftshütte, das Zelt der Offenbarung Gottes, gliederte sich in das „Heiligtum", den Vorraum, mit Leuchter, Tisch und Schaubroten, und das „Allerheiligste", die eigentliche geistliche Mitte der Offen-
barungsstätte Gottes. **Hinter dem zweiten Vorhang aber war ein** 3/4
Zelt, das Allerheiligste genannt. Es war uns schon bei dem Bericht über Melchisedek Hbr 7, 1—3 aufgefallen, wie sorgfältig der Verfasser einzelne Vorgänge der Geschichte auswertet; mit gleicher Genauigkeit gibt er auch hier eine bis ins einzelne gehende Schilderung des atst Heiligtums. Die Zueinanderordnung von Heiligtum und Allerheiligstem ist ihm für spätere Aussagen wichtig, ebenso die Tatsache, daß die beiden heiligen Räume durch den Vorhang getrennt waren. Die im AT berichteten Einzelheiten über die Anordnung der Stiftshütte werden für ihn transparent und lassen bereits die ntst Heilsordnungen durchschimmern. Luther hat in seiner Auslegung des Hbr[306] mit wenigen Worten deutlich die Verbindungslinien zwischen AT und NT und damit die vorlaufende Offenbarung Christi im Alten Bund aufgezeigt, daß wir ihn selbst sprechen lassen wollen: „Der Leuchter mit den Schäften und den sieben Lampen bedeutet entweder das Wort Gottes, ich meine das gepredigte Wort, dadurch die Kirche in diesem Leben erleuchtet wird . . . Oder, wenn man's mit Offb 1, 20 zusammen nimmt, so sind die sieben goldenen Leuchter, wie es dort heißt, die sieben Gemeinden, d. h. die Gemeinden insgesamt . . . Der Tisch mit den Schaubroten ist entweder ebenfalls die Heilige Schrift, welche die Gläubigen aus dem Munde des Predigers gleichsam wie von dem Tisch empfangen . . . oder der Tisch ist Christus selbst, der unser Altar und Opfer und Brot ist, wie er Jo 6, 35 und 48 spricht: Ich bin das lebendige Brot . . . Die Bundeslade aus unvergänglichem Akazienholz, von allen Seiten mit Gold überzogen, ist eben derselbe Christus, geboren aus dem allerreinsten und unverderbten Fleisch der Jungfrau, geziert von allen Seiten eben mit dem himmlischen Gold der Weisheit und Gnade."

Bei der Art der Berichterstattung fallen uns zwei besondere Tatsachen ins Auge: Der Apostel greift auf die Urordnungen Gottes für Israel zurück, wie sie dem Volk am Berge Sinai durch Mose übermittelt wurden. Wenn er von der **Bundeslade** und ihrem Inhalt spricht, so hält er sich ausschließlich an den Bericht über die Zeit

305 Einzelheiten bei Werner Foerster, Das Judentum Palästinas zur Zeit Jesu und der Apostel, 1955⁴, S. 150 ff.

306 M. Luther, S. 121 ff.

der Wüstenwanderung. Den weiteren Weg, den die Bundeslade in der Geschichte Israels genommen hat, scheint er nicht zu berücksichtigen. Mit dem Volk Israel kam die Bundeslade nach Kanaan (Jos 3, 14–17); in Bethel fand sie eine Stätte, an der Israel zum Opfer und zur Anbetung zusammenkam (Ri 20, 26–27). Zur Zeit Samuels befand sich die Bundeslade im Heiligtum in Silo (1 Sam 1, 3; 4, 4; Ps 78, 60); von dort führten die Israeliten sie mit in die Schlacht gegen die Philister, die sie erbeuteten und sieben Monate in ihrem Besitz behielten (1 Sam 4, 11; 5, 1; 6, 1). Die Rückführung der Bundeslade in den Besitz des Volkes Israel erfolgte über Beth-Semes (1 Sam 6, 15) nach Kirjath-Jearim (1 Sam 7, 2), wo sie zwanzig Jahre lang gehütet wurde (vgl. Jos 15, 9; 2 Sam 6, 2). Der König David holte sie von dort weg, ließ sie drei Monate im Haus Obed-Edoms (2 Sam 6, 2–11) und brachte sie dann nach Jerusalem, wo er eigens ein Zelt dafür hergerichtet hatte, in dem sie aufbewahrt wurde (2 Sam 6, 12–17). Das ursprüngliche Zelt, die Stiftshütte, in der die Bundeslade eigentlich stehen sollte, befand sich bis zur Zeit Salomos in Gibeon (2 Chro 1, 3–4)[307]. Als Salomo den Tempel in Jerusalem erbaut hatte, wurden die Bundeslade und das „heilige Zelt" in den Tempel überführt (1 Kö 8, 3–4; 2 Chro 5, 2–5). Zu diesem Zeitpunkt befand sich in der Bundeslade nur noch das Gesetz Gottes (1 Kö 8, 9; 2 Chro 5, 10). Nach der Zerstörung Jerusalems war die Bundeslade verschwunden. Die Bibel berichtet nichts mehr von ihr. Spätjüdische Überlieferungen nahmen an, die Bundeslade sei entweder nach Babel gebracht worden oder Josia oder vielleicht auch Nehemia habe sie an einem unbekannten Ort verborgen. In den atst Apokryphen 2 Makk 2, 4 ff wird berichtet: „Der Prophet Jeremia ließ sich auf Grund einer göttlichen Weisung das Zelt und die Bundeslade nachtragen. Er ging nach dem Berge hin, von dessen Höhe Mose einst das Erbland Gottes gesehen hatte. Nach seiner Ankunft fand Jeremia dort eine geräumige Höhle, in die er das Zelt, die Lade und den Räucheraltar hineinbrachte und sodann den Eingang verschloß. Mehrere von denen, die ihn dort begleitet hatten, kamen hierauf, um sich den Weg zu merken, konnten ihn aber nicht wiederfinden. Als Jeremia das erfuhr, machte er ihnen Vorwürfe und sagte ihnen, daß der Ort unbekannt bleiben solle, bis Gott sein Volk wieder zusammenbringen und sich ihm gnädig erweisen würde."

Werden wir durch die Schilderung einerseits an die grundlegenden Ordnungen Gottes erinnert, die sich in der Stiftshütte widerspiegeln, so bemerken wir doch andererseits, wie unbekümmert der Apostel in der Schilderung der Einzelheiten der Stiftshütte auf Überlieferungen

[307] Aus 1 Sam 21 und Mt 12, 4 läßt sich nicht mit Sicherheit schließen, daß die Stiftshütte vorübergehend in Nob aufgerichtet worden sei.

der spätjüdischen Theologie zurückgreifen kann. Das grie Wort *thymiatáerion* kann sowohl „Räucheraltar“ als auch „Räucherpfanne“ bedeuten. In unserem Vers werden wir es wahrscheinlich mit „Räucheraltar“ zu übersetzen haben. Hbr 9, 4 sagt, daß der Räucheraltar h i n t e r dem Vorhang im Allerheiligsten stand. Die ursprüngliche Ordnung von 2 Mo 30, 6 und 2 Mo 40, 26 sagt aber, der Räucheraltar solle v o r dem Vorhang stehen. Am großen Versöhnungstag wurde wohl die Räucherpfanne hinter den Vorhang ins Allerheiligste gebracht (3 Mo 16, 12–13), aber der Räucheraltar blieb vor dem Vorhang stehen. Der Priester nahm lediglich von dem Feuer des Räuchopferaltares und brachte es mit Weihrauch in das Allerheiligste[308]. Über den Aufbewahrungsort der Pfanne und Feuerkelle jedoch wird uns in der Bibel nichts gesagt. Ganz ähnlich verhält es sich mit dem Krug mit Manna und dem Stab Aarons. Auf Anweisung Gottes wurden sie n i c h t i n der Bundeslade, sondern v o r der Bundeslade aufbewahrt. Seit dem Bau des Tempels in Jerusalem durch Salomo gab es dort einen äußeren und inneren Vorhof, den Vorderraum und den Hinterraum des Tempels; der Räucheraltar aber stand wieder unmittelbar vor dem Allerheiligsten (1 Kö 6, 20–22). Erst in später Zeit gab es im Judentum Überlieferungen, die von einer nachträglichen Änderung dieser ursprünglichen Ordnung wissen wollten, nach denen der Krug mit Manna und Aarons Stab im Allerheiligsten selbst aufbewahrt wurden. Eine spätjüdische Schrift, die syrische Baruch-Apokalypse, berichtet davon, daß der Räucheraltar im Allerheiligsten stand[309].

Wenn der Apostel unbekümmert diese alten jüdischen Überlieferungen übernimmt und sie in seinen Bericht von den Ordnungen Gottes in der Stiftshütte einbaut, dann macht uns diese Tatsache deutlich, daß er die Offenbarung des AT letztlich noch nicht als in sich abgeschlossen, sondern als erweiterungsfähig betrachtet, und daß uns erst im Neuen Bund unter der Wirkung des Heiligen Geistes die volle und endgültige Offenbarung zuteil wird. Hier wie auch an anderen Stellen erkennen wir die Bereitschaft des Apostels, Denkformen und Aussagen des Spätjudentums als das Gefäß anzuerkennen, das Gott sich für seine Offenbarung im Neuen Bund gewählt hat.

[308] Bei der Durchsicht der atst Texte fällt uns allerdings auf, daß der Räucheraltar in besonderer Beziehung zum Allerheiligsten stand, denn niemals durfte der Hohepriester das Allerheiligste ohne Räuchwerk vom Räucheraltar betreten; und am Versöhnungsfest wurde nicht nur der Sühnedeckel auf der Bundeslade, sondern ebenso der Räucheraltar mit dem Blut des Sündopfers besprengt (2 Mo 30, 10; 3 Mo 16, 18 f).

[309] Vgl. Emil Kautzsch, Apokryphen und Pseudepigraphen des AT, Bd. 2, 1921², S. 414, spez. Anm. d.

Auf jeden Fall geht es dem Autor hier nicht darum, irgendwelche Fragen über den Platz des Räucheraltars im Heiligtum zu beantworten. Er will die Aufmerksamkeit der Leser einzig auf die Bundeslade (mehr als auf ihren Inhalt oder die anderen Gerätschaften) richten, eben auf die atst Stätte der Offenbarung und Versöhnung.

5 Der Apostel schließt den Bericht über den Aufbau der Stiftshütte mit dem Satz: **Über ihr aber waren die Cherubim der Herrlichkeit, die den Sühnedeckel überschatteten.** Im Uranfang der Menschheit hatte Gott die Cherubim zu Vollstreckern seines Gerichtes an den ungehorsamen Menschen gemacht. Sie lagerten sich am Eingang des Paradieses und waren damit Hüter der Ordnungen Gottes, die dem Menschen den Rückweg in die Gemeinschaft mit Gott versperrten. Nachbildungen der Cherubim waren auch in den Vorhang eingewirkt, der das Heiligtum vom Allerheiligsten trennte. So wurden die Priester bei ihrem täglichen Dienst immer wieder an die vom Menschen selbst verschuldete Trennung von Gott erinnert. Aber Gottes Gedanken reichen auch schon im AT über die Schuld des Menschen hinaus und zielen auf die Versöhnung, die Christus einmal bringen sollte. So mußten nach Gottes Anweisung auf der Bundeslade, auf dem „Sühnedeckel"[310], auf den alljährlich am großen Versöhnungstag das Opferblut gesprengt wurde, zwei Cherubim angebracht werden, die ihr Antlitz auf den Sühnedeckel, die Stätte der Versöhnung, richteten. Dieser Sühnedeckel, der „Gnadenstuhl", war die Stätte der Offenbarung Gottes, im tiefsten Sinne die Stätte der Versöhnung des sündigen Menschen mit dem heiligen Gott. Das, was sich alljährlich erneut am großen Versöhnungstag mit sinnbildlicher Bedeutung in Israel vollzog, die Versöhnung des Volkes an dem Gnadenstuhl, der Offenbarungsstätte Gottes, das hat uns in absoluter Vollendung Christus durch sein Sterben auf Golgatha erwirkt: „Ihn hat Gott vorgestellt zu einem Gnadenstuhl (grie *hilástáerion*) durch den Glauben in seinem Blut" (Rö 3, 25).

Der Apostel will bei der Schilderung der Stiftshütte nicht stehenbleiben, sondern weitergehen zu der Ausübung des atst Priesterdienstes. Deshalb fügt er den kurzen Satz an: **Von diesen Dingen ist jetzt im einzelnen nicht zu reden.** Damit deutet er an, daß er noch viel mehr von den Einzelheiten der Stiftshütte, Bundeslade und dem Zubehör des atst Gottesdienstes berichten könnte, und auch von ihrer sinnbildlichen geistlichen Bedeutung für die Gemeinde Jesu weiß, als er an dieser Stelle sagt. Daran können wir erkennen, daß alle atst Gegebenheiten aus dem Priesterdienst und Heiligtum Israels eine geistliche Bedeutung für die Gemeinde Jesu haben, ohne daß wir

310 hebr kăpōrĕt, grie *hilastáerion* 2 Mo 25, 17—22; 31, 7; 35, 12; 37, 7—9 „Gnadenstuhl" LÜ.

heute noch in der Lage wären, in allen Einzelheiten mit letzter Verbindlichkeit über ihren tiefen Sinn entscheiden zu können (vgl. Hbr 9, 21. 23)[311].

Nach der Schilderung der Stiftshütte berichtet er von der Aus- 6
übung des Priesterdienstes in Israel. Die Unterscheidung zwischen ersten und zweitem Zelt, Heiligtum und Allerheiligstem ist dem Apostel besonders wichtig. Das Heiligtum ist der Lebensraum des atst Priesters. Hier hat er täglich seinen Gottesdienst zu verrichten. Aber das Heiligtum ist doch nur Vorraum. Das eigentliche Zentrum, die Mitte aller göttlichen Offenbarung, ist das Allerheiligste, in das allein der Hohepriester alljährlich nur ein einziges Mal zum Dienst
eintreten darf[312]. Der Verfasser denkt hier besonders an den großen 7
Versöhnungstag in Israel, der uns 3 Mo 16 geschildert wird. Der Hohepriester durfte nicht ohne Blut in die Gegenwart Gottes treten. Gott hatte sich seinem Volk als ein heiliger Gott offenbart, in dessen Nähe der sündige Mensch sterben muß. Allein das Opferblut ermöglichte es dem irdischen Hohenpriester, vor der Bundeslade, der Stätte der Offenbarung Gottes, zu stehen. Schon an dieser Stelle läßt uns der apostolische Autor etwas ahnen von dem unermeßlichen Wert des Blutes Jesu, das uns einen immerwährenden Zugang zum
Herzen Gottes ermöglicht (vgl. Hbr 9, 22). Der Vollzug der Versöh- 8
nung im atst Heiligtum ist für ihn ein unmittelbarer Hinweis auf das Erlösungswerk, das Christus vollbracht hat. **Damit zeigt der Heilige Geist, daß der Weg zum Heiligtum noch nicht offenbar geworden ist, solange das erste Zelt noch Bestand hat.** Der Heilige Geist redet also nicht nur in den atst Propheten (2 Sam 23, 2) und weist sie auf das Kommen Christi hin (1 Pt 1, 10—11), sondern er benutzt auch die atst Heilsordnungen als Vorbilder und „Anschauungsmaterial" für die Unterweisung des Volkes Gottes im AT und NT auf Christus hin. So wie Heiligtum und Allerheiligstes zusammengehören, so bedingen auch alte und neue Ordnung einander. Die atst Ordnung des israelitischen Gottesdienstes ist vorbildlich für die Heils- und Lebensordnung der Gemeinde Jesu. Zugleich schließen sich aber auch alte und neue Ordnung gegenseitig aus: Solange die alte Ordnung durchgeführt wird, ist die neue noch nicht wirk-

[311] Eine ausführliche Darstellung dieser Zusammenhänge findet sich in dem Buch von G. R. Brinke, Die Symbolik der Stiftshütte, Bern 1956. Ähnliche Hinweise bei L. Bender, S. 171 ff.

[312] Vgl. E. Riggenbach, 1913, S. 246: Die Gegenwartsformen beschreiben „die Kultushandlungen so, wie diese gemäß der Einrichtung der Stiftshütte nach Vorschrift des Gesetzes jederzeit vorgenommen werden, solange der gesetzliche Gottesdienst in seiner ursprünglichen Form zu Recht besteht. Sie beschreiben demnach nicht, was zur Zeit des Vf sich ereignet, sondern was nach der Heiligen Schrift zu geschehen hat."

sam; tritt aber die neue Ordnung in Kraft, so wird die alte Ordnung
aufgehoben (vgl. Eph 2, 14–18).
9 Die alte Priesterordnung in Israel ist ein **Gleichnis für die gegenwärtige Zeit, in der Gaben und Opfer dargebracht werden, die den
nicht im Gewissen zur Vollendung führen können, der den Dienst
versieht.** Das AT ist Offenbarung Gottes im vollen Sinne, aber es
ist doch nur vorlaufende Offenbarung Gottes im Blick auf das ewige
Heil, das Gott allen Menschen bereiten will. Die Priesterordnung des
AT ist „ein Gleichnis", ein Sinnbild und Hinweis auf die Gegenwart.
Das bedeutet, daß Heiligtum und Allerheiligstes, täglicher Dienst der
atst Priester und einmaliger Dienst des ntst Hohenpriesters einander
10 entsprechen wie AT und NT. Gaben und Schlachtopfer, Speisopfer
und Trankopfer und priesterliche Waschungen sind nur vorläufige
Ordnungen. Sie können die Gewissen der Menschen nicht wahrhaft
reinigen. Alle geistliche Kraft empfangen sie nur durch eine Setzung
Gottes im Blick auf die kommende Heilsordnung, die ihnen schon
vorlaufend ihre Kraft mitteilt. Sie sind nur vorübergehend eingesetzt
bis auf die Zeit einer besseren Ordnung, die mit Christus anbricht. In
den gesetzlichen Ordnungen des AT kann das schuldbeladene Gewissen des Menschen, das um Gottes Recht und seine eigene Verfehlung vor Gott und die Verantwortlichkeit vor ihm weiß, nicht zur Ruhe kommen. Es wird immer wieder an seine Schuld erinnert (Hbr 10, 2). Erst im Opfer Christi, in der Reinigung von den Sünden durch das Blut Jesu erfährt der Mensch eine völlige Vergebung, Reinigung und Erneuerung seines Herzens und Gewissens.

Zusammenfassung

Mit wenigen Strichen hatte der Apostel bereits in Hbr 8, 1–5 ein Bild des irdischen Heiligtums und Opferdienstes entworfen. Diese Gedanken hat er in unserem Abschnitt wieder aufgegriffen und in Einzelheiten ausgeführt. Dabei fallen uns besonders zwei Begriffe auf, mit denen der Apostel die Akzente in seiner Berichterstattung setzt. Er sagt: das Heiligtum im Volk Israel mit seinem Opfergottesdienst trug sinnbildlichen Charakter und war ein Hinweis auf **Christus und die geistlichen Lebensgesetze der Gemeinde Jesu[313].**

Die Stiftshütte war unterteilt in Heiligtum und Allerheiligstes. Das Heiligtum symbolisiert die Zeit des Alten Bundes, das Allerheiligste die Zeit der Gemeinde, in der Menschen – gereinigt durch das Blut Jesu – unmittelbar Zugang zu Gott haben. Im gleichen Ver-

[313] Das grie Wort *paraboláe* bedeutet Hbr 9, 9 „Gegenbild, Sinnbild, Typus", vgl. W–B, 1958[5], Sp. 1214.

hältnis stehen AT und NT zueinander: im Heiligtum *ahnten* die Priester etwas von der Gnadengegenwart Gottes, im Allerheiligsten wurde die Gemeinschaft mit Gott als erlösende und befreiende Wirklichkeit *erfahren*. So ist das ganze AT hinführende Offenbarung auf Christus, dessen göttliche Herrlichkeit uns erst im NT im vollen Umfang offenbart ist. Aber noch ein anderes Verhältnis weist der Apostel an Heiligtum und Allerheiligstem nach. Christus und seine Gemeinde sind einander in gleicher Weise zugeordnet wie der eine Hohepriester zu der großen Schar der Priester. Während wir als Glieder der Gemeinde die neue Priesterschar sind und im Glauben mit Christus verbunden sind, täglich im Heiligtum leben — symbolisiert durch den goldenen Leuchter und die heiligen Brote, tut Christus als himmlischer Hoherpriester, unseren Blicken noch entzogen, seinen Dienst im Allerheiligsten, in der unmittelbaren Gegenwart Gottes, im vollen Besitz göttlicher Herrlichkeit.

Aber so reich das AT auch an Hinweisen auf Christus ist und uns damit zeigt, daß alle Heilsgedanken Gottes durch die Jahrhunderte hindurch zu Christus hinführen, so liegt eben hier auch die *Grenze* der atst Offenbarung. Irdisches Heiligtum und irdischer Opferdienst haben nur begrenzte Bedeutung, sind nur eine vorläufige Ordnung, die am „Zeitpunkt der *Aufrichtung der wahren Ordnung*" (Hbr 9, 10) aufgehoben wird. Dieser Zeitpunkt ist mit der Vollendung des Erlösungswerkes durch Christus eingetreten. Alle atst Opfer vermochten dem Menschen nur eine kultische Reinheit zu vermitteln, die ihm das Betreten der Stiftshütte erlaubte. Das Opfer Jesu erfaßt uns dort, „wo kein menschliches Gebot und Opfer jemals vordringen kann: im Gewissen. Dann aber ruft es den ganzen Menschen in ein neues Opfer hinein, das Nachfolge und Lobpreis zugleich ist (Hbr 13, 13. 15). Diese radikale Reinigung weist über jede gesetzliche Möglichkeit hinaus[314]."

11. Die Erfüllung aller alttestamentlichen Opfer, Vorbilder und Verheißungen durch das eine Opfer Christi

Hbr 9, 11—28

11 Christus aber ist als Hoherpriester der zukünftigen Güter ge-
kommen und durch das größere und vollkommenere Zelt, das
nicht mit Händen gemacht ist, das heißt, daß es nicht dieser
12 Schöpfung angehört, * auch nicht durch Blut von Böcken und
Kälbern, sondern durch sein eigenes Blut ein für allemal in das
Heiligtum eingegangen und hat eine ewige Erlösung erlangt.

Zu Vers 11:
Hbr 4, 14
6, 20
9, 24
10, 1
2 Ko 5, 1

[314] O. Michel, S. 200, Anm. 5.

Zu Vers 12:
Hbr 5, 9
7, 27
9, 28
10, 10
13, 20
Jes 45, 17
Da 9, 24
Lk 1, 68
Lk 2, 38
Zu Vers 13:
3 Mo 16, 3. 14. 15
4 Mo 19, 9. 17
Hbr 10, 4
Zu Vers 14:
Eph 1, 7
Kol 1, 14. 20
1 Pt 1, 18—19
1 Jo 1, 7
Hbr 1, 3
Offb 1, 5
Offb 7, 14
Apg 23, 1
Apg 24, 16
1 Ko 4, 4
2 Ko 1, 12
1 Tim 1, 5. 19
1 Tim 3,9
2 Tim 1, 3
Hbr 10, 22
13, 18
Eph 2, 1—2
Hbr 6, 1
Rö 1, 9
1 Th 1, 9
Zu Vers 15:
Gal 3, 19—20
1 Tim 2, 5
Hbr 7, 22
8, 6
12, 24
Rö 3, 25
Hbr 3, 1
Zu Vers 19:
2 Mo 24, 3—11
3 Mo 14, 4—7
4 Mo 19, 7. 18—19
Ps 51, 9
Zu Vers 20:
2 Mo 24, 8
Mt 26, 28

**13 * Denn wenn schon das Blut von Böcken und Stieren und die
Asche einer Kuh, mit der man die Verunreinigten besprengt, zur
14 Reinheit des Fleisches heiligt, * wieviel mehr wird das Blut des
Christus, der durch den ewigen Geist sich selbst als fehlerloses
Opfer Gott dargebracht hat, unser Gewissen von toten Werken
15 reinigen, damit wir dem lebendigen Gott dienen. * Und deshalb
ist er Mittler eines neuen Bundes, damit nach** (seinem) **Tode, der
zur Erlösung von den unter dem ersten Bund geschehenen Über-
tretungen erfolgte, die zum ewigen Erbe Berufenen die Verhei-
16 ßung empfangen. * Denn wo ein Testament besteht, muß not-
wendig der Tod des Erblassers** (dessen, der das Testament ein-
17 gesetzt hat) **eingetreten sein. * Denn ein Testament wird erst
durch den Todesfall rechtskräftig, da es noch nicht in Kraft ist,
18 solange der Erblasser noch lebt. * Deshalb ist auch der erste
19** (Bund) **nicht ohne Blut eingeweiht worden. * Denn nachdem
jedes Gebot nach dem Gesetz von Mose dem ganzen Volk mit-
geteilt worden war, nahm er das Blut der Kälber und Böcke mit
Wasser, scharlachroter Wolle und Isop und besprengte sowohl
20 das Buch selbst als auch das ganze Volk * und sprach: „Dies ist
21 das Blut des Bundes, den Gott für euch angeordnet hat." * Aber
auch das Zelt und alles gottesdienstliche Gerät besprengte er in
22 gleicher Weise mit dem Blut. * Und fast alles wird nach dem Ge-
setz durch Blut gereinigt, und ohne Blutvergießen gibt es keine
23 Vergebung. * So besteht nun die Notwendigkeit, daß die Ab-
bilder der himmlischen Dinge durch diese** (Mittel) **gereinigt wer-
den, die himmlischen Dinge selbst aber durch bessere Opfer als
24 es diese sind. * Denn Christus ist nicht in ein mit Händen ge-
machtes Heiligtum eingegangen, das ein Nachbild des wahrhaf-
tigen ist, sondern in den Himmel selbst, um jetzt vor dem An-
25 gesicht Gottes für uns zu erscheinen; * auch nicht, um sich selbst
oftmals zu opfern, wie der Hohepriester alljährlich mit fremdem
26 Blut in das Heiligtum hineingeht, * sonst hätte er oftmals leiden
müssen seit Erschaffung der Welt. Jetzt aber ist er einmal am
Ende der Zeiten geoffenbart worden, um die Sünde durch sein
27 Opfer aufzuheben. * Und so gewiß es den Menschen bestimmt
28 ist, einmal zu sterben, danach aber das Gericht, * ebenso wird
auch der Christus, nachdem er einmal geopfert worden ist, um
die Sünden vieler wegzunehmen, zum zweitenmal ohne** (Bezie-
hung zur) **Sünde denen erscheinen, die ihn zum Heil erwarten.**

Die Verse Hbr 9, 11—14 enthalten die zentralen Aussagen über das Erlösungswerk Jesu: Der himmlische Hohepriester hat sich selber zum Opfer gebracht. Was durch den Gang des Hohenpriesters am Versöhnungstage ins Allerheiligste angedeutet war, das hat Jesus tatsächlich in göttlicher Vollmacht vollbracht. Alles Alte ist überholt, überwunden, erfüllt! In diesem Zusammenhang werden uns die beiden entscheidenden Schlüsselworte genannt, die uns das Verständnis des ganzen Hbr erschließen: „ein für allemal" in Vers 12 und „wieviel mehr" in Vers 14. Die Einmaligkeit und die alles überragende Größe des ntst Priesters zeigt sich darin, daß Christus als Hoherpriester über die wahrhaften Güter der göttlichen Heilszeit eingesetzt ist. Er dient im himmlischen Heiligtum, das nicht dieser Schöpfung angehört. Er bringt sein eigenes Blut und schafft dadurch eine endgültige Erlösung. Durch Jesu Opfer ist erst wahrer Gottesdienst möglich geworden.

Die Handschriften des NT weisen am Anfang von V. 11 zwei voneinander abweichende Lesarten auf, so daß wir den Vers verschieden übersetzen können. Der Vatikanus[315] liest hier: Christus ist als Hoherpriester der w i r k l i c h e n (tatsächlichen) Heilsgüter gekommen[316]. Auf dieses Verständnis weist auch einer der ältesten Textzeugen, der Chester-Beatty-Papyrus II. Dann könnten wir die Aussage des Apostels so verstehen, daß Jesus als Hoherpriester wirkliche Heilsgüter vermittelt (vgl. Hbr 6, 5 „die geschmeckt haben die Kräfte der zukünftigen Welt"), nicht nur in die Zukunft weisende Verheißungen. Im Sinaiticus, Alexandrinus und anderen wichtigen Handschriften finden wir: Christus aber ist als Hoherpriester der z u k ü n f t i g e n Heilsgüter gekommen[317]. Hier läge der Sinn nahe, daß die Gnadengaben Gottes, die uns durch Christus erworben wurden, erst in der Zukunft offenbar werden. Die erste, im grie Text etwas schwieriger verständliche Lesart dürfte wohl hier die ursprüngliche sein. Jedoch ergänzt die zweite Lesart den Sinn der ersten. Wir übersetzen deshalb: **Christus ist als Hoherpriester der wirklichen Heilsgüter gekommen.** Die wirklichen Heilsgüter sind die „zukünftigen Güter" (vgl. Hbr 10, 1), das heißt: die kommende Herrlichkeit Gottes, die sichtbar auf Erden erscheinen soll, das „ewige Erbe" der Gläubigen (Hbr 9, 15). Christus ist als der große Hohepriester in diese Welt gekommen, um j e t z t s c h o n in seiner Gemeinde die zukünftigen Segnungen auszuteilen.

In einem Satz (V. 11–12) faßt der Apostel noch einmal alles zusammen, was er bereits in den Abschnitten 8, 1–6 und 9, 1–10 aus-

Mk 14, 24
Lk 22, 20
1 Ko 11, 25
Zu Vers 21:
3 Mo 8, 15. 19
Zu Vers 22:
3 Mo 5, 5–13
3 Mo 17, 11
Eph 1, 7
Kol 1, 14. 20
Zu Vers 23:
Hbr 8, 5
Zu Vers 24:
Rö 8, 34
1 Jo 2, 1–2
Hbr 7, 25
9, 11–12
Zu Vers 26:
1 Ko 7, 29
1 Ko 10, 11
Gal 4, 4
Eph 1, 10
1 Pt 1, 20
1 Pt 4, 7
1 Jo 2, 18
Hbr 1, 2–3
9, 12
Mt 13, 39. 40. 49
Mt 24, 3
Mt 28, 20
Zu Vers 27:
1 Mo 3, 19
2 Ko 5, 10
Hbr 6, 2
Zu Vers 28:
Jes 53, 12
Mt 26, 28
Mk 10, 45
Lk 19, 10
Rö 6, 10
Kol 2, 14
1 Tim 1, 15
1 Pt 2, 24
1 Pt 3, 18

[315] Siehe auch S. 7 „Die Handschriften des Neuen Testaments".

[316] grie *ton genoménon agathón*, von *ginomai aor. part.* „werden, entstehen, geschaffen werden"; *ta agathá* hier die „Güter höherer Ordnung", die himmlischen Güter, vgl. W–B 1958[5], Sp. 6.

[317] grie *ton mellónton agathón*, vom Verbum *méllo* „sollen, müssen, bestimmt eintreten", im Partiz. „zukünftig", vgl. W–B 1958[5], Sp. 991.

Hbr 9, 12
10, 2. 10. 12. 14
Phil 3, 20
1 Th 4, 15—17
2 Tim 4, 8
Offb 19, 11—21

führlich dargelegt hat: Der ganze Hohepriesterdienst des AT mit
Berufung, Fürbitte, Mittlerschaft und irdischem Heiligtum ist in
Christus auf eine neue Ebene gehoben worden. Das irdische Heilig-
tum, von Menschenhänden nach Gottes Ordnung aufgerichtet, war
vergänglich. Es unterlag in Bedeutung und Auswirkung einer von
Gott selbst gesetzten zeitlichen Begrenzung. Hier hatte der atst Hohe-
12 priester seinen Dienst zu tun. Christus dagegen steht in Verbindung
mit der unendlich größeren und vollkommeneren Stiftshütte, jenem
wahren Heiligtum, in dem Gottes Gegenwart unmittelbar offenbar
ist, das nicht durch Menschenhände gemacht worden ist, das über-
haupt nicht dieser irdischen Welt und Schöpfung angehört[318]. Der
überragenden Größe des himmlischen Heiligtums gegenüber dem
irdischen Abbild entspricht auch das vollkommene Opfer, in dem
der Hohepriester sein eigenes Blut herzubringt. Die ewige Erlösung,
die als tiefste Sehnsucht hinter jeder Opferhandlung der atst From-
men stand, ist in Jesus Christus Wirklichkeit geworden. Die Tat-
sache, daß sein Gang in das himmlische Heiligtum nur einmal not-
wendig war und die ewige Erlösung für eine ganze in Sünde und
Schuld verlorene Welt erwirkte, läßt uns den unermeßlichen Wert
des Blutes Jesu ahnen[319].
13 Im AT hatte Gott seinem Volk Israel eine Ordnung gegeben, die
aller kultischen Opfersühne zu Grunde liegt: „Die Seele des Fleisches
ist im Blute, und ich habe es euch für den Altar gegeben, daß man
euch damit Sühne erwirke; denn das Blut ist es, das durch die in
ihm wohnende Seele Sühne erwirkt" (3 Mo 17, 11). Das Blut ist der
Sitz des Lebens, Gott allein verfügt darüber. Darum wird nicht nur
schuldlos vergossenes Menschenblut von ihm gerächt (1 Mo 9, 5),
sondern in gleicher Weise auch der Genuß von Tierblut bei Todes-
strafe verboten[320]. Blut ist heilig, es gehört Gott. Das Blut des Opfer-
tieres wurde Gott zurückgegeben, indem es am Altar ausgegossen
wurde. Das Blut diente der Besprengung des Altares (2 Mo 29, 16;
3 Mo 3, 2), des Hohenpriesters (2 Mo 29, 21) und des Tempelvor-
hangs (3 Mo 4, 6 wörtl. „Besprühung"; 4 Mo 19, 4). Das Opferblut

[318] J. Calvin verstand unter dem „größeren und vollkommeneren Zelt" nicht wie andere die himmlische Herrlichkeit, die Welt der Engel und seligen Geister, die Christus durchschritten hat (vgl. Hbr 4, 14), sondern den Leib Christi. S. 101: „Wie nämlich einst der atst Hohepriester durchs Heilige gehen mußte, um ins Allerheiligste zu gelangen, so ist Christus durch seinen Leib zur himmlischen Herrlichkeit eingegangen."

[319] E. Riggenbach, S. 260: „Wie der atst Hohepriester das Allerheiligste nicht ohne ein Sühnemittel betreten durfte, so hat auch der hohepriesterliche Eintritt Christi in das himmlische Heiligtum den Vollzug einer Sühne zur Bedingung. Aber das Sühnemittel ist hier von dem atst so verschieden, wie das vom Priester dargebrachte Tierblut von der freiwilligen Selbsthingabe des Sohnes Gottes."

[320] 3 Mo 3, 17; 7, 26—27; 17, 10—14; 5 Mo 12, 23; 1 Sam 14, 32 ff.

hatte aber auch sühnende, reinigende und heiligende Kraft[321]. Die Besprengungen **mit dem Blut von Böcken und Stieren und mit der Asche der Kuh** im „Reinigungswasser" (4 Mo 19) waren sinnbildliche Handlungen, die ihre Kraft durch Gottes gebietendes Wort empfingen. Der Gehorsam gegen diese Anordnungen Gottes vermittelte eine vorübergehende kultische Reinheit, die es dem Israeliten erlaubte, in das irdische Heiligtum einzutreten. Befähigten auch diese vorläufigen Opfer die Israeliten, die Gemeinschaft mit Gott zu suchen, so war durch sie doch keine bleibende Reinigung des Gewissens und Erneuerung des Herzens möglich.

Das Opfer Jesu jedoch, seine Bedeutung und Auswirkung sind 14
unendlich viel größer als alles, was irgend ein menschliches Opfer zu erreichen vermochte: **Wieviel mehr wird das Blut des Christus, der durch den ewigen Geist sich selbst als fehlerloses Opfer Gott dargebracht hat, unser Gewissen von toten Werken reinigen, damit wir dem lebendigen Gott dienen.** Gottes unermeßliche Heilstat und die menschliche Erlösungsbedürftigkeit liegen miteinander im Blickfeld dieses Wortes. Der ewige Hohepriester hat die wunderbare Erlösungstat vollbracht: Er opferte sich selbst; er zahlte den Preis für die ewige Erlösung – sein eigenes Blut. Aber die Größe der Heilstat Gottes und das Ausmaß der Heilsbedürftigkeit des Menschen entsprechen einander. So groß ist die Macht der Sünde, so unendlich tief der Fall des Menschen, daß es eines solchen Opfers bedurfte, um die Kluft zwichen Gott und Mensch zu überwinden.

Das Blut des Christus[322] ist Opferblut, das er im vollkommenen Gehorsam (Rö 5, 19; Phil 2, 8; Hbr 5, 8) in seiner Selbsthingabe am Kreuz Gott dargebracht hat. Mit seinem Leiden und Sterben hat Jesus das tatsächliche Opfer zur Beseitigung der Sünden gebracht und an die Stelle aller von Menschen dargebrachten Opfer das vollkommene Opfer seines Lebens gesetzt. Damit hat er die Versöhnung des Menschen mit Gott vollzogen. Mit seinem Opferblut hat Christus das neue Gottesvolk, die Gemeinde der Gläubigen, aus der Macht des Teufels und aller bösen Mächte losgekauft und befreit (Apg 20, 28; Eph 1, 7; 1 Pt 1, 19; Offb 5, 9). Das Blut Jesu erwirkt für jeden die Rechtfertigung vor Gott, der den Opfertod Jesu im Glauben für sich persönlich in Anspruch nimmt (Rö 3, 25; 5, 1. 9). Wer sein Leben im Glauben Jesus Christus ausliefert, wer ein Eigentum Jesu wird, empfängt durch die Kraft des Blutes die Reinigung

[321] Von der sühnenden Kraft des Opferblutes spricht 3 Mo 16, 6. 15–17; auf die reinigende Kraft des Blutes weisen die Worte 3 Mo 14, 1 ff. 10 ff, und die heiligende Kraft des Blutes wird besonders bei der Priesterweihe deutlich 2 Mo 29, 20–21.

[322] Vgl. F. Laubach, Art. „Blut", Theol. Begriffslexikon zum NT, 1965, S. 131 ff (ausführliche Literaturangaben).

von den Sünden. Gott tilgt die ganze Schuld im Leben des Menschen, der in gläubigem Vertrauen ihm seine Sünden bekennt (1 Jo 1, 7–10; Offb 1, 5; 7, 14). Weil das Blut des Christus für seine Gemeinde allezeit wirksam ist, ist es für die Glaubenden möglich, ein reines Gewissen vor Gott zu haben (vgl. Hbr 9, 14 mit 10, 22; 13, 18). Im AT waren Versöhnung und Reinigung zwei verschiedene, innerlich aber aufeinander bezogene Handlungen. Die Versöhnung erfolgte durch das Opferblut im Allerheiligsten einmal im Jahr am großen Versöhnungsfest. Die Reinigung konnte immer wieder im Jahr außerhalb des Allerheiligsten vollzogen werden. Beides ist im NT in der Erlösung durch das Blut Jesu Christi zusammengefaßt[323]. Aber wir empfangen durch Jesu Blut nicht nur die Vergebung unserer Schuld und die Lösung von der zwingenden Macht der Sünde (1 Pt 1, 18–19). Im Blute Jesu liegt auch die Kraft zur Heiligung (Hbr 13, 12) und Überwindung aller gottfeindlichen Mächte (Offb 12, 11). Eine umwandelnde und erneuernde Kraft strömt vom Sühnetod Jesu in unser Leben, wenn wir seine Erlösung im Glauben angenommen haben. So ermöglicht uns sein heiliges Blut auch ein Leben in der Gegenwart Gottes, es öffnet uns den Zugang zu Gott (Hbr 10, 19; Eph 2, 13. 18). Wir haben unmittelbaren Zugang zu seiner Herrlichkeit. Das alles wird uns durch das Blut Jesu zuteil, aber auch eben n u r durch s e i n Blut. Das Blut Jesu ist nicht nur Zeichen und Ausdruck seines Opfertodes am Kreuz; man kann nicht ohne weiteres die Begriffe „Blut Christi" und „Tod" vertauschen. Blut Christi bedeutet mehr. Ihm kommt eigenständige geistliche Wirklichkeit zu[324]. Mose opferte nicht nur das Tier (vgl. Hbr 9, 19–21), sondern er besprengte auch das Volk mit dem Opferblut, so daß die sühnende und reinigende Kraft jedem einzelnen Glied des Gottesvolkes persönlich zuteil wurde. Die Blutbesprengung ist als geistliche Wirklichkeit auch im neuen Gottesvolk wichtig (Hbr 10, 22). Durch das Blut ist der Tod Jesu auf den einzelnen Menschen persönlich bezogen. Die sühnende und reinigende Kraft des Opfertodes wurde dem Opfernden durch die Blutbesprengung persönlich zugeeignet. Was sich im Bereich der atst Gemeinde mit Tierblut sinnlich wahrnehmbar vollzog, vollzieht sich im Bereich der ntst Gemeinde mit dem Blut Jesu unsichtbar als geistliche Realität. Wenn wir das Blut Jesu für uns persönlich im Glauben in Anspruch nehmen, wird uns die Kraft seines Opfertodes in allen ihren Auswirkungen zuteil.

[323] Vgl. Gottfried Menken, Homilien über das 9. und 10. Kapitel des Briefes an die Hebräer, 1831, S. 110 f.

[324] Vgl. auch Hbr 10, 29 „Sohn Gottes" und „Blut des Bundes" stehen als zwei gleichwertige geistliche Realitäten nebeneinander.

Christus hat sich durch den ewigen Geist Gott geopfert. In den Gedanken des Verfassers taucht das Bild des Gottesknechtes auf, dessen Kommen Jesaja angekündigt hatte (Jes 53); er sollte sein Leben zum Schuldopfer für viele geben, ihre Sünde tragen und für ihre Rechtfertigung eintreten. Gottes Verheißung kündigte an: „Ich habe meinen Geist auf ihn gelegt!" (Jes 42, 1)[325]. Jesu Opfer entsprang einer völligen Hingabe und ungetrübten Gemeinschaft mit Gott. So wie der Heilige Geist während seines Erdenlebens die Antriebskraft seines Handelns war (Mt 4, 1), so ist er es auch im Handeln Jesu zu unserer Erlösung gewesen. Weist das „Blut" auf unsere menschliche Natur, deren Jesus teilhaft war (vgl. Hbr 2, 14), so der „Geist" auf seine göttliche Natur[326]. Die Forderung Gottes im AT, daß das Opfertier **fehlerlos** sein müsse (2 Mo 12, 5; 3 Mo 1, 3; 22, 20; 4 Mo 19, 2), ist im NT nicht aufgehoben. Christus hat auch dieses Gesetz Gottes in seiner eigenen Person erfüllt (Mt 5, 17; 1 Pt 1, 19). Christus selber war das fehlerlose Lamm, das für die Schuld aller Menschen Genugtuung leistete, und er teilt durch den Heiligen Geist den Gliedern seiner Gemeinde sein eigenes Wesen mit, das ihn selbst zum Opfer befähigte, damit auch wir zur Hingabe und zum Opfer unseres Lebens fähig werden (Rö 12, 1–2).

An die Stelle der atst Priesterschaft ist die Gemeinde Jesu getreten (1 Pt 2, 9; Offb 1, 6; 5, 10); auch sie bedarf einer Reinigung, nicht einer kultischen, sondern einer Reinigung des Gewissens. Nur das Blut Jesu hat die Kraft, unser Gewissen zu reinigen; Reinigung bedeutet nicht nur, daß Gott die Sünde vergibt, sie von uns nimmt, sondern daß die Sünde vor Gott ausgelöscht wird. Darum schließt die Reinigung des Gewissens ein, daß auch die Erinnerung an die Sünde aus unserem Bewußtsein weggenommen werden soll (vgl. Hbr 10, 2–3).

Im Unterschied zum AT vollzieht sich der ntst Priesterdienst nicht mehr in einem irdischen Heiligtum, sondern im Heiligen Geist in der unmittelbaren – wenn auch für uns noch nicht sichtbaren – Gegenwart Gottes (Jo 4, 21–24). Wahrer Gottesdienst ist Anbetung Gottes im Geist und in der Wahrheit und schließt die Hingabe unseres Lebens an den Herrn ein. Wenn der Apostel besonders betont, daß das Blut Jesu Christi unser Gewissen **von den toten Werken reinigt,** so denkt er dabei zunächst nicht an einzelne verwerfliche Taten, in denen die Empörung des unerlösten Menschen offen zutage tritt; er bezeichnet damit den gesamten Lebensbereich des Menschen in allen seinen Äußerungen, solange er außerhalb der Gemeinschaft mit Gott steht

[325] Ebenso F. F. Bruce, S. 205.
[326] Vgl. Ferdin. Zißler, Das Hohepriestertum Christi, S. 70.

(Eph 2, 1–2)[327]. Ohne Buße gibt es keine Reinigung. Ohne Reinigung von den toten Werken ist kein Dienst für Gott möglich. Wo aber die Lebenserneuerung durch das Blut Jesu eingetreten ist, da führt Gottes Geist den Gläubigen zum Dienst für den Herrn. Das Ziel Gottes mit dem Menschen hier auf Erden entspricht dem Urstand des Menschen in der Schöpfung: er soll mit reinem Gewissen **dem lebendigen Gott dienen** (vgl. 1 Mo 1 und 2). Was der Mensch durch seine Loslösung von Gott vereitelt hat, ist durch Christus in der Gemeinde der Gläubigen wiederhergestellt. So hebt das Opfer Jesu Christi, sein Leiden und Sterben am Kreuz, die Folgen des Sündenfalles auf und führt den, der die Kraft dieses Opfers für sich in Anspruch nimmt, wieder in die ursprüngliche Bestimmung des Menschen zurück. In der Gemeinschaft mit Christus lernen wir es wieder, in freiwilliger Abhängigkeit Gott mit allen unseren Gaben und Fähigkeiten, die er uns geschenkt hat, zu dienen[328].

15 Jesu Blut ist Opferblut, das betont der Apostel auch hier noch einmal: Der Tod Jesu ist **zur Erlösung von den unter dem ersten Bund geschehenen Übertretungen erfolgt.** Das Opfer Jesu reicht aus für die Schuld aller Menschen, es wirkt eine umfassende Erlösung. Trotz des Sündenfalles braucht nun niemand mehr verlorenzugehen (vgl. Apg 17, 30). Aber Jesu Blut ist Opferblut und Bundesblut. Bundesschluß und Opferblut gehören zusammen (vgl. 2 Mo 24, 5. 8; Ps 50, 5). Als Bundesblut bildet das Blut Jesu die Grundlage für die Verwirklichung der neuen Gottesordnung. Der Hohepriester ist im NT nicht nur der Vollstrecker des Opfers, sondern auch der Bürge und Mittler des Bundes. Das bessere, vollkommene Opfer begründet zugleich den besseren, vollkommenen Bundesschluß, der auf besseren testamentarisch festgelegten Verheißungen als der Alte Bund ruht (Hbr 8, 6). Verhieß der Alte Bund ein irdisches Erbe, so der Neue Bund ein ewiges Erbe, die wahre Gottesruhe für die Erlösten (Hbr 4, 9). **Christus ist der Mittler eines neuen Bundes, damit die**

[327] E. Riggenbach, 1913, S. 266: „Wie nämlich die Berührung eines Toten nach der atst Kultordnung den Menschen befleckte und vom Zutritt zum Heiligtum ausschloß, so verursachen die toten Werke (6, 1), d. h. die in der Entfremdung von Gott vollbrachten Handlungen eine Befleckung des Gewissens. Die durch sie hervorgerufene Störung des Verhältnisses zu Gott reflektiert sich im Bewußtsein des Menschen und gibt ihm das Gefühl der Gottesferne."

[328] Berleburger Bibel, S. 50 f: „Mit der kahlen Entschuldigung aber kommt man ja nicht aus, da man sich und andere bereden will, man könne Gott nicht dienen, wie man soll. Denn man soll es auch nicht von sich selbst aus tun: mit deinem eigenen verderbten Dienst ist ihm nicht gedient. Es will aber einer in dir wohnen, durch den du dem Vater dienen sollst, welcher ist Jesus Christus. Dieser will es in dir tun, und durch die Kraft seines heiligen Blutes deinen ganzen Menschen dazu reinigen und untadelig in sich selbst darstellen, damit du dem Vater angenehm werdest mit allen deinen Diensten und Anbetungen."

zum ewigen Erbe Berufenen die Verheißung empfangen. Die „Teilhaber der himmlischen Berufung" (Hbr 3, 1) sind zu einem ewigen Erbe berufen, ihnen fällt die Erfüllung unwandelbarer Verheißungen zu (1 Pt 1, 4). Worin besteht das Erbe, das wir als Glieder der Gemeinde Jesu, als „Erben Gottes und Miterben Christi" (Rö 8, 17) erwarten? Die Bibel sagt uns, daß wir in der Ewigkeit bei Jesus Christus sein und die Herrlichkeit Gottes schauen werden (1 Th 4, 17; Offb 22, 3–4). Dann wird die endgültige Erlösung unseres Leibes (Rö 8, 23; Phil 3, 21) und damit die völlige Umgestaltung unseres Wesens in die Wesensart Jesu abgeschlossen sein[329]. Und schließlich wird es das Vorrecht der erlösten Gemeinde sein, an der himmlischen Regierungsgewalt ihres Herrn in der erneuerten Schöpfung teilzunehmen[330].

Der Apostel wechselt unvermittelt zwischen den beiden Bedeu- 16
tungen des grie Wortes *diatháekä* als „Bundesschluß" und „Testament". Der Bundesschluß ist ihm zugleich Testament, weil er mit Verheißungen verbunden ist, die auf kommende Generationen als Erbe übergehen und in ihrem Leben ihre Erfüllung und Verwirklichung finden sollen. Alter Bund und Neuer Bund stellen jeweils ein solches „Testament" dar. Wo es sich aber um eine letztwillige Verfügung handelt, muß notwendig der Tod des Erblassers einge-
treten sein, bevor die Erben das Erbe antreten können. Für den 17
Apostel bedeuten die irdisch-menschlichen Rechtsordnungen einen Hinweis auf eine göttliche Wirklichkeit, von deren Ordnung sie letztlich abgeleitet sind. Die irdische Ordnung spiegelt eine himmlische Ordnung wider. Ein Testament wird erst dann rechtskräftig, wenn der Testator gestorben ist; solange er noch lebt, besitzt es keine Geltung. Diesen Satz wendet er auf das „Alte und Neue Testa-
ment" Gottes an. Bei der Verfügung des zweiten Testamentes starb 18
Christus, damit es rechtskräftig wurde. Also mußte auch schon bei der Verfügung des ersten Testamentes durch Gott ein Ereignis eingetreten sein, das dem Tod des Erblassers gleichkam. Dieser notwendige Eintritt des Todesfalles wurde versinnbildlicht im Zeichen des Opferblutes. Es ist in diesem Zusammenhang bedeutsam, daß auch der erste Bund, das erste Testament, nicht ohne Blutvergießen
wirksam wurde. Auch hier schildert der Apostel die den Lesern und 19/20
Hörern zweifellos bekannte Begebenheit ausführlich, weil das atst Geschehen wieder vorbildlich für die ntst Heilswirklichkeit wird. Mose war der Bundesmittler und brachte Bundesblut: **Dies ist das Blut des Bundes, den Gott für euch angeordnet hat.** Auch der Neue

[329] Rö 8, 29; 2 Ko 3, 18; 1 Jo 3, 2–3.
[330] Lk 19, 17; 1 Ko 6, 2–3; 2 Tim 2, 12; Offb 1, 6; 5, 10; 22, 4.

Bund wurde mit Blut geschlossen, aber nicht mit Tierblut, sondern mit dem Blut des Sohnes Gottes. Im AT diente das Opferblut des Tieres zugleich der kultischen Reinigung des Gottesvolkes und der Heiligung der Offenbarungsstätte Gottes
21 (3 Mo 8, 15. 19). Mittlerschaft des Bundes und Reinigung des Heiligtums waren Gottes Auftrag an Mose. Ebenso ist es bei Jesus Christus, nur daß sein Dienst als geistliche Wirklichkeit in Vollkommenheit geschieht. Er ist der „Mittler des Neuen Bundes" (V. 15) und „reinigt unser Gewissen" (V. 14). AT und NT stimmen in dieser unveränderlichen Ordnung überein, daß das Opferblut dem Bundesschluß ebenso wie der Reinigung von den Sünden dient. Was im AT in verschiedenen heiligen Handlungen getrennt voneinander vollzogen wurde, ist im Opfertod Jesu vereinigt: „Das ist mein Blut des Bundes, das für viele vergossen wird zur Vergebung der Sünden" (Mt 26, 28).

22 Das Grundwort aller atst Opferhandlungen 3 Mo 17, 11 findet hier auf dem Boden des NT seine ausdrückliche Bestätigung: „Des Leibes Leben ist im Blut, und ich habe es euch auf den Altar gegeben, daß eure Seelen damit versöhnt werden." Der Apostel erklärt: **Ohne Blutvergießen gibt es keine Vergebung.** Mit diesem Satz begründet er die Heilstatsachen, die er in den Versen 12–14 ausgesprochen hat. Das Blut des Christus bewirkt die ewige Erlösung, die in der Vergebung unserer Sünden besteht (vgl. Eph 1, 7). Damit finden alle blutigen Opfer des Alten Bundes in dem einen blutigen Opfer des Neuen Bundes ihren Abschluß. Daß zur Versöhnung der Sünden vor Gott im AT und NT Blut fließen mußte, ist eine unumstößliche Heilsordnung nach dem Willen Gottes, deren Begründung wir mit unserem natürlichen Denkvermögen nicht einsehen können, weil uns auf Erden letzte Erkenntnisse versagt bleiben (vgl. 1 Ko 13, 9). Wir müssen uns im Glauben ehrfurchtsvoll darunter beugen[331].

23 Der Apostel greift noch einmal auf den Gedanken in Vers 21 zurück. Mose hatte mit dem Opferblut der Tiere die Stiftshütte und alle gottesdienstlichen Geräte gereinigt. Das Irdische ist aber auch hier nur Abbild des Himmlischen. Die Abbilder (grie *hypodeigmata*) der himmlischen Wirklichkeit sieht der Apostel in der Stiftshütte mit Heiligtum und Allerheiligstem (Hbr 9, 2–3) und in den gottesdienstlichen Gerätschaften (V. 21). Nicht nur der äußere Aufbau der Stiftshütte ist bedeutsam, sondern auch die einzelnen Geräte für den israelitischen Gottesdienst sind nach himmlischen Urbildern herge-

[331] Vgl. dazu die folgende Auslegung von Hbr 10, 3–4. — O. Michel, S. 211: „Das AT weiß selbst um Vergebung ohne Blut, deutet damit selbst die Grenze des Blutgedankens an, und doch wird der Ernst der göttlichen Forderung und Strafe erst dort erkannt, wo das Leben zur Sühne eingesetzt werden muß."

stellt worden (2 Mo 25, 9) und haben sinnbildliche Bedeutung für das NT[332].

Die Abbilder der himmlischen Wirklichkeit mußten notwendig mit dem Opferblut der Tiere gereinigt werden. Nun offenbart uns der Apostel eine Tatsache, die er bisher noch nicht erwähnt hat: **Die himmlischen Dinge selbst** müssen **durch bessere Opfer** als durch Tierblut gereinigt werden[333]. Der Sündenfall des Menschen, seine Empörung gegen Gott, hat sich nicht allein auf die Kreatur in der sichtbaren Schöpfung ausgewirkt (Rö 8, 20—22), sondern auch die Ordnung in der himmlischen Welt gestört. Auch das himmlische Heiligtum bedarf der sühnenden und reinigenden Kraft des Blutes. Irdische Tieropfer reichen dazu nicht aus, hier ist allein das Blut Jesu, des Sohnes Gottes, wirksam. Sein Blut dient nicht nur der Erlösung der Gemeinde, Christi Opfertod hat auch kosmische Auswirkungen, es „stiftet Frieden auf Erden und im Himmel" (Kol 1, 20)[334].

Immer und immer wieder betont der Apostel die unendliche Über- 24
legenheit des ewigen Priesterdienstes Jesu über alles irdische Priestertum. So erfüllt ist er von der geistlichen Schau, die ihm zuteil geworden ist, so stark beherrscht die Erhabenheit der Person Jesu Christi sein Denken, daß er die gleichen Grundgedanken immer wieder — wenn auch in neuen Wendungen — aufgreift (vgl. Phil 3, 1). **Christus ist nicht in ein mit Händen gemachtes Heiligtum eingegangen, das ein Nachbild[335] des wahrhaftigen ist, sondern in den Himmel selbst, um jetzt vor dem Angesicht Gottes für uns zu erscheinen.** Nachdem Christus als vollkommener Hoherpriester den Opferdienst ein für allemal in der Hingabe seines Lebens am Kreuz vollzogen hat, tut er jetzt den Dienst ewiger Fürbitte für die Glieder seiner Gemeinde: Er ist zur Rechten Gottes und vertritt uns (Rö 8, 34), er lebt allezeit, um sich für uns zu verwenden (Hbr 7, 25), er, der selbst die Versöhnung für unsere Sünden ist (1 Jo 2, 1—2), ist unser Anwalt
bei Gott, dem Vater[336]. Der Hohepriester in Israel mußte jedes 25
Jahr aufs neue am Versöhnungstag das Opferblut in das Allerhei-

[332] Vgl. auch 4 Mo 8, 4 mit Offb 1, 12. 20.

[333] J. A. Bengel, S. 661: „Im NT läßt sich eigentlich nur von e i n e m Opfer reden; die hier gebrauchte Mehrzahl aber, welche den vielen levitischen Opfern entsprechend gesetzt wird, soll die Vortrefflichkeit des in jeder Beziehung vollkommenen e i n e n Opfers Christi bezeichnen. Fragt der Jude: wo habt ihr denn eure Opfer? so antworten wir: unsere Opfer bestehen in dem e i n e n Opfer des Gekreuzigten."

[334] Diese Tatsache hängt offenbar mit der Entmächtigung der gottfeindlichen Mächte durch Christus zusammen, Kol 2, 13—15.

[335] Urbild Hbr 8, 5 grie *týpos*, Nachbild Hbr 9, 24 grie *antitypos*.

[336] M. Luther, S. 144: „Deshalb muß ein Christ gewiß sein, nein, auf das gewisseste gewiß sein, daß Christus f ü r i h n erscheint und Priester ist vor Gott. Denn wie er glauben wird, so wird ihm geschehen."

ligste tragen und dort auf die Deckplatte der Bundeslade sprengen. Alljährlich mußte an diesem Tag ein Opfertier sterben, dessen Blut die Sühnung der Sünden Israels erwirken sollte. Die fortwährende Wiederholung dieses Opfers, durch das der irdische Hohepriester die Versöhnung des Volkes Gottes mit fremdem Blut vollziehen mußte, ist ein Beweis für die Vorläufigkeit dieser Heilsordnung.

26 Christus aber hat sein eigenes Leben nicht oftmals geopfert. Er ist nur einmal in die Welt gekommen, um für unsere Sünden zu sterben. Die Einmaligkeit des Opfers Jesu zeigt uns die alles überragende Größe und den unermeßlichen Wert des Kreuzestodes Jesu. Trüge Jesu Opfer den Charakter der Vorläufigkeit, dann hätte er sein Sterben am Kreuz immer wiederholen müssen. Die Einmaligkeit seiner geschichtlichen Existenz und seines Sterbens enthält die klare Absage an jede unmittelbare oder sinnbildliche Wiederholung seines Opfers. Die **Aufhebung der Sünden**[337] ist dadurch erfolgt, daß Christus unsere Sünden auf sich nahm. „Er hat unsere Sünden an seinem Leibe selber an das Holz hinaufgetragen, damit wir von den Sünden loskämen und der Gerechtigkeit lebten" (1 Pt 2, 24). Damit bedeutet das Kommen Jesu den Abschluß der alten und den Beginn der neuen Zeit, es ist ein Zeichen für das Ende der Zeiten[338]. Gott hat mit der Sendung seines Sohnes alles getan, was zur Rettung der Menschen nötig und möglich war. Nun liegt es in der Entscheidung des Menschen, dieses Heil persönlich anzunehmen oder Gottes Angebot auszuschlagen und dadurch Gottes Wort den Gehorsam zu verweigern. Das nächste heilsgeschichtliche Ereignis, dem die ganze Menschheit entgegengeht, wird die Wiederkunft Jesu sein, mit der er das Gericht Gottes über die Welt heraufführen wird.

27 **Es ist den Menschen bestimmt, einmal zu sterben, danach aber das Gericht.** Die Einmaligkeit der menschlichen Existenz wird hier nicht nur als Schöpfungsordnung, und die Einmaligkeit und Unvertretbarkeit unseres Sterbens wird nicht nur als göttliches Gericht verstanden (vgl. 1 Mo 2, 17; 3, 19); weil Christus ganz in unser Menschsein eingegangen ist, gewinnen Leben und Sterben des Menschen zugleich die Bedeutung einer göttlichen Heilsordnung. Gerade die totale Unausweichlichkeit des Richterspruches Gottes über unser

[337] Die Aufhebung des Gesetzes Hbr 7, 18—19 (grie *athétäsis entoláes*) und die Aufhebung der Sünde Hbr 9, 26 (grie *athéthäsis täs hamartías*) stehen in einem inneren Zusammenhang.

[338] J. Calvin, S. 109: „Ende oder besser Vollendung der Welt wird das genannt, was Gal 4, 4 Fülle der Zeit heißt. Die Zeit war nach Gottes ewigem Ratschluß gleichsam zur Reife gekommen. Dadurch wird allen neugierigen Fragen ein Riegel vorgeschoben; warum es nicht früher geschah; warum gerade zu dieser Zeit und nicht zu einer anderen. Wir sollen uns Gottes verborgenen Ratschluß gefallen lassen, auch wenn wir seine Absicht dabei nicht einzusehen vermögen."

Leben macht die persönliche Annahme des Opfers Jesu zu einer dringlichen Notwendigkeit (vgl. Hbr 2, 3). Von Natur aus sind wir alle vor Gott sündige, verlorene Menschen. Aber alle können die Rettung erfahren. Wie ist das möglich? Noch einmal verweist uns der Apostel auf die Grundlage unseres Heils: **Christus ist einmal** 28
geopfert worden, um die Sünden vieler wegzunehmen. Das war der zentrale Auftrag, mit dem Jesus Christus von Gott in die Welt gesandt wurde; er kam, um Sünder zu retten (1 Tim 1, 15). Er kam nicht „damit ihm gedient werde, sondern damit er diene und sein Leben gebe als Lösegeld für viele" (Mk 10, 45). Er hat sein Blut für viele zur Vergebung der Sünden vergossen (Mt 26, 28), um uns von den Sünden zu erlösen.

Was Gott zu unserem Heil getan hat, soll unsere Gedanken nicht an der Vergangenheit festhalten. Das einmalige Opfer des ntst Hohenpriesters weist den Blick der gläubigen Gemeinde in die Zukunft. Jesus Christus wird wiederkommen – nicht um sein Erlösungswerk zu wiederholen, sondern um es zu vollenden: um seine wartende Gemeinde in die ewige Herrlichkeit Gottes zu führen. Das kommende, ewige Heil, das mit Jesu Wiederkunft sichtbar anbrechen wird, wird jedoch nicht allen Menschen zugeeignet werden. Es ist für die Menschen, die auf den wiederkommenden Herrn Jesus Christus w a r t e n. Und nur Menschen, die wahrhaft bekehrt sind und im Alltag mit Christus leben, können auch mit Freuden auf ihren himmlischen Herrn warten (1 Th 1, 9–10; 1 Jo 2, 28; 4, 17)[339].

Zusammenfassung

Durch den ganzen Brief klingt die Sorge des Apostels um die Gemeinde hindurch, die sich in den eingestreuten Ermahnungen widerspiegelt: Die Gläubigen sollen an dem ihnen überlieferten Offenbarungswort festhalten (2, 1 ff), die zuversichtliche Hoffnung nicht preisgeben (3, 6), standhaft bleiben (3, 14) und ein intensives Gebetsleben führen, weil Gott zur rechten Zeit helfen wird (4, 16)! Er ermuntert sie, in ihrer geistlichen Entwicklung nicht stehenzubleiben, vielmehr allezeit mit der Treue Gottes zu rechnen, die sich im Leben Abrahams beispielhaft bewiesen hat (5, 11 – 6, 20). Hinter unserem Textabschnitt steht die Erkenntnis, daß Leiden und Bedrängnis unsere Aufmerksamkeit auf uns selbst lenken, unsere geistigen Kräfte ausschließlich an die Gegenwart binden und uns den Blick für die Zukunft verdunkeln wollen. Dem setzt der Apostel drei Tatsachen

[339] Berleburger Bibel, S. 56: „Auf ihn warten, das ist ein Kennzeichen der Christen. Warten auf die Glorie (Herrlichkeit), und unter der Schmach sich gedulden nach des Vaters Willen, ist ein wesentlich Stück eines Christen."

entgegen, die in dem überragenden Opfer des ewigen Hohenpriesters, in Tod und Auferstehung Jesu gründen: Jesu Sterben erwirkt uns ein neues Leben in der Gegenwart, es eröffnet uns den Weg in eine ewige Zukunft und erhält uns als Wartende in der Bereitschaft auf seine Wiederkunft.

1. Jesu Opfertod ist für die Gemeinde zur Grundlage eines neuen gegenwärtigen Lebens geworden (V. 11–14). Die Reinigung des Gewissens und damit die Erneuerung unseres Lebens ist nicht Hoffnungsgut der Christen, sondern im „Heute" erfahrene geistliche Realität. Das Prophetenwort sagte bildhaft voraus: „Du hast dich meiner Seele herzlich angenommen, daß sie nicht verdürbe, denn du wirfst alle meine Sünden hinter dich zurück" (Jes 38, 17) und „Ich habe deine Missetat weggefegt wie eine Wolke und wie einen Nebel deine Sünden" (Jes 44, 22) — in Christus ist das vollendete Wirklichkeit geworden. Gott wandelt den Kern unseres Lebens um; wer Vergebung erlangt hat, empfängt ein gutes Gewissen. Der Apostel Paulus bezeugt ausdrücklich, wie wichtig ihm das gute Gewissen ist (Apg 23, 1), nicht als Grund seiner Rechtfertigung (1 Ko 4, 4), wohl aber als Ansporn zur Heiligung (Apg 24, 16). So kann auch unser apostolischer Autor im Bewußtsein empfangener Gnade sagen: „Wir sind überzeugt, ein gutes Gewissen zu haben" (13, 18). Wenn schon das Blut Jesu in der himmlischen Welt seine reinigende Kraft als gegenwärtige Wirklichkeit erweist (9, 23 f), wieviel mehr wird es sich am Herzen und Gewissen eines Menschen auswirken, der in der Gemeinschaft mit Jesus lebt. Wer mit der Schuld seines Lebens nicht fertig wird, wer seine Vergangenheit zu verdrängen sucht, dessen innere Kräfte sind ständig nach rückwärts gebunden. Wer dagegen Vergebung empfangen hat, braucht nicht mehr rückwärts gewandt zu leben, dessen geistig-seelische Kräfte werden freigesetzt; Gott beschlagnahmt sie zu neuen Aufgaben in seinem Dienst. Das schenkt unserem Alltag wahre Erfüllung und neue Freude: Wir leben nicht mehr für uns selbst, sondern für den, der für uns gestorben und auferstanden ist (2 Ko 5, 15).

2. Jesu Opfertod öffnet uns den Weg in eine ewige Zukunft — in die Herrlichkeit Gottes (V. 15–20. 25–27). Der Neue Bund, der das Neue Testament einschließt, verspricht ein besseres Erbe. Es wird in der Ewigkeit nicht nur „den Erben des Alls" (Hbr 1, 2), sondern eben auch „die Erben Gottes und Miterben Christi" (Rö 8, 17) geben. Nach Gottes Willen soll die Gemeinde Jesu an der vollendeten Herrlichkeit ihres Herrn Anteil haben. Diese Gewißheit macht uns bereit zu sterben, weil wir wissen, daß unser Weg nicht in Tod und Gericht enden, vielmehr das Ster-

ben der Durchbruch zu einer neuen Seinsweise sein wird. Wenn wir auch nicht als fleckenlose Gotteskinder vor Gottes Richterthron erscheinen können, so wird doch unser himmlischer Hoherpriester und Fürsprecher für uns eintreten (V. 24).

3. Dieses Wissen, daß wir einen lebendigen Herrn haben, der seinen Plan und seinen Willen in der Welt durchsetzen wird, erhält uns in der Bereitschaft für seine Wiederkunft. Wenn wir daran denken, daß der Hbr erst gegen Ende des apostolischen Zeitalters entstanden ist, verstehen wir den Hinweis des Verfassers in V. 28 besser. In jener Zeit tauchten am Rande der Christengemeinden Menschen auf, die fragten: „Wo ist die Verheißung seiner Wiederkunft? Seitdem die Väter entschlafen sind, bleibt ja alles so wie von Anfang der Schöpfung an" (2 Pt 3, 4). Die Fragesteller werden deutlich als „Spötter" gekennzeichnet; wir haben sie offenbar nicht in den Reihen der Gläubigen zu suchen. Aber ihre Art zu argumentieren wird doch manchem einfältigen Christen zur Anfechtung geworden sein. Auf jeden Fall sehen wir hinter diesem Wort die Gefahr, daß die wartende, wachende Haltung der Gläubigen Ermüdungserscheinungen Platz macht, daß die Bereitschaft auf die Wiederkunft Jesu erlahmt. Darum erinnert der Apostel die Gemeinde daran: „Zum zweitenmal wird Christus ohne Beziehung zur Sünde für die erscheinen, die ihn zum Heil erwarten". Es kann wohl sein, daß es in allen Epochen des „christlichen Abendlandes" Menschen gegeben hat, die der Verkündigung der Wiederkunft Jesu nicht geglaubt haben. Aber noch nie ist der gezielte Angriff auf die Botschaft, daß Jesus Christus persönlich wiederkommen wird, so massiv gewesen wie seit Beginn des 20. Jahrhunderts — ein Angriff aus den Reihen der Christenheit selbst, vorangetragen von evangelischen Theologen unter Berufung auf den reformatorischen Glauben. Die Stimmen aus Theologie und Kirche mehren sich, die uns sagen: „Die mythische Eschatologie ist im Grunde durch die einfache Tatsache erledigt, daß Christi Parusie nicht, wie das Neue Testament erwartet, alsbald stattgefunden hat, sondern daß die Weltgeschichte weiterlief und — wie jeder Zurechnungsfähige überzeugt ist — weiterlaufen wird[340]." Oder

[340] Rudolf Bultmann, Neues Testament und Mythologie, in Kerygma und Mythos, 1960⁴, S. 18.
Vgl. Karl Barth, Römerbrief, 1922², S. 484: „Will das unnütze Gerede von der ‚ausgebliebenen' Parusie denn gar nicht aufhören? Wie soll denn ‚ausbleiben', was seinem Begriff nach überhaupt nicht ‚eintreten' kann? Denn kein zeitliches Ereignis, kein fabelhafter ‚Weltuntergang', ganz und gar ohne Beziehung zu etwaigen geschichtlich-tellurischen oder kosmischen Katastrophen ist das im Neuen Testament verkündigte Ende, sondern wirklich das Ende, so sehr das Ende, daß die 1900 Jahre nicht nur wenig, sondern nichts zu bedeuten haben, was seine Nähe oder Ferne betrifft."

ein anderes Urteil: „Der Himmel ist weder droben noch sonstwo; er ist überhaupt nirgends. Die Vorstellung der Wiederkunft stimmt weder heute noch morgen; sie stimmt überhaupt nicht . . . Jeder Verständniswillige kann recht wohl begreifen, daß man zu Jesu Zeiten solche Erwartungen hegte; . . . Jeder Urteilsfähige wird aber zugleich einsehen, daß man diese Requisiten heute nicht mehr übernehmen kann[341]." Wir hören hier einen frivolen Ton, gepaart mit dem Pathos der Überheblichkeit: Jeder Christ, der dem prophetischen Wort so glaubt, wie es in der Heiligen Schrift steht, gilt als „naiv"[342] und wird des „Aberglaubens" bezichtigt[343]. Wir müssen hier klar sehen: Die Botschaft von der persönlichen Wiederkunft Jesu ist eine Aussage ntst Prophetie; unser Blick wird dabei auf kommendes Geschehen gerichtet. Zu beweisen gibt es hier nichts, Möglichkeiten in Wirklichkeiten umzuwandeln, hat Gott sich allein vorbehalten. Wir dürfen zuversichtlich glauben, ebenso wie der lebendige Gott die Zukunftsverheißungen des AT im Blick auf das erste Kommen Jesu eingelöst hat, wird er auch die Zusagen des NT im Blick auf die Wiederkunft Jesu zur Erfüllung bringen. Wird heute die Wiederkunft des Herrn nicht nur in Frage gestellt, sondern radikal geleugnet: „Wir haben jetzt lange genug vergeblich auf die Wiederkunft gewartet, wir brauchen auf nichts mehr zu warten, Christus wird nie wiederkommen!" – so ist das der Klang falscher Prophetie. Die Gemeinde Jesu muß sich warnen lassen: Dort, wo wir das zukünftige Heilsgeschehen auflösen, bleibt nur noch ein intellektueller Glaube ohne die notwendige Buße und Bekehrung, und christlicher Humanismus wird mit echter Jesus-Nachfolge verwechselt. Dort erlischt aber auch die geistliche Bereitschaft für das Kommen des Herrn, und mit ihr die wesentlichen Kennzeichen dieser Bereitschaft und geistlichen Wachsamkeit – die Gewißheit der Vergebung, der praktische Einsatz im Dienst und die Willigkeit zum Leiden. Umgekehrt zeigt uns gerade der Hbr immer wieder als beglückende Möglichkeit geistlicher Lebensgestaltung: Warten auf den wiederkommenden Herrn Jesus Christus zielt nicht auf eine quietistische Lebenshaltung, auf faulen Müßiggang, bei dem wir unsere Hände in den Schoß legen. Warten auf Jesus bedeutet praktische Mitarbeit in der Ge-

Von anderem Ausgangspunkt kommt Albert Schweitzer zu ähnlichen Ergebnissen; vgl. Aus meinem Leben und Denken, 1954, S. 33 ff.
Zur Auseinandersetzung mit diesen Anschauungen vgl. Karl Heim, Jesus der Weltvollender, 1937, S. 142 ff.

341 Manfred Mezger, Kommt Jesus wieder? in „Radius", Vierteljahresschrift der Evang. Akademikerschaft in Deutschland, 1966, Heft 1, S. 6 ff.

342 a. a. O. S. 7.

343 Ernst Käsemann, Zum gegenwärtigen Streit um die Schriftauslegung in „Das Wort Gottes und die Kirchen", 1962, S. 20.

meinde überall da, wo unsere Gaben und Fähigkeiten gebraucht werden; Bereitschaft auch zum unscheinbaren Dienst treuer Fürbitte und des persönlichen Zeugnisses von Mensch zu Mensch; Willigkeit zum Verzicht auf eigenen Vorteil und Bequemlichkeit und die freudige Hingabe zum Dienst, echter „Diakonie", an den „Geringsten seiner Brüder[344]".

12. Das Opfer Jesu erwirkt Vergebung, Heiligung und Vollendung

Hbr 10, 1–18

1 **Denn da das Gesetz nur ein Schatten der zukünftigen Güter ist,**
nicht das Bild, die Gestalt der Dinge selbst, kann es durch die
gleichen alljährlichen Opfer, die man immer wieder darbringt,
2 **die Hinzutretenden niemals zur Vollendung führen. * Hätte man**
sonst nicht aufgehört, (Opfer) **darzubringen, weil die, die den**
Dienst tun, einmal gereinigt, keinerlei Sündenbewußtsein mehr
3 **haben würden? * Vielmehr wird durch sie** (die Opfer) **Jahr für**
4 **Jahr die Erinnerung an die Sünden wachgerufen. * Denn unmög-**
lich vermag Blut von Stieren und Böcken Sünden wegzunehmen.
5 *** Deshalb sagt er bei seinem Eintritt in die Welt: „Opfer und**
Gabe hast du nicht gewollt; einen Leib aber hast du mir zuberei-
6 **tet. * An Brandopfern und Sündopfern hast du kein Wohlgefallen**
7 **gehabt." * Da sprach ich: „Siehe, ich komme – in der Buchrolle**
steht über mich geschrieben –, um deinen Willen, o Gott, zu tun."
8 *** Während er oben** (zuerst) **sagt: Opfer und Gaben und Brand-**
opfer und Sündopfer hast du nicht gewollt und kein Wohlgefallen
daran gehabt, die doch nach dem Gesetz dargebracht werden,
9 *** hat er dann gesagt: „Siehe, ich komme, um deinen Willen zu**
tun." Er hebt das Erste auf, um das Zweite (als gültig) **einzuset-**
10 **zen. * In diesem Willen sind wir ein für allemal geheiligt durch**

Zu Vers 1:
Kol 2, 16–17
Hbr 8, 5
9, 9. 11
7, 18–19
Zu Vers 3:
3 Mo 16, 21
Rö 3, 20
Zu Vers 4:
Jes 1, 11 ff
Hbr 7, 11. 18–19
9, 9. 13
10, 11
Zu Vers 5:
Ps 40, 7–9
1 Sam 15, 22
Ps 51, 18–19
Hos 6, 6
Mi 6, 7–8
Mt 9, 13
Mt 12, 7
Zu Vers 7:
2 Mo 24, 4
Lk 24, 27. 44

[344] Die Bereitschaft, auf die Wiederkunft Jesu hin zu leben, hat in einem Lied von Johann Christoph Rube ihren Niederschlag gefunden:

Der Herr bricht ein um Mitternacht;
jetzt ist noch alles still.
Wohl dem, der sich nun fertig macht
und Ihm begegnen will!
Wie liegt die Welt so blind und tot!
Sie schläft in Sicherheit
und meint, des großen Tages Not
sei noch so fern und weit.
So wach denn auf, mein Geist und Sinn,
und schlummre ja nicht mehr,
blick täglich auf Sein Kommen hin,
als ob es heute wär'!

Zu Vers 9:
Mt 6, 10
Mt 26, 39. 42
Mk 14, 36
Lk 22, 42
Jo 4, 34
Jo 5, 19
Jo 6, 38
Gal 1, 4
Zu Vers 10:
Jo 17, 19
1 Th 4, 3
Hbr 13, 12
Eph 5, 2
Hbr 9, 28
Zu Vers 11:
2 Mo 29, 38–39
Hbr 7, 18–19
9, 9
10, 4
Zu Vers 12:
Rö 6, 10
1 Pt 2, 24
1 Pt 3, 18
Hbr 9, 12
10, 10. 14
Ps 110, 1
Phil 2, 5–11
Hbr 1, 3
Zu Vers 13:
Ps 110, 1
Mt 22, 44
Mt 26, 64
Apg 2, 34–35
1 Ko 15, 25
Hbr 1, 13
2, 8
Offb 3, 21
Zu Vers 14:
Hbr 7, 25
9, 12. 28
Zu Vers 15:
Jo 15, 26
Jo 16, 13–14
Hbr 3, 7

11 **die Opfergabe des Leibes Jesu Christi. * Und jeder Priester zwar**
steht Tag für Tag da, um den Dienst zu verrichten und oftmals
dieselben Opfer darzubringen, die doch niemals Sünden weg-
12 **nehmen können. * Dieser aber hat sich, nachdem er ein einziges**
Opfer für Sünden dargebracht hat, für immer zur Rechten Gottes
13 **gesetzt * und wartet fortan, bis daß seine Feinde zum Schemel**
14 **seiner Füße gelegt werden. * Denn durch eine einzige Opfergabe**
15 **hat er für immer vollendet, die geheiligt werden. * Das bezeugt**
uns aber auch der Heilige Geist. Denn nachdem er gesagt hat:
16 *** „Dies ist der Bund, den ich nach jenen Tagen mit ihnen schlie-**
ßen will", spricht der Herr: „Ich will meine Gesetze in ihre Her-
17 **zen geben und sie in ihren Sinn schreiben, * und ihrer Sünden**
18 **und ihrer Gesetzlosigkeiten will ich nicht mehr gedenken." * Wo**
aber Vergebung für diese da ist, bedarf es keiner Opfergabe für
die Sünde mehr.

Noch einmal faßt der Apostel zusammen, was er in seinen Ausführungen über das Hohepriestertum Hbr 7, 1 — 9, 28 und über „das Gesetz", d. h. die Priesterordnung und den Opferdienst des AT gesagt hat. **Das Gesetz ist nur ein Schatten der zukünftigen Güter, nicht die Gestalt der Dinge selbst.** „Gestalt" (Bild grie *eikón*) der himmlischen Wirklichkeit und „Schatten" (grie *skiá*) stehen einander gegenüber wie „Urbild" (grie *týpos*) und „Abbild" (grie *hypódeigma*) Hbr 8, 5. Wie die Stiftshütte nur die irdische Nachbildung des himmlischen Heiligtums, der wirklichen Herrlichkeit Gottes in seiner unsichtbaren Welt darstellt, so spiegelt auch die irdische Priester- und Opferordnung in Israel eine jenseitige Wirklichkeit der Welt Gottes wider, sie ist ein schwaches Abbild des wahren Gottesdienstes der himmlischen Mächte in der Gegenwart des Herrn. Israels Opfergottesdienst vermittelt noch nicht die volle Offenbarung der Herrlichkeit Gottes. Zur Begründung dieser Aussage gibt der Apostel den gleichen Hinweis wie in Hbr 7, 11. 18 und 9, 9. **Das Gesetz kann durch die gleichen alljährlichen Opfer, die man immer wieder darbringt, die Hinzutretenden niemals zur Vollendung führen.** Er denkt besonders an das hohepriesterliche Handeln am großen Versöhnungstag Israels. **Jahr für Jahr** mußte der Hohepriester den gleichen Opferdienst im Allerheiligsten vollziehen (Hbr 9, 7. 25; 10, 1. 3)[345]. Die jährliche

[345] Die rechte Beziehung des grie Ausdruckes *eis to diänäkés* „für immer" vgl. Hbr 7, 3; 10, 12. 14) läßt sich nicht eindeutig entscheiden. Die Ausleger der Heiligen Schrift sehen hier zwei Möglichkeiten. Wir können Vers 1 in der oben angegebenen Weise übersetzen und diese Worte auf die Opfer beziehen, die immer wieder dargebracht werden. Wir können aber auch übersetzen: „Das Gesetz kann durch die gleichen alljährlichen Opfer, die dargebracht werden, die Hinzutretenden niemals „für immer" (auf Dauer) vollenden."

Wiederholung des hohenpriesterlichen Opfers am Versöhnungstag war geradezu ein Beweis für die Unvollkommenheit dieser Heilsordnung. Der Priesterdienst Israels, begründet in der Offenbarung Gottes am Sinai, glich einem Wegweiser mit zwei Armen; der eine Arm wies gewissermaßen nach oben, auf eine Urordnung der himmlischen Welt, der andere Arm des Wegweisers wies in die Zukunft auf den einen ewigen Hohenpriester, der in der Welt erscheinen sollte, um alles irdische Priestertum zu erfüllen und zum

Zu Vers 16: Jer 31, 33 Hbr 8, 10
Zu Vers 17: Jer 31, 34 Hbr 8, 12
Zu Vers 18: Jes 43, 25 Hbr 10, 3

1 Abschluß zu bringen. Die Größe des atst Opferdienstes lag im Hinweis auf das kommende, endgültige Heil der Menschen in dem einen Opfer des ewigen Hohenpriesters Jesus Christus; die Grenze und Ohnmacht des atst Opferdienstes ist darin zu sehen, daß er selbst nicht zum Heil der Menschen wirklich beitragen kann. Das wahre Heil schenkt Jesus Christus allein (Hbr 5, 9).

2 Der Apostel macht der Gemeinde noch einmal deutlich, worum es eigentlich bei allem Opferdienst geht (vgl. Hbr 9, 22). Der Mensch, der um Gottes Urteil über sein Leben weiß, in dessen Bewußtsein die Sünden als unvergebene Schuld stehen, bedarf der totalen Reinigung seines Lebens, um im Herzen und Gewissen zur Ruhe zu kommen. Allein die Kraft der Vergebung, die dem Sünder unmittelbar durch Gott zuteil wird, reicht aus, um den Menschen vom Schuldbewußtsein in seinem Gewissen zu befreien und ihm den Neuanfang seines Lebens mit Gott zu schenken. Die einmalige, grundlegende, totale Reinigung des Gewissens von den Sünden, die Geltung für alle Zeit hat, macht jedes weitere Sündopfer überflüssig (vgl. Hbr 9,
3 12. 14). Gerade das aber vermögen die Opfer des AT nicht zu erwirken. Nicht letztgültige Reinigung von den Sünden, sondern immer neue Erinnerung an die Sünden sollen die Opfer wirken (Rö 3, 20). Das Sündenbekenntnis des Hohenpriesters am großen Versöhnungstag (3 Mo 16, 21) ruft den Israeliten die einmal begangene Schuld in das Gedächtnis zurück. Damit weist der Apostel einen ganz neuen Wesenszug der atst Opfer auf. Das Opfer am Versöhnungstag, das ja nicht Gabe des einzelnen war, sondern stellvertretend von dem Hohenpriester für das ganze Volk dargebracht wurde, sollte zur Erinnerung an die Sünde dienen, d. h. dem Volk die Notwendigkeit einer endgültigen Erlösung vor Augen führen. Aber mit dem Hinweis auf diese Notwendigkeit der vollen Erlösung von allen Sünden war zugleich die Verheißung eines vollkommenen Sündopfers gegeben, durch das alle Schuld getilgt werden sollte. Der Opferdienst am großen Versöhnungstag war ein direkter Hinweis auf das „Lamm Gottes, das der Welt Sünden trägt" (Jo 1, 29). So wurde im tiefsten Sinn der israelitische Opfergottesdienst zum Ausdruck der Hoffnung auf die endgültige Erlösung durch Jesus Christus

(vgl. Hbr 7, 19). Warum erlösen die Opfer nicht? Mit einem lapida-
4 ren Satz antwortet der Apostel: **Unmöglich vermag Blut von Stieren und Böcken Sünden wegzunehmen.** Das ist die abschließende Begründung für die immer wiederkehrende Einschränkung des atst Opfer- und Priestergesetzes und damit der ganzen Heilsordnung des Alten Bundes. Die Mitte des Heilshandelns Gottes ist die Hinwegnahme der Schuld. Die Vergebung der Sünden und damit die Wiederherstellung des ursprünglichen Verhältnisses zwischen Gott und Mensch ist eben nicht durch Tierblut, sondern nur durch den Tod des Sohnes Gottes, durch das Blut Jesu möglich.

5 Die Vorläufigkeit der atst Opferordnung und die Begrenzung ihrer Gültigkeit auf die Zeit des Alten Bundes sieht der Apostel nicht erst mit dem Kommen Jesu in diese Welt geoffenbart. Schon im AT selbst findet er die Grenze der atst Heilsordnung angedeutet. Im Psalmwort des AT sieht er einen Hinweis, der Christi Eintritt in diese Welt und in unsere menschliche Existenz verkündet. Der Herr Jesus Christus selber spricht hier durch den Mund seines Dieners David. **Deshalb sagt er bei seinem Eintritt in die Welt: „Opfer und Gabe hast du nicht gewollt; einen Leib aber hast du mir zubereitet."** Die atst Heilsordnung hat nicht die Vollendung gebracht, sondern nur die Weissagung des Heils; deshalb mußte Christus kommen, um die Verheißungen des AT zu erfüllen. Der „Leib" Christi, seine irdische Existenz, die Gott ihm verliehen hat, wird zur ntst Opfer-
6 gabe, durch die Gott versöhnt wird[346]. Schon durch das prophetische Wort des AT hat Gott selber die Opferordnung des Alten Bundes abgelöst. Weil die Opfer keine Erneuerung des Herzens bringen, weil sie auch von Israel nicht in rechter Herzenshaltung dargebracht wurden, darum ruhte kein Wohlgefallen darauf; erst das Erscheinen des Messias konnte die wirkliche Erfüllung des Willens Gottes bringen. Deshalb wurde Christus Mensch, weil sein Leib, sein Leben, die wahre Opfergabe werden sollte.

Der Verfasser zitiert das Psalmwort offenbar frei und lehnt sich dabei an LXX an (dadurch ist die Umstellung einiger Worte im grie

[346] L. Bender, S. 209 f: „In Vers 5 finden wir die Lehre von der Gottheit Christi, wenn auch etwas verdeckt. Wir haben ja andere Stellen, die sich über diesen Gegenstand klarer aussprechen, aber wir wollen doch hier auch darauf hinweisen, daß er in die Welt gekommen und nicht erst mit seiner fleischlichen Geburt ins Dasein getreten ist. Er war bei dem Vater, und der Vater war nie ohne den Sohn. Er ist der Ausdruck, der Abglanz, das Ebenbild des Vaters. Aber er ist in der Fülle der Zeit in die Welt gekommen, und zwar freiwillig. Das liegt auch schon in dem 5. Vers ausgesprochen. In Vers 7 und 9 aber wird das dann weiter ausgeführt und betont, daß dieses freiwillige Kommen geschieht, um den Willen des Vaters zu erfüllen. Der Kommende ist auch zugleich der Gesandte des Vaters. Er kommt freiwillig, aber mit völliger Übereinstimmung und im Auftrag des Vaters."

Text zu erklären): „Einen Leib aber hast du mir bereitet." Die hebr Handschriften lesen hier: „. . . doch Ohren hast du mir gegraben." Wir können auch übersetzen: „Ohren hast du mir durchbohrt." Damit weist der Text vielleicht auf die jüdische Sitte, nach der einem Knecht, der freiwillig im Dienst seines Herrn verblieb, das Ohr durchbohrt wurde (2 Mo 21, 5–6; 5 Mo 15, 16–17). Der grie Übersetzer konnte darin schon eine Andeutung finden, daß der kommende Messias mit seinem Leib und Leben sich ganz Gott zu eigen geben würde[347]. Eine andere Möglichkeit der Erklärung ist uns dadurch gegeben, daß nach hebr Verständnis das „Graben" oder „Durchbohren" des Ohres (auch „aushöhlen") als ein Teil des Werdens des menschlichen Leibes angesehen wurde. So hätte der Übersetzer den hebr Wortlaut als „pars pro toto", als Umschreibung des Ganzen durch einen Teil des Lebensvorgangs verstanden und übersetzt: „Einen Leib hast du mir bereitet." Und dieser Leib, der durch Gott bereitet wurde, wird Gott als „lebendiges Opfer" zurückgegeben, um sich im gehorsamen Dienst für Gott hinzugeben[348].

Was Gottes Wille an den Menschen auch schon im AT war, ein 7
Leben in voller Übereinstimmung mit Gott, im ganzen Gehorsam gegen sein Wort, das hat Christus in seinem Leben verwirklicht. Jesu Erdendasein ist die buchstäbliche Erfüllung dieses Psalmwortes. Das „Buch", wörtl. die **Buchrolle,** die von dem Kommen Christi spricht, ist im ntst Verständnis nicht nur das Gesetz Mose (2 Mo 24, 4) oder die Psalmen, sondern das ganze AT (vgl. Lk 24, 27. 44). In Ps 40, 9 ist Christus allein derjenige, der den Willen Gottes tut. Dieser Wille Gottes aber ist das ewige Heil, die Rettung verlorener Menschen (Lk 19, 10), das Opfer des ewigen Hohenpriesters zur Vergebung aller unserer Sünden (vgl. 1 Tim 2, 4)[349].

Das Wort des AT aus Ps 40, 7–9 greift der Apostel nun auf, um 8
es wieder vom ntst Heilsereignis her auszulegen. Er kann gar nicht anders, er muß das AT aus dem Blickwinkel der persönlich erfahrenen Christusoffenbarung lesen und auslegen. Die Fülle der atst Opfer, die „nach dem Gesetz" (grie *katá nómon*) dargebracht wurden,

[347] Vgl. Ferdin. Zißler, Das Hohepriestertum Christi, S. 79: „Der Heilige Geist wendet das auf den Heiland an, der, wie jener Leibeigene, sich freiwillig in den Dienst Gottes stellte, und mit dem Leib des Fleisches bekleidet, sich in Knechtsgestalt erniedrigte, um dem Vater gehorsam zu werden bis zum Tode am Kreuz (Phil 2, 7)."

[348] Ebenso F. F. Bruce, S. 232.

[349] K. F. Harttmann, S. 61: „Die Opfer sind also damals schon durch diese Handschrift Christi wie abgeschafft gewesen, und nur um dieser Handschrift des Sohnes willen hat der Vater dieselben noch fortbestehen lassen. Alles dieses aber macht uns das Opfer Jesu Christi groß. Denn der Vater hat schon im AT darauf gesehen und gewartet, und um desselben willen die andern Opfer angenommen. Es hat aber doch durch alle Zeiten hindurch nichts als Christi Opfer gegolten. Darum heißt er das Lamm, das zuvor erkannt worden vor Grundlegung der Welt."

wird durch das eine Opfer des Sohnes Gottes am Kreuz, das Jesus „durch den ewigen Geist" (grie *diá pneúmatos aioníu* Hbr 9, 14) dargebracht hat, durch seine vollkommene Gehorsamstat, abgelöst.

9 Christus hat gesagt: **„Siehe, ich komme, um deinen Willen zu tun."** Jesus selber hat den Inhalt seines Lebens und Dienstes in den Worten zusammengefaßt: „Ich bin nicht vom Himmel gekommen, um meinen Willen zu tun, sondern den Willen dessen, der mich gesandt hat" (Jo 6, 38). Das war höchste Lebensnotwendigkeit und innerste Lebensbefriedigung für ihn. „Meine Speise ist, daß ich den Willen dessen tue, der mich gesandt hat, und sein Werk vollende" (Jo 4, 34). Der Weg des Messias, der im Psalmwort Ps 40, 7–9 prophetisch angedeutet ist, daß nämlich der Christus seinen eigenen Leib als Opfergabe Gott darbringen sollte, hat Jesus Christus nach dem Willen Gottes ans Kreuz geführt. Damit hat die atst Offenbarung des Willens Gottes „Gehorsam ist besser als Opfer" (1 Sam 15, 22) ihre Überhöhung und letzte Vertiefung erfahren. Christus „war gehorsam bis zum Tod" (Phil 2, 8) und hat sich selbst als Opfer dargebracht. In diesem äußersten Gehorsam Jesu gegen den Willen seines Vaters liegt auch das Geheimnis seiner Vollmacht im Gebet begründet. Nur weil Jesus den Willen Gottes restlos erfüllt hat, hat er auch jetzt unbedingte Vollmacht, um in der Fürbitte als unser ewiger Hoherpriester alle Zeit für uns vor Gott einzutreten.

10 Die völlige Bereitschaft Jesu, den Willen Gottes zu tun, die Übereinstimmung seines Willens mit dem Willen des Vaters, hat für die Gemeinde unübersehbare Folgen. **In diesem Willen sind wir ein für allemal geheiligt durch die Opfergabe des Leibes Christi.** Der Wille Gottes und Jesu, durch den wir aus der Macht der Sünde losgekauft worden sind, der unsere Rettung will (Gal 1, 4), schließt zugleich unsere Heiligung (Jo 17, 19; 1 Th 4, 3) und unsere Vollendung (Hbr 10, 14) ein. Die freiwillige Selbsthingabe Jesu in den Kreuzestod hat uns nicht nur die Erlösung, die Vergebung aller unserer Sünden erwirkt. Sie übereignet auch das Leben dessen, der das Opfer Jesu für sich persönlich annimmt, an Gott; wir werden durch das Opfer Jesu „geheiligt", wir werden zu Menschen, die Gott gehören. Dieser neue Zustand ist die Voraussetzung für die Umgestaltung unseres Wesens in das Bild Jesu durch die Wirksamkeit des Heiligen Geistes (Rö 8, 29; 2 Ko 3, 17–18). Das Opfer Jesu und die Heiligung unseres Lebens gehören untrennbar zusammen[350].

[350] O. Michel, S. 225: „Was den Tieropfern unmöglich war — eine Umwandlung des Menschen in einen neuen Zustand vor Gott — ist durch Christi Werk Wirklichkeit geworden (Hbr 2, 11; 9, 13; 10, 14. 29; 13, 12). — Christi Opfer heiligt uns ein für allemal, ist also einmalig, einzigartig, nicht wiederholbar und darum abschließend. Die Welt der Wiederholung, des Schattens, der menschlichen, priesterlichen, gesetzlichen Opfer ist damit vergangen."

Und noch einmal weist der Apostel auf die schmerzlichen Grenzen 11
und die Unvollkommenheit des atst Priesterdienstes hin, um auf diesem
Hintergrund die wunderbare Größe des einmaligen Opfers Jesu Christi
um so heller aufstrahlen zu lassen. **Jeder Priester zwar steht Tag für
Tag da, um den Dienst zu verrichten und oftmals dieselben Opfer dar-
zubringen, die doch niemals Sünden wegnehmen können.** Wie so oft
schon, hören wir auch aus diesem Satz des Verfassers den Klang atst
Worte heraus: „Dies ist's, was du auf dem Altar darbringen sollst: Tag
für Tag zwei einjährige Lämmer als tägliches Brandopfer. Das eine
Lamm sollst du am Morgen darbringen, das andere um die Abend-
zeit" (2 Mo 29, 38—39). Kein Tag sollte ohne die heiligende und be-
wahrende Kraft des Opferblutes beginnen, das Ende jeden Tages
unter der vergebenden und reinigenden Kraft des Blutes stehen.
Jeden Morgen und jeden Abend, Tag für Tag, jahraus und jahrein,
mußten die Priester ein fehlerloses Lamm opfern — bis das „Lamm
Gottes" als vollgültiges Opfer sterben würde, um den eisernen Ring
der Sünde zu sprengen und allen Menschen die vollkommene Erlö-
sung zu bringen. Was kein Opfer vermochte, hat Jesus bei Gott 12
durch sein Leiden und Sterben erwirkt: Vergebung aller unserer
Sünden. Der E i n e hat das e i n e Opfer gebracht. Als Bestätigung
seines Opfers hat Gott Jesus erhöht, er thront für immer zur Rechten
Gottes. Mit einem einzigen Satz faßt der Apostel hier das Gesche-
hen von Karfreitag, Ostern und Himmelfahrt zusammen: **Dieser
aber hat sich, nachdem er ein einziges Opfer für Sünden dargebracht
hat, für immer zur Rechten Gottes gesetzt.** Die Priester standen täg-
lich vor dem Altar, sie opferten immer wieder, und doch waren ihre
Opfer letztlich umsonst. Sie s t a n d e n wie die Engel im unabläs-
sigen Dienst vor Gott (vgl. Jes 6, 2; Lk 1, 19; Offb 7, 11). Christus
dagegen hat sich nach seinem ein für allemal vollbrachten Opfer zur
Rechten Gottes g e s e t z t. Nachdem er das Heilswerk für alle
Menschen vollbracht hat, hat er die Herrschaft angetreten, die Gott
ihm gegeben hat (vgl. Mk 16, 19). Damit ist aber die Geschichte Got-
tes mit der Menschheit nicht abgeschlossen. Der unsichtbaren Macht-
ergreifung des Christus muß auch das Offenbarwerden seiner Herr-
lichkeit folgen. **Er wartet fortan, bis daß seine Feinde zum Schemel** 13
seiner Füße gelegt werden. Mit den Worten von Ps 110, 1 klingt
wieder etwas von Phil 2, 5—11 an: Jesus ist in freiwilliger Selbst-
erniedrigung den Weg ans Kreuz gegangen; er hat sein Leben zum
Sündopfer für die Menschheit hingegeben. Seine Auferweckung,
Erhöhung und damit seine Rechtfertigung sind nicht seine, sondern
G o t t e s Sache. Gott selber handelt in der Verherrlichung Jesu Chri-
sti vor der irdischen und himmlischen Welt. Die letzte, vor aller
Welt sichtbare Bestätigung des Opfertodes Jesu wird G o t t dann

geben, wenn er alle seine Feinde seinem Sohn Jesus Christus zu Füßen legen wird.

Ein Vergleich der Aussage des Apostels mit dem Wortlaut von Ps 110, 1 zeigt uns, daß der Verfasser das atst Zitat erweitert hat. „Er wartet fortan, bis daß ..." Das ist ganz offenkundig mit Absicht geschehen. Jedesmal, wenn er von der Hoffnung spricht (Hbr 1, 6; 3, 6; 4, 9; 6, 11. 18 f; 9, 28), will er den Blick der Christen über die gegenwärtige Not hinweg auf den Tag der Wiederkunft Christi richten. Er will, daß die Gemeinde des Herrn eine wartende Gemeinde ist, weil nur so die Leiden durchstanden werden können. Doch nun sagt er den Gläubigen etwas außerordentlich Trostvolles: Nicht nur die Gemeinde wartet auf ihren wiederkommenden Herrn. Nein. Auch der erhöhte Herr Jesus Christus selbst wartet auf den Tag, an dem seine Gemeinde sichtbar mit ihm in der Herrlichkeit Gottes vereint sein wird. Beide, die Gemeinde und ihr Herr, der „Leib" und das „Haupt" sehnen sich nach der endgültigen Vereinigung. Auch das ist ein Stück „Leiden dieser Zeit", an dem der Herr mit seiner irdischen Gemeinde trägt!

In der Verknüpfung von Kreuzestod, Auferstehung und Himmelfahrt Jesu mit der messianischen Weissagung Ps 110, 1 eröffnet der apostolische Autor seinen Lesern eine gewaltige Perspektive des Glaubens. „Setze dich zu meiner Rechten, bis ich deine Feinde als Schemel für deine Füße hinlege." Ein einziger Satz des AT umspannt zwei Ereignisse, die wie zwei Brückenpfeiler aus dem Strom der Geschichte aufragen und die Brücke tragen, auf der das Volk des Heils sicher seinen Weg in die Ewigkeit geht. In Anknüpfung an den Bericht Mk 16, 19 hat der Apostel in Hbr 1, 3 und 8, 1 festgestellt, daß Christus bei seiner Erhöhung in Auferstehung und Himmelfahrt „sich zur Rechten Gottes gesetzt hat". Der erste Teil der göttlichen Zusage hat sich bereits endgültig erfüllt und bedarf nicht noch eines erneuten Handelns Gottes. Der zweite Teil der Verheißung läßt sich aber nicht vom ersten Teil des Satzes ablösen, sondern gehört notwendig hinzu. Gottes Handeln zum Heil seiner Gemeinde und der Welt ist nicht abgeschlossen. Aus dem Sieg Jesu am Kreuz über Sünde, Tod und Teufel (Hbr 2, 14 ff) folgt die völlige Unterwerfung aller Feinde Gottes. Der Apostel sagt deutlich, daß Jesu Sieg „jetzt noch nicht" sichtbar sei (Hbr 2, 8). Dieses „Noch nicht" schließt aber eben die gleiche Tatsache ein, die der Autor in unserem Vers bestätigt: Christus wird nicht in alle Ewigkeit vergeblich warten. Mögen auch Jahrtausende zwischen Himmelfahrt und Wiederkunft Jesu liegen – Gott selber wird den großen Siegestag seines Sohnes Jesus Christus heraufführen, an dem alle Welt zu Jesu Füßen liegen wird.

Aber nicht nur in weiter Ferne, dann, wenn dieser Äon zu Ende 14
geht, wird sich das Opfer Jesu in allumfassender Weise auswirken. Die Kraft dieses Opfers, die einmal vor aller Welt offenbar werden soll, wird heute schon von denen persönlich erfahren, die dieses Opfer für sich in Anspruch nehmen. **Durch eine einzige Opfergabe hat er für immer vollendet, die geheiligt werden.** Die Menschen, die Jesus zum Eigentum Gottes erworben hat, die er zu „Geheiligten" gemacht hat, wissen durch das Zeugnis des Heiligen Geistes, daß ihnen das ewige Heil, die Vollendung der Gläubigen in der Herrlichkeit Gottes, verbürgt ist (2 Tim 4, 7—8; Offb 22, 3—5). Wie die atst Propheten, wenn ihnen in der prophetischen Schau Gottes zukünftiges Handeln greifbar nahe war, das Zukünftige in der Form des Perfekts als etwas bereits Abgeschlossenes, Gegenwärtiges verkündigten[351], so kann auch unser Verfasser schreiben: Christus hat für immer vollendet, die geheiligt werden. So sicher ist ihm die Zusage der Vollendung der Gläubigen, so ganz allein in Gottes gnädiger Allmacht begründet, daß er sie als bereits vollzogen ansehen kann. Und ebenso fest möchte er diese frohmachende Gewißheit in den Herzen der angefochtenen und bedrängten Gläubigen verankern.

Daß die ganze Fülle des Heils uns in Christus geschenkt ist, daß 15
das allgenugsame Opfer Jesu Christi ausreicht, um die gesamte Sündenschuld der ganzen Welt zu tilgen, daß Gott uns in Christus „alles geschenkt hat" (Rö 8, 32), Rechtfertigung, Heiligung und Vollendung, Vergebung aller unserer Sünden und die Kraft zu einem neuen Leben, das findet der Apostel bereits im prophetischen Wort des AT angekündigt. **Das bezeugt uns aber auch der Heilige Geist.** Also nicht willkürliche, eigenmächtige Auslegung des AT ist es, die der Apostel uns hier vorlegt. Was er der Gemeinde zu sagen hat, geschieht unter der Leitung und Bevollmächtigung durch den Heiligen Geist. Der Heilige Geist ist es, der bereits im AT auf die kommende Herrlichkeit des Neuen Bundes hinweist. Der Heilige Geist bestätigt nicht nur die richtige biblische Erkenntnis und Auslegung, sondern
„legt Zeugnis für uns ab". Wie in Hbr 8, 8—12 greift der Apostel auf 16
die Verheißung des Neuen Bundes Jer 31, 31—34 zurück, aber diesmal nicht, um den Alten Bund dem Neuen Bund gegenüberzustellen und den Alten Bund damit aufzulösen, sondern um die tiefgreifende Wirksamkeit des Opfers Jesu im Leben des erlösten Menschen zu zeigen. Das ist Gottes Ziel: Menschen, deren Leben ganz an Gott hingegeben ist, die von Herzen seinen Willen tun. Dieses Ziel wird

[351] Vgl. etwa Jes 9, 5: „Ein Kind ist uns geboren, ein Sohn ist uns gegeben."

17 aber auch nur durch eine radikale Vergebung von seiten Gottes erreicht, die am Kern der menschlichen Existenz ansetzt. Erlösung und Erneuerung des Menschen sind nur möglich auf Grund der Vergebung Gottes: **„Ihrer Sünden und ihrer Gesetzlosigkeiten will ich nicht mehr gedenken!"** Totale Vergebung — das ist die Wirkung des
18 Opfers Jesu. Was Gott vergibt, vergißt er auch (Jes 43, 25). Weil Gott um des Opfers Jesu willen unsere Sünde vergessen hat, ist auch keine Erinnerung an die Sünde mehr nötig (Hbr 10, 3). Weil die Vergebung durch Jesu Blut endgültig ist, sind alle anderen Sündopfer hinfällig geworden.

Zusammenfassung

In Hbr 10, 1—18 hat der Apostel uns auf den Höhepunkt seiner Botschaft vom Hohenpriestertum Christi geführt. Alles, was er in den vorausgegangenen Kapiteln ausführlich dargestellt oder auch nur kurz hat aufleuchten lassen, faßt er in den wenigen Sätzen unseres Abschnittes zusammen: Christus hat das vollkommene, allgenugsame Opfer gebracht.

Kennzeichen der atst Priesterordnung war die Wiederholung der Opfer als Ausdruck ihrer Erfolglosigkeit. Sie konnten keine Sündenvergebung, keine Reinigung, keine Beruhigung des Gewissens und keine Vollkommenheit erwirken. Das Gesetz mit seinen Opfern war nur der Schatten einer kommenden Heilswirklichkeit. Jesus Christus hat uns dagegen mit den Verheißungen des Neuen Bundes die „wirklichen, zukünftigen Güter", Anteil an der himmlischen Wirklichkeit gebracht. Kennzeichen der ntst Heilsordnung ist die Einmaligkeit des Opfers Jesu um seiner allumfassenden Wirksamkeit willen.

Zwei wesentliche Fragen finden hier ihre Antwort, die wir uns mit wenigen Worten vergegenwärtigen wollen:

1. Worin bestand das Opfer Jesu?

a) Jesus Christus verzichtete freiwillig auf seine göttliche Herrlichkeit (vgl. Phil 2, 6), er kam in diese Welt und nahm einen Leib an (Hbr 10, 5). Er ging den Weg tiefster Erniedrigung.

b) Er erfüllte in vollkommenem Gehorsam Gottes Willen (Hbr 10, 7. 9), der unsere Erlösung (vgl. Mk 10, 45) ebenso einschloß wie auch die Überwindung des Teufels (vgl. 1 Jo 3, 8) und die Vollendung des Heilsplanes Gottes. Der Sohn Gottes brachte seinen eigenen Willen zum Opfer (Hbr 5, 8 f).

c) Jesus opferte sein eigenes sündloses Leben als vollkommenes Schuldopfer (Hbr 10, 12; vgl. 2 Ko 5, 21; 1 Pt 2, 24) und erfüllte damit alle Opfer des AT (Hbr 10, 11. 18).

2. Was erwirkte uns das Opfer Jesu?

a) Auf Grund des Opfertodes Jesu schenkt Gott uns völlige Vergebung (Hbr 10, 11 f); weil sein Opfer ausreicht zur Sündentilgung für eine ganze verlorene Welt, braucht es nicht wiederholt zu werden (Hbr 9, 12. 26—28).

b) Das Opfer Jesu reinigt unser Gewissen (Hbr 9, 14). Jesu Blut wirkt als geistliche Macht in die geistige Sphäre unseres menschlichen Seins und befreit uns aus der Umklammerung eines ständig niederdrückenden Sündenbewußtseins (Hbr 10, 2. 17). Uns wird ein „gutes Gewissen" zuteil.

c) Dadurch befähigt uns das Opfer Jesu zum Dienst für Gott (Hbr 9, 14). Der vollendete Gehorsam im Leben Jesu „. . . um deinen Willen, Gott, zu tun" (Hbr 10, 7), wird auch zum Grundmotiv der Jünger Jesu. So wird auch unser Leben zu einem „lebendigen Opfer" (Rö 12, 1—2).

d) Das Opfer Jesu wirkt unsere Heiligung; die Kraft des Heiligen Geistes erneuert unser Leben und wandelt es um (Hbr 10, 10; 13, 12).

e) Jesu Opfer schließt auch unsere Vollendung ein (Hbr 10, 14), die göttliche Zusicherung, daß der auferstandene Herr unseren Glaubensweg in das Ziel der ewigen Herrlichkeit einmünden lassen wird.

f) Das Opfer Jesu sichert uns das Erbe (Hbr 9, 15), die ungetrübte Gemeinschaft mit unserem Herrn in der ewigen Herrlichkeit, und findet seine Krönung in dem offenbaren Sieg Gottes über alle seine Feinde (Hbr 10, 13), in der endgültigen Aufrichtung des Reiches Gottes.

Gewisser Glaubensbesitz im „Heute" und frohe Hoffnung auf das „Morgen", **gegenwärtiges und zukünftiges Heil** — alles ist uns durch das Opfer Jesu am Kreuz geschenkt.

In der atst Heilszeit war Israel allein gegenüber allen anderen Völkern die Offenbarung Gottes zuteil geworden. Diese Auszeichnung durch Gott bedeutete zugleich für das Volk Gottes eine heilige Verantwortung. Die ntst Gemeinde, das wandernde Gottesvolk des Neuen Bundes, hat in Jesus Christus unendlich viel mehr als Israel empfangen. Um so größer ist aber auch die Verantwortung, die wir Gott gegenüber haben, daß wir mit diesem anvertrauten Heilsgut recht umgehen. Weil der Apostel davon zutiefst erfüllt ist, wendet er sich jetzt an die Gläubigen, um sie zu neuer Treue im Bekennen zu ermuntern, damit sie im Glauben standhaft bleiben und an der Hoffnung unbeirrbar festhalten.

13. Zweite Ermahnung: Aufruf zur Glaubenstreue

Hbr 10, 19—39

A. Treue zum Bekenntnis

Hbr 10, 19—25

19 Brüder, da wir nun die frohe Zuversicht zum Eingang in das
20 Heiligtum durch das Blut Jesu haben, * den er uns als neuen und
lebendigen Weg durch den Vorhang eingeweiht hat — das heißt:
21 durch sein Fleisch —, * und da wir einen großen Priester über das
22 Haus Gottes haben, * so laßt uns mit wahrhaftigem Herzen in
voller Gewißheit des Glaubens hinzutreten, die Herzen besprengt
und frei vom bösen Gewissen und den Leib gewaschen in reinem
23 Wasser. * Laßt uns ohne Wanken (unwandelbar) **am Bekenntnis**
der Hoffnung festhalten, denn er ist treu, der uns die Verheißung
24 gegeben hat. * Und laßt uns aufeinander achten, um (uns) **zur**
25 Liebe und zu guten Werken zu reizen (anzuspornen), *** und nicht**
unsere Versammlung verlassen, wie es für etliche Sitte geworden
ist, sondern einander ermahnen, und das um so mehr, je mehr
ihr seht, daß sich der Tag naht.

Zu Vers 19:
Hbr 3, 1. 6. 12
9, 8
Rö 5, 2
Zu Vers 20:
2 Mo 26, 31
Mt 27, 51
Mk 15, 38
Lk 23, 45
Hbr 6, 19—20
9, 3
Jo 10, 7. 9
Jo 14, 6
Apg 4, 12
Apg 9, 2
Zu Vers 21:
4 Mo 12, 7
Sach 6, 11—13
Hbr 4, 14
1 Tim 3, 15
Hbr 3, 6
Zu Vers 22:
Hbr 4, 16
1 Kö 11, 4
1 Kö 14, 8
2 Kö 20, 3
2 Chro 6, 9
Jes 38, 3
Hes 36, 25—27
1 Tim 3, 9
Hbr 9, 14
Eph 5, 26
Zu Vers 23:
Hbr 3, 1. 6
4, 14
6, 11
1 Ko 1, 9
1 Ko 10, 13
2 Ko 1, 18
1 Th 5, 24
2 Th 3, 3
2 Tim 2, 13
Hbr 11, 11
1 Jo 1, 9

Lesen wir den Hbr einmal im Zusammenhang ganz durch, fällt uns sogleich auf, daß die beiden Abschnitte Hbr 1, 1 — 5, 10 über die Person Jesu, den Sohn Gottes, und Hbr 7, 1 — 10, 18 über das Werk Jesu, den himmlischen Hohenpriesterdienst, auf die nachfolgenden Warnungen und Ermahnungen hinzielen. Hier spüren wir am deutlichsten, was den Apostel beim Schreiben seines Briefes bewegt. Er will sich nicht in theologischer Selbstgefälligkeit mit neuartiger Christuserkenntnis hervortun; es geht ihm nicht darum, die Gläubigen auf eine höhere Stufe geistlicher *Erkenntnis* emporzuheben. Ihn bewegt die brennende *Sorge um das innere Leben der Gemeinde*, auf die Bedrängnis und Verfolgung zukommt. Werden sie an ihrem Bekenntnis festhalten? Ist ihr geistliches Leben so gefestigt, daß sie allen Stürmen standhalten können? Finden sich im Alltag ihres Christenlebens Treue und Beständigkeit als Voraussetzung allen geistlichen Wachstums? Wie steht es mit ihrem Umgang mit Christus im Wort der Heiligen Schrift, wie sieht ihr Gebetsleben aus, ihre Pflege der Gemeinschaft der Gläubigen? Der Apostel hat sie in geheime Zusammenhänge des Wortes Gottes eingeführt, er hat ihnen die vielfachen Beziehungen zwischen AT und NT gezeigt. Aber er weiß auch, daß alle vermehrte geistliche Erkenntnis für die Gemeinde verhängnisvoll, ja zum Gericht werden kann,

Offb 1, 5
Offb 3, 14
Offb 19, 11
Zu Vers 24:
Jes 58, 6 ff
Hos 6, 6
Mi 6, 8
Gal 6, 9–10
Hbr 13, 1. 16
Zu Vers 25:
2 Th 2, 1
Jak 2, 2
Kol 3, 16
Hbr 3, 13
13, 22
10, 37
Jak 5, 8

wenn sie nicht das Leben der Christen umgestaltet und gottgemäß verändert. Mit einem Satz zieht der Apostel die Schlußfolgerung aus dem, was er den Gläubigen von Hbr 9, 1 an über das irdische und das himmlische Heiligtum gesagt hat: **Brüder, wir haben nun die frohe Zuversicht**[352] **zum Eingang in das Heiligtum durch das Blut Jesu.** Schon die Anrede „Brüder" zeigt den Umfang und die Begrenzung des Personenkreises, an den der Verfasser seine Zeilen richtet und dem die göttliche Zusage gilt (vgl. Hbr 3, 1. 12). Nur Menschen, die in die Gemeinschaft mit Jesus Christus gefunden haben, die der Herr selber zu seinen „Brüdern" gemacht hat, haben Heimatrecht bei Gott, haben einen stets offenen Zugang zum Herzen Gottes, zum himmlischen Heiligtum. Nachdem der himmlische Hohepriester sein Werk in der Selbsthingabe seines Lebens vollendet hat, ist für die ntst Gemeinde volle Wirklichkeit geworden, was im Priesterdienst des Alten Bundes nur schattenhaft angedeu-
tet, aber in Wirklichkeit noch nicht möglich war (Hbr 9, 8): Wir 19
haben unmittelbaren Zugang zu Gott[353]. Jesus Christus hat uns den Zugang eröffnet[354] als **neuen und lebendigen Weg durch den Vorhang – das heißt, durch sein Fleisch.** Die atst Heilsordnungen waren in Gesetz und Vorschriften gefaßt, die den Menschen in Schranken halten und ihm die Richtung zum Leben mit Gott weisen sollten. Neu[355] und lebendig ist der Heilsweg im Neuen Bund, weil er alle bisherigen Heilsordnungen und rituellen Vorschriften, die den Menschen kein ewiges Heil zu bringen vermochten, aufhebt und sie durch die Bindung an eine lebendige Person ersetzt. Auf diesem „neuen Weg" gewinnt der Mensch nicht nur ewiges Leben, sondern er geht ihn auch in einer ständigen lebendigen Verbindung mit dem Herrn. Dieser Weg ist an die Person Jesu gebunden (Jo 14, 6; Apg 9, 2). Gerade hier wird das Wesen ntst Glaubens erneut deutlich: Glauben bedeutet Leben in der Gemeinschaft mit dem auferstandenen Herrn unter seiner Führung. Dieses neue Leben hat uns Jesus ermöglicht, er hat den Weg eingeweiht, er hat ihn als erster beschritten und uns Zutritt zum Allerheiligsten verschafft; er ist „unser Vorläufer" geworden (Hbr 6, 19–20). Wir haben jetzt schon die Möglichkeit, im Glauben Gott zu nahen, und werden einmal ganz in seiner Gegenwart stehen.

[352] Zu dem grie Wort *parräsia* vgl. die Auslegung von Hbr 3, 6, besonders S. 77 Anm. 127.

[353] Das „Heiligtum", grie *ta hágia* umfaßt Hbr 8, 2 das ganze Heiligtum, hier ist nur das „Allerheiligste" gemeint, aber das Allerheiligste in der himmlischen Welt, die unmittelbare Gegenwart Gottes. Darauf weist uns auch in V. 20 der atst Begriff „Vorhang" grie *to katapétasma*.

[354] Das grie Wort *enkainízein* (vgl. Hbr 9, 18) heißt „einweihen, in Kraft setzen". Der Apostel verwendet hier den Ausdruck *tän eísodon enkainízein*, „den Zugang eröffnen".

[355] Das grie Wort *prósphatos* steht nur hier im NT.

20 Wenn der Apostel sagt, daß Jesus uns den Weg zum Herzen Gottes „durch den Vorhang“ gebahnt hat, dann macht er wie Hbr 6, 19 deutlich, daß der Bericht in Mt 27, 51 mehr als nur zeichenhafte Bedeutung hat. Der Vorhang des Tempels zerriß in der Todesstunde Jesu — das ist das Offenbarwerden eines unsichtbaren geistlichen Geschehens in der himmlischen Welt. Aber der Vorhang im Tempel ist für unseren Verfasser nicht nur sinnbildlicher Ausdruck für den „Vorhang“, der die unbeschreibliche Herrlichkeit Gottes heute noch unseren menschlichen Augen verbirgt, für die Grenze, die die sichtbare und die unsichtbare Welt voneinander trennt; dieser Vorhang wird ihm zum Bild des ganzen Erdenlebens Jesu. Hier deutet er bildhaft den Weg Jesu an, der am Kreuz seine irdische Vollendung gefunden hat[356]. Wie der Hohepriester durch den Vorhang hindurchschreitet, so ist auch Christus durch ihn hindurchgeschritten, denn dieser Vorhang ist sein eigenes Fleisch. Der ganze irdische Weg des Christus von seiner Menschwerdung an wird also hier als Wegbereitung für die Gemeinde in die Herrlichkeit verstanden.

21 **Wir haben einen großen Priester über das Haus Gottes.** Im grie Text ist dieser Satz abhängig von der Aussage in Vers 19: „Da wir nun haben . . .“ (grie *échontes un*). Hoherpriester und Zugang zum Heiligtum gehören im biblischen Denken zusammen; beides ist der Gemeinde in der Person unseres Herrn Jesus Christus geschenkt. Unter dem „Haus Gottes“ wird hier wahrscheinlich nicht nur die Gemeinde zu verstehen sein (vgl. Hbr 3, 6; 1 Tim 3, 15), vielmehr wird es hier im umfassenden Sinne die ganze himmlische Welt meinen. Spricht aus den Versen 19—21 die ganze Gewißheit des Christen, der sich des Umfanges des empfangenen Heils bewußt ist und diese Wirklichkeit dankbar und anbetend bekennt, so folgen in den nächsten Versen die drei ermahnenden Aufrufe „laßt uns herzutreten — laßt uns festhalten — laßt uns aufeinander achten“.

22 Genau die gleichen Worte gebraucht der Apostel wie in Hbr 4, 14. 16: „Da wir nun haben“ (grie *échontes un* Hbr 4, 14; 10, 19) . . . „darum laßt uns herzutreten“ (grie *proserchómeta* Hbr 4, 16; 10, 22). Jesus hat alles für uns bereitet. Nun liegt es in unserer Verantwortung, daß wir den Weg des Glaubens gehen. Der Apostel weiß, daß unser Glaube auf Erden immer angefochten ist, darum verweist er die Empfänger seines Schreibens nachdrücklich aufs Gebet, in dem wir Gott nahen dürfen. Zugleich entfaltet er alle die wunderbaren Möglichkeiten, die uns im

[356] J. Calvin, S. 119: „Der Vorhang verdeckte die Geheimnisse des Allerheiligsten und diente zugleich als Eingang dorthin. So verhüllte Jesu Knechtsgestalt im Fleisch Gottes Herrlichkeit und führt uns doch bis in den Himmel. Niemand kann zu Gott kommen, ohne daß ihm der Mensch Christus Jesus Weg und Tür geworden ist (1 Tim 2, 5).“

geistlichen Leben geschenkt sind. Wir dürfen zu Gott mit einem **„wahrhaftigen Herzen"** kommen. Gott selber wirkt durch seinen Heiligen Geist in unserem Leben das aufrichtige Herz, das uns freudig zu einer ungeteilten Nachfolge Jesu Ja sagen läßt (Lk 14, 33). Aus der Hingabe des ganzen Herzens an Gott (2 Chro 16, 9) erwächst uns eine Fülle des Reichtums[357] im Glaubensleben, eine innere Gewißheit, die sich in klarer Glaubenserkenntnis (Kol 2, 2), in einem frohen Zeugnis (1 Th 1, 5) und in der ungebrochenen Hoffnung auf die Zukunft beim Herrn (Hbr 6, 11) äußert. Als neue Menschen, die Vergebung ihrer Schuld erlangt haben, dürfen wir Gott nahen. Das betont der Apostel mit den Worten: **die Herzen besprengt** und frei vom bösen Gewissen. Im AT war die Besprengung mit Blut und Wasser, die der Priester zur Reinigung von den Sünden vollzog, für den Israeliten eine körperlich spürbare Wirklichkeit. Für den Neuen Bund hatte Gott eine ganz andersartige, aber ebenso wirkliche Weise der Besprengung vorgesehen. Er hatte verheißen: „Ich werde euch mit reinem Wasser besprengen, daß ihr rein werdet; von all eurer Unreinheit und von all euren Götzen werde ich euch reinmachen. Und ich werde euch ein neues Herz geben und einen neuen Geist in euer Inneres legen; ich werde das steinerne Herz aus eurem Leibe herausnehmen und euch ein fleischernes Herz geben. Meinen Geist werde ich in euer Inneres legen und machen, daß ihr in meinen Satzungen wandelt und meine Gesetze getreulich erfüllt" (Hes 36, 25–27). Was der Prophet Hesekiel geweissagt hat, erfüllt sich im Leben eines jeden Menschen, der in Bekehrung und Wiedergeburt die Vergebung seiner Sünden und die erneuernde Kraft des Heiligen Geistes erfährt (Jo 3, 5). Was im AT nur äußerlich geschah, vollzieht sich jetzt im Zentrum der menschlichen Existenz. Die Besprengung mit dem Blut Jesu wird im Glauben als geistliche Wirklichkeit am eigenen Herzen, in der Mitte unseres persönlichen Seins erfahren (1 Pt 1, 2)[358]. Jesus macht uns **frei vom bösen Gewissen** – das „böse Gewissen" ist das Sündenbewußtsein des Menschen (vgl. Hbr 10, 2). Er reinigt unser Gewissen (Hbr 9, 14) als Voraussetzung dafür, daß wir nun in rechter Weise Gott dienen können (vgl. Apg 23, 1; 24, 16; 1 Tim 3, 9; 2 Tim 1, 3). Die Beschreibung der inneren Erfahrungen, zu denen wir als Gläubige im Umgang mit Christus gelangen, setzt der Apostel noch weiter fort: **und den Leib gewaschen in reinem Wasser.** Im AT waren Besprengung und Waschung notwendig, damit die Priester ihren Dienst vor Gott versehen konnten (2 Mo 29, 4. 21; 3 Mo 8, 6. 30). Im Neuen Bund erfährt jedes Glied der Ge-

[357] grie *plärophoria* vgl. die Auslegung von Hbr 6, 11.
[358] Vgl. Jakob Vetter, Das heilige Blut, Geisweid 1958[14], S. 49 ff.

meinde Jesu diese Reinigung und Besprengung, nicht mit Tierblut, sondern mit dem Blut des Christus, nicht am Leib, sondern am Herzen. Es ist ein geistliches Geschehen, menschlichen Augen verborgen, das sich in uns vollzieht; das Wort Gottes in der Kraft des Heiligen Geistes reinigt und heiligt unser Leben. In diesem Sinne haben wir auch das Wort Jesu in seinen Abschiedsreden zu verstehen: „Ihr seid schon rein um des Wortes willen, das ich zu euch geredet habe" (Jo 15, 3), wie auch Petrus von den Heiden sagt, die zur Gemeinde gefunden haben: „Gott hat ihre Herzen durch den Glauben gereinigt" (Apg 15, 9)[359]. Dieses verborgene Geschehen am Herzen und Gewissen des Menschen, der das Wort Gottes angenommen hat, findet seinen sinnfälligen Ausdruck in der Taufe (Apg 2, 41; Rö 6, 3–5).

23 Gottes große Gabe an uns fordert als Antwort des Glaubens unsere Hinwendung zum Herrn („laßt uns hinzutreten" V. 22), ebenso aber auch die Standhaftigkeit des Glaubens. „Wer glaubt, der flieht nicht!" (Jes 28, 16 LÜ). **Laßt uns unwandelbar am Bekenntnis der Hoffnung festhalten!** Der Blick des Gläubigen in die Zukunft, der Blick auf die Wiederkunft Jesu (vgl. V. 25), darf nicht getrübt werden. Deutlich klingt die Sorge des Apostels durch seine Worte: Es geht nicht nur um einen guten Anfang im Glaubensleben, sondern um das Ausharren auf dem Weg bis ans Ziel. Was der Herr seiner Gemeinde an Erkenntnis im geistlichen Leben geschenkt hat, darf nie wieder preisgegeben werden. Zum Bekenntnis zu Jesus Christus gehört nach ntst Verständnis immer auch das Zeugnis lebendiger Hoffnung, die für uns an die Person Jesu geknüpft ist (1 Pt 1, 3). Eben weil die Hoffnung eine der stärksten Antriebskräfte für unser Heiligungsleben (1 Jo 3, 3) und zur Überwindung aller Anfechtungen ist, darum ist es für den Glauben lebensgefährlich, wenn auch nur ein Teil aus der „Fülle des Reichtums der Hoffnung" vernachlässigt wird oder ganz herausgebrochen wird (vgl. Hbr 3, 6; 6, 11). Anfechtungen werden uns immer wieder überfallen, darüber besteht kein Zweifel (1 Ko 10, 13). Aber **Gottes Treue** wird sich gerade darin beweisen, daß er dem Gläubigen in der Anfechtung hilft, wenn die Hoffnung ins Wanken gerät. Gottes Treue ist unwandelbar; er wird alle seine Zusagen im Blick auf die Zukunft buchstäblich erfüllen; wir dürfen daran unbeirrbar festhalten. Auch in diesem Punkt wird

[359] Die Mehrzahl der Ausleger sieht in den Worten „den Leib gewaschen in reinem Wasser" einen Hinweis auf die Taufe. Daß wir den hier gebrauchten Ausdruck *lelusménoi* „gewaschen, gebadet" vom grie *lúo* auch bildlich, im übertragenen Sinne verstehen dürfen, zeigt der sinnbildliche Gebrauch von *lúo* in Jo 13, 10 und Offb 1, 5 (Koine); vgl. Eph 5, 26. Oepke, Ki–Th W, Bd. 4, S. 305 ff versteht dies Wort nur im Zusammenhang mit der Taufterminologie des NT.

die Gemeinde einmal vom Glauben zum Schauen kommen. Gottes Heiliger Geist läßt uns dessen ganz gewiß sein (vgl. 2 Ko 5, 5–7). So wie Gott unbeweglich zu seinen Verheißungen steht, so soll auch die Gemeinde Jesu ohne Wanken am Bekenntnis zu ihrem wiederkommenden Herrn festhalten.

Die Hinwendung zum Herrn (V. 22), d. h. das intensive Gebets- 24
leben, und die Beharrlichkeit im Glauben (V. 23) sind Äußerungen einer geistlichen Lebenshaltung, die auf das persönliche Leben des einzelnen Christen in besonderer Weise zielen. Die dritte apostolische Mahnung hebt die Gemeinschaftsbezogenheit der Christen hervor: **Laßt uns aufeinander achten, um uns zur Liebe und zu guten Werken anzuspornen.** Auch hier hat die Sünde das göttliche Urbild des Menschen zerstört. Zur Sünde Kains gehörte sein Leben in der Verantwortungslosigkeit seinem Bruder gegenüber. „Der Herr sprach zu Kain: Wo ist dein Bruder Abel? Er sprach: Ich weiß nicht; soll ich meines Bruders Hüter sein?" (1 Mo 4, 9). In der Gemeinde Jesu stellt der Heilige Geist das verlorene Urbild des Menschen, die verlorene Gottesebenbildlichkeit, wieder her. Ein wesentlicher Grundzug besteht darin, daß jedes einzelne Glied freiwillig die menschliche und geistliche Verantwortung und Fürsorge für den Bruder übernehmen kann. Gott hat die Glieder der Gemeinde so zueinander gestellt, „damit die Glieder die gleiche Sorge füreinander tragen sollten" (1 Ko 12, 25). Während es die natürliche Lebenshaltung des unerlösten Menschen ist, sich der Verantwortung für den Nächsten zu entziehen, ihn vielmehr zu beobachten, um sich ihm gegenüber durchzusetzen und selbst zu behaupten, sollen die Gläubigen aufeinander achten, um sich zu lieben und gegenseitig zu helfen[360]. Wie in 1 Ko 13, 13 und Hbr 6, 10–12 begegnet uns auch in diesen Worten wieder die geistliche Einheit von Glaube (V. 22), Hoffnung (V. 23) und Liebe (V. 24), den Grundpfeilern des persönlichen und gemeinsamen Glaubenslebens. Die Gläubigen sollen sich **zur Liebe und zu guten Werken anspornen.** Hat Christus unser Gewissen von den „toten Werken" (Hbr 9, 14) gereinigt, so befähigt uns jetzt die Liebe zu „guten Werken", zu Taten der Barmherzigkeit und praktischer Nächstenliebe (vgl. Jes 58, 6 ff; Hos 6, 6; Mi 6, 8). Es muß uns doch nachdenklich machen, daß der Apostel, der die Gläubigen auf die Höhen verborgener Christuserkenntnis geführt hat, so stark auf die Bewährung des Glaubens im Alltag drängt. Die Liebe zum Herrn und die Liebe zum Nächsten muß sich immer in der helfenden Tat auswirken,

[360] O. Michel, S. 232: „*paroxysmós* ist ebenso gern in bösem Sinn verwandt (Anreizung, Erbitterung)." Vgl. Apg 15, 39 *paroxysmós* = Streit, bitterer Zwist.

die nicht nur materielle oder körperlich-seelische Not lindert, sondern gleichzeitig dem anderen auch im Glaubensleben weiterhilft. Das läßt sich aber nur im gemeinsamen geistlichen
25 Leben verwirklichen. Deshalb mahnt der Apostel: **Laßt uns nicht unsere Versammlung verlassen, wie es für etliche Sitte geworden ist.** Der grie Ausdruck *mä enkataleípontes tän episynagogáen* muß zunächst übersetzt werden: „die Versammlung nicht verlassen." Die Aufforderung von V. 24 „einander zur Liebe zu reizen", läßt sich ja nur in der konkreten Gemeinschaft der Gläubigen in die Tat umsetzen, die am gleichen Ort wohnen und sich dort auch regelmäßig zum Gottesdienst versammeln (vgl. Jo 13, 34–35; Apg 2, 42). Der christliche Einzelgänger ist nicht in der Lage, Jesu Liebesgebot zu erfüllen. Denn Liebe drängt uns in die Verantwortung für den Bruder, fordert Verzicht auf Freiheit und persönlichen Einsatz für den anderen.

Das grie Wort *episynagogáe* wird 2 Th 2, 1 aber auch für die Entrückung der gläubigen Gemeinde bei der Wiederkunft Jesu gebraucht. Damit besteht die zweite Möglichkeit der Übersetzung: „die Entrückung nicht aus den Augen verlieren (versäumen)". Weil „der Tag des Herrn naht", darum sollen die Gläubigen für den Augenblick der Entrückung bereit sein. Sicher stehen beide Übersetzungsmöglichkeiten in einem inneren geistlichen Zusammenhang. Wer sich leichtfertig von der Gemeinschaft der Gläubigen trennt, wird auch bei der Wiederkunft Jesu dem Herrn nicht mit Freuden entgegengehen können (vgl. 1 Jo 2, 28). Die Gemeinschaft bedeutet ein starkes, bewahrendes Element für den Glauben. Wer sie vernachlässigt oder meidet, gerät dadurch in eine ernste Gefahr, die zum Abfall führen kann (vgl. V. 26!). Solche Haltung kommt der Absonderung einzelner Israeliten vom Volk während der Wüstenwanderung gleich (4 Mo 16); sie kamen unterwegs um! Hier soll die brüderliche Ermahnung – **laßt uns einander ermahnen!** – einsetzen, die mit liebevoller Geduld dieser verhängnisvollen geistlichen Entwicklung entgegenzuwirken sucht (vgl. Hbr 3, 13; 4, 11; 13, 22). **Und das um so mehr, je mehr ihr seht, daß sich der Tag naht.** „Der Tag" ist hier der Tag der Wiederkunft Jesu. Die Anfechtung und Gefahr für die Gemeinde wird größer, je näher es dem Ziel der Wanderschaft zugeht. Je näher der Tag des Herrn rückt, um so entschiedener soll auch die Glaubenshaltung der Gemeinde sein. Den Gefahren des geistlichen Lebens kann man am wirksamsten begegnen, wenn man an der Gemeinschaft der Gläubigen und an der Verheißung der Wiederkunft Jesu (vgl. V. 37) unbeirrbar festhält.

B. Warnung vor vorsätzlichem Sündigen

Hbr 10, 26—31

26 **Denn wenn wir vorsätzlich** (freiwillig) **sündigen, nachdem wir
die Erkenntnis der Wahrheit empfangen haben, bleibt kein**
27 **Opfer für Sünden mehr übrig, * sondern nur ein furchtbares Erwarten des Gerichtes und des Feuereifers, der die Widersacher**
28 **verzehren wird. * Hat jemand das Gesetz des Mose gebrochen,
so stirbt er ohne Erbarmen auf** (die Aussage von) **zwei oder drei**
29 **Zeugen hin. * Wieviel schwererer Strafe, meint ihr, wird der
wertgeachtet werden, der den Sohn Gottes mit Füßen getreten
und das Blut des Bundes für gemein** (wertlos) **geachtet hat, durch
das er geheiligt worden ist, und den Geist der Gnade geschmäht**
30 **hat? * Denn wir kennen den, der gesagt hat: „Mein ist die Rache,
ich will vergelten" und ein anderes Mal: „Der Herr wird sein**
31 **Volk richten." * Furchtbar ist es, in die Hände des lebendigen
Gottes zu fallen.**

Je größer die Gabe, um so größer auch die Verantwortung, um so schwerer das Gericht — das ist einer der Grundgedanken, von denen sich der Autor leiten läßt (vgl. Lk 12, 47—48; Hbr 2, 1—3). Den ersten großen Teil seines Briefes (Hbr 1, 1 — 5, 10) hatte der Apostel in eine Warnung vor dem Abfall ausmünden lassen (Hbr 6, 4—8). In gleicher Weise schließt er auch seinen zweiten Teil, in dem er von dem Werk Jesu, seinem ewigen Hohenpriestertum, gesprochen hat. Die erhabene Größe der Person Jesu und sein vollbrachtes Erlösungswerk sollen die Gläubigen neu anspornen zur Treue im Glauben und zum gemeinsamen Bekenntnis der Hoffnung. Das Bewußtsein der unverrückbaren Grundlagen unseres Heils soll uns aber gleichzeitig davor bewahren, daß **wir vorsätzlich sündigen.** Es fällt uns auf, daß der Apostel seine ernste Warnung mit den Worten einleitet: „wenn *wir* vorsätzlich sündigen". Er schließt sich hier mit den Empfängern seines Briefes zusammen. Der Apostel stellt sich nicht außerhalb der Schar der Gläubigen, er stellt sich auch nicht über sie. Er weiß vielmehr, daß der Weg *jedes* Gläubigen gefährdet ist (1 Ko 10, 12), daß wir uns aber auch allezeit der bewahrenden und zurechtbringenden Fürsorge Gottes trösten können (2 Th 3, 3; 1 Jo 2, 1). Das AT kennt den Unterschied zwischen der willentlichen und der unabsichtlichen Versündigung: „Wenn sich aber ein einzelner unabsichtlich verfehlt, so soll er eine einjährige Ziege als Sündopfer darbringen. Wenn dann der Priester einem solchen, der sich unvorsätzlich ein Vergehen gegen den Herrn hat zuschulden kommen lassen, Sühne

Zu Vers 26:
Hbr 6, 4—8
1 Tim 4, 3
2 Tim 2, 25
2 Tim 3, 7
Tit 1, 1
2 Jo 1
2 Pt 2, 20—22

Zu Vers 27:
5 Mo 4, 24
Ps 79, 5
Jes 26, 11 LXX
Jes 30, 27
Jes 66, 24
Zeph 1, 18

Zu Vers 28:
4 Mo 15, 28—31
4 Mo 35, 30
5 Mo 17, 6
5 Mo 19, 15
Mt 18, 16
Jo 8, 17
2 Ko 13, 1
1 Tim 5, 19

Zu Vers 29:
Lk 12, 47—48
Hbr 2, 3
12, 25
Jes 26, 6
Jes 28, 3
Da 8, 10
Mi 7, 10
Mal 4, 3
Mt 7, 6
Lk 21, 24
Ps 41, 10
Jo 13, 18
2 Mo 24, 8
Mt 26, 28
Mk 14, 24
Lk 22, 20
1 Ko 11, 25
Hbr 7, 22
1 Ko 11, 27. 29

Zu Vers 30:
5 Mo 32, 35—36
Rö 12, 19

Ps 135, 14 durch Vollzug der Sühnegebräuche erwirkt hat, so wird ihm Ver-
1 Pt 4, 17 gebung zuteil werden. Wenn sich aber jemand v o r s ä t z l i c h
Zu Vers 31: vergeht, mag es ein Einheimischer oder ein Fremdling sein, ein sol-
Mt 10, 28 cher gilt als Gotteslästerer, und der Betreffende soll aus seinem Volk
Lk 12, 5 Hbr 12, 29 ausgerottet werden" (4 Mo 15, 27. 28. 30 MÜ)[361]. Der Apostel über-
nimmt die Grundanschauung des AT in den Hbr, aber er überträgt
26 sie auf eine andere geistliche Ebene. Die Sünde der Ungläubigen,
die nichts vom Evangelium wissen, steht unter der Nachsicht Gottes:
„Gott hat die Zeit der Unwissenheit übersehen" (Apg 17, 30; vgl.
Apg 3, 17; 1 Tim 1, 13). Der Gläubige dagegen, der die Vergebung
der Sünden und die Reinigung seines Lebens bereits erfahren hat,
hat eine größere Verantwortung. Hier werden ja Gläubige angespro-
chen; der Apostel schließt sich und die Gemeinde zusammen, also
Menschen, die **die Erkenntnis der Wahrheit empfangen haben,** die
„mit ihrer Bekehrung zu klar bewußter Erfassung und innerer Aner-
kennung der Wahrheit gelangt sind (Tit 1, 1; 1 Tim 2, 4; 2 Tim
2, 25)[362]". Die Heilserfahrung, die der Apostel mit diesem Ausdruck
umschreibt (grie *to labeín tän epígnosin täs alätheías*) entspricht der
„einmaligen Erleuchtung", von der er in Hbr 6, 4 gesprochen hatte
(vgl. Hbr 10, 32; 2 Pt 2, 20). Der Mensch, der zum lebendigen Glau-
ben kommt, empfängt die „Erkenntnis der Wahrheit", die Lebens-
gemeinschaft mit Christus, das ewige Leben (Jo 17, 3). „Die Wahr-
heit" ist nicht nur der Inhalt des Evangeliums, die verkündigte Bot-
schaft, sondern Jesus Christus selbst (Jo 14, 6). Diese Erkenntnis der
Wahrheit wird nicht durch menschliche Denkanstrengung zugänglich
(2 Tim 3, 7), sondern allein durch die bewußte Hingabe unseres
Lebens an Jesus. Die Sünde wird in der Bibel nirgends verharmlost,
auch nicht die Sünden der Gläubigen. Wenn der Apostel hier aber
seine Warnung ausspricht, so meint er ähnlich wie in Hbr 6, 4—6
nicht irgend eine Sünde, auch nicht eine besonders schwere Sünde,
sondern die völlige Absage an Gott[363]. Was er mit der Warnung
aussprechen will „wenn wir vorsätzlich sündigen" (grie *hekusíos gar
hamartanónton hämón*), wird uns erst in V. 29 deutlich. Der Apostel
sieht die furchtbare Möglichkeit, daß ein Mensch, der sein Leben
Jesus Christus ausgeliefert hatte, sich wieder vom Herrn abwenden
und in eine haßerfüllte Gegnerschaft gegen Jesus Christus eintreten
könnte. Dann **bleibt kein Opfer für Sünden mehr übrig.** Mit diesen
Worten setzt der Apostel nicht der Größe des Opfers Jesu eine
Grenze, sondern er macht nur deutlich, daß wir niemals, wenn wir

[361] Vgl. auch Hes 45, 20: „... die aus Irrtum oder Einfalt gesündigt haben". Ebenso 3 Mo 4, 2. 13. 22. 27; 5, 15.

[362] E. Riggenbach, S. 325.

[363] Vgl. J. A. Bengel, S. 669.

uns einmal zum Herrn hingewandt haben, diese Entscheidung wieder rückgängig machen können, wir können nie zurück in einen „Zustand vor der Bekehrung". Wer sich von Jesus Christus endgültig lossagt, schließt sich nicht nur selbst von der Vergebung aus, sondern stellt
sich gegen sie. Wer sich von Christus bewußt lossagt, wird „Wider- 27
sacher" (grie *hypenántios*), Gegner Gottes, und verfällt dem ewigen Gericht[364]. Auch hier ragt die Wirklichkeit und der Ernst des AT mitten in das NT hinein. Gott ist ein heiliger Gott. Sein „Feuereifer", Ausdruck seiner Heiligkeit, seines Zornes und seines gerechten Gerichtes, wird „seine Gegner verzehren" (vgl. 3 Mo 10, 1 f; 5 Mo 4, 24; Hbr 12, 29). Die Gerichtsworte des AT bleiben auch im NT gültig und müssen von den Gläubigen ernstgenommen werden (vgl. 4 Mo 16, 32. 35; Jud 11).

In Hbr 3, 1—6 hatte der Apostel Mose und Christus in ihrem Auf- 28
trag und in ihrer Herrlichkeit miteinander verglichen. Hier stellt er sie im Ernst ihrer göttlichen Gesetzesordnungen und des Gerichtes gegenüber. Gottes Ordnungen für Israel waren unumstößlich. Wer durch vorsätzliches Sündigen den Alten Bund brach, mußte unwei-
gerlich sterben[365]. Kein unberechtigtes Mitleid konnte das Gericht 29
Gottes aufhalten. Wie die Herrlichkeit des Neuen Bundes weit die des Alten Bundes überragt (2 Ko 3, 7—9), so stellt in gleichem Maße auch die Vergeltung des Neuen Bundes die Vergeltung des Alten Bundes in den Schatten. Im V. 29 wird deutlich, was im tiefsten Grunde mit dem „vorsätzlichen Sündigen" gemeint ist. Es geht hier um die völlige Abkehr eines Gläubigen vom Heil, um letzte, radikale Gegnerschaft und Auflehnung gegen den Herrn. Ein Mensch, der Gottes größte Gaben, seinen Sohn, die Kraft des Blutes Jesu und die erneuernde Macht des Heiligen Geistes in seinem Leben erfahren hat, gibt alles wieder preis, löst sich aus der Nachfolge und wird zum Lästerer und Feind Gottes. Vielleicht hat der apostolische Verfasser beim Niederschreiben seiner Worte an die Mahnung Jesu gedacht: „Wenn aber der unreine Geist aus dem Menschen ausgefahren ist,

[364] J. Brown, S. 469: „Wenn es heißt, daß für den Abgefallenen nur ein furchtbares Erwarten des Strafgerichtes bleibt, so besagt das nicht, daß jeder Abgefallene von der schrecklichen Erwartung des kommenden Unterganges verfolgt wird. Denn wenn es auch einigen so ergangen ist, ist es doch keineswegs ein Kennzeichen aller Abgefallenen. Es besagt nur, daß der Abgefallene nichts anderes als ein furchtbares Strafgericht zu erwarten hat... ein Strafgericht von unbegrenzter, unbestimmbarer Größe. Wir können nicht genau sagen, was es ist; wir können nur sagen, daß eine bestimmte schreckliche Strafe ihn erwartet, deren Wesen und Grenzen von einem Menschen nicht völlig verstanden werden können. Als Sünder ist er dem Zorn Gottes ausgeliefert."

[365] Das geschah besonders durch Gotteslästerung (3 Mo 24, 13—16), durch Götzendienst (5 Mo 17, 2—7), durch falsches Prophetentum (5 Mo 18, 20) und durch Frevel am Heiligtum (Hes 22, 26—31), vgl. O. Michel, S. 235.

durchzieht er wasserlose Orte und sucht eine Ruhestätte und findet keine. Dann sagt er: Ich will in mein Haus zurückkehren, aus dem ich weggegangen bin. Und wenn er kommt, findet er es leer, gesäubert und geschmückt. Dann geht er hin und nimmt sieben andere Geister mit sich, die schlimmer sind als er, und sie ziehen ein und wohnen dort; und es wird nachher mit jenem Menschen schlimmer als vorher" (Mt 12, 43—45)[366]. **Den Sohn Gottes mit Füßen treten** bedeutet, etwas zu tun, was selbst die erbittertsten Gegner Jesu zu seinen Lebzeiten nicht mit ihm getan haben[367]. Wir werden unmittelbar an die Worte des Apostels in Hbr 6, 6 erinnert, wo er davor warnt, „den Sohn Gottes öffentlich der Schande preiszugeben". Das haben die Hohenpriester und Schriftgelehrten getan, als sie Jesus verspotteten, anspuckten, mit Fäusten ins Gesicht schlugen, geißeln und öffentlich als Verbrecher hinrichten ließen. Der Abfall von Christus ist auch dadurch gekennzeichnet, daß ein Mensch **„das Blut des Bundes für wertlos achtet, durch das er geheiligt ist".** Wer Christus verachtet, mißachtet auch den Wert seines Blutes[368], das für den Gläubigen Grund seines Heils und Inbegriff aller reinigenden und erneuernden Kraft ist, die Gott seinem Leben hat zuteil werden lassen. Das Blut Christi wird für den Abgefallenen zum Gegenstand spöttischer Ablehnung, hohnvoller Verachtung. Auch hier wird erneut deutlich, daß es sich wie Hbr 6, 4—8 um eine Mahnung an Gläubige handelt. Denn nur ein Mensch, der bereits die heiligende Kraft des Blutes Christi in seinem Leben erfahren hat, kann eine solche Sünde begehen. Der Abfall von Christus ist zugleich Auflehnung gegen den Heiligen Geist, der uns das Verständnis für das Heilswerk Jesu am Kreuz erschlossen hat (vgl. Sach 12, 10). Dadurch wird **der Geist der Gnade geschmäht.** Das grie Wort, das der Apostel hier gebraucht, heißt *enhybrízo* und bedeutet „verspotten". In ihm steckt die Wurzel des grie Wortes *hýbris*; es kennzeichnet den frevelhaften Stolz, die maßlose Überheblichkeit des natür-

[366] Zu der Aussage Mt 12, 43 ff vgl. W. Stb. Matth. S. 168; ebenfalls Adolf Schlatter, Der Evangelist Matthäus, 1959, S. 419 ff: „Aus der Größe des Empfangenen entsteht für den Empfänger die Verantwortlichkeit; denn der Mißbrauch des Empfangenen erzeugt die Schuld. — Damit setzt sich aber nicht nur der alte Jammer fort, sondern daraus entsteht vergrößertes Elend."

[367] Mit „Füßen treten" ist Ausdruck äußerster Verachtung, vgl. in wörtlichem Sinne Jes 26, 6; 28, 3; Mi 7, 10; Mal 4, 3; in übertragenem, bildhaften Sinne Da 8, 10; Lk 21, 24.

[368] Der Ausdruck „das Blut des Bundes für wertlos achten" ist nicht eine zufällige gedankliche Wiederholung des vorausgegangenen Satzes „den Sohn Gottes mit Füßen treten". Vielmehr stehen „Sohn Gottes" und „Blut des Bundes" als zwei gleichwertige Realitäten nebeneinander. Vgl. O. Michel, S. 235: Nach dem Gesetz Mose mußte ein Übertreter auf zwei oder drei Zeugen hin sterben. „Vielleicht ist damit schon auf V. 29 hingewiesen, so daß der Sohn Gottes, das Bundesblut und der Geist der Gnade zu Anklägern und Zeugen gegen den Abgefallenen werden."

lichen Menschen, mit der er sich gegen Gott auflehnt. Eines macht
der Apostel hier unabweisbar deutlich: für den Christen gibt es kein
Zurück mehr in den „vorchristlichen Stand"; wenn er abfällt, wird
er zum radikalen Gegner Gottes, schlägt sich mit Entschiedenheit auf
die Seite des ewigen Widersachers des Herrn. Ein solcher Mensch geht
unausweichlich dem ewigen Gericht Gottes entgegen. **Denn wir ken-** 30
nen den, der gesagt hat: „Mein ist die Rache, ich will vergelten."
Der Apostel hat die Heiligkeit und Liebe Gottes in seinem persön-
lichen Leben erfahren[369]. Er kennt aber auch das richterliche
Wort Gottes aus dem AT und weiß, daß es im Neuen Bund
seine Autorität und Gültigkeit nicht verloren
hat. Gott bleibt der Richter, er behält sich das letzte Wort vor. **„Der
Herr wird sein Volk richten."** Die Tatsache, daß Gott sein Volk, ja
gerade sein Volk richten wird (1 Pt 4, 17), unterstreicht noch ein-
mal, daß die vorausgehende Mahnung an Gläubige gerichtet ist und
die ihnen drohende Gefahr zeigen soll. Gott bleibt auch für die Ge- 31
meinde Jesu ein heiliger Gott. Gegen Gottes Gericht gibt es
keine menschliche Sicherung und Vertröstung (vgl. Hes 9, 3—11).
Furchtbar ist es, in die Hände des lebendigen Gottes zu fallen. Aber
der letzte Ernst dieses Wortes gilt doch nur denen, die der Gefahr
erlegen sind, auf die der Apostel hingewiesen hat. Über dem Weg
der Gemeinde, die durch alle Anfechtungen und Bedrängnis hindurch
ihrem Herrn in Treue und Hingabe nachfolgt, bleibt das Wort Gottes
tröstend stehen: „Darin ist die Liebe bei uns zur Vollendung gekom-
men, daß wir Zuversicht haben am Tage des Gerichtes" (1 Jo 4, 17).
Gerade die folgenden Verse machen uns deutlich, daß nicht die dunk-
len Schatten der drohenden Gefahr, die Warnung vor dem Abfall
unser Denken gefangennehmen soll. Vielmehr zeigt der Apostel, daß
das wandernde Gottesvolk, die glaubende und wartende Gemeinde,
mit froher Zuversicht dem Tage der Wiederkunft Jesu entgegengehen
darf.

C. Ermahnung zur Standhaftigkeit

Hbr 10, 32—39

32 **Erinnert euch aber der früheren Tage, in denen ihr, nachdem ihr
erleuchtet worden wart, einen harten Leidenskampf ertragen**
33 **habt, * als ihr teils mit Schmähungen und Bedrängnissen zum
öffentlichen Schauspiel geworden seid, teils Gemeinschaft hattet**

Zu Vers 32:
Hbr 6, 4. 10
12, 4
Mt 16, 24 ff
Apg 14, 22

[369] Das grie Wort *oidamen* „wir kennen, wir wissen" steht auch 1 Jo 3, 2. 14; 5, 15. 18. 19. 20 als Ausdruck persönlicher Heilserfahrung.

Phil 1, 28—30
1 Th 1, 6
Zu Vers 33:
Lk 23, 48
Apg 16, 22—24
1 Ko 4, 9
Phil 4, 14
2 Tim 3, 11
1 Pt 4, 15—16
Zu Vers 34:
Hbr 12, 3—4
Mt 6, 20
Mt 13, 44
Mt 19, 21. 29
Kol 3, 1—4
1 Pt 1, 4—5
Hbr 6, 9—20
Zu Vers 35:
Hbr 11, 6
Zu Vers 36:
Hbr 6, 12
Lk 8, 15
Lk 21, 19
Offb 3, 10
Offb 13, 10
Offb 14, 12
Zu Vers 37:
Hbr 10, 25
Jes 26, 20
Hab 2, 3
Mt 3, 11
Lk 21, 28
2 Pt 3, 9
Jak 5, 8
Offb 22, 12
Zu Vers 38:
Hab 2, 4
Rö 1, 17
Gal 3, 11
Zu Vers 39:
Lk 21, 19
1 Pt 1, 9
Jo 6, 39
Jo 10, 28

mit denen, die so wandelten (die auf solche Weise leiden mußten).
34 *** Denn auch mit den Gefangenen habt ihr gelitten und den Raub
eurer Güter mit Freuden hingenommen, in der Erkenntnis, daß
35 ihr einen besseren und bleibenden Besitz habt. * Werft nun eure
36 Zuversicht nicht weg, die eine große Belohnung hat! * Geduld
aber ist euch not, daß ihr den Willen Gottes tut und die Verhei-
37 ßung erlangt. * „Denn noch eine ganz, ganz kurze Zeit, dann
38 wird der kommen, der kommen soll, und nicht ausbleiben. * Mein
Gerechter aber wird aus Glauben leben, und wenn er zurück-
39 weicht, hat meine Seele kein Gefallen an ihm.“ * Wir aber gehören
nicht zu denen, die zurückweichen, um zugrunde zu gehen, son-
dern zu denen, die glauben und die Seele retten** (um das Heil der
Seele zu gewinnen).

Der Christ lebt nicht von seiner Bekehrung allein, sondern aus den Lebenskräften des gegenwärtigen Christus. Aber es gibt doch ein Recht und eine Notwendigkeit, sich an die Vergangenheit immer wieder einmal zu erinnern und neu auf den Anfang des Glaubensweges zu besinnen. Darum mahnt der Apostel: **Erinnert euch der früheren Tage!** Diese Erinnerung wird in Jo 14, 26 als das Werk des Heiligen Geistes beschrieben (vgl. Lk 24, 6). Die Erinnerung an ihre Bekehrung und Wiedergeburt („nachdem ihr erleuchtet worden wart“ grie *photisthéntes* vgl. Hbr 6, 4), an die ersten Tage ihres Glaubenslebens, soll den Hebräerchristen in ihrer gegenwärtigen Lage zur geistlichen Hilfe werden (vgl. 1 Pt 1, 3—9). Ihr Glaubensweg war von Anfang an durch Kampf und Leiden gekennzeichnet. Beispielhaft für die ganze Gemeinde Jesu zu allen Zeiten hat sich in ihrem Leben erfüllt, was Jesus vielfach in seinen Reden angedeutet (Mt 10, 17—22. 34—39) und in den Worten zusammengefaßt hat: „Will mir jemand nachfolgen, der verleugne sich selbst und nehme sein Kreuz auf sich und folge mir. Denn wer sein Leben erhalten will, der wird's verlieren; wer aber sein Leben verliert um meinetwillen, der wird's finden“ (Mt 16, 24—25). Was Paulus in seiner Missionstätigkeit, in der Praxis der Verkündigung, am eigenen Leibe erfahren hatte, ist auch den Hebräerchristen nicht erspart geblieben: „Wir müssen durch viel Trübsale in das Reich Gottes gehen“ (Apg 14, 22). Christus ist in seinem Leiden und Sterben zum „öffentlichen Schauspiel“ geworden (Lk 23, 48), seinen Nachfolgern ergeht es in keiner Weise besser.

32/33 **Ihr seid teils mit Schmähungen und Bedrängnissen zum öffentlichen Schauspiel geworden, teils hattet ihr Gemeinschaft mit denen, die auf solche Weise leiden mußten.** Die Hebräerchristen, an die unser Verfasser sein Schreiben richtet, sind um ihres Christennamens willen öffentlicht gebrandmarkt worden. Auch darin erfüllt sich Jesu Wort:

„Der Knecht ist nicht größer als sein Herr. Haben sie mich verfolgt, werden sie euch auch verfolgen" (Jo 13, 16; 15, 20). Gott macht seinen Kindern den Weg nicht leicht. Aber das Leiden um Jesu willen ist stellvertretendes Leiden (Kol 1, 24), das dem Ausreifen und der Vollendung der Gesamtgemeinde dient, und verpflichtet die Gläubigen, am Schicksal ihrer leidenden Brüder Anteil zu nehmen[370].

Glaube, Hoffnung und Liebe, von denen der Apostel gesprochen 34
hatte, sollen sich gerade im Leiden bewähren. Echter Glaube bewährt sich darin, daß der Mensch auch die schweren Führungen mit Freuden aus Gottes Hand nehmen kann. **Auch mit den Gefangenen habt ihr gelitten und den Raub eurer Güter mit Freuden hingenommen.** Bei den Hebräerchristen ist es offenbar noch nicht zum Martyrium gekommen (vgl. Hbr 12, 4), wohl aber zur Einziehung des Vermögens[371]. Der Apostel trifft nicht nur eine Feststellung, sondern er deckt auch die geheimen Quellen auf, aus denen den Gläubigen die Kraft zum Leiden zufließt, aus denen ihre Glaubensfreudigkeit gespeist wird. Die Gläubigen leben **in der Erkenntnis,** daß sie **einen besseren und bleibenden Besitz** haben. Das ewige Leben, die Zusage der kommenden Herrlichkeit Gottes, sind uns ohne jedes menschliche Zutun zuteil geworden. Kein Mensch kann sich die Gewißheit des Glaubens selber aneignen, sie ist das Geschenk der freien göttlichen Gnade. Was aber kein Mensch einem Menschen zu übereignen vermag, kann auch kein Mensch einem anderen nehmen. Die Gläubigen haben einen unverlierbaren geistlichen Besitz. Es ist urchristliche Gewißheit, was Martin Luther in die Worte gefaßt hat: „Nehmen sie den Leib, Gut, Ehr', Kind und Weib: laß fahren dahin, sie habens kein'n Gewinn, das Reich muß uns doch bleiben!" Hinter dieser Leidensbereitschaft steht das Wissen, daß Leiden um Jesus Christus willen Gnade ist: „Selig seid ihr, wenn euch die Menschen hassen und wenn sie euch ausschließen und schmähen und euren Namen als einen bösen ächten um des Menschensohnes willen. Freut euch an jenem Tage und frohlockt; denn siehe, euer Lohn wird groß sein im Himmel" (Lk 6, 22—23, vgl. 1 Pt 2, 19). So widerfährt den Gläubigen in der Verfolgung und Bedrängnis nichts Befremdliches (vgl. 1 Pt 4, 12—13), sondern sie lernen gerade auf diesem Weg, daß lebendiger Glaube immer angefochtener Glaube ist (vgl. Ps 40, 13—18; Jak 1, 2. 10). Eben auch unter schweren Belastungen kommt es darauf an, standhaft zu bleiben. Was Jesus seinen Jüngern unmittelbar

[370] Die sprachliche Formel „teils . . . teils" grie *túto men . . . túto de* findet sich nur hier im NT.

[371] O. Michel, S. 239: „Nach römischem Recht ist Vermögensverlust Verschärfung und Begleiterscheinung einer anderen Strafe; die Obrigkeit steht also auf seiten der Gegner der Gemeinde."

vor seinem Gang ans Kreuz gesagt hat, gilt der gläubigen Gemeinde
35 zu allen Zeiten: „Wer aber beharret bis ans Ende, der wird selig"
(Mk 13, 13). Diesen Gedanken greift der Apostel in seiner Ermahnung auf: **Werft eure Zuversicht nicht weg, die eine große Belohnung hat!** Das Ziel ist die Herrlichkeit bei Gott selbst. Gott selber wird der Vergelter sein, „der Belohner" (grie *misthapodótäs* Hbr 11, 6), der den Gläubigen die „Belohnung" (grie *misthapodosía*) zuteilen wird (vgl. 1 Ko 3, 12–15). Wie die anderen Schreiber des NT verwendet auch der Verfasser des Hbr mit großer Selbstverständlichkeit den Lohngedanken, löst ihn aber eindeutig von jeder Form des Verdienstdenkens. Ähnlich den Aussagen der Evangelien und der Briefe des Apostels Paulus macht auch der Zusammenhang unseres Textes deutlich, daß die Stellung der Gemeinde zu ihrem Herrn im strengen Sinne kein Lohnverhältnis ist. Als Gläubige gehören wir ganz dem Herrn an, bleiben damit auch in einer ständigen Abhängigkeit von ihm. Trotzdem gefällt es ihm, in seiner souveränen Güte und Freiheit uns zu belohnen. Nur wird mit dieser „Belohnung" in der ewigen Herrlichkeit nicht unser Dienstverhältnis aufgelöst. Auch in der erneuerten Schöpfung gilt: „Seine Knechte werden ihm dienen" (Offb 22, 3). Zugleich schließt der Lohngedanke die Erwartung des Gerichtes ein: alles menschliche Tun hat unwiderrufliche Folgen zum Heil oder zum Verderben. Schließlich macht unser Brief deutlich, daß nicht der Lohngedanke das Motiv echten Gehorsams ist, sondern Liebe und Vertrauen, die Hingabe unseres Lebens an Gott, die aus der persönlichen Teilhabe am Opfer Jesu erwächst, der im vollen Gehorsam den Weg ans Kreuz ging (Hbr 12, 2)[372].

36 Wahre Erkenntnis des Willens Gottes wird nicht auf dem Weg intellektueller Anstrengung erreicht. Vielmehr ist die Bereitschaft nötig, unseren Willen ganz dem Willen Gottes unterzuordnen, die ganze Hingabe unseres Lebens an den Herrn, um den Willen Gottes zu erkennen (Rö 12, 1–2). Und die Geduld, die Beharrlichkeit im Glauben, ist erforderlich, um den Willen Gottes zu tun. Geduld aber lernen wir im Christenleben nur in der Bedrängnis, nur durch Schwierigkeiten (Rö 5, 3). **Geduld aber ist euch not, daß ihr den Willen Gottes tut und die Verheißung erlangt.** Rechte
Erkenntnis und rechter Gehorsam sind also Voraussetzungen, um die
37 Erfüllung der Verheißungen zu erfahren. So wie die Geduld in der Anfechtung, in der schwierigen Situation erprobt und bewährt wird, so kann sie aber auch nicht ohne eine lebendige Hoffnung durchhalten (Rö 5, 4). Darum erinnert der Apostel die Gläubigen noch einmal mit allem Nachdruck an die Zukunftshoffnung der Gemeinde:

372 Vgl. Günther Bornkamm, Der Lohngedanke im NT, in „Theologie und Verkündigung", 1947, S. 6 ff.

„Denn noch eine ganz, ganz kurze Zeit, dann wird der kommen, der kommen soll, und nicht ausbleiben." Schon in der messianischen Weissagung Hab 2, 3—4 sieht der Apostel die Wiederkunft Jesu vorausgesagt. Er bestätigt die Zuverlässigkeit des atst Prophetenwortes — mehr noch: er stellt sich selbst ganz hinein in die Art des Denkens und der Verkündigung der atst Gottesmänner. Bei vielen Weissagungen im AT fällt uns auf, daß die Propheten zukünftig Geschautes als bereits eingetretenes Geschehen verkündigen (vgl. Jes 9, 5 „Ein Kind i s t uns g e b o r e n . . ."). So gewiß ist ihnen die Erfüllung der göttlichen Offenbarung, daß sie Gottes Zusagen als absolut sicheres Geschehen, als „bare Münze" hinnehmen. So war auch der Prophet Habakuk von der Gewißheit im Blick auf das Kommen des Messias erfüllt, daß jedes Zeitmaß für ihn relativ wurde. Geradeso geht es dem Apostel, wenn er das atst Zitat aufgreift. Mag es in menschlichen Augen auch eine „lange" Zeit sein, die bis zum zweiten Kommen des Herrn verstreicht; unter dem Gewicht der T a t s a c h e, daß Jesus Christus wiederkommt, wird die Zeitspanne bis zu jenem Tage „kurz".

Diese Hoffnung wird zur stärksten Antriebskraft des Glaubens. 38
An ihr scheiden sich Glaube und Unglaube, Gerettetwerden und Verlorengehen. Es gibt nur zwei Möglichkeiten der Entscheidung — nur e i n e n Weg zum Leben, zur ewigen Rettung. Ganz unbekümmert kann der Apostel das Wort des AT aus der Sicht der ntst Offenbarung auslegen und verkündigen: **Mein Gerechter wird aus Glauben leben.** Was heißt das? Doch nichts anderes, als daß die wahre, vor Gott geltende Gerechtigkeit allein dem Glaubenden geschenkt und zugerechnet wird. Der Glaube an Jesus Christus ist unsere Gerechtigkeit; wer durch Glauben gerecht geworden ist, erlangt die Verheißung. Wer aber diesen einzig krisenfesten Grund verläßt oder durch Schuld des Unglaubens überhaupt nicht findet, an dem hat Gott keinen Gefallen; er verfällt unerbittlich dem Gericht Gottes und dem ewigen Verderben.

Die Gemeinde Jesu ist die Schar der Menschen, die endgültig ihre Entscheidung für Christus getroffen haben. Hatte der Apostel in Vers 23 die Gläubigen zum Festhalten am Bekenntnis der Hoffnung aufgefordert, zum öffentlichen Zeugnis ihres Glaubens vor der Welt, so legt er hier noch einmal ein persönliches Bekenntnis zur Hoffnung der Gemeinde vor den Gläubigen ab, zur Stärkung und Bestätigung ihres Glaubens. **Wir aber gehören nicht zu denen, die zurückweichen, um zugrunde zu gehen, sondern zu denen, die glauben und die Seele retten.** Wieder schließt er sich mit den Empfängern seines Briefes zusammen und versichert ihnen noch einmal: Wer im Glauben lebt, ist sich seines Weges und Zieles ganz gewiß.

Zusammenfassung

Wenden wir uns zunächst der äußeren Gestaltung unseres Textabschnittes Hbr 10, 19—39 zu, fällt uns sogleich die Parallelität zu Hbr 5, 11 — 6, 20 in Aufbau und Gedankenführung auf. Dreifach gliedert der Apostel jedesmal seine Aussage — in Tadel, Warnung und Ermunterung.

Der Tadel:

„Ihr seid schwerhörig geworden, ihr **solltet längst Lehrer sein . . .**" 5, 11 f.

„**Verlaßt nicht die Versammlung,** wie etliche zu tun pflegen . . ." 10, 25.

Die Warnung:

„Es ist unmöglich, die . . . die dann doch **abgefallen** sind . . ." 6, 6.

„Denn wenn wir **vorsätzlich sündigen** . . ." 10, 26.

Die Ermunterung:

„Gott ist nicht ungerecht . . ., daß ihr durch geduldiges Ausharren die **Verheißungen** erbt . . ." 6, 10. 12.

„Geduld ist euch not . . . noch eine ganz, ganz kurze Zeit, **so wird kommen, der kommen soll** . . ." 10, 36 f.

Damit stoßen wir auf die inhaltliche Übereinstimmung beider Abschnitte: Es handelt sich um zwei breit angelegte Ermahnungen, in die der Verfasser jeweils seine theologischen Aussagen einmünden läßt. Der Apostel möchte nicht nur seinen Brief als Ganzes als ein „Wort der Ermahnung" verstanden wissen (Hbr 13, 22); was er den Gemeindegliedern dringend ans Herz legt, „einander zu ermahnen" (Hbr 10, 25), das tut er selbst in unserem Abschnitt ganz konkret. Dabei möchte er ihr Augenmerk in eine dreifache Blickrichtung lenken, sie sollen in ihrem Bewußtsein Vergangenheit, Gegenwart und Zukunft ihres Christenlebens zugleich umfassen. Er erinnert die Gläubigen an die Vergangenheit, in der sie die „Feuertaufe des Leidens" erduldet haben; er fordert sie auf, in der Gegenwart den verborgenen Umgang mit Gott im Gebet zu pflegen, an der Gemeinschaft untereinander festzuhalten und das Zeugnis gegenüber der Welt auszurichten, und er richtet ihren Blick hoffnungsvoll auf die Zukunft, auf den Tag, an dem die Wiederkunft Jesu dem natürlichen Ablauf der Weltgeschichte ein Ende setzen wird.

In der Mitte seiner Ausführungen steht die eindringliche Warnung, das einmal empfangene Heil nie mehr preiszugeben. Fraglos geht es dabei um einen ernsten Tatbestand; der Apostel zeigt einen „Grenzfall" im geistlichen Leben auf, der als gefahrvolle Möglichkeit immer am Rande unseres Glaubensweges lauert. Nun ist unverkennbar, daß durch diese apostolische Warnung immer wieder Christen mit einem besonders empfindsamen, ängstlichen Gewissen in große Beunruhigung und Traurigkeit über sich selbst geraten sind, daß sich ihnen die bange Frage aufdrängte: Bin ich nicht schon längst vom Glauben abgefallen? Stehe ich überhaupt noch unter der Gnade Gottes? Nicht nur seelisch Kranke, etwa Menschen, die unter Gemütsdruck leiden, werden von dieser Frage überfallen, auch leiblich und seelisch Gesunden kann die Frage zu einer inneren Not werden. Was können wir in den Linien apostolischer Seelsorge darauf antworten?

Wenn wir unseren Abschnitt genau ansehen, dann entdecken wir mit unabweisbarer Klarheit: Das eine will der Apostel gerade nicht — er will die Gläubigen nicht entmutigen. Natürlich dürfen wir die Gefahren für unser geistliches Leben nie verharmlosen. Wir dürfen mit dem Versucher unserer Seele nie spielen! Der Teufel sucht immer nach Möglichkeiten, um uns zu Fall zu bringen (1 Pt 5, 8). Aber das mahnende Wort des Verfassers richtet sich doch offenbar an sehr selbstsichere Menschen, an Christen, die es mit ihrem Gehorsam nicht so genau nehmen, die so etwas wie ein „Gummi-Gewissen" haben, die in der Gefahr stehen, sich auf den Lorbeeren früher durchstandener Leiden auszuruhen. Unser Text macht uns deutlich, daß der Glaubensweg eines jeden Menschen — ohne Ausnahme — gefährdet ist; niemand darf sich in falscher Sicherheit wiegen; wir sind erst am Ziel „daheim bei dem Herrn". Je klarer uns aber die Gefahr vor Augen steht, um so bewußter werden wir die Nähe des Herrn suchen!

Ein zweites wollen wir uns vergegenwärtigen: Das Mahnwort Hbr 10, 26—31 steht zwischen zwei Sätzen (V. 25 und V. 37), die auf die Wiederkunft Jesu hinweisen; sie bilden gewissermaßen das Hauptthema. Der Apostel will die Empfänger seines Schreibens durch den Hinweis auf die Gefahr nicht in Bedrängnis führen, er will ihnen vielmehr zeigen, daß wir einem geschichtlichen Ereignis entgegengehen, um dessentwillen es sich lohnt, allen Gefahren standzuhalten, alle Müdigkeit zu überwinden. Jesus Christus wird wiederkommen, und bei ihm wird all unsere Not enden. Über dem Dunkel dieser Zeit strahlt schon der Glanz der Ewigkeit auf. Alles bange Fragen in unserem Herzen darf übertönt werden vom Jubelklang unaussprechlicher Freude über den Sieg Gottes.

Schließlich müssen wir alle Ermahnungen und Warnungen des Apostels im Gesamtzusammenhang des ganzen Briefes lesen; wir dürfen nicht einzelne Worte aus dem Zusammenhang herauslösen. Dann merken wir, daß die ernsten Worte des apostolischen Autors ihm nicht das Wichtigste sind, sie machen weder dem Umfang noch dem Inhalt nach die Hauptsache aus, sie tragen nicht das Gewicht, das wir ihnen vielleicht zumessen. „Die Hauptsache aber ist, wir haben einen solchen Hohenpriester, der sich zur Rechten des Thrones der Majestät in den Himmeln gesetzt hat" (Hbr 8, 1). Jesus, der lebendige Herr, die volle Erlösung, die er uns gebracht hat, und seine immerwährende Fürbitte für uns stehen in der Mitte aller theologischen Aussagen unseres Briefes; sie sollten auch die Mitte unseres geistlichen Lebens sein und dürfen uns mit dem Bewußtsein des Friedens und der Geborgenheit erfüllen. „Er kann völlig erretten, die durch ihn zu Gott kommen" – er wird uns auch völlig erretten! Dafür sollten wir ihm jeden Tag neu danken.

Dritter Teil

Hbr 11, 1 — 12, 29
GLAUBE UND HEILIGUNG DER GEMEINDE

14. Die Zeugen des Glaubens

Hbr 11, 1—31

A. Das Glaubenszeugnis der Urväter

Hbr 11, 1—7

1 **Es ist aber der Glaube die Vergewisserung** (Zuversicht) **dessen,**
was man erhofft, und ein inneres Überführtsein von Dingen
2 (Wirklichkeiten), **die man nicht sieht. * Denn durch ihn haben die**
3 **Alten das** (gute) **Zeugnis erlangt. * Durch den Glauben erkennen**
wir, daß die Welten durch Gottes Wort ins Dasein gerufen worden
sind, so daß aus dem Unsichtbaren das Sichtbare entstanden ist.
4 *** Durch den Glauben hat Abel Gott ein besseres Opfer als Kain**
dargebracht; durch ihn empfing er das Zeugnis, daß er gerecht sei,
da Gott das Zeugnis über seinen Opfergaben ablegte; und durch
5 **ihn redet er noch, obwohl er gestorben ist. * Durch den Glauben**
wurde Henoch entrückt, damit er den Tod nicht sehen sollte, und
er wurde nicht gefunden, weil Gott ihn entrückt hatte. Denn vor
der Entrückung hat er das Zeugnis empfangen, daß er Gott wohl-
6 **gefallen habe. * Ohne Glauben aber ist es unmöglich,** (ihm) **wohl-**
zugefallen; denn wer sich Gott nahen will, muß glauben, daß er ist
7 **und denen, die ihn suchen, ein Vergelter sein wird. * Durch den**
Glauben empfing Noah eine göttliche Weisung über Geschehnisse,
die noch nicht zu sehen waren; in Gottesfurcht erbaute er eine
Arche zur Rettung seines Hauses; durch ihn (den Glauben) **ver-**
urteilte er die Welt und wurde ein Erbe der Gerechtigkeit auf Grund
des Glaubens.

Zu Vers 1:
2 Ko 9, 4
2 Ko 11, 17
Hbr 1, 3
3, 14
Rö 8, 24—25
2 Ko 4, 18
2 Ko 5, 7

Zu Vers 2:
Apg 6, 3
Apg 16, 2
Hbr 11, 39
Rö 8, 16

Zu Vers 3:
1 Mo 1
Ps 33, 6. 9
Rö 1, 20
Rö 4, 17

Zu Vers 4:
1 Mo 4, 3—8
Mt 23, 35
Lk 11, 51
Hbr 12, 24

Zu Vers 5:
1 Mo 5, 22—24
Jud 14—15

Zu Vers 6:
Rö 10, 14
Rö 14, 23
Hbr 7, 25
2 Mo 3, 14
Jo 8, 58
1 Mo 15, 1
Mt 5, 12
Hbr 10, 35

Nachdem uns der Apostel in einzigartiger Weise die Größe der Person Jesu und die Erhabenheit seines hohenpriesterlichen Werkes vor Augen gestellt hat, spricht er nun von dem, was als Frucht der Erlösung im Leben der Gemeinde sichtbar werden soll. Glaube und Heiligung als Antwort des Menschen, der von der Person und dem Werk Jesu erfaßt worden ist, sind das Thema des dritten Teiles seines Briefes. Ohne einen Gedankensprung leitet er von der zweiten großen Ermahnung zu dem neuen Thema über. Er hatte den hoff-

Zu Vers 7:
1 Mo 6, 8—9. 13—22
1 Mo 7, 1
Mt 24, 37—39
1 Pt 3, 20
2 Pt 2, 5
Ps 37, 29
Rö 3, 22. 24
Rö 4, 13

nungsvollen Ausblick der Gemeinde auf die Wiederkunft Jesu mit dem Bekenntnis geschlossen: „Wir aber gehören nicht zu denen, die zurückweichen, um zugrunde zu gehen, sondern zu denen, die g l a u - b e n und die Seele retten." Diesen Gedanken greift er auf und beantwortet zunächst die Frage, was das Wesen ntst Glaubens eigentlich ist. **Es ist aber der Glaube die Vergewisserung dessen, was man erhofft, und ein inneres Überführtsein von Dingen, die man nicht sieht.** Mit diesem Satz gibt uns der Apostel eine rein gedankliche, theoretische Klarstellung dessen, was er unter Glauben versteht. Es ist die
1 einzige Definition des Glaubensbegriffes, die wir in der Bibel finden. Aber es ist nun eben bezeichnend für den Verfasser, daß er diesen Satz nicht weiter ausführt; er schließt nicht eine eingehende Begriffserklärung an. Vielmehr begründet er die Richtigkeit seiner theologischen Aussage dadurch, daß er auf die Heilige Schrift zurückgreift; aus der Fülle atst Beispiele wählt er einige aus, um am Leben einzelner Menschen deutlich zu machen, was Glaube ist. Damit will er den Gliedern der Gemeinde sagen: Gewiß können und sollen wir uns Gedanken darüber machen, was Glaube im biblischen Sinne bedeutet. Eine solche gedankliche Klärung und Formulierung kann hilfreich sein, aber wir haben damit noch nicht das Geheimnis des Glaubens erfaßt. Der dänische Philosoph Sören Kierkegaard hat treffend gesagt: „Wenn man auch dazu imstande wäre, den ganzen Glaubensinhalt in die Form des Begriffs umzusetzen, so folgt daraus nicht, daß man den Glauben begriffen hat, begriffen, wie man in ihn hineinkommt oder wie er in einen hineinkommt[373]." Wenn wir wissen wollen, was Glaube ist, dann müssen wir vielmehr das Leben der Menschen ansehen, denen Gott begegnet ist, das Leben Noahs, Abrahams, Moses und so vieler anderer, deren Zeugnis unauslöschlich in die Offenbarung der Heiligen Schrift eingegangen ist — und wir müssen uns der Wirklichkeit Gottes öffnen, wie sie es taten!

Mit Vers 1 gibt der Apostel dem 11. Kapitel des Briefes gewissermaßen die Überschrift. Er fragt nach dem, was den Menschen des Glaubens, die er in langer Reihe an seinem geistigen Auge vorbeiziehen läßt, gemeinsam in ihrer Begegnung mit Gott war. Was sind die Grundelemente des Glaubens, die sich bei diesen Menschen aufweisen lassen[374]? Der Glaube ist das unerschütterliche Vertrauen

[373] S. Kierkegaard, Gesammelte Werke, Kopenhagen 1901, III, 59.

[374] Noch heute lesenswert sind die Ausführungen über Hbr 11, 1 von A. Tholuck, Ausgewählte Predigten, 1888, S. 247 ff; seine Leitgedanken sind:

1. Der Glaube, von dem die Schrift spricht, hat es nicht mit dem zu tun, was die Sinne wahrnehmen, sondern mit dem, was über alle sinnliche Wahrnehmung des Menschen hinausgeht.
2. Es ist nicht ein Meinen, das sich über Nacht ändern kann, sondern vielmehr eine Gewißheit, für die der Gläubige auch das Leben einzusetzen imstande ist.

darauf, daß Gott alle seine Zusagen und Verheißungen einmal einlösen wird[375]. Zugleich ist der Glaube das innere Überführtsein, der uns durch den Heiligen Geist geschenkte Beweis für die Wirklichkeit der Welt Gottes[376]. Der Apostel Johannes sagt, daß uns mit dem Glauben ein neues Erkenntnisvermögen geschenkt worden ist: „Wir wissen aber, daß der Sohn Gottes gekommen ist und hat uns einen Sinn gegeben, daß wir erkennen den Wahrhaftigen" (1 Jo 5, 20). In Hbr 11, 1 wird hervorgehoben, daß der glaubende Mensch Gewißheit, einen neuen Blick für die unsichtbare Wirklichkeit Gottes geschenkt bekommen hat. Gerade das, was für das natürliche Denkvermögen des unerlösten Menschen widerspruchsvoll, ja unmöglich erscheint, vollzieht sich im Leben des Gläubigen: „Wir schauen nicht auf das Sichtbare, sondern auf das Unsichtbare" (2 Ko 4, 18). Im Glauben wird uns tatsächlich eine ganz neue Welt erschlossen; wir erhalten Zugang zur Herrlichkeit Gottes. Gerade das, was für den natürlichen Menschen unfaßlich ist, solange er noch außerhalb des Lebens mit Gott steht, wird für die Gläubigen zur höchsten Realität. Die ewige Welt Gottes wird uns in ganz anderer Weise wirklich als alles, was uns in dieser gegenständlichen Welt gegeben ist[377].

Zwei Begebenheiten aus dem AT können uns das veranschaulichen. Als Abrahams Magd Hagar mit ihrem Sohn Ismael von Abraham vertrieben wurde (1 Mo 21, 12 ff), irrte sie in der Wüste umher und war mit ihrem Sohn dem Tode nahe. In ihrer ausweglosen Lage griff Gott ein. „Und Gott öffnete ihr die Augen, daß sie einen Wasserquell sah. Da ging sie hin, füllte den Schlauch mit Wasser und gab dem Knaben zu trinken" (1 Mo 21, 19). Wichtig an dieser Begebenheit ist die Tatsache, daß nicht berichtet wird, Gott habe in jenem Augenblick einen Wasserquell geschaffen; vielmehr heißt es „Gott tat ihr die Augen auf", so daß dieser Frau der Blick für eine Wirklichkeit geöffnet wurde, die ihr bisher verborgen war. Ähnlich ergeht es dem Diener des Propheten Elisa, als die feindlichen Heere Dothan eingeschlossen hatten (2 Kö 6, 8 ff). Als der Diener ratlos

3. Er ist nicht ein Wissen, das Beweise aufbauen und Beweise wieder umstürzen können, sondern eine Überzeugung, die auf dem Leben des Menschen selber beruht.
4. Er ist nicht ein fauler Gedanke, der nicht weiter dringt als bis auf die Lippen, sondern eine überschwengliche Kraft, die das ganze Leben regiert.

[375] grie *hypóstasis elpizoménon*, wörtlich „festes Vertrauen auf Gehofftes".

[376] Das grie Wort *élengchos* bedeutet hier nicht wie an anderen Stellen des NT „Zurechtweisung", sondern „Beweis, Überführung".

[377] J. Schneider, S. 104: „Dem Glauben ist die Fähigkeit eigen, sich der nicht gegenständlichen Welt auf eine besondere Weise zu bemächtigen. Es werden unsichtbare Dinge als Wirklichkeit erkannt und anerkannt. Der Glaube trägt also in sich eine Gewißheit, die über alle Erfahrungsgewißheit hinausgeht."

zum Propheten kommt und ihn fragt: „Wehe, Herr, was wollen wir nun machen?", antwortet Elisa: „Fürchte dich nicht, denn derer, die bei uns sind, sind mehr als derer, die bei ihnen sind." Und Elisa betete: „O Herr, öffne ihm doch die Augen, daß er sieht!" Und Gott öffnete dem Diener die Augen, und er sah: da war der Berg rings um Elisa her voll feuriger Rosse und Wagen (2 Kö 6, 16–17). Auch hier wird nicht berichtet, daß Gott erst in jenem Augenblick seine himmlischen Heere gesandt habe. Diese himmlischen Mächte hatten längst den Propheten umringt, aber sie waren den Augen des Dieners verborgen. Es bedarf einer besonderen Öffnung des Blickes, damit auch der Diener diese Wirklichkeit schauen kann, die seinem Herrn, dem Propheten, längst offenbar war. So bedeutet Glaube, daß uns in der persönlichen Hinwendung zu Gott die Realität der
2 unsichtbaren Welt erschlossen wird. Auf diese Weise wird der Glaube zum Weg, auf dem wir die Erfahrung der Wirklichkeit Gottes machen; es ist ein sich Hineinstellen in das Tun Gottes. Gott bezeugt sich nur den Glaubenden, und zwar durchaus nicht immer in sinnenfälliger Weise, sondern oft gegen unsere natürliche Erkenntnis, in unserem Herzen und Gewissen. Der Heilige Geist schenkt uns eine innere Gottesgewißheit (vgl. Rö 8, 16), die allen scheinbar widersprechenden äußeren Erfahrungen überlegen ist (vgl. V. 39). Dieses Zeugnis des Heiligen Geistes, das der gläubigen Gemeinde geschenkt ist, haben auch die Väter des Glaubens empfangen. Gott hat sich zu den Vätern und ihrem Glauben bekannt und ihnen sein „Zeugnis" ausgestellt im Wort der Heiligen Schrift.

3 Der Glaube ist nicht nur eine innere Erfahrung der Gegenwart Gottes. Der Glaube gibt auch Einsicht in verstandesmäßig nicht aufhellbares Geschehen. Das betont der Apostel mit den Worten: **Durch den Glauben erkennen wir, daß die Welten durch Gottes Wort ins Dasein gerufen worden sind, so daß aus dem Unsichtbaren das Sichtbare entstanden ist.** Niemand war bei der Schöpfung der Welt zugegen. Über das Werden des Kosmos und den Anfang unseres Erdballes hat Gott für unsere menschliche Erkenntnis den Schleier des Geheimnisses gelegt, den Menschen wohl nie lüften werden. Wenn der Apostel uns in diesem Zusammenhang auf das erste Blatt der Bibel verweist, so kann uns daran deutlich werden, daß es sich im Schöpfungsbericht der Bibel nicht um alte Sagen oder längst überholte mythologische Vorstellungen handelt, sondern um zuverlässige Offenbarung Gottes, die allerdings nur dem Glauben zugänglich ist. Gerade hier erweist sich der Glaube als „sechster Sinn" (vgl. 1 Jo 5, 20). Dem glaubenden Menschen ist eine Erkenntnis der Wirklichkeit geschenkt, die dem ungläubigen Menschen immer verschlossen bleiben wird. So erhärtet also Vers 3 die Aussage, die der Apostel

am Beginn dieses Abschnittes gemacht hatte, daß der Glaube „ein inneres Überführtsein von Dingen ist, die man nicht sieht[378]".

Durch den Glauben hat Abel Gott ein besseres Opfer als Kain 4
dargebracht. Schon mit dem ersten Beispiel der atst Zeugen des Glaubens zeigt der Apostel, daß der Glaube an Jesus Christus uns ein ganz neues Verständnis für die Aussagen des AT schenkt. Der atst Bericht 1 Mo 4, 3–5 legt die Frage nahe: Woher wissen Kain und Abel vom Opfer? Jedes Opfer, von dem die Bibel erzählt, stellt den Versuch des Menschen dar, die Sünde zu überwinden und die Gemeinschaft mit Gott wiederzugewinnen. Auch hinter den Worten 1 Mo 3, 21 steht die Erkenntnis, daß ein unschuldiges Tier an Stelle der schuldigen Menschen sterben muß, um ihnen die irdische Existenz zu ermöglichen: „Und Gott der Herr machte dem Menschen und seinem Weibe Röcke von Fell und legte sie ihnen um." Die Geschichte der ersten Menschen ist schon unlösbar verbunden mit der Tatsache des Opfers. Kain und Abel bringen beide Opfer dar; aber Abel bringt das „bessere, größere" Opfer[379]. Abels Opfer ist dem Opfer des Kain überlegen; in ähnlicher Weise ist auch der Dienst Jesu dem Dienst des Mose überlegen, ebenso der Neue Bund dem Alten Bund (Hbr 3, 3 und 8, 6).

Immer wieder sind die Ausleger der Heiligen Schrift der Frage nachgegangen, aus welchem Grunde Kains Opfer zurückgewiesen wurde. Der hebr Text legt nahe, in 1 Mo 4, 7 die Begründung zu suchen: „Wenn du recht handelst, so kannst du dein Angesicht frei erheben; wenn du aber nicht recht handelst, so lauert die Sünde vor der Tür." Das entspricht auch der Botschaft der Propheten im AT; nicht der Inhalt oder die Form der Opfer sind vor Gott wesentlich, sondern ob die Opfer sichtbarer Ausdruck eines demütigen und gehorsamen Herzens sind. LXX setzt in ihrem Verständnis des Textes voraus, daß es ein ritueller Grund gewesen sei, warum Kains Opfer nicht angenehm war: „Hast du nicht gesündigt, wenn du recht opferst, aber nicht richtig geteilt hast[380]?" Der jüdische Philosoph

[378] H. Reuter: „Sinnlos ist der Streit um die Schöpfungsfrage, denn jeder muß sie für seine Person durch Entscheidung beantworten. Wer sich für den Glauben an den Schöpfer Gott entscheidet, wird in der Schöpfung überall das Wunderwerk Gottes mit sehenden Augen erkennen, und er wird sich wundern, daß andere Menschen die Hand Gottes nicht erkennen können. Wer sich gegen den Glauben an den Schöpfer Gott entscheidet, wird am Verstande dessen zweifeln, der Wesen und Dinge zu sehen vorgibt, von denen er nichts zu erkennen vermag" (Hebräerbrief, vervielfältigtes Manuskript, S. 313).

[379] Grie *pleiona* vgl. Mt 6, 25; 12, 41–42.

[380] 1 Mo 4, 7 LXX wird wörtlich im 1. Clemensbrief 4, 4 angeführt. Vgl. Die Apostolischen Väter, Hrsg. J. A. Fischer, 1956, S. 29, Anm. 27: „Kains Opfer scheint dem LXX-Text zufolge korrekt gewesen zu sein in der Form der Darbringung, doch nicht in der Auswahl der Opfergaben."

Philo sah den Grund für Annahme oder Verwerfung des Opfers allein in der Opfergabe selbst: „Abels Opfergabe war lebendig, Kains war leblos. Jene war überragender an Stärke und Üppigkeit, Kains war schwächer (wertloser).“ Ähnlich hat der jüdische Geschichtsschreiber Josephus diese Stelle verstanden[381].

Während im atst Bericht der Unterschied der beiden Opfer nicht mit letzter Klarheit begründet wird, entschlüsselt der Apostel hier dieses Geheimnis. Abels Glaube hat sein Opfer vor Gott angenehm gemacht. Hier liegt die entscheidende Aussage: Abel hat im Glauben gelebt, darum hat Gott sein Opfer angenommen. **Durch den Glauben empfing er das Zeugnis, daß er gerecht sei, da Gott das Zeugnis über seinen Opfergaben ablegte.** Im atst Bericht wird uns nur gesagt, daß „der Herr wohlgefällig auf Abel und sein Opfer sah, auf Kain aber und sein Opfer sah er nicht“. Ob das auch nach außen in Erscheinung trat, wird uns nicht berichtet[382]. Auf jeden Fall wußten beide, wie Gott über ihr Opfer dachte. Die Annahme des Opfers, das Abel brachte, war Gottes Zeugnis über seinen Glauben. Die Glaubensgerechtigkeit, die Gottes Wort Abraham zuspricht (1 Mo 15, 6), hat auch Abel bereits empfangen. Frucht seines Glaubens ist, daß sein Blut heute noch redet; der Zeuge des Glaubens **redet noch, obwohl er gestorben ist.** „Abels Blut redet“ (Hbr 12, 24), das Blut der Glaubenszeugen ist fortwirkendes Geschehen. Das gilt nicht nur für die Blutzeugen des Alten Bundes (Mt 23, 35), sondern in unüberbietbarer Weise auch für das Blut Jesu Christi. Die furchtbare Übernahme der Schuld am Tode Jesu durch Israel Mt 27, 25 „sein Blut komme über uns und unsere Kinder“ bleibt wirksam bis zur Wiederkunft Jesu in Herrlichkeit und der Wiederannahme des alten Gottesvolkes. Aber auch das Blut der Märtyrer der Gemeinde Jesu (Offb 6, 9–11) erhält besondere Bedeutung für die Erfüllung des Heilsplanes Gottes und wird bei der großen Endabrechnung Gottes mit seinen Feinden als Ankläger und Zeuge gegen sie auftreten (Offb 17, 6; 18, 24). Es ist ein gewichtiges Zeugnis, das Gottes Wort den Zeugen des Glaubens ausstellt, daß *ihr Leben und Sterben* sich über ihren Tod hinaus in ferne Generationen auswirkt. Auch die Gemeinde Jesu braucht zu allen Zeiten solche Menschen in ihren eigenen Reihen, die über ihren Tod hinaus ein beredtes Zeugnis des Glaubens sind. Zu ihnen gehört auch jene Frau, die Jesus vor seinem Sterbensweg salbte, und von der Jesus sagte: „Wo immer in der

[381] Einzelheiten bei F. F. Bruce, S. 283 ff.

[382] M. Luther, S. 166 f: „Hieronymus gibt die Antwort, daß die Übersetzung Theodotions es deutlich mache, welche sagt: ‚Und es entflammte Gott über Abel‘ usw. So sagt auch Chrysostomus zu unserer Stelle: ‚es heißt, ein Feuer sei aufgestiegen und habe sein Opfer verzehrt‘ ...“

Welt dieses Evangelium gepredigt wird, da wird auch das, was sie
getan hat, zu ihrem Gedächtnis erzählt werden" (Mt 26, 13).

Fortlaufend legt der Apostel das AT aus der Sicht des NT aus. 5
**Durch den Glauben wurde Henoch entrückt, damit er den Tod nicht
sehen sollte, und er wurde nicht gefunden, weil Gott ihn entrückt
hatte.** Zweimal wird im Bericht von Henoch 1 Mo 5, 21–24 gesagt:
„Henoch wandelte mit Gott." Hier erklärt der Apostel, was das be-
deutet: Henoch lebte im Glauben, und dieser Glaube war die Vor-
aussetzung seiner Entrückung. Daran wird uns wieder deutlich,
daß es sich beim Glauben nicht um einen menschlichen Denkakt
handelt, um ein gedankliches Fürwahrhalten irgendwelcher biblischer
Aussagen oder theologischer Lehrsätze; *glauben heißt, mit
Gott leben*. Auf diesem Leben mit Gott ruht seinn Wohlgefallen.
**Denn vor der Entrückung hat er das Zeugnis empfangen, daß er Gott
wohlgefallen habe.** Im NT wird uns außerdem bezeugt, daß Henoch
von Gott zum Zeugen und Verkündiger seiner richterlichen Gerech-
tigkeit berufen wurde (Jud 14–15). Glaube und Zeugnis des Henoch
vor seiner Entrückung werden auf diese Weise zum Hinweis auf die
entscheidenden Voraussetzungen für die Entrückung der Gemeinde.
Nur Menschen, die im Glauben mit Gott leben und den Zeugendienst
auf Erden für ihn treu ausrichten, werden an der Entrückung teil-
haben. Daß Gottes Wohlgefallen auf dem Glauben des Menschen,
auf seinem beharrlichen Festhalten an den Verheißungen Gottes
ruht, betont der Apostel noch einmal ausdrücklich: **Ohne Glauben** 6
**aber ist es unmöglich, ihm wohlzugefallen; denn wer sich Gott na-
hen will, muß glauben, daß er ist und denen, die ihn suchen, ein
Vergelter sein wird.** Hier handelt es sich nicht um einen dogmatischen
Zwang, der uns aufgenötigt wird, sondern um eine Ordnung und
Regel, die Gott gesetzt hat. Der Glaube an Gott, so wie er uns am
Beispiel der Glaubenszeugen des AT aufgewiesen wird, ist von Gott
verordnete Voraussetzung für den, der das Heil erlangen will. Wie
die Zeugen des AT, so sind auch die Glieder der ntst Gemeinde an
den Glauben gebunden. Die Erklärung des Glaubensbegriffes von
Vers 1 wird wieder aufgenommen; die Existenz Gottes gehört zu den
unsichtbaren himmlischen Dingen, die unserer Vernunftserkenntnis
nicht zugänglich sind. Immer wieder spricht das NT von der Unsicht-
barkeit Gottes (vgl. Kol 1, 15–16); Gottes Ewigkeit und seine Un-
sichtbarkeit in dieser Welt sind unlösbar miteinander verbunden, „er
wohnt in einem unzugänglichen Lichte" (1 Tim 1, 17; 6, 16), und doch
kann ein Mensch in der Begegnung mit Jesus Christus die Wirklich-
keit des unsichtbaren Gottes so erfahren, als sei er sichtbar gegen-
wärtig (Jo 1, 18; Hbr 11, 27). Ist die Unsichtbarkeit Gottes einerseits
die unausgesprochene Voraussetzung für den Glauben, so ist anderer-

seits der Glaube doch mehr als nur ein gedanklicher Vorgang, in dem ein Mensch die Unsichtbarkeit Gottes anerkennt; unser Glaube ist vielmehr Ausdruck einer totalen Lebensgemeinschaft mit Gott, die alle Bezirke unseres Lebens umgreift. Glaube ist der Schritt zu Gott hin, durch den wir ihm nahen, und ist unlösbar an die Person unseres Herrn Jesus Christus gebunden (Jo 14, 1. 6; Hbr 7, 25). Wer durch Christus in die Gemeinschaft mit Gott gefunden hat, wer mit Gott lebt, ist auch erfüllt von der tiefen Hoffnung auf ein letztes Gericht Gottes, in dem der verborgene Gott und seine verborgene Gerechtigkeit offenbar werden. Gott wird der „Vergelter" sein. Die Wiederkunft Jesu zur endgültigen Erlösung seiner Gemeinde wird zugleich das Gericht über die Feinde Gottes bringen[383].

7 Mit unüberbietbarer Klarheit spricht der Apostel aus, daß das Leben der Gotteszeugen, von denen die biblische Urgeschichte berichtet, durch ihren Glauben gekennzeichnet ist. Auch Noah gehörte zu diesen Männern des Glaubens. Ebenso wie von Henoch sagt die Bibel auch von ihm: „Noah wandelte mit Gott" (1 Mo 6, 9); das heißt im ntst Sinne: Noah stand in einer echten Glaubensbeziehung zu dem lebendigen Gott. Noah empfing eine Offenbarung Gottes[384]; sein Glaube bewährte sich darin, daß er diese Offenbarung Gottes ohne Zweifel und Widerspruch annahm; er handelte gemäß der empfangenen Offenbarung. Im Glauben wurde ihm der Blick in die Zukunft geöffnet; zugleich aber nahm er Gottes Gerichtsandrohung ganz ernst. Aus Ehrfurcht vor Gott und aus Furcht vor der kommenden Katastrophe begann Noah mit dem Bau der Arche. Gott hatte es ihm befohlen, Noah gehorchte. Glaube und Gehorsam gehören zusammen und sind Voraussetzung dafür, „Gnade vor dem Herrn zu finden" (1 Mo 6, 8), sie sind die e i n z i g e Voraussetzung zum Heil, und wirken sich in einem Gott wohlgefälligen Leben aus. Damit begegnet uns schon im Leben der atst Zeugen eine Tatsache, die gerade auch für die Glaubenserfahrung jedes Christen wichtig ist: Es gibt keinen Glauben ohne praktischen Gehorsam gegen das Wort Gottes. Der Apostel Paulus weiß sich geradezu von Gott gesandt, durch seine Verkündigung des Evangeliums Menschen zum „Gehorsam des Glaubens" aufzurufen (Rö 1, 5; 15, 18; 16, 26)[385]. Wie Abel durch sein Opfer, so richtet Noah durch den Bau der Arche ein Zeichen des Glaubens auf, das für den Unglauben sichtbar wird. Noahs Glaube und sein Gehorsam gegen Gottes Wort bedeuten das Urteil über die von Gott abgefallene ungläubige Menschheit und erwirken ihm die Gerechtigkeit vor Gott. „Gehorsam gegen Gott löst von der Welt,

[383] Vgl. Mt 25, 10—12; 1 Pt 1, 3. Siehe auch die Auslegung zu Hbr 10, 35.
[384] Grie *chrämatizesthai* „eine göttliche Weisung erhalten" vgl. Mt 2, 12. 22; Hbr 8, 5.
[385] Vgl. Apg 6, 7; 2 Ko 10, 5; 1 Pt 1, 22; Hbr 11, 8; siehe dazu W. Stb. Rö S. 33.

ist geradezu Gericht über die Welt[386]." So wird der Gehorsam des Glaubens zu einem Zeugnis für die Umwelt, er wird Verkündigung; Noah wird durch seinen Gehorsam zum „Prediger der Gerechtigkeit" (2 Pt 2, 5).

Gott gestaltet die Geschichte durch Menschen des Glaubens. Dafür ist dem Apostel die biblische Urgeschichte ein beredter Hinweis. Schon im Leben der atst Glaubenszeugen zeichnen sich die Linien ab, die für die Gemeinde wichtig sind. Abel bewährt seinen Glauben im Martyrium, Noah geht durch Bedrängnis inmitten einer ungläubigen Welt. Aber sie werden von Gottes Hand gehalten. Der Gott der Väter ist auch der Gott der Gemeinde. Darum sollen die Gläubigen in der Bedrängnis standhalten, in der Gewißheit, daß Gott auch ihr Zeugnis benutzen wird, um die Heilsgeschichte zu seinem Ziel zu führen.

B. Der Glaubensweg der Erzväter

Hbr 11, 8—22

I. Abraham

Hbr 11, 8—19

8 **Durch den Glauben gehorchte Abraham, als er berufen wurde,**
an einen Ort auszuziehen, den er zum Erbe empfangen sollte,
9 **und er zog aus, ohne zu wissen, wohin er kommen werde. * Durch**
den Glauben siedelte er sich als Fremdling im Lande der Verhei-
ßung wie in einem fremden an und wohnte in Zelten mit Isaak
10 **und Jakob, den Miterben der gleichen Verheißung, * denn er**
wartete auf die Stadt, die feste Fundamente hat, deren Erbauer
11 **und Schöpfer Gott ist. * Durch den Glauben empfing auch Sara**
selbst Kraft, Nachkommenschaft zu erhalten entgegen der Zeit
des Alters, da sie den für treu erachtete, der die Verheißung ge-
12 **geben hatte. * Daher sind auch von einem, und zwar einem Er-**
storbenen, Nachkommen entsprossen wie die Sterne des Him-
mels an Zahl und wie der Sand am Ufer des Meeres, der unzähl-
13 **bar ist. * Im Glauben sind diese alle gestorben, ohne die Verhei-**
ßungen erlangt zu haben, aber sie sahen sie von ferne und
grüßten sie und bekannten, daß sie Fremde und durchreisende
14 **Gäste auf der Erde seien. * Denn die solches sagen, geben zu er-**

Zu Vers 8:
1 Mo 12, 1. 4
Rö 4, 16
Zu Vers 9:
1 Mo 12, 5—9
1 Mo 23, 4
1 Mo 26, 3
1 Mo 35, 12
1 Mo 47, 9
1 Pt 2, 11
Hbr 6, 12. 17
Zu Vers 10:
Hbr 9, 11. 24
12, 22
13, 14
Gal 4, 26
Offb 21,
2. 14. 18—20
Zu Vers 11:
1 Mo 17, 19

[386] O. Michel, S. 256.

1 Mo 18, 10
1 Mo 21, 1–7
Lk 1, 45
Rö 4, 19–20
1 Ko 10, 13
Hbr 10, 23
Zu Vers 12:
1 Mo 15, 5
1 Mo 22, 17
1 Mo 32, 13
2 Mo 32, 13
Da 3, 36 LXX
Zu Vers 13:
1 Mo 49, 18
Mt 13, 17
Jo 8, 56
Hbr 11, 39
1 Mo 23, 4
1 Mo 47, 9
1 Chro 29, 15
Ps 39, 13
2 Ko 5, 6
Eph 2, 19
1 Pt 1, 1
1 Pt 2, 11
Hbr 13, 13–14
Zu Vers 14:
Jo 14, 2–3
2 Ko 5, 1 ff
Zu Vers 16:
Hbr 7, 19
2, 11
2 Mo 3, 6
Mt 22, 32
Mk 12, 26
Lk 20, 37
Offb 21, 2
Zu Vers 17:
1 Mo 22, 1–18
Jak 2, 21
Jo 1, 14. 18
Jo 3, 16. 18
1 Jo 4, 9
Zu Vers 18:
1 Mo 21, 12
Rö 9, 7
Zu Vers 19:
Rö 4, 17
1 Ko 15, 26

15 kennen, daß sie ein Vaterland suchen. * Und wenn sie an jenes
gedacht hätten, aus dem sie ausgezogen waren, so hätten sie Zeit
16 gehabt, umzukehren. * Jetzt aber begehren sie ein besseres, das
heißt ein himmlisches. Deshalb schämt sich Gott ihrer nicht, ihr
Gott genannt zu werden; denn er hat ihnen eine Stadt bereitet.
17 * Durch den Glauben hat Abraham den Isaak (als Opfer) **dar-**
gebracht, als er versucht wurde, und er brachte den einzigen
18 (Sohn) **dar, er, der die Verheißungen empfangen hatte, * zu dem**
gesagt worden war: „Nach Isaak soll dir Nachkommenschaft ge-
19 nannt werden"; * er rechnete damit, daß Gott mächtig sei, auch
von den Toten zu erwecken. Daher erhielt er ihn auch als ein
Gleichnis zurück.

Die ganze Vielfalt ntst Glaubenserfahrungen weist der Apostel schon im Leben Abrahams nach. Abraham ist der „Vater der Gläubigen" (Rö 4, 16). Was Glaube heißt, lernen wir an seinem Leben, sein Glaube ist vorbildlich für den Glauben der ntst Gemeinde. Mit wenigen Worten läßt der Apostel noch einmal die Geschichte der Erzväter lebendig vor unseren Augen erstehen[387]. Gottes Ruf holt Abraham aus seiner bisherigen Umwelt heraus. „Gott sprach" – wie das geschah, wird uns nicht gesagt. Aber Abraham weiß, daß es der lebendige Gott ist, der zu ihm spricht, und er weiß auch, daß er, Abraham, persönlich von Gott gemeint ist. Gott gibt ihm Auftrag und Verheißung. Er löst ihn aus allen bisherigen Lebensbindungen heraus, um ihn in eine ganz neue Wirklichkeit, die Wirklichkeit der Glaubensgemeinschaft mit Gott, hineinwachsen zu lassen. Abraham gehorcht wortlos! Im Gehorsam gegen die Verheißung geht Abraham aus seiner Heimat, ohne das Ziel zu kennen. Abrahams *Glaube ist Gehorsam gegenüber dem Wort Gottes*. Er besitzt nichts anderes als die Verheißung Gottes und tut etwas, was außerhalb der Gottesgemeinschaft völlig widersinnig wäre. Mit Recht kann Kierkegaard sagen: „Im Glauben wanderte Abraham aus dem Lande der Väter und wurde ein Fremdling im Lande der Verheißung. Eins ließ er zurück, doch eins nahm er mit sich: seinen irdischen Verstand ließ er zurück, und den Glauben nahm er mit; sonst wäre er wohl nicht ausgewandert, sondern hätte gedacht: das ist ja Wahnwitz[388]." Abraham verläßt sich unterwegs auf die Führung durch Gott, auf seine unsichtbare Wirklichkeit, die für das natürliche Denken des Menschen einer Wahnvorstellung gleichkommt. Gerade die Berufung Abrahams in ihrer heilsgeschichtlichen Einmalig-

[387] Wir verweisen auf die Auslegung der Geschichte Abrahams in dem Buch von Johannes Busch, Ausländer auf Befehl, Wuppertal 1953².

[388] Sören Kierkegaard, Ges. Werke III, S. 59 f.

keit als Vorbild für das souveräne Handeln Gottes im Leben der Gläubigen, und Abrahams Antwort in Gehorsam und Vertrauen, hat die Ausleger der Heiligen Schrift immer stark bewegt. Als ein Beispiel dafür lassen wir die Worte Luthers folgen: „Eben das ist die Herrlichkeit des Glaubens: nicht wissen, wohin du gehst, was du tust, was du leidest, alles, Gefühl und Verstand, Können und Wollen gefangen geben und der bloßen Stimme Gottes folgen, also mehr sich führen und treiben lassen, denn selber treiben. Und so mag sichtbar sein, daß Abraham mit diesem Glaubensgehorsam das höchste Vorbild eines evangelischen Lebens gegeben hat, da er alles hinter sich gelassen hat, allein dem Herrn gefolgt ist, das Wort Gottes allem vorgezogen, über alles geliebt hat, freiwillig ein Fremdling und jede Stunde Gefahren auf Leben und Tod unterworfen[389]."

Als Abraham in das Land der Verheißung kommt, findet er es 9
bereits besiedelt vor, die Kanaaniter wohnen dort (1 Mo 12, 6). Er läßt sich nicht in ihren Städten nieder; er baut auch selber keine Stadt. Er wohnt zwischen ihren Städten in Zelten. S e i n G l a u b e m a c h t i h n a u f E r d e n z u m F r e m d l i n g u n d P i l g e r. Nicht nur im Herzen weiß er sich gelöst von der Welt und gebunden an seinen Gott, er bringt seinen Glauben auch äußerlich sichtbar zum Ausdruck. Seine Fremdlingschaft tritt nach außen zutage: das Zelt ist die Wohnung des Nomaden und Reisenden. Abraham wohnt im Land der Verheißung als Fremdling; das aber gerade trägt ihm die erneute Verheißung Gottes ein. „Da erschien der Herr dem Abram und sprach zu ihm: Deinen Nachkommen will ich dieses Land geben" (1 Mo 12, 7). Seine Fremdlingschaft im Glauben wird zugleich zu einem überwältigenden Zeugnis für die Umwelt. Die Heiden bekennen: „Du bist ein Gottesmann mitten unter uns" (1 Mo 23, 6). Das gleiche widerfährt später Isaak; Gott spricht zu ihm: „Weile als Fremdling in diesem Lande, ich will mit dir sein und will dich segnen" (1 Mo 26, 3). Und seine heidnischen Nachbarn können nicht umhin, ihm das Zeugnis auszustellen: „Wir sehen nun in der Tat, daß der Herr mit dir ist" (1 Mo 26, 28). Aber dieses Zeugnis ist nur möglich, weil die Väter des Glaubens in einer bewußten Distanz zu ihrer Umwelt bleiben. „Der Einzug in das gelobte Land bringt keinen Abschluß, kein Ende der Probezeit, kein Aufhören der Versuchung. Im Gegenteil, die neue Situation verlangt neuen Glauben und neuen Gehorsam. Das Leben der Patriarchen steht also äußerlich im Widerspruch zur empfangenen Verheißung. Auch ihr Glaube ist auf die Unsichtbarkeit und die zukünftige Welt eingestellt[390]." Die Gemeinde Jesu übernimmt das geistliche Erbe der Väter des Alten Bundes. Auch sie

[389] M. Luther, S. 173.
[390] O. Michel, S. 260.

kann sich in dieser Welt nicht häuslich niederlassen; es bleibt in ihr
allezeit das Bewußtsein lebendig, Fremdkörper in dieser Welt zu
sein: „Wir haben hier keine bleibende Stadt, sondern die zukünftige
10 suchen wir" (Hbr 13, 14 vgl. 2 Ko 6, 10)[391]. Auf die kommende Herr-
lichkeit Gottes, die „zukünftige Stadt", die das Ziel der Gemeinde
Jesu ist, hat bereits Abraham gewartet. Der Apostel weist auf himm-
lische Wirklichkeiten hin, die uns in Offb 21 und 22 unter dem Bild
des himmlischen Jerusalem in Einzelheiten erläutert werden. Zugleich
macht er eine Aussage, die von der ntst Erkenntnis aus bei weitem
die Offenbarung des AT überschreitet: Abraham hat bereits um das
himmlische Jerusalem gewußt; er hat mit Bestimmtheit erwartet,
daran Anteil zu haben, und er hat die Endoffenbarung der Herrlich-
keit Gottes herbeigesehnt. Wie Abraham um das Kommen Jesu ge-
wußt hat (Jo 8, 56), so hat er auch mit der Vollendung der Herrlich-
keit Gottes auf Erden gerechnet. Sein Glaube rechnet mit
der konkreten Verwirklichung der Herrlichkeit
Gottes. Abraham hat die kommende Stadt Gottes erwartet[392],
wir haben im Glauben bereits unmittelbaren Anteil an Got-
tes Stadt (Hbr 12, 22); die sichtbare Vollendung steht aber auch
für die Gemeinde Jesu noch aus. Gott selbst ist Bildner und Bauherr
dieser zukünftigen Stadt. Sie ist nach Gottes Plan entworfen und
geht aus seiner Schöpferhand hervor; sie ist wunderbare Schöpfung
Gottes, die nicht mit Händen gemacht ist (vgl. Hbr 9, 11. 24). Die
„Zelte", die Wohnungen des wandernden Gottesvolkes im Alten
und im Neuen Bund (vgl. 2 Ko 5, 1) haben kein Fundament; sie sind
auf Abbruch gebaut. Die kommende Stadt Gottes aber hat ein
Fundament, Gott selber garantiert ihren ewigen Bestand.
11 **Durch den Glauben empfing auch Sara Kraft, Nachkommenschaft
zu erhalten, entgegen der Zeit des Alters, da sie den für treu erach-
tete, der die Verheißung gegeben hatte.** Dieser Vers bereitet einmal
textlich Schwierigkeiten; wir könnten ihn nach einigen Handschriften
des NT auch übersetzen: „Durch den Glauben empfing er (Abra-
ham) auch mit der Sara, obwohl sie unfruchtbar war, selbst
Kraft, Nachkommenschaft zu erzeugen, entgegen der Zeit des Alters."
Diese Lesart entspräche sachlich dem atst Bericht. Doch die Mehrzahl
der Textzeugen liest „Sara" als Subjekt des Satzes. Damit stehen
wir vor der Frage, was der Apostel mit seiner Aussage gemeint ha-
ben könnte. Sara ist im AT gerade kein Beispiel des Glaubens.
1 Mo 18, 12 berichtet: Sara lachte, als sie die göttliche Verheißung
hörte. Der Tadel Gottes macht deutlich, daß es ein ungläubiges Lachen

[391] Vgl. Esth 3, 8.

[392] Ebenso hat auch schon der Prophet Hesekiel die heilige Stadt Gottes schauen dürfen; vgl. die Schilderung Hes 40, 1—2; 47, 1—7. 12 mit Offb 21, 1—2; 22, 1—2.

war. Trotzdem gebar sie Isaak. Ihr Lachen nach Isaaks Geburt war zweifellos anderer Art: „Ein Lachen hat mir Gott bereitet" (1 Mo 21, 6); hier ist es das Staunen über ein unbeschreibliches Wunder. Dennoch sagt der Apostel, daß ihr Glaube der Empfängnis Isaaks vorausging. Damit tritt eine Grundlinie hervor, die unser ganzes Kapitel durchzieht: Er kann mit seinem geistlichen Blick den Glauben dort erkennen, wo andere Menschen gar nichts wahrnehmen[393]. Und noch einen weiteren Gesichtspunkt müssen wir bedenken: Die Schwierigkeiten des Textes lösen sich auf, wenn wir Abrahams Ehe mit Sara im ursprünglich schöpfungsmäßigen Sinne als die totale Einheit zweier Menschen nach Leib, Seele und Geist verstehen. Was von Sara ausgesagt wird, gilt in gleicher Weise von Abraham. Im Glauben empfingen Abraham und Sara die Kraft zur Nachkommenschaft, obwohl dies menschlich unmöglich war (vgl. Rö 4, 18—21). Ihr Glaube bindet sich allein an die Verheißung und Treue Gottes, nicht an die irdischen Möglichkeiten. Sie „empfangen Kraft" (grie *dýnamis*) durch das wunderbare Eingreifen Gottes, das die Ordnung des natürlichen Daseins aufhebt (vgl. Lk 1, 35; Hbr 1, 3; 7, 16). Die Glaubenserfahrung Abrahams und Saras berührt sich mit der Glaubenserkenntnis, die der Apostel in Hbr 11, 3 ausgesprochen hat: Gott schafft aus dem Nichts, aus dem Tod das Leben (Rö 4, 17). Das Geheimnis aber bleibt bestehen, daß Gott sein Heilshandeln an den Glauben gebunden hat. Erst der Glaube ermöglicht die Wirksamkeit Gottes[394]. Gott antwortet auf den Glauben des Menschen, der „ihn für treu erachtet", der an dem Wortlaut seiner Verheißungen festhält, auf die Weise, daß er alle seine Zusagen erfüllt, auch dann, wenn diese
Erfüllung erst in ferner Zukunft liegt. Schon der Wortlaut der atst 12
Verheißung an Abraham macht ja deutlich, daß es sich um ein Versprechen handelt, das erst jenseits der irdischen Lebensmöglichkeit Abrahams seine Erfüllung finden kann. Abraham hat nur den einen Nachkommen erlebt, die geschichtliche Erfüllung dieser Verheißung hat sich über den ganzen Alten Bund erstreckt und wird ihre Enderfüllung erst mit dem Abschluß des Neuen Bundes, mit der Vollendung der Gemeinde finden. Denn der Apostel weiß, daß dieser „Same Abrahams" gegenwärtig in der Gemeinde des Christus Gestalt gewinnt[395].

Diese alle, die Urväter und die Erzväter, **sind im Glauben gestorben.** Die Erfüllung der Verheißung — der Empfang der Ruhe Gottes, 13

[393] Vgl. F. F. Bruce, S. 299 f.

[394] Vgl. Mk 6, 5—6: „Er konnte allda nicht eine einzige Tat tun; ... er verwunderte sich ihres Unglaubens." par. Mt 13, 58; vgl. Mk 9, 24.

[395] Vgl. Gal 3, 6—7; Hbr 2, 11—16; Offb 7, 9.

die verheißene Erlösung, der Anbruch der Herrlichkeit Gottes auf Erden – ist ihnen während ihrer irdischen Lebenszeit nicht zuteil geworden; dennoch rechnen sie fest mit der Zuverlässigkeit des göttlichen Wortes. Ihr G l a u b e e r w e i s t s i c h i n z u v e r s i c h t l i c h e r G e d u l d, i n u n b e i r r b a r e r, k o n s e q u e n t e r L e b e n s h a l t u n g. Sie leben als „Fremde und durchreisende Gäste" auf Erden. Wie die Gemeinde Jesu die Verheißungen des wandernden Gottesvolkes des Alten Bundes übernommen hat, so auch seine Fremdlingsschaft. Die natürlich-menschliche und die geistliche Seinsweise schließen sich notwendig gegenseitig aus: Wer mit seiner ganzen Existenz in dieser irdischen Welt verwurzelt ist, dem bleibt die Welt Gottes fremd. Wer aber das Bürgerrecht in der Stadt Gottes erlangt (Eph 2, 19; Phil 3, 20), wer mit den Wurzeln seiner Existenz in der Ewigkeit Gottes haftet, der hat kein Heimatrecht mehr in dieser Welt (1 Pt 1, 1; 2, 11; Hbr 13, 13–14). Der
G l a u b e i s t W a n d e r s c h a f t n a c h d e r h i m m l i s c h e n
14 H e i m a t, die besser als die irdische ist. Die Erzväter suchen nicht
das, was sie verloren haben; sie streben vielmehr nach der Heimat,
von der sie durch Gottes Offenbarung Kenntnis erlangt haben und
15 die sie um jeden Preis gewinnen wollen. Für ihren Glauben gibt es
kein Zurück mehr. Ihr persönliches Verhalten im alltäglichen Leben,
ihr unbeirrbares Wandern auf das Ziel Gottes zu, bestätigt ihren
16 Glauben. Sie wissen, daß Gott für die ewige Zukunft seiner Kinder
vorgesorgt hat; „er hat ihnen eine Stadt bereitet". Gott schämt sich seiner sündhaften, fehlbaren Kinder nicht, er geht vielmehr die Gemeinschaft mit ihnen ein und bekennt sich zu ihnen, weil sie sich im Glauben ganz ihm ausgeliefert haben. Die Erzväter haben sich durch ihren Glauben zu Gott bekannt (V. 13), deshalb bekennt sich Gott zu ihrem Glauben. Wie Gott sich nicht schämt, der „Gott der Väter" genannt zu werden (2 Mo 3, 6), ebenso schämt sich auch Christus nicht, die Glieder seiner Gemeinde „seine Brüder" zu nennen (Hbr 2, 11).

17 Aller Glaube muß durch die Bewährung hindurch, durch Anfechtung und Versuchungen. Auch in dieser Beziehung richtet Gott im Leben des Abraham ein Zeichen auf, das für alle Zeiten gültig ist. Die schwerste Glaubensprobe steht nicht am Anfang seines Weges, sondern sie trifft den im Glaubensgehorsam gereiften Zeugen des Herrn. Gott fordert seinen Knecht auf, das ihm gegebene Versprechen wieder in seine Hand zurückzulegen. Dadurch gerät Abraham in eine Anfechtung, deren Mächtigkeit und Tiefe auch für die Gläubigen des Neuen Bundes unvorstellbar ist. „Wir sollten die Versuchung Abrahams nicht allzu nahe mit den Schwierigkeiten unseres Glaubenslebens verknüpfen, so gewiß sie uns zum Trost und zur

Belehrung aufgeschrieben ist. Wir müssen bedenken, daß es sich, wie Luther sagt, um eine wahrhaft patriarchalische Anfechtung handelt, wie sie so nur der Erzvater der Gläubigen bestehen konnte. Es geht ja hier um viel mehr als um Persönliches und wäre es das Werteste und Liebste. Es geht wirklich um das Ganze der göttlichen Verheißung, um die ganze Hoffnung, um das ganze Heil der Welt, das Abraham in Isaak versprochen war[396]." Gott begegnet Abraham hier in seiner unergründlichen Verborgenheit. Doch Abraham widerstrebt ihm nicht; in der Stunde der Versuchung ist er auch zum letzten Opfer bereit. Er spricht mit niemandem über die ungeheuerliche Forderung Gottes, sondern geht in völliger Einsamkeit den Weg des Glaubens. Aber sein Glaube klammert sich an den Gott der Verheißung, der auch über den stärksten Feind Herr wird. Abraham weiß, daß der Gott der Verheißung Sieger auch über den Tod ist. „Entgegen aller Hoff-
nung hat er auf Hoffnung geglaubt" (Rö 4, 17—18). Mit seiner Ein- 18
willigung in die Opferung Isaaks gibt er die Verheißung Gottes
preis. Aber Abraham rechnet mit der Wirklichkeit der Auferstehung 19
und der Überwindung des Todes (1 Ko 15, 26). Sein Glaube wird vorbildlich für die Gemeinde des Neuen Bundes. So wird die Opferung Isaaks auf Morija zu einem „geheimnisvollen Sinnbild" (grie *paraboláe*) für den Tod und die Auferstehung Jesu, für jenes heilige Geschehen, in dem der himmlische Vater seinen einzigen geliebten Sohn als Opfer für die Sünden einer verlorenen Welt dahingab[397].

II. Isaak, Jakob und Joseph

Hbr 11, 20—22

20 **Durch den Glauben segnete Isaak den Jakob und den Esau sogar**
21 **im Blick auf die zukünftigen Ereignisse. * Durch den Glauben**
segnete Jakob sterbend jeden der Söhne Josephs, und er betete

Zu Vers 20: 1 Mo 27, 28—40

[396] Wilhelm Vischer, Das Christuszeugnis des Alten Testaments, München, 1935², S. 176.

[397] a. a. O. S. 176 f: „Und sehen wir denn nicht, wie über diesem Opfergang das Dunkel des Karfreitags liegt und wie die finstre Wolke umsäumt ist von dem Glanz der Ostersonne? So wie die Erzählungen von der Erwartung und Geburt Isaaks, wenn das Licht des Evangeliums hinter sie gestellt wird, zu Weihnachtstransparenten werden, so werden die Worte dieses Kapitels durchsichtig: ‚... Nimm deinen Sohn, den Eingeborenen, den du lieb hast ... Morija ... erhöhe ihn dort als Opfer auf einem der Berge ... Nach dreien Tagen ... er sprach zu seinen Knechten: bleibt ihr hier mit dem Esel ... er legte die Hölzer zur Darhöhung seinem Sohne auf ... mein Vater! ... mein Sohn!' Können wir das alles lesen ..., ohne daß wir wie durch ein Fenster in die Ferne blicken und den Eingeborenen, den der Vater lieb hat, vom Ölberg über Gethsemane den Passionsweg gehen sehen als das Lamm, das der Welt Sünde trägt?"

Zu Vers 21:
1 Mo 47, 29–31
1 Mo 48, 1–20
Zu Vers 22:
1 Mo 50, 24–25

22 **an** (neigte sich) **über der Spitze seines Stabes. * Durch den Glau-
ben gedachte Joseph, als er starb, des Auszuges der Söhne Israels
und traf Anordnungen über seine Gebeine.**

Schritt für Schritt öffnet uns der Apostel den Blick für die geist-
lichen Zusammenhänge des atst Geschehens, die nur aus der Sicht des
NT recht geschaut werden können. Die Bibel weiß davon, daß die
20 letzten Worte eines gläubigen Menschen, der unmittelbar an der
Schwelle der Ewigkeit steht, von besonderer Bedeutung sind (1 Mo 49; 5 Mo 33; Jos 24; 2 Sam 23, 1–5). Darum haben die Jünger Jesu auch die Abschiedsreden ihres Herrn und seine Worte am Kreuz mit besonderer Treue und Sorgfalt überliefert, wie uns auch das letzte Wort des Stephanus berichtet wird (Apg 7, 58–59). Im Segenswort der sterbenden Erzväter geht die Verheißung Gottes weiter von Generation zu Generation und begleitet die Geschichte des Glaubens in Israel bis auf jenen Tag, an dem mit dem Kommen Jesu Christi in diese Welt die Herrlichkeit Gottes anbricht.

Selbst im Sterben noch haben die Erzväter Isaak, Jakob und Joseph Zeugnis von ihrem Glauben abgelegt und mit der Erfüllung der göttlichen Verheißung gerechnet[398]. Isaaks Glaube fügt sich in Gottes Plan ein. Auch durch die persönliche Schuld der glaubenden Menschen hindurch wirkt Gott in einer verborgenen Weise zum Heil der Menschen. An Isaak wird für alle Zeiten deutlich, daß der Segen der Väter und ihr Gebet wirksames Geschehen sind.

21 Jakobs Glaube gibt den Segen weiter. Der Stab ist das Zeichen
seiner Wanderschaft. Die Spitze des Stabes, der ihm hier auf Erden
gedient hat, zeigt jetzt nach oben, weist auf das Ziel seiner Wander-
22 schaft. Der Glaube Josephs rechnet – auch nachdem bereits Generationen seit der ersten Verheißung verflossen sind – fest mit der Erfüllung der Verheißung Gottes (1 Mo 50, 24). Sein Glaube ist „die feste Zuversicht des Erhofften" (V. 1). Selbst als Sterbender, ja über seinen Tod hinaus, bleibt Joseph unter dem Zeichen der Wanderschaft. Er weiß, daß er auch in dem Lande, in dem er stirbt, keine bleibende Stadt hat.

[398] A. Schlatter, S. 403: „Der Segen, den die Väter über ihre Söhne sprachen, ist darum in besonderer Weise eine Äußerung ihres Glaubens, weil sie hier über das, was ihnen verheißen ist, verfügen, als wäre es ihr gegenwärtiger Besitz. Sie rechnen das zu ihrer Habe, die sie ihren Söhnen hinterlassen können, nicht nur in Wünschen, sondern mit machtvoll segnendem Wort. So fest eigneten sie sich die Gaben Gottes an; sie waren ihrer gewiß."
Vgl. auch W. Loew, S. 94: „Die Überwindung des Todes ahnend, gibt von den Vätern einer nach dem andern sterbend die Hoffnung weiter, deren Erfüllung ihm nicht zuteil geworden ist; sie bezeugen damit, daß die Grenze des Todes im Glauben keine Grenze mehr ist."

C. Moses Glaubensvollmacht

Hbr 11, 23—29

23 **Durch den Glauben wurde Mose nach seiner Geburt drei Monate**
von seinen Eltern verborgen, weil sie sahen, daß es ein schönes
24 **Kind war, und sie fürchteten den Befehl des Königs nicht. * Durch**
den Glauben weigerte Mose sich, als er groß geworden war, ein
25 **Sohn der Tochter Pharaos zu heißen; * er erwählte lieber, zu-**
sammen mit dem Volk Gottes schlecht behandelt zu werden als
26 **einen zeitweiligen Genuß der Sünde zu haben. * Er achtete die**
Schmach des Christus für einen größeren Reichtum als die Schätze
27 **Ägyptens; denn er sah auf die Vergeltung. * Durch den Glauben**
verließ er Ägypten, ohne den Zorn des Königs zu fürchten; denn
den Unsichtbaren vor Augen, als sähe er ihn, blieb er standhaft.
28 *** Durch den Glauben hat er das Passah durchgeführt und die Be-**
streichung (der Türpfosten) **mit Blut, damit nicht der Verderber**
29 **ihre Erstgeburt anrühre. * Durch den Glauben zogen sie durch das**
Rote Meer wie durch trockenes Land; als die Ägypter es ver-
suchten, ertranken sie.

Zu Vers 23:
2 Mo 2, 1—2
2 Mo 6, 20
4 Mo 26, 59
Apg 7, 20—34
Apg 5, 29
Zu Vers 24:
2 Mo 2, 11—12
Apg 7, 23
Zu Vers 26:
Ps 69, 10
Ps 89, 51—52
Hbr 10, 34—35
11, 6
13, 13
Zu Vers 27:
2 Mo 2, 15
2 Mo 12, 51
Jo 1, 18
Jo 6, 46
Rö 1, 20
Kol 1, 15
1 Tim 1, 17
1 Tim 6, 16
2 Ko 4, 18
Hbr 11, 1
Zu Vers 28:
2 Mo 12, 1—14
1 Ko 5, 7
Zu Vers 29:
2 Mo 14, 5—31
1 Ko 10, 1—4

Wir können uns in die geistliche Schau des Apostels nur einfühlen,
wenn wir den atst Bericht 2 Mo 2, 1—10 mit den Aussagen in Apg 7,
20—34 vergleichen. Dabei wird uns sofort auffallen, daß das NT in
den Einzelheiten, die es uns über Mose berichtet, über die Aussagen
des AT hinausgeht. Mose wurde „im Glauben" verborgen; seine
Eltern hofften ganz auf Gottes Hilfe und seinen Beistand. Aus dem
gläubigen, vertrauensvollen Umgang mit Gott schöpften sie die
Kraft, an Gottes bewahrender Ordnung festzuhalten und um seinet-
willen Menschensatzungen zu übertreten. In ihrem Verhalten tritt
bereits die göttliche Grundregel zutage, die Petrus vor dem Hohen
Rat in die Worte faßte: „Man muß Gott mehr gehorchen als den
Menschen" (Apg 5, 29). An vielen Stellen der Heiligen Schrift wird **23**
uns deutlich, daß jede staatliche Gewalt nur Autorität beanspruchen
kann, solange sie sich bei der Ausübung ihrer Macht den göttlichen
Grundordnungen unterstellt[399].

Das Fundament seines Glaubenslebens wurde bei Mose schon in frühester Kindheit gelegt. Die ersten Eindrücke, die er von seinen gottesfürchtigen Eltern empfing, wurden bestimmend für sein ganzes Leben. Auch eine jahrzehntelange Erziehung im Geiste heidnischer Kultur konnte den Keim göttlichen Lebens in ihm nicht ersticken. Mose macht im Glauben keine Zugeständnisse an die Sünde:

[399] Vgl. Rö 13, 1—7 mit Offb 13, 1 ff.

24 Die Anerkennung der Adoption wäre Verleugnung und Loslösung vom Volk Gottes, also auch Absage an den „Gott der Väter" und damit Sünde im umfassendsten Sinne gewesen[400]. Er lehnt die ägyptische Adoption ab und tritt auf die Seite seines Volkes. Sein
25 Glaube ist ein Bekenntnis zum Volk Gottes. Mose lebt kompromißlos, auch wenn seine Auflehnung gegen die gottfremde Herrschaft aussichtslos erscheint. Er wählt den Weg aus der Fülle in die Armut. Weil die Schätze der zukünftigen Welt größer sind als irdischer Reichtum, darum zieht Mose den Leidensweg mit
26 dem Volke Gottes vor. Ohne daß sich Mose der heilsgeschichtlichen Bedeutung seines Handelns bewußt ist, richtet Gott auf heimliche Weise in seinem Leben ein Zeichen für alle Zeiten auf. Sein Weg fort vom ägyptischen Hof, hin zum verachteten Volk Gottes, wird vorbildlich für jeden, der den Weg des Glaubens in der Gemeinde Jesu gehen will. Der Weg der Nachfolge steht unter dem Zeichen des Kreuzes. Es ist nicht der Weg der Masse, nicht ein Weg des Triumphes und der Herrlichkeit, sondern ein Weg, der uns als einzelne aus der Masse heraustreten läßt, den wir streckenweise ganz allein und einsam gehen müssen, ein Weg der Verachtung und der Schmach (vgl. Hbr 13, 13). Was sich in Israel schattenhaft abzeichnet, kommt in der Gemeinde Jesu Christi zur vollen Ausgestaltung. Aber zum Glauben gehört auch das Wissen um die kommende Endabrechnung Gottes (Hbr 10, 35; 11, 6). Auf dem irdischen Weg der Gemeinde soll den Gläubigen bewußt werden: Nicht die Lösung der Machtfrage steht im Vordergrund! Zunächst geht es um die Klärung unseres Verhältnisses zu Gott, um die Lösung der Schuldfrage! Gott selber hat es sich vorbehalten, am Ende aller Kreuzeswege der Gemeinde seine Macht und Herrlichkeit zu offenbaren. Alle Not, alle Anfechtung und alle Spannungen lassen sich nur in dieser Gewißheit tragen.

27 Die Flucht aus Ägypten, das Passah und der Durchzug durch das Rote Meer sind Ereignisse, die aus Glaubensentscheidungen erwachsen. Glaube und Gehorsam sind die einzigen Voraussetzungen dafür, daß Gott durch Menschen seinen Heilsplan zum Ziele führen kann. Was Mose am Vorbild seiner gläubigen Eltern gelernt hat, wird in seinem eigenen Glaubensleben wirksam: Der Gehorsam gegen Gott macht frei von Menschenfurcht. **Durch den Glauben verließ er Ägypten, ohne den Zorn des Königs zu fürchten.** Denken wir an den Bericht 2 Mo 2, 14—15: „Da fürchtete sich Mose; denn er dachte: wahrhaftig, die Sache ist ruchbar geworden. Auch der Pharao hörte von der Sache, und er trachtete danach, Mose zu töten", so scheinen die

[400] In Hes 18, 24 werden Sünde und Treulosigkeit gegenüber Gott einander gleichgestellt.

Worte des Apostels mehr auf den Aufbruch Israels als auf die Flucht des Mose aus Ägypten hinzudeuten. In diesem Falle wären die Ereignisse nicht in der zeitlichen Reihenfolge geordnet. Mag der Apostel nun an die Flucht des Mose oder den Auszug Israels aus Ägypten denken, in jedem Falle handelt es sich um eine Glaubensentscheidung, die vorbildlich für den Schritt eines Menschen in die Nachfolge wird, in der er als Glied der Gemeinde wie Mose ganz darauf angewiesen ist, sich an den unsichtbaren Herrn zu halten. Martin Luther hat dazu gesagt: „Das nämlich ist des Glaubens Eigenschaft: sehen, was keiner sieht, und nicht sehen, was jeder sieht" (vgl. 2 Ko 4, 18). Das Leben des Mose wird ein sprechender Beweis für die Richtigkeit der theologischen Aussage, die der Apostel als Überschrift über diese Reihe der Glaubenszeugen gestellt hat. Der Glaube ist das innere Überführtsein von der unsichtbaren Wirklichkeit und Gegenwart Gottes. Damit wird aber auch eine Tatsache deutlich gemacht, die für alle Verkündigung und Seelsorge in der Gemeinde von unübersehbarer Bedeutung ist: Die Unsichtbarkeit Gottes hemmt oder hindert in keiner Weise die Gewißheit des Glaubens!

Die Teilhabe an dem rettenden Opfer des Passahlammes erfolgte 28
ebenfalls auf Grund einer Glaubensentscheidung. Das Blut war das Zeichen, das die Glieder des Volkes Gottes vor dem Verderber, vor der Gerichtskatastrophe, rettete. Das Passahmahl, bei dem das Opferlamm verzehrt wurde, ließ die Gemeinschaft der Geretteten sichtbar werden. Der gehorsame Vollzug des Passahopfers wird zum Hinweis auf den ntst Heilsglauben, der das Passahopfer des Neuen Bundes (1 Ko 5, 7) für sich persönlich in Anspruch nimmt und damit die Voraussetzung zur Teilnahme an der Mahlgemeinschaft der
gläubigen Gemeinde gewinnt[401]. Auch der Durchzug durch das Rote 29
Meer ist ein Glaubensschritt; dem Durchzug Israels durch das Rote Meer entspricht in der Heilsgemeinde des Neuen Bundes die Taufe der Gläubigen (1 Ko 10, 1—2)[402]. Der Durchzug durch das Rote Meer stand am Anfang der Wüstenwanderung. Hier wurde die Grenze zwischen dem Land der Knechtschaft und der Wüste sichtbar. Der Zug durch das Rote Meer bedeutet die Trennung vom Land der Knechtschaft, die endgültige Absage an die Vergangenheit, den Abbruch aller Brücken zum Land der Sünde. Er erfolgte nur einmal und in einer Richtung und stellte Israel in die unlösbare Schicksalsgemeinschaft mit Mose. Hier wurden sie „auf Mose getauft". Für die ntst Gemeinde bedeutet die Taufe der Gläubigen in parallelem Sinne die öffentliche Absage an das Leben unter der Herrschaft der Sünde, den Abbruch aller Brücken zur Vergangenheit. Vor aller Welt soll sicht-

[401] Vgl. F. Laubach, Das Abendmahl, 1957, S. 23 f.
[402] Vgl. K. Heim, Die Gemeinde des Auferstandenen, 1949, S. 101 ff.

bar werden, daß wir in die unauflösliche Gemeinschaft mit Christus eingetreten sind. Über dem Durchzug Israels durch das Rote Meer liegt Gottes allmächtige, segnende Hand; er bringt sein Volk sicher ans rettende Ufer. Nur der Glaube erlebt Wunder, während der Unglaube an seinen eigenen Wagnissen zugrunde geht.

D. Die wirksame Kraft des Glaubens in Jericho

Hbr 11, 30–31

Zu Vers 30:
Jos 6, 1–20
Zu Vers 31:
Jos 2, 1–21
Jos 6, 17. 22–25
Mt 1, 5
Jak 2, 25

30 Durch den Glauben fielen die Mauern Jerichos, nachdem sie sie-
31 ben Tage lang umkreist worden waren. * Durch den Glauben
kam die Dirne Rahab nicht mit den Ungehorsamen um, weil sie
die Kundschafter mit Frieden aufgenommen hatte.

Nicht nur die Wüstenwanderung Israels ist eine Kette von Glaubenserfahrungen; auch die Einnahme des Landes Kanaan steht unter dem Zeichen des Glaubens. Der Glaube als die einzige Möglichkeit und der einzige Weg, um mit Gott zu leben (V. 6), zieht sich wie ein roter Faden durch die ganze Geschichte Israels. Aus der Fülle der atst Beispiele greift der Apostel einige besonders eindrückliche Erleb-
30 nisse heraus. Gott hatte Josua versprochen: „Ich gebe Jericho in deine Hand" (Jos 6, 2). Gott setzte die Erfüllung seines Versprechens aus, damit Israel in der Zwischenzeit ein Zeichen seines Glaubens an Gottes Wort aufrichten konnte. An sechs Tagen sollte Israel die Stadt umschreiten, während die Priester mit der Posaune vorangingen. Am siebten Tage sollte Israel sechsmal unter dem Schall der Posaunen um die Stadt herumziehen und beim siebten Mal das Feldgeschrei erheben. Der praktische Glaubensgehorsam der Israeliten war in den Augen der Feinde ein lächerliches Tun. Aber Gott löste seine Zusagen buchstäblich ein. Die Einnahme Jerichos war Gottes Antwort auf den Glauben seines Volkes – **durch den Glauben fielen die Mauern Jerichos,** – eine Demonstration seiner Macht zur Stärkung ihres Glaubens. Was zur Zeit des Mose galt, was Israel vor Jericho erfuhr, ist auch Grundsatz für allen Glaubenskampf der Kinder Gottes: „Ihr sollt euch nicht fürchten noch zagen vor diesem großen Haufen; denn ihr streitet nicht, sondern Gott[403]."

31 Aber nicht nur Israel, aller Welt soll der Glaubensweg zu Gott eröffnet werden. Die frohe Botschaft, daß Gott die Welt geliebt hat, daß niemand von seinem Heil ausgeschlossen sein soll, leuchtet bereits im Leben der Rahab auf. An ihr soll die Gemeinde erkennen,

[403] 2 Chro 20, 15. 17; vgl. 2 Mo 14, 14.

wie durch den Glauben auch ein tief in Sünde verstrickter Mensch gerettet und in den Heilsplan Gottes hineingenommen wird. Der Apostel faßt den atst Bericht in einem Satz zusammen: **Durch den Glauben kam die Dirne Rahab nicht mit den Ungehorsamen um, weil sie die Kundschafter mit Frieden aufgenommen hatte.** In welcher Weise haben wir Jos 2, 1 ff als Geschichte des Glaubens zu verstehen? Josua (grie *„Jesus"* LXX, vgl. Hbr 4, 8) sendet zwei Kundschafter, Vorboten des göttlichen Gerichtes, in diese Stadt. Diese Boten gehen zu einem Menschen, der von den anderen gemieden ist (vgl. Jo 4, 6–18). Aber die verworfene Frau weiß um das kommende Gericht Gottes über ihre Stadt und hat den Wunsch, gerettet zu werden (Jos 2, 9–12). Sie möchte die volle Gewißheit ihrer Errettung erlangen. Von den Boten erhält sie das Versprechen, daß sie gerettet werden soll, sie empfängt eine mündliche Zusage ihres Heils. Zugleich erhält sie von ihnen das Zeichen ihrer Rettung in der Gestalt der roten Schnur, das sie im Glauben annimmt. Schon die ersten Christen haben in der roten Schnur einen Hinweis auf das Blut Jesu Christi gesehen, das Zeichen und Unterpfand unserer ewigen Errettung ist. So hat der römische Presbyter Clemens in dem sogen. 1. Clemens-Brief 12, 7 von dieser roten Schnur geschrieben: „Etwas Rotes sollte sie zum Hause hinaushängen; damit offenbarten sie (die beiden Männer), daß durch das Blut des Herrn allen, die an Gott glauben und auf ihn hoffen, Erlösung zuteil werden wird." Sie knüpft die rote Schnur an das Fenster. Täglich, wenn sie aus dem Fenster schaut, in jene Richtung, aus der das Gericht Gottes über die Stadt kommen wird, gleitet ihr Blick am Zeichen der Rettung vorbei. Sie lebt weiterhin in ihrem Haus, in einer Stadt, die unter dem Gerichtsurteil Gottes steht. Aber seit der Stunde, in der sie die rote Schnur an das Fenster gebunden hatte, ist sie gerettet, auch wenn die Rettung noch nicht öffentlich zutage getreten ist. So wird auch heute noch ein Mensch in dem Augenblick gerettet, wenn er das Blut Jesu, den Opfertod Christi zur Vergebung seiner Schuld persönlich annimmt. Wer glaubt, ist gerettet. Allerdings wird diese Rettung erst in der Zukunft offenbar werden, bei der Wiederkunft Jesu Christi, dann, wenn der Herr zu Gericht und Gnade in Herrlichkeit erscheinen wird. Darum sagt der Apostel Paulus: „Auf Hoffnung hin sind wir gerettet worden. Eine Hoffnung aber, die man sieht, ist keine Hoffnung; denn was einer sieht, weshalb hofft er es noch? Wenn wir dagegen hoffen, was wir nicht sehen, so warten wir darauf mit Geduld" (Rö 8, 24–25). Das Gericht tritt nicht unmittelbar nach seiner Ankündigung ein – aber es kommt! Als die Bewohner Jerichos bei der Einnahme ihrer Stadt durch das Volk Israel ums Leben kommen, wird die Hure Rahab gerettet. Sie findet Aufnahme in der

Volksgemeinschaft Israels (Jos 6, 22—25); sie gewinnt Bedeutung für die Heilsgeschichte des ntst Gottesvolkes (Mt 1, 5); ihr Name geht in den Stammbaum Jesu ein, und ihr Leben wird ein Beispiel dafür, daß der Glaube unser Leben umwandelt, bis hinein in das praktische Tun.

Zusammenfassung

In einer ungewöhnlichen Vielfalt hat der Apostel an praktischen Beispielen aus dem Leben seinen Lesern die vielen Seiten, wir können auch sagen: die vielen Ausdrucksformen und Erscheinungsweisen lebendigen Glaubens vor Augen gestellt. Dabei beansprucht er in keiner Weise für sich, eine vollständige Aufzählung aller Lebensbeziehungen zu geben, in die uns die Glaubensgemeinschaft mit Christus hineinführen kann. Darum ist es auch an dieser Stelle nicht notwendig, noch einmal alle Aussagen des Verfassers in Hbr 11, 1—31 über den Glauben zu wiederholen. Wir müssen uns vielmehr das seelsorgerliche Anliegen des Apostels bewußt machen: Er will Mut machen zum Glauben! Diese Absicht beeinflußt ihn bei der Auswahl der Beispiele und der Art seiner Berichterstattung:

Einmal will er am Zeugnis des AT veranschaulichen, daß die Männer und Frauen, die er nennt, entsprechend der ihnen geschenkten Offenbarung mit Gott gelebt, ihm vertraut und gehorcht haben. Und diese Offenbarung in der Zeit des AT erreichte ja noch in keiner Weise die unüberbietbare Herrlichkeit, die uns in Jesus Christus geschenkt ist (Hbr 1, 2). Wieviel mehr Grund zum gehorsamen Glauben und liebenden Vertrauen Gott gegenüber haben wir, die Glieder der ntst Gemeinde. Niemand kann also etwa sagen: „Wenn ich Gott so erlebt hätte wie Abraham, oder wenn er sich mir offenbart hätte wie Mose am Sinai, dann wollte ich wohl glauben!" Uns ist mehr geoffenbart als den Zeugen des Alten Bundes: Gott ist uns in Jesus Christus ganz nahe gekommen. Seine Offenbarung im Leben und Wort Jesu und im apostolischen Zeugnis kann nicht mehr überboten werden. Leichter kann uns der Weg zum Glauben nicht gemacht werden. Daß es für manche der atst Glaubenszeugen eine besondere Erlebnis-Unmittelbarkeit gab — z. B. Gottes Reden zu Abraham, die Erscheinung Gottes im brennenden Dornstrauch am Horeb — wie wir sie heute nicht haben können, liegt in Gottes Willen beschlossen und ist durch den Gang der Heilsgeschichte begründet. Gott offenbart sich uns heute im Wort der Heiligen Schrift durch seinen Heiligen Geist, ganz anders, aber ebenso unmittelbar wie den Menschen des AT. Die Männer und Frauen damals haben es gewagt, im Glauben ihren Weg zu gehen — durch alle Anfechtungen hindurch; wir dürfen es ebenso tun.

Zum anderen fällt uns an unserem Abschnitt auf, daß der Autor nur die positiven Seiten der Glaubenszeugen erwähnt. Will er ihre menschlichen Schwächen, ihren Kleinglauben und Ungehorsam verschweigen? Ganz gewiß nicht. Die Empfänger seines Schreibens waren im AT wohl bewandert, ihnen waren die Lebensgeschichten dieser Menschen gut bekannt; eine Art „Schwarz-weiß-Malerei" ist unmöglich. Was will der Apostel seinen Lesern deutlich machen? Ohne die Wahrheit über unsere Sünde — auch wenn sie schmerzt — zu verschweigen, müssen wir lernen, in einer neuen Weise vom Leben des Glaubenden zu reden. Wenn ein Mensch sein Leben Gott anvertraut und Vergebung seiner Schuld empfängt, dann tilgt Gott die Sünde aus. Dann gibt es auch für erneutes Versagen eine zurechtbringende Gnade, dann sieht Gott zuerst auf das, was sein Heiliger Geist im Leben eines solchen Menschen wirkt. Er hält uns nicht ständig unsere Fehler und Schwächen vor, er will vielmehr in uns die Freude über das neue Leben wecken, und wir sollen danken lernen für das, was durch Gottes Handeln an uns über unseren irdischen Weg hinaus für die Ewigkeit bleibt.

15. Sieg und Leiden des Glaubens

Hbr 11, 32—40

32 **Und was soll ich noch sagen? Denn die Zeit würde mir fehlen,**
wenn ich von Gideon, Barak, Simson, Jephtha, David und Samuel
33 **und den Propheten erzählen wollte, * die durch den Glauben**
Königreiche bezwungen, Gerechtigkeit gewirkt, Verheißungen
34 **erlangt, Löwenrachen verstopft haben; * sie haben die Kraft des**
Feuers ausgelöscht, sind der Schärfe des Schwertes entronnen,
aus Schwachheit zu Kraft gekommen, im Kriege stark geworden,
35 **haben Heere fremder** (Völker) **in die Flucht geschlagen. * Frauen**
empfingen ihre Toten durch Auferstehung wieder. Andere aber
haben sich martern lassen und die Freilassung nicht angenom-
36 **men, um eine bessere Auferstehung zu erlangen. * Andere muß-**
ten martervolle Verhöhnung und Geißelung über sich ergehen
37 **lassen, dazu noch Fesseln und Gefängnis. * Sie wurden gesteinigt,**
versucht (durch die Folter erprobt), **zersägt, durchs Schwert ge-**
tötet, gingen in Schafpelzen und Ziegenfellen umher, litten Man-
38 **gel, wurden bedrängt und gequält; * sie, deren die Welt nicht**
wert war, sie irrten in Wüsten umher, in Gebirgen, Höhlen und
39 **Erdlöchern. * Und diese alle, obwohl sie durch den Glauben das**
Zeugnis empfangen haben, haben die Verheißung nicht erlangt,

Zu Vers 32:
Hbr 13, 22
2 Jo 12
3 Jo 13
Ri 4, 6
Ri 6, 11
Ri 11, 1
Ri 13, 24
1 Sam 1, 20
1 Sam 3, 20
Rth 4, 17. 22
1 Sam 16, 13
Apg 3, 24

Zu Vers 33:
Ri 14, 6
1 Sam 17, 34—35
Da 6, 22—23
1 Pt 5, 8—9

Zu Vers 34:
Da 3, 23—25
1 Kö 19, 9—10
Ri 16, 28—30

Rö 4, 20
1 Sam 17, 45. 49
Eph 6, 10–13
2 Mo 14, 14
1 Sam 17, 52
2 Chro 20, 22
Zu Vers 35:
1 Kö 17, 22–23
2 Kö 4, 33–36
2 Makk 6, 18 – 7, 42
Zu Vers 36:
Jer 20, 1–3. 10
Jer 37, 11–21
Jer 38, 1–13
Hbr 12, 3
Zu Vers 37:
2 Chro 24, 19–21
Jer 26, 20–23
Mt 23, 35–37
Jak 5, 10
Zu Vers 38:
Rö 8, 17–18
1 Kö 17, 2–6
1 Kö 18, 4
Zu Vers 39:
Hbr 11, 2. 13
Zu Vers 40:
Offb 6, 9–11
Offb 21, 1–5

40 * weil Gott etwas Besseres für uns zuvor ersehen hat, damit sie nicht ohne uns vollendet würden.

Zunächst hatte der Apostel eine knappe Antwort auf die Frage gegeben: Was bedeutet für die Gemeinde Jesu der Glaube? „Der Glaube ist die Vergewisserung dessen, was man erhofft, und ein inneres Überführtsein von Wirklichkeiten, die man nicht sieht" (Hbr 11, 1). Diese Antwort genügt ihm aber nicht. Es geht nicht nur um eine gedankliche Klarstellung, es geht ihm vielmehr darum, den Gläubigen bewußt zu machen, daß es sich beim Glauben um einen Lebensvollzug handelt. Darum setzt er seine theoretische Erklärung nicht fort, sondern er zeigt am menschlichen Leben die Wirklichkeit des Glaubens auf. Warum läßt er es nicht mit einem Beispiel genug sein? Am Leben Abrahams etwa hat er doch auf viele wichtige Seiten des Glaubens hingewiesen. Warum erinnert er die Gläubigen an die vielen Namen, deren Lebensgeschichte ihnen aus dem AT bekannt ist? Eben weil jeder von ihnen in seiner Weise Glaubenserfahrungen mit dem lebendigen Gott gemacht hat. Das läßt sich auf die ntst Gemeinde übertragen: Im Glaubensleben der Christen gibt es keine Einförmigkeit; jeder erfährt die Begegnung mit Gott in einer ihm eigentümlichen Weise. Bei jedem bezieht Gott das natürliche schöpfungsgemäße Element, Temperament und Charakter, mit in den Glauben ein. Gott geht mit jedem seiner Kinder seinen eigenen Weg und führt sie über Höhen und durch Tiefen zum Ziel seiner Herrlichkeit. Es gibt eine unendliche Mannigfaltigkeit von Glaubenserfahrungen und inneren Führungen Gottes. Gerade deshalb können wir in der Schule der atst Zeugen lernen, was Glauben ist. Die Männer des AT werden zu Vorbildern für den Glauben der ntst Gemeinde; sie sind Zeugen dafür, daß Gott ihren Glauben nie enttäuscht. Über ihrem Leben steht die persönliche Erfahrung des Wortes Jesu „Alle
33 Dinge sind möglich dem, der da glaubt" (Mk 9, 23). **Sie haben durch den Glauben Königreiche bezwungen.** Jeder Sieg, den Israel im Namen seines Gottes errungen hat, ist nicht nur ein Erweis göttlicher Macht über dem Weg seines Volkes, sondern weist schon darauf hin, daß einmal alle Feinde Gottes überwunden sein werden und Gott seine Herrschaft in Vollmacht auf dieser Erde aufrichten wird (1 Ko 15, 25–26). Die Geschichte Israels und der Weg der Gemeinde Jesu sind ein Niederschlag jenes unheimlichen Ringens zwischen der göttlichen und der satanischen Macht, das erst am Ende dieser Weltzeit mit dem Sieg Gottes enden wird. Der Apostel zählt eine Reihe Glaubenserfahrungen auf, die er offenbar in Beziehung zu den Namen setzt, die er vorher genannt hat. **Sie haben Gerechtigkeit gewirkt.** Ganz besonders **Samuel,** der erste Prophet in der Zeit der

Könige, und **David,** der Vorbote des messianischen Königtums, haben „gerecht gehandelt" und damit ein Zeichen der Gerechtigkeit Gottes aufgerichtet. Auch Noah, Hiob und Daniel haben von Gott das Zeugnis der Gerechtigkeit ihres Lebens erhalten (Hes 14, 14. 20). **Sie haben Verheißungen erlangt** – das sehen wir besonders deutlich im Leben der Richter **Barak** und **Gideon** (Ri 4, 14–15; 6, 14; 7, 7). Gottes Verheißungen gelten nicht nur für die zukünftige Welt, sie sind auch der Grund aller Glaubenserfahrungen, die Gottes Volk in dieser Welt macht. **Sie haben die Rachen der Löwen verstopft.** Offenbar sieht der Apostel die Überwindung des Löwen nicht allein im Leben Daniels, sondern auch bei **Simson** (Ri 14, 6) und **David** (1 Sam 17, 34–35) unter dem Wort „durch den Glauben". Wenn er auch den Namen Daniels nicht genannt hat, so enthält diese Aussage doch einen direkten Hinweis auf Da 6. Daniels Treue (Da 6, 4), sein Dienst für Gott (Da 6, 16. 20) und sein ungetrübtes Gottvertrauen (Da 6, 23) sind in seinem Leben unlösbar miteinander verbunden und bilden den Schlüssel für das wunderbare Eingreifen
Gottes zur Errettung seines Lebens. **Sie haben die Kraft des Feuers** 34
ausgelöscht. Hier denkt der Apostel offenbar an das Beispiel der drei Männer im Feuerofen, von denen uns im Buch Daniel berichtet wird, ohne jedoch ihren Namen ausdrücklich zu erwähnen. Gerade an ihrem Leben wird deutlich, daß der lebendige Glaube, der alle feindlichen Mächte überwindet, zu ganzer Hingabe bereit ist. **Sie sind der Schärfe des Schwertes entronnen.** Immer wieder hat Gott seine Knechte aus der äußersten Gefahr des Lebens gerettet, um so ein Zeichen seiner herrlichen Macht aufzurichten. Auch **David** ist auf der Flucht vor Saul keinen Fußbreit vom Weg Gottes abgewichen und hat erlebt, wie der Herr sein Leben in wunderbarer Weise bewahrte. Ähnlich wurde Elia vor dem König Ahab bewahrt (1 Kö 19, 10); das gleiche wird uns vom Apostel Petrus berichtet, den Gott durch seinen Engel aus dem Gefängnis rettete (Apg 12, 11). **Sie sind aus Schwachheit zu Kraft gekommen.** Vorher hatte der Apostel den Namen Simsons genannt. **Simson** ist in der letzten Stunde seines Lebens von Gott mit neuer Kraft ausgerüstet worden, so daß er über seine Feinde Herr werden konnte (Ri 16, 28)[404]. **Sie sind im Kriege stark gewor-**

[404] Carl Heinrich Rieger, Betrachtungen über das NT, Bd. 4, 1857[4], S. 263: „In dieses sonderbaren Mannes Gang ist vieles, das er sich selbst zur Plage tat, das aber doch zum Heil für Gottes Volk ausschlug, wie er denn zuletzt mit seinem freiwillig übernommenen Tod den Philistern mehr Schaden tat, als er ihnen in seinem Leben getan hatte. Er ist ein Muster von denen, deren eigener Herzenszustand vor Gott schwer zu beurteilen ist, und bei denen man mehr auf das sehen muß, was sie doch aus wirklichem Glauben und Verehrung Gottes in seinen Worten und Werken am Volk Gottes Gutes getan haben, und wozu sie Gott gegen seine Feinde gebraucht hat."

den. Der Glaube stärkt im Kampf. Was **David** vor Goliath (1 Sam 17, 49) erlebte, das kann in übertragenem Sinne zur Erfahrung jedes Gläubigen im Neuen Bund werden. Auch wir stehen unablässig im Kampf mit einem unsichtbaren Gegner; es geht nicht um einen Kampf gegen irdische Mächte, sondern gegen Einflüsse aus der Geisterwelt, die uns aus der Gemeinschaft mit dem Herrn hinausdrängen wollen. Es ist für jeden Gläubigen tröstlich zu wissen, daß Gott mit der gleichen Kraft, mit der er seine Knechte im Alten Bund gestärkt hat, auch uns im Glaubenskampf zur Seite steht (Eph 6, 10—13). **Sie haben Heere fremder Völker in die Flucht geschlagen.** Echter Glaubensgehorsam hat oft eine feindliche Übermacht zum Weichen gebracht (vgl. 1 Sam 17, 52). Die vielen Kriege Israels, in denen Gott mit mächtigem Arm eingegriffen hat, sind eine Glaubensstärkung auch für die ntst Gemeinde: so werden auch einmal alle gottfeindlichen Mächte durch Jesus Christus überwunden sein.
35 **Frauen empfingen ihre Toten durch Auferstehung wieder.** Hier wird auf eine Erfahrung hingewiesen, die im Glauben die Überwindung des Todes, Gottes Sieg über den letzten Feind vorausnimmt (1 Ko 15, 26). „Gott läßt sich von seinem eigentlichen Vorhaben nicht abbringen, sondern gibt hier und da in der Geschichte Israels seinen Willen kund, aus dem Tode neues Leben zu schaffen[405]." Lebendiger, biblischer Glaube erlebt immer wieder wunderbare Errettung durch Gott, aber er ist auch stets bereit, sich unter schwere, unverstandene Führungen zu beugen. Die Gedanken des Apostels, die er in diesem Abschnitt festgehalten hat, werden in ihrer Gegensätzlichkeit von Sieg und Leiden zusammengehalten durch den Glauben; aber eben durch den Glauben in der besonderen Weise, wie er etwa im Leben der drei Freunde Daniels vorbildlich zum Ausdruck kommt. Nebukadnezar sagte zu ihnen: „Nun wohl, wenn ihr bereit seid, niederzufallen und das Bild anzubeten, das ich habe machen lassen, so ist es gut; wenn ihr es aber nicht anbetet, so werdet ihr sofort in den brennenden Feuerofen geworfen. Wer ist der Gott, der euch aus meiner Hand erretten könnte?" Sadrach, Mesach und Abed-Nego antworteten und sprachen zu König Nebukadnezar: „O König, wir haben nicht nötig, dir darauf eine Antwort zu geben. Wenn das geschieht, so vermag unser Gott, dem wir dienen, uns aus dem brennenden Feuerofen zu erretten; ja, er wird uns aus deiner Hand erretten, o König. Tut er es aber nicht, so magst du, o König, wissen, daß wir deinen Göttern doch nicht dienen und das goldene Bild, das du errichtet hast,

[405] O. Michel, S. 280.

nicht anbeten werden" (Da 3, 15—18)[406]. Wahrer Glaube, der uns in der unmittelbaren Gemeinschaft mit Gott erhält, ist keine Lebensversicherung. Gottes Plan kann darauf zielen, daß seine Kinder ihn durch Leiden verherrlichen sollen; dennoch bleibt die Verheißung als Wirklichkeit über unserem Leben bestehen: „Ich bin dessen gewiß, daß weder Tod noch Leben, weder Engel noch Gewalten, weder Gegenwärtiges noch Zukünftiges, noch Kräfte, weder Hohes noch Tiefes, noch irgendein anderes Geschöpf uns zu scheiden vermag von der Liebe Gottes, die in Christus Jesus ist, unserm Herrn" (Rö 8,
38—39). Im AT wird uns aus dem Leben einiger Propheten berichtet, 36
daß sie ins Gefängnis geworfen wurden, daß sie geschlagen, gesteinigt und getötet wurden (vgl. 1 Kö 22, 27; 2 Chro 16, 7—10; 24, 20 f; Jer 26, 20 ff). Auch im NT hören wir das gleiche aus dem Leben der Jünger Jesu, der ersten Zeugen der Gemeinde. Und doch sind es eigentlich nur wenige kurze Berichte, die uns davon Nachricht geben. Aber aus der Zeit des Spätjudentums, besonders von den Makkabäerkriegen, und ebenso aus den ersten drei Jahrhunderten der Geschichte der Gemeinde Jesu liegen zahlreiche Nachrichten vor, die uns von der Bedrängnis, Verfolgung und dem Martyrium berichten, das
viele Gläubige erleiden mußten. Der Apostel weist in die Ver- 37
gangenheit, um die Gläubigen auf zukünftige Ereignisse vorzubereiten[407]. **Sie wurden gesteinigt, gefoltert, zersägt, durchs Schwert getötet, gingen in Schafspelzen und Ziegenfellen umher, litten Mangel, wurden bedrängt und gequält.** In der spätjüdischen Schrift von der „Himmelfahrt des Jesaja" lesen wir: „Da ergriffen sie den Isaias, den Sohn des Amos, und zersägten ihn mit einer Baumsäge. Es standen aber Manasse, Belchira, die Lügenpropheten, die Fürsten und das Volk alle dabei und sahen zu. Er hatte aber den Propheten bei ihm vor seiner Zersägung gesagt: Gehet in die Gegend von Tyrus und Sidon! Denn mir allein hat Gott den Becher gemischt. Isaias aber schrie nicht und weinte nicht, als er zersägt wurde; vielmehr redete sein Mund mit dem Heiligen Geist, bis er entzwei gesägt worden war" (5, 11—14)[408]. Einer anderen Nachricht zufolge soll der Prophet Jeremia von den Juden in Ägypten gesteinigt worden sein. Der Prophet Uria wurde auf Befehl König Jojakims enthauptet (Jer 26, 20—23). Der Prophet Elia floh in die Wüste, um den Häschern Isebels zu entgehen (1 Kö 19, 1 ff); der Hofmeister Obadja verbarg 100 Propheten in Höhlen, um sie dem Zu-

[406] Diese gleiche Bereitschaft zur Hingabe des Lebens, die aus einer echten Glaubensverbindung zu Gott heraus erwächst, spiegelt sich auch in den Worten des Apostels Paulus 1 Ko 4, 13; 2 Ko 6, 4—10; 11, 23—27.

[407] Vgl. die Voraussage des Martyriums für die Gläubigen Da 11, 33.

[408] Paul Rießler, Altjüdisches Schrifttum außerhalb der Bibel, Augsburg 1928, S. 484.

griff Ahabs und Isebels zu entziehen (1 Kö 18, 4)[409]. Mehrfach wird uns berichtet, daß der Apostel Paulus fliehen mußte (Apg 9, 25. 30; 14, 6; 17, 14), in Ephesus geriet er in große äußere und innere Not (1 Ko 15, 32; 2 Ko 1, 8—10); er berichtet uns in einem seiner Briefe von der Fülle seiner Verfolgungen und Leiden, die er durchstehen mußte (2 Ko 11, 23—27). Die Belastungen können bis an die Grenze des menschlich Tragbaren gehen, manchmal scheinen sie sogar darüber hinauszureichen. Über den ganz schweren Lebenswegen der Kinder Gottes bleibt ein Geheimnis, das sich erst in der Ewigkeit auflösen wird. Es ist der Schatten des Kreuzes, aber über allem Leiden strahlt
38 die Krone der Herrlichkeit auf. „Menschen, die keine richtige Kleidung und Wohnung besitzen, die am Notwendigsten des Lebens Mangel leiden, denen ihre Mitmenschen hart zusetzen, die Tag für Tag Ungemach und Unbill erfahren, die unstet und flüchtig sich bald hier, bald dort verbergen, sind Zeichen des Elends und des Fluches für andere . . . Und doch weiß der Glaube von der Hoheit dieser Gottes-Männer. Darum spricht er der Welt, die diese Boten abschütteln will, das Urteil: sie ist ihrer nicht wert . . . Gott aber schreibt mit ehernem Griffel ihren Namen in die Geschichte: heilige Bücher nennen sie und machen ihr Leiden zum Vorbild für die letzte große Stunde der Versuchung[410]." Leiden sind eine Gnade, durch die Gott seine Kinder zubereitet (Ps 73; Phil 1, 29; Kol 1, 24—25; 1 Pt 2, 19 ff). Gott wählt diesen Weg, um seine Gemeinde für die kommende Weltzeit ausreifen zu lassen. Sind die Boten Gottes, die ihr Zeugnis vor der Welt mit ihrem Leben besiegelt haben, auch verachtet, so urteilt Gott anders: „Der Tod seiner Heiligen ist wertgehalten vor dem Herrn" (Ps 116, 15 LÜ)[411]. Das Wort der Märtyrer hat nicht nur vor

[409] Vgl. den Bericht über die Sekte der Essener bei Flavius Josephus, Geschichte des jüdischen Krieges, Hrsg. H. Clementz, 1900, Neudruck Köln 1959; § 151 ff: „Dabei läßt das schrecklichste Ungemach sie kalt; denn Schmerzen überwinden sie durch Seelenstärke, und einen ruhmvollen Tod ziehen sie dem längsten Leben vor. Diese ihre Gesinnung trat so recht im Kriege gegen die Römer zutage. Auf die Folter wurden sie gespannt, ihre Glieder gereckt, verbrannt, zerbrochen; mit allen erdenklichen Marterwerkzeugen quälte man sie, um sie zur Lästerung des Gesetzgebers oder zum Genuß einer ihnen verbotenen Speise zu zwingen — aber weder das eine noch das andere vermochte man durchzusetzen. Kein bittendes Wort an ihre Peiniger kam über ihre Lippen, und ihre Augen blieben tränenleer. Lächelnd unter Schmerzen spotteten sie ihrer Henker, und freudig gaben sie ihre Seelen dahin in der sicheren Hoffnung, sie einst wieder zu erhalten."

[410] O. Michel, S. 282 f.

[411] A. Schlatter, S. 406: „Gottes Urteil und das Urteil der Welt widersprechen sich hier vollständig. Nach der Meinung der Menschen waren sie der Welt nicht wert, weshalb sie sie vernichten wollten und zur Flucht in die Wüsten und Berge nötigten. In Wahrheit sind ihre Leiden, ihre Einsamkeit und Verborgenheit im Versteck der Berge und Höhlen vielmehr der Beweis dafür, daß sie eine Würde und Größe besaßen, für die die Welt keinen Raum hat und zu niedrig und sündig ist. Ihr Geschick ist die Verurteilung

der Welt, sondern auch in der Ewigkeit Gottes besonderes Gewicht (Offb 6, 9–11; 20, 4–6; vgl. Jes 57, 1; Joe 3, 21).

Diese alle, obwohl sie durch den Glauben das Zeugnis empfangen 39
haben, haben die Verheißung nicht erlangt. Hier faßt der Apostel mit einem Satz nicht nur die Erzväter (vgl. V. 13), sondern alle Glaubenszeugen des AT zusammen. Das ist die größte Würde, die Gott ihnen zusprechen konnte, daß sie vom Heiligen Geist das Zeugnis der Glaubensgewißheit, der Gerechtigkeit Gottes und der Teilhaberschaft an der Vollendung erhalten haben. Aber die Verheißung, auf die sie alle gewartet haben, die Verheißung der Erlösung, der Vollendung und des Anbruchs der Herrlichkeit Gottes in dieser Welt – die Enderfüllung dieser Verheißung haben sie noch nicht erlebt, nicht durch eigene Schuld, nicht durch eine Verzögerung auf
seiten Gottes, sondern weil es Gottes Heilsplan entsprach, **weil Gott** 40
etwas Besseres für uns zuvor ersehen hat, damit sie nicht ohne uns vollendet würden. Das „Bessere" ist die ewige Herrlichkeit, die neue Schöpfung (Offb 21, 1–5), an der das wahre Volk Gottes des AT und die Gemeinde des Neuen Bundes in gleicher Weise Anteil haben werden. Unmittelbar leitet der Apostel von der Reihe der Zeugen des AT zu den Gliedern der Gemeinde über; die Glaubenden des Alten und des Neuen Bundes stehen Seite an Seite. Die Männer des AT haben die Erfüllung der Verheißungen nicht erlangt – damit sind aber die Verheißungen Gottes nicht aufgehoben. Erst mit dem Hinzukommen der Gemeinde wird das Volk Gottes vollzählig. Mit der Vollendung der Gemeinde wird die endgültige Erfüllung aller den atst Zeugen zuteil gewordenen Verheißungen eintreten, auch die Verwirklichung der vielen irdischen Verheißungen für Israel, deren Erfüllung bis zur Gegenwart noch aussteht.

Zusammenfassung

24 mal hat der Verfasser in Hbr 11 vom Glauben gesprochen und uns damit das Stichwort gegeben, das beide Teile des Kapitels miteinander verbindet. Am Leben einzelner Zeugen des AT von Abel bis Rahab und an Ereignissen aus der Zeit der Wanderung Israels hat er gezeigt, daß Glaube verwirklichte Lebensgemeinschaft mit Gott

der Welt und überführt sie, daß sie gegen Gott streitet und seinem Gericht entgegenreift. Vgl. dazu Karl Friedrich Hartmann in seinem Lied „Endlich bricht der heiße Tiegel ..."

„Leiden macht das Wort verständlich,
Leiden macht in allem gründlich;
Leiden, wer ist deiner wert?
Hier heißt man dich eine Bürde,
droben bist du eine Würde,
die nicht jedem widerfährt."

ist. Er hat hervorgehoben, wie der Glaubensweg dieser Menschen unter dem offenbaren „Ja“ Gottes stand. Nun möchte er aber seine Leser in dem Abschnitt Hbr 11, 32–40 vor einem Mißverständnis bewahren: Der Glaube ist keine Erfolgsrechnung. Glauben bedeutet ebensowenig eine Lebensversicherung, wie er keine Garantie für irdisches Wohlergehen, Erfolg und Ansehen bei Menschen ist. Die Gemeinde steht allezeit vor einem heiligen Gott, dem die Gläubigen ihren Glauben nicht wie ein Geschenk darbringen können, um seinen Segen dagegen einzutauschen, etwa nach dem lateinischen Spruch „Do ut des“, „Ich gebe dir, damit du mir gibst“. Der Weg des Glaubens gleicht nicht einer verlockenden Ferienreise, auf der geheimnisvolle Abenteuer warten. Der Weg der Nachfolge bringt nicht nur Gottes Nähe, Hilfe und Bewahrung, er schließt auch Verzicht und Opfer, Not und Anfechtung mit ein.

In unserem Abschnitt stellt der Apostel beides dicht nebeneinander: Sieg und Leiden des Glaubens. Es wäre völlig verfehlt, daraus zu folgern, der Glaube sei nichts anderes als eine dialektische Denkbewegung im modernen philosophischen Sinne. Dialektik bedeutet dabei, daß eine positive Aussage nur dann Wirklichkeitsgehalt hat, wenn sie zugleich verneint wird; etwa in der Weise: Der Sieg des Glaubens besteht in seiner Niederlage. Die Gedanken des Apostels zielen in eine ganz andere Richtung. Die Bedeutung der atst Berichte, auf die er zurückgreift (vgl. 1 Ko 10, 11; 2 Tim 3, 16), sieht er vor allem darin, daß die ungeheure Spannung sichtbar wird, die Gott den Menschen des Glaubens auszuhalten zumutet. Gott hat alle in Schwierigkeiten hineingeführt; vielen hat er in wunderbarer Weise geholfen, so daß sie über ihre Feinde triumphieren konnten. Es gibt tatsächlich Gottes machtvolles Wirken in unserer Welt. Gott antwortet auf den Glauben der Menschen dadurch, daß er eingreift und ihre Lage völlig verändert. Aber wenn Gottes Hilfe ausbleibt, dann ist das kein Erweis des Unglaubens oder sündhaften Versagens der Menschen. Gott kann mit einzelnen seiner Kinder und ganzen Gemeinden auch einen anderen Weg gehen – und er ist ihn immer wieder in der Geschichte gegangen! Hier erfüllt sich in einem eigentümlichen, übertragenen Sinn das Wort Jes 55, 8 f: „Meine Gedanken sind nicht eure Gedanken, und eure Wege sind nicht meine Wege, spricht der Herr, sondern so hoch der Himmel über der Erde ist, soviel sind meine Wege höher als eure Wege und meine Gedanken als eure Gedanken.“

Der Apostel möchte die Empfänger seines Briefes ermuntern zum Glauben; zugleich will er sie darauf vorbereiten, daß die bereits durchstandenen Leiden nicht das letzte gewesen sein könnten. Gott kann auch ihren Weg so gestalten wie bei manchem Glaubenden der atst Zeit, daß ihre irdische Bahn in Verfolgung, Leiden und Martyrium endet. Aber gerade dann sollen sie wissen, daß ihre Leiden notwendig sind zum endzeitlichen Vollmaß der Leiden (vgl. Kol 1, 24) für die Vollendung der Gemeinde[412]. Daran teilzuhaben, ist ein schmerzliches Vorrecht — aber es bleibt doch ein Vorrecht. Es mag sein, daß die Gläubigen das Ziel der Herrlichkeit „nur unter Tränen" erreichen; aber „Gott wird alle Tränen von ihren Augen abwischen" (Offb 7, 17; 21, 4).

16. Der Glaubenskampf als Erziehungsmittel Gottes

Hbr 12, 1—11

A. Jesus, unser Vorbild im Glauben

Hbr 12, 1—3

1 **Darum wollen auch wir, da wir eine so große Wolke von Zeugen**
um uns haben, jede Last und die (uns so) **leicht umstrickende**
Sünde ablegen und mit Geduld in dem uns verordneten Kampf
2 **laufen, * indem wir hinblicken auf den Anfänger und Vollender**
des Glaubens, Jesus, der um der vor ihm liegenden Freude willen
das Kreuz erduldete und die Schande gering achtete und sich zur
3 **Rechten des Thrones Gottes gesetzt hat. * Denn betrachtet den,**
der einen solchen Widerspruch von den Sündern gegen sich erduldet hat, damit ihr nicht ermattet und in euren Seelen verzagt.

Zu Vers 1: Hbr 12, 23; Rö 7, 21; Apg 20, 24; 1 Ko 9, 24; Phil 3, 13—14; 1 Tim 1, 18; 1 Tim 6, 12; 2 Tim 4, 7; Jud 3; Lk 8, 15; Lk 21, 19; Rö 5, 3—4; Hbr 10, 36; Offb 3, 10; Offb 13, 10; Offb 14, 12

Zu Vers 2: Mt 17, 8; Hbr 11, 1. 27; Jo 8, 56. 58; Apg 3, 15; Apg 5, 31; Hbr 2, 10; Jo 12, 32; Phil 1, 6; Mt 25, 21; Phil 2, 7—8; Hbr 13, 13; Ps 110, 1; Offb 3, 21

Die Glaubenserfahrungen der Väter bedeuten eine unmittelbare Stärkung für den Glaubenskampf der Gemeinde in der Gegenwart. Der apostolische Verfasser denkt in ähnlichen Vorstellungen wie Paulus im Römerbrief: „Alles, was vormals geschrieben worden ist, das ist zu unserer Belehrung geschrieben, damit wir durch die Standhaftigkeit und durch den Trost der Schriften die Hoffnung haben" (Rö 15, 4 vgl. 1 Ko 9, 10). Was er über das Erleben der atst Gottesmänner gesagt hat, steht also in direkter Beziehung zum Glaubensleben der Gemeinde. Darum schließt er unmittelbar an Hbr 11, 40 an und sagt: **„Darum auch wir . . ."** Die Gemeinde steht im Glauben auf der gleichen Ebene wie die Väter. Daraus erwächst aber auch eine Verpflichtung: Wir haben ein Erbe übernommen und zu verwalten und rein an die nächste Generation weiterzugeben! Er verwendet ein Bild, das der Antike sehr geläufig war; der Christ wird einem Wettkämpfer verglichen, der im Stadion oder der Arena um

[412] Vgl. W. Stb. Kol., S. 197 ff.

Zu Vers 3:
Hbr 10, 32
Lk 2, 34
Lk 4, 28
Mt 27, 39–43
Mk 15, 29–32
Lk 23, 35–39
Apg 28, 22
1 Ko 1, 23
Gal 6, 9

den Siegeskranz läuft, während Tausende von Zuschauern in den Rängen Zeugen des Wettkampfes sind. Ein Ereignis aus dem Sportleben auch unserer Zeit kommt diesem Vergleich sehr nahe: Das olympische Feuer wird durch das Land getragen, ein Läufer gibt dem nächsten die brennende Fackel in die Hand, bis der letzte sie in der Anwesenheit einer unübersehbaren Menschenmenge in das Stadion trägt. **Die große Wolke von Zeugen,** die der Apostel den Gläubigen vor Augen stellt, ist nicht nur die Vielzahl atst Zeugen, die uns im Wort der Schrift begegnen (Hbr 11). Vielmehr haben wir dies Wort
1 im ursprünglichen Sinne zu verstehen: Die Schar der Geister der vollendeten Gerechten (Hbr 12, 23) nimmt teil am Weg der Gemeinde auf Erden, die triumphierende Gemeinde steht in Verbindung mit der kämpfenden und leidenden Gemeinde. Die irdische Situation der Gemeinde verlangt von allen Gläubigen, die zur Verfügung stehenden Kräfte auf das eine Ziel zu konzentrieren. Alles, was uns in der Nachfolge hindern könnte, auch alles „Gute und Schöne", was unsere geistigen, seelischen und körperlichen Kräfte in Anspruch nehmen und binden will und uns von Christus ablenkt, soll vermieden werden. Das entscheidende Hindernis für den Glaubenskampf ist die Sünde – ihr Wesen die scheinbare Unmerklichkeit. Was unser Glaubensleben nicht fördert, gehört nicht in unser Leben hinein (vgl. Phil 4, 8–9). Unser Christenleben erfordert die gleichen Voraussetzungen wie ein Wettlauf im Stadion (1 Ko 9, 24–27). Unermüdliches Training und zähe Beharrlichkeit sind notwendig, um den Siegespreis zu erlangen; das geht nur unter Aufbietung aller Kräfte und unter Wahrung äußerster Selbstdisziplin. Nachfolge Jesu gleicht nicht einem harmlosen Spaziergang, sondern stellt die höchsten Anforderungen an unsere Kraft[413]. Es geht auch nicht anders, als daß wir immer wieder einmal bereit sind, um des Dienstes für Jesus willen auf Dinge zu verzichten, die uns als Christen grundsätzlich erlaubt sind. Und in diesem Glaubenskampf dürfen wir nicht müde werden. Die Glaubenszeugen des AT mahnen uns, daß wir **mit Geduld in dem uns verordneten Kampf laufen**[414]. Der Kampf des Glaubens kommt unausweichlich auf uns zu; wir können ihn nicht umgehen. Aber er ist uns doch von Gott verordnet; er ist also nichts Widergöttliches, das uns anfechten könnte. Dabei dürfen wir nicht nur an persönliche Anfechtungen und Nöte durch Schwierigkeiten in

[413] G. Menken, Homilien, 1831, S. 251: „Alles vergessend, auf nichts gerichtet als auf den Lauf und das Ziel, von dem freiwilligen Geist des Glaubens beseelt, mit einer Anstrengung, die kein Säumen kennt und die sich selbst nicht schont; nicht als solche, die mit Bequemlichkeit und Ruhe langsam wandeln, weil sie Zeit haben; vielmehr laufen, wenn man so sagen darf, mit heiliger Ungeduld und Eile."

[414] Wir verweisen auf die anschauliche Auslegung von Hbr 12 in dem Buch von Erich Sauer: In der Kampfbahn des Glaubens, Wuppertal 1952.

Familie oder Beruf, in schwerer Krankheit oder durch Verlust von
Hab und Gut denken – Nöte, wie sie die Nichtchristen auch kennen!
Es geht immer wieder um die Beziehung, in der wir als einzelne zur
ganzen Gemeinde stehen. Die Nöte, die die Gemeinde treffen und
unser persönliches Leben mit einbeziehen, stehen besonders im
Blickfeld des Apostels. Wir werden an das Wort Jesu erinnert, das
er in den Abschiedsreden zu seinen Jüngern sagte: „Gedenket an das
Wort, das ich euch gesagt habe: Ein Knecht ist nicht größer als sein
Herr! Haben sie mich verfolgt, so werden sie euch auch verfolgen;
haben sie mein Wort gehalten, so werden sie auch das eure halten"
(Jo 15, 20). Deshalb kann auch der Apostel Petrus den Gläubigen
schreiben: „Ihr Geliebten, laßt euch durch die Feuersglut bei euch,
die zur Versuchung über euch kommt, nicht befremden, als wider-
führe euch etwas Befremdliches; sondern demgemäß, daß ihr an den
Leiden Christi teilhabt, freut euch, damit ihr auch bei der Offen-
barung seiner Herrlichkeit euch freuen und frohlocken möget!"
(1 Pt 4, 12–13). Je mehr der Weg der Gemeinde durch Leiden, An-
fechtung und Kampf hindurchgeht, um so mehr ist Geduld not
(Offb 13, 10). Aber dabei gehört es gerade zu den wunderbaren
Glaubenserfahrungen der Kinder Gottes, daß der Herr die Geduld in
der Bedrängnis, in Kampf und Leiden *wachsen* läßt. Ge-
duldiges Ausharren in der Anfechtung verhilft uns nicht nur zur
Bewährung im geistlichen Leben, es ist auch der zielsichere Weg zur
Erfahrung der Durchhilfe Gottes, die uns für weitere Glaubensproben
stark macht[415]. Jeder Krieg fordert für die Kampfführung eine den 2
Verhältnissen entsprechende Taktik. Der geistliche Kampf des Glau-
bens verlangt die Einordnung in geistliche Kampfregeln. Was der
Apostel Paulus mit den Worten andeutet: „Die Waffen unseres
Kampfes sind nicht fleischlich" (2 Ko 10, 4), das spricht er noch deut-
licher 2 Tim 2, 5 aus: „Wenn aber jemand an einem Wettkampf teil-
nimmt, erlangt er den Kranz nicht, es sei denn, daß er nach Vor-
schrift kämpft." Unser Vers enthält die entscheidende Regel für den
Glaubenskampf: **Hinblicken auf Jesus, den Anfänger und Vollender
des Glaubens.** Genau übersetzt heißt es: Hinwegblicken – auf Jesus
hin. Wir sollen von der Bedrängnis und Sünde wegsehen und den
Glaubensblick auf Christus heften[416]. Im geistlichen Leben gilt das

[415] Rö 5, 3–4; Jak 1, 3–4.

[416] W. Trillhaas, Göttinger Predigt-Meditationen II, 2, 1948, S. 16: „Wer auf Jesus blickt, um von ihm Hilfe zu empfangen, der muß zugleich ‚wegsehen'. Viele Dinge hindern uns, ihn anzublicken. Es gibt ein Hingenommensein von seinen Sorgen, bei denen kein Aufblick zu Jesus mehr möglich ist. Eines schließt das andere aus. Es gibt eine Beschäftigung mit sich selbst, ein Wichtignehmen seiner selbst, das überwunden werden muß, wenn man aufblicken will zu Jesus. Es gibt eine Verstrickung im kleinen Hader, im Neid gegen den Nachbarn, die unseren Blick hemmen. Darum ‚wegsehen'! Das bedeutet

Gesetz: Was wir anschauen, gewinnt Macht über uns. Lassen wir uns von den Sorgen und Schwierigkeiten des Alltags gefangennehmen, so wird unser Glaubensleben freudlos werden. Der Blick auf die Wellen ließ Petrus verzagen und sinken (Mt 14, 30). Aufsehen auf Jesus heißt, mit der Wirklichkeit des unsichtbaren Gottes rechnen, auf den Unsichtbaren schauen. Damit ist ohne Frage auch ein praktisches Tun des Christen verbunden: „Auf Christus blicken" bedeutet sicher nicht, daß wir lange Zeit ein Kreuz aus Holz oder Metall anschauen, das auf einem Altar steht oder an der Wand eines Gotteshauses hängt, auch nicht, daß wir uns betrachtend in das Christus-Gemälde eines berühmten Künstlers versenken. Beides kann wohl eine Hilfe zur Meditation sein. Immer wieder dagegen können wir „Christus anschauen" beim betenden Lesen der Bibel, ebenso in der Gemeinschaft mit anderen Christen, wenn wir gemeinsam auf das verkündigte Wort Gottes hören und uns mit den Gliedern der Gemeinde zusammenfinden zum Gebet. Wir haben es ja nicht mit einem abwesenden Herrn, oder gar mit einem längst Verstorbenen zu tun. Die Gemeinde Jesu lebt in allen ihren Gliedern von der Kraft des gegenwärtigen Christus. Der Heilige Geist will es uns in jeder Anfechtung, in jeder Glaubensprobe neu bewußt machen, daß Jesus Christus selber in uns lebt. Nehmen wir „aus seiner Fülle Gnade um Gnade" (Jo 1, 16), leben wir heute in der Kraft des auferstandenen Herrn, so verwirklichen wir, was der Bericht des Evangelisten von den Jüngern sagt: „Sie sahen niemand als Jesus allein" (Mt 17, 8). Er ist ja nicht nur der Anfänger des Glaubens, der „Anführer" des Zuges von Glaubenszeugen, die der Apostel in Hbr 11 uns vor Augen gestellt hat. Jesus ist auch der Vollender unseres Glaubens. In den Worten des Apostels liegt für uns eine unüberhörbare Mahnung zur Demut und Bescheidenheit. Niemand von uns hat sich selbst zum Glauben geholfen. Die Teilhabe am Heil ist göttliches Geschenk. „Wir sind sein Werk" (Eph 2, 10). Zugleich liegt in diesen Worten eine trostvolle Verheißung der Hoffnung, die angefochtenen Seelen helfen soll. Gott läßt nicht halbfertig liegen, was er als Gnadenwerk begonnen hat. Er selber steht für die Vollendung unseres Glaubensweges ein (Hbr 10, 14). Hier berühren sich die Gedanken des Hbr mit den Worten des Apostels Paulus: „Ich bin guter Zuversicht, daß, der in euch angefangen hat das gute Werk, der wird's auch vollführen bis an den Tag Jesu Christi" (Phil 1, 6). Weil Jesus das Ziel erreicht hat, vermag er durch sein Beispiel andere nach sich zu ziehen. **Er hat um der vor ihm liegenden Freude willen**

natürlich andererseits, daß das Aufblicken auf Jesum viele Dinge aus unserem Blickfeld, aus unserem Gesichtskreis verschwinden läßt, an denen wir hängen oder die uns sonst gefangennehmen."

das Kreuz erduldet und die Schande gering geachtet und sich zur Rechten des Thrones Gottes gesetzt. Not und Bedrängnis, durch die die Gemeinde hindurchgehen muß, erscheinen in einem anderen Licht, wenn wir den Durchblick für den geheimen Sinn allen Leides gewinnen. Schon Hbr 1, 2—4 und 2, 5—9, ebenso Hbr 10, 5—7 hat der Apostel darauf hingewiesen, daß der Weg des Christus über die Selbstpreisgabe seines Lebens am Kreuz in die Herrlichkeit führt (vgl. Phil 2, 5—11). Noch einmal strahlt hier die verborgene Herrlichkeit Christi auf. Er ist freiwillig den Weg der Schmach gegangen; Gott hat ihn dafür mit ewiger Herrlichkeit gekrönt. Der grie Relativsatz leitet mit den Worten ein: *hos antí täs prokeiménüs autú charás* und kann in doppeltem Sinne verstanden werden, da das Wort *antí* in zweifacher Weise übersetzt werden kann mit „anstatt" und „für". So kann es einmal heißen: Jesus hat anstatt der vor ihm liegenden Freude das Kreuz erduldet. Er hätte beim Vater in der Herrlichkeit bleiben können. Die Welt ewigen Friedens und unaussprechlicher Freude war sein Lebensbereich. Aber Jesus setzte alles ein zu unserer Erlösung, er verließ das Sein in der Herrlichkeit, wurde Mensch und starb am Kreuz. Wählen wir die andere Übersetzungsmöglichkeit, so lautet der Satz: Jesus hat für (im Blick auf) die vor ihm liegende Freude das Kreuz erduldet. Dabei denken wir nicht zuerst an die himmlische Freude, die er preisgab, sondern an die Freude einer ewigen Erlösung für die ganze verlorene Welt, die er durch seinen Kreuzestod erwarb[417]. Der Freudenpreis, für den Jesus alles eingesetzt hat, war die Erhöhung zur Rechten Gottes: In der Erfüllung der Weissagung Ps 110, 1 am Himmelfahrtstag hat Gott die ewige Gottessohnschaft Jesu bestätigt[418].

Zum Kampf des Glaubens hat Gott uns nicht nur die Kampfregel, 3
sondern auch das Vorbild des Kämpfers gegeben. Jesus selber hat sein Leben so verstanden, als er seinen Jüngern unmittelbar vor seinem Gang ans Kreuz sagte: „Ein Vorbild habe ich euch gegeben" (Jo 13, 15). Er hat den Widerspruch und Widerstand einer gottlosen Welt gegen sich ertragen. Er ist den Schwierigkeiten nicht ausgewichen, sondern hat sie durchstanden. Sein Weg wird auch zum Weg seiner Gemeinde (Mt 10, 24—25; Apg 14, 22). **Betrachtet den, der einen solchen Widerspruch von den Sündern gegen sich erduldet hat.** Der Apostel denkt auch hier wohl weniger an ein mystisches Sichversenken in die Passion Jesu; vielmehr wird er dabei im Auge haben, daß in den Schwierigkeiten des alltäglichen Glaubenslebens wie auch in besonderen Verfolgungen und Nöten der Gedanke, daß Jesus

[417] Auch Hbr 12, 16 wird das grie Wort *antí* im Sinne von „für" gebraucht.
[418] Vgl. Hbr 1, 3; 8, 1; 10, 12.

für uns den allerschwersten Weg ging und wir keinen leichteren wählen können, unseren Glauben vor geistlicher Erschlaffung und Ermüdungserscheinungen bewahren wird. Aber wie wir auf Erden den Weg der Nachfolge beschreiten, so sollen wir auch das Ziel des Kampfes erreichen, das Gott der Gemeinde Jesu gesteckt hat. Die Vollendung, die Jesus in seinem Kampf errungen hat, soll uns in gleichem Maße zuteil werden (vgl. 2 Tim 4, 7).

B. Erziehung zur Heiligkeit

Hbr 12, 4—11

Zu Vers 4:
1 Ko 10, 13
Hbr 10, 32—36
11, 35—37
Zu Vers 5:
Spr 3, 11—12
Hio 5, 17
1 Ko 11, 32
Jak 1, 12
Zu Vers 6:
Offb 3, 19
Zu Vers 7:
2 Sam 7, 14
Zu Vers 8:
Ps 73, 14—15
Zu Vers 9:
Spr 10, 17
4 Mo 16, 22
4 Mo 27, 16
Offb 22, 6
Zu Vers 10:
1 Ko 1, 30
1 Pt 4, 1
Zu Vers 11:
Jo 16, 20—22
Rö 8, 17—18
2 Ko 4, 17—18
1 Pt 1, 6—7
Spr 11, 30 LXX
Jo 15, 5. 8
Eph 5, 9
Phil 1, 11
Jak 3, 18

4 **Ihr habt noch nicht bis aufs Blut widerstanden im Kampfe gegen**
5 **die Sünde * und habt den Trost vergessen, der zu euch wie zu**
Söhnen spricht: „Mein Sohn, achte die Züchtigung des Herrn
nicht gering, verzage auch nicht, wenn du von ihm gestraft wirst.
6 *** Denn wen der Herr liebt, den erzieht er; er schlägt aber jeden**
7 **Sohn, den er annimmt." * Ihr leidet zum Zweck der Erziehung.**
Gott behandelt euch wie Söhne. Denn wo ist ein Sohn, den der
8 **Vater nicht erzieht? * Wenn ihr aber ohne Erziehung seid, deren**
alle teilhaftig geworden sind, so seid ihr ja unechte Kinder und
9 **nicht Söhne. * Ferner hatten wir unsere leiblichen Väter als Er-**
zieher und haben sie geachtet. Sollten wir nicht vielmehr dem
10 **Vater der Geister untertan sein und leben? * Denn sie erzogen**
uns zwar (nur) **wenige Tage nach ihrem Gutdünken, er aber**
(uns) **zum Besten, damit wir Anteil an seiner Heiligkeit erlangen.**
11 *** Alle Erziehung scheint uns zwar für den Augenblick nicht Freude,**
sondern Traurigkeit zu sein; später aber bringt sie denen, die
durch sie geübt sind, eine friedvolle Frucht der Gerechtigkeit.

Der Apostel weiß, wie Jammer und Seufzen, Ungeduld und Selbstmitleid das Leben eines Menschen vergiften können, der vom Leiden heimgesucht wird. Auch Kinder Gottes stehen im Leiden in der Gefahr, im Glauben nachzulassen, an Gottes Liebe und Gerechtigkeit zu zweifeln. Deshalb ist es ihm in besonderer Weise darum zu tun, den Gläubigen den Sinn ihres Leidens aufzuschlüsseln. Die Christen sollen das Vorbild Jesu „betrachten" (V. 3), das er seiner Gemeinde in seinem Leiden hinterlassen hat. Denn nur, wer ihm willig den Weg des Kreuzes nachgeht, kann in die Leidensgemeinschaft mit ihm treten. Jesus Christus, der ewige Hohepriester, ist seiner Gemeinde dann in besonderer Weise nahe, wenn er sie ins Leiden führt, sie Anteil an der „Gemeinschaft seiner Leiden" (Phil 3, 10) und damit an der „ganzen Fülle des Christus" haben läßt. Aber

gleichzeitig sind die *Leiden* auch ein *Erziehungsmittel* in
der Hand Gottes, um das Leben der Christen neu zu gestalten. Diese 4
Erkenntnis ist wichtig für die Gläubigen, an die der Apostel seinen
Brief richtet, damit sie in der drohenden Gefahr einer Verfolgung
standhalten können. Die erste Welle der Verfolgung ist bereits über
die Gemeinde hingegangen (Hbr 10, 32–36); aber das Martyrium
ist offenbar den Gläubigen bisher erspart geblieben. **Ihr habt noch
nicht bis aufs Blut widerstanden im Kampf gegen die Sünde.** In
Vers 1 sprach der Apostel von der Sünde, die zutiefst unser mensch-
liches Wesen durchdringt und vergiftet; er meint damit die von Gott
abgewandte Lebensrichtung des unerlösten Menschen, den Aufruhr
gegen Gott, in dem der Mensch sich selbstherrlich seine eigenen
Ordnungen setzt. In Vers 4 wird die „Sünde" zum Ausdruck für
eine feindliche Macht, die die Gemeinde in ihrem äußeren Bestand
vernichten will. Der Zusammenhang unseres Satzes mit dem, was
der Apostel Hbr 11, 32 ff über frühere Leiden der Gemeinde – Ge-
fangenschaft, Einziehung des Vermögens – gesagt hatte, ist offen-
kundig. Die Gemeinde wird von außen her bedroht; die Gefahr er-
wächst ihr aus der staatlichen Macht, sie ist „Widerspruch der Sün-
der" (Hbr 12, 3). Dieser Gefahr kann die Gemeinde nur mit dem
Einsatz ihrer ganzen Existenz – „bis aufs Blut" begegnen. Es geht
hier wirklich darum, den „guten Kampf" unter Einsatz aller Kraft
bis zum Ende zu kämpfen[419]. Hilfe und Trost in diesem Kampf ist 5
wieder das *Wort des AT*, weil es den *Schlüssel zum
rechten Verständnis der gegenwärtigen Lage*
der ntst Gemeinde bildet. „Die Schrift sieht voraus" (Gal 3, 8) auf
die Zeit des Neuen Bundes. Hier wird uns gezeigt, wie wir die
Schwierigkeiten im Glaubensleben zu verstehen und zu verarbeiten
haben. Weder sollen wir versuchen, sie geringschätzig abzutun oder
zu verdrängen, noch sollen wir darunter verzagen[420]. Alles Leiden
im Leben der Kinder Gottes hat einen tiefen Sinn. Leiden kann
göttlicher Erweis unseres Heils sein, Vorrecht im Leben des Gläubi-
gen (Phil 1, 28–29). Schon das AT spricht davon, daß Leiden Beweise 6
für die Liebe Gottes sind, mit der er an seine Kinder denkt. Der
Apostel will der Gemeinde einschärfen, alles Leiden in ihren eigenen

[419] Vgl. 2 Ko 10, 4–5; 1 Tim 6, 11–12; 2 Tim 2, 22.

[420] Vgl. zu unserer Stelle Thomas von Kempen, Nachfolge Christi III, 19, 1; Übersetzung von Johann Arnd, Zürich o. J., S. 118: „Es ist klein und gering, was du leidest im Vergleich zu denen, die so viel gelitten haben, so gewaltig angefochten, so schwer betrübt, so mannigfaltig geprüft und bewährt worden sind. Darum sollst du die schweren Leiden der anderen Menschen in deinem Herzen betrachten, auf daß du deine desto leichter trägst, die viel kleiner sind, wiewohl sie dich auch nicht klein dünken. Siehe aber, ob es nicht deine Ungeduld ist, die sie so ermißt. Sie sei aber nun groß oder klein, so befleißige dich, doch alles geduldig zu leiden."

Reihen ausschließlich positiv zu beurteilen. Er weiß, daß Anteilnahme an den Leiden Christi Voraussetzung für die Anteilnahme an der Herrlichkeit Christi ist; die Leiden, die die Gläubigen in der Zeit ihres irdischen Lebens treffen können, stehen in keinem Verhältnis zu der Herrlichkeit, für die Gott seine Kinder vorbereitet. So erwächst gerade aus dem geduldigen Ertragen des Leidens die Gewißheit, daß denen, die Gott lieben, alle Dinge zum Guten mitwir-
7 ken (vgl. Rö 8, 17–18. 28). **Ihr leidet zum Zweck der Erziehung; wie mit Söhnen geht Gott mit euch um.** Die Gläubigen sollen das Leiden willig auf sich nehmen, weil Gott ein Ziel mit dem verfolgt, was er seinen Kindern widerfahren läßt. Die Bibel weiß von dem mannigfachen, oft verborgenen Sinn des Leidens, das Menschen widerfahren kann und uns oft erst in der Rückschau offenbart wird. Es gibt nicht nur ein Strafleiden als Folge der Sünde (2 Sam 12, 14 ff; Ps 32, 3–4) und ein Bewährungsleiden (Hio 1–2), durch das unser Glaube auf die Probe gestellt wird. Gottes Wort spricht auch vom Läuterungsleiden (1 Pt 1, 6–7), das der inneren Klärung unseres Glaubenslebens dient. Jesus spricht vom Leiden zur Verherrlichung Gottes (Jo 9, 3; 11, 4); der Apostel Paulus schreibt von der Notwendigkeit seines stellvertretenden Leidens für die Gemeinde (Kol 1, 24; vgl. Offb 6, 9–11). Darüber hinaus wird uns in unserem Vers gesagt, daß Leiden Erziehungsmittel in der Hand Gottes sind, durch die er seine Kinder für die kommende Herrlichkeit vorbereitet. Die Züchtigung Gottes in unserem Leben ist also eine Gewähr dafür, daß unsere Gotteskindschaft echt ist.

8 So selbstverständlich, wie irdische Väter für die Erziehung ihrer Kinder sorgen, sorgt Gott auch für die Erziehung seiner Kinder. **Wenn ihr aber ohne Erziehung seid, deren alle teilhaftig geworden sind, so seid ihr ja unechte Kinder**[421] **und nicht Söhne.** Alle wurden gezüchtigt, niemand wurde verschont. Leiden der Gemeindeglieder stellen keine Ausnahme dar; Gott geht so mit allen seinen Kindern um. Im tiefsten Grunde ist Gottes Erziehungsweg mit seinen Kindern Vorbild für die Erziehung der Kinder in der menschlichen Familie, ebenso auch für die Erziehung der Gläubigen in der Gemeinde. Wie es keine echte Erziehung ohne ein Erziehungsziel gibt, so auch keine Erziehung ohne Autorität, die Gehorsam verlangt. Gott erzieht seine Kinder zur geistlichen Reife und Urteilsfähigkeit (Eph 4, 14; Hbr 5, 14), er formt unser Wesen um, damit
9 es dem Wesen Jesu ähnlich werde. Dabei erwartet Gott von seinen Kindern völligen Gehorsam und ganze Hingabe des Lebens an ihn. Gott gibt uns nicht nur das irdische Leben, sondern darüber hinaus jedem, der sich seinem Wort und Willen unterordnet, auch das ewige

[421] Das grie Wort *nóthos* bedeutet „unehelich, illegitim" und steht nur hier im NT.

Leben. Weil Gott der Schöpfer und Erhalter des irdischen und über-
irdischen Lebens ist, der leiblichen und leiblosen Wesen, darum
heißt er **Vater der Geister.** Dieser Ausdruck findet sich als Umschrei-
bung der Wirklichkeit Gottes nur hier im NT, steht aber offensicht-
lich im inneren Zusammenhang mit manchen anderen Gottesworten
der Heiligen Schrift. Gott, der den Geist in den Menschen gelegt hat
(4 Mo 16, 22; 27, 16), sendet als der „Herr der Geister" (Offb 22, 6)
sein prophetisches Wort in diese Welt. Nicht nur die auf Erden leben-
den Menschen, sondern auch die Toten und die Engel sind als Geist-
wesen ihm, dem Herrn, untertan (Mt 17, 3; 22, 32; Hbr 12, 23;
Offb 6, 9—11). Auch eine spätjüdische Schrift, das „Buch Henoch",
das von Gott als dem „Herrn der Welten" und „Herrn der Her-
ren" (9, 4) und dem „Herrn der Herrlichkeit" (27, 3) spricht, nennt
Gott den „Herrn der Geister" (37, 2. 4; 38, 2; 47, 1. 2. 4), wobei in
erster Linie die Engel, aber auch die Seelen der Gerechten gemeint
sind.

Über aller göttlichen Erziehung waltet seine Weisheit und Liebe, 10
die jedem irdischen Erzieher in diesem Maße versagt bleiben. Alle
irdischen Erzieher sind nicht nur in ihren zeitlichen Möglichkeiten
eingeschränkt — sie können immer nur für kurze Zeit ihren Einfluß
geltend machen — schwerwiegender ist noch, daß sie **nach ihrem
Gutdünken** mit Menschen umgehen. „Es fehlt ihnen eine letzte Ein-
sicht und Sicherheit, ja sie sind nicht vor Irrtum und Mißgriff ge-
schützt[422]." Gott aber hat mit all seinen Führungen immer nur unser
Bestes im Auge. Seine Erziehung zielt auf den **„Nutzen"** ab, der
darin besteht, daß wir **Anteil an seiner Heiligkeit** gewinnen sollen.
Diese Teilhabe am Wesen Gottes, die „Heiligung" unseres Lebens,
erlangen wir als Kinder Gottes nicht nur durch den Glauben (1 Ko
1, 30), sondern auch durch die Erziehung Gottes (vgl. 1 Pt 4, 1)[423].
Alle Erziehung scheint uns zwar für den Augenblick nicht Freude, 11
sondern Traurigkeit zu sein. Wie trostvoll klingen diese nüchternen,
natürlichen Worte, mit denen der Apostel vom Leiden spricht. Er
verharmlost nicht die Wirklichkeit und den Ernst des Leidens; auch
auf dem Weg der Nachfolge gibt es Tränen[424]. Zum Glauben gehö-
ren die schweren Führungen in unserem Leben (Hbr 11, 35—40).
Aber in der Bedrängnis offenbart sich Gottes weise, seelsorgerliche
Erziehung. Der Glaube weiß um die zeitliche Begrenzung der Leiden
und ihr wunderbares Ziel. **Später aber bringt sie denen, die durch
sie geübt sind, eine friedvolle Frucht der Gerechtigkeit.** Wie die
geistliche Übung im Glaubensleben durch den

[422] O. Michel, S. 300.
[423] Vgl. Jes 28, 19 LÜ „Denn allein die Anfechtung lehrt aufs Wort merken."
[424] Vgl. Apg 20, 31; 2 Ko 11, 23 ff; Phil 3, 18; Offb 7, 17; 21, 4.

treuen Umgang mit Gottes Wort, dem Gebet und der Gemeinschaft der Gläubigen zu einer geistlichen Urteilsfähigkeit führt (Hbr 5, 14), so die geistliche Einübung im Leiden zu innerem Frieden und Gerechtigkeit. Die „friedvolle Frucht der Gerechtigkeit" ist für die Gläubigen ein gewisses Zeichen des Heils und Angeld für die kommende Herrlichkeit[425]. Den Ausdruck „Frucht der Gerechtigkeit" finden wir auch schon im AT. Die LXX übersetzt das Wort Spr 11, 30 „des Rechttuns Frucht ist ein Baum des Lebens" mit den Worten „aus der Frucht der Gerechtigkeit wächst ein Baum des Lebens[426]". Daß Gott aus dem Leben seiner Kinder Frucht erwartet, gehört zu den grundlegenden Aussagen der Heiligen Schrift (vgl. Ps 1, 3; Jer 17, 8; Jo 15, 1—8). Frucht ist nichts anderes als das Weitergeben des empfangenen Lebens aus Gott.

In welch mannigfaltiger Ausprägung diese selbstverständliche Äußerung geistlichen Lebens zutage treten kann, zeigen uns die zahlreichen Aussagen des NT. Die „Frucht des Geistes" (Gal 5, 22) ist die sichtbar in Erscheinung tretende Umformung unseres Wesens in das Wesen Jesu. Zu diesem inneren Umformungsprozeß, in dem wir Jesus ähnlich werden, treten Gebet und Zeugnis als „Frucht der Lippen" (Hbr 13, 15). Ihr zur Seite tritt als „Frucht" im alltäglichen Leben der Gläubigen der praktische Einsatz für das Reich Gottes, die Bereitschaft zu tätiger Hilfe (Phil 4, 17). Das geistliche Fruchtbringen im Leben des Christen führt zur „Frucht des Werkes" (Phil 1, 22), nicht zum äußeren Erfolg der Arbeit, wohl aber dazu, daß Gottes Geist durch uns sichtbare Frucht unter Menschen wirken kann, dadurch, daß Ungläubige das Heil Gottes annehmen (Rö 1, 13; 1 Ko 9, 22). Die „Frucht der Gerechtigkeit", von der Rö 6, 22; Phil 1, 11; Hbr 12, 11 und Jak 3, 18 sprechen, ist die Heiligung unseres Lebens, das Werk des Heiligen Geistes in uns, der uns in eine immer tiefere Lebens- und Leidensgemeinschaft mit dem gekreuzigten und auferstandenen Herrn hineinführen will, damit wir auf dem Weg der Nachfolge ihm zur Ehre leben können.

[425] Vgl. Ps 85, 11; Jes 32, 17.
[426] *ek karpú dikaiosýnäs phýetai déndron zoáes*; vgl. dazu Am 6, 12.

17. Unermüdliche geistliche Wachsamkeit im Heiligungsleben

Hbr 12, 12—29

A. Abwehr geistlicher Ermüdungserscheinungen

Hbr 12, 12—17

12 **Darum richtet die erschlafften Hände und die ermatteten Kniee**
13 **wieder auf * und verschafft euren Füßen gerade Pfade, damit das**
14 **Lahme nicht abkomme, sondern vielmehr geheilt wird. * Jagt dem**
Frieden mit jedermann nach und der Heiligung, ohne die niemand
15 **den Herrn sehen wird! * Seht darauf, daß nicht jemand die Gna-**
de Gottes versäumt, daß nicht eine bittere Wurzel aufwächst und
16 **hinderlich wird und die vielen durch sie befleckt werden; * daß**
nicht jemand ein Abtrünniger (Hurer) **oder Gottloser wie Esau**
sei, der um einer einzigen Speise willen sein Erstgeburtsrecht ver-
17 **kaufte. * Denn ihr wißt, daß er auch nachher, als er den Segen**
erben wollte, verworfen wurde; denn er fand keinen Raum zur
Buße (Umkehr), **obwohl er sie unter Tränen suchte.**

Zu Vers 12: Jes 35, 3
Zu Vers 13: Spr 4, 26 LXX
Zu Vers 14: Ps 34, 15; Mt 5, 8—9; Mk 9, 50; Rö 12, 18; Rö 14, 19; 2 Tim 2, 22; 1 Pt 3, 11; 1 Jo 3, 2
Zu Vers 15: 2 Ko 6, 1; Hbr 3, 12; 4, 1; 5 Mo 29, 18; Apg 8, 23
Zu Vers 16: 1 Mo 25, 33—34
Zu Vers 17: 1 Mo 27, 30—40

Das Wort des AT aus Spr 3, 11—12 vermag den Sinn des Leidens zu erschließen, das dem einzelnen Gläubigen wie auch der ganzen Gemeinde widerfahren kann (Hbr 12, 5—7). Ebenso gibt aber auch das Wort des AT der Gemeinde in dieser Situation die rechte Ermahnung und Ermunterung. Der Apostel greift auf Jes 35, 3 zurück: „Stärket die schlaffen Hände und festigt die wankenden Kniee!" und lehnt sich an den Wortlaut der LXX an. Jesaja hatte im Auftrag Gottes in prophetischer Schau dieses Wort dem wandernden Gottesvolk der messianischen Endzeit zugerufen. Jetzt spricht der
Apostel es der ntst Gemeinde zu und macht deutlich, daß gerade ihr 12
dieser Zuspruch Gottes gilt. In gleicher Weise hat unser Herr Jesus Christus bei der Anfrage Johannes des Täufers die Verheißung aus Jes 35, 5—6 durch sein Kommen und seine irdische Wirksamkeit erfüllt gesehen. Er hat die Jünger des Johannes mit dem Wort des Jesaja zu ihrem Meister zurückgeschickt: „Die Blinden sehen und die Lahmen gehen, die Aussätzigen werden rein und die Tauben hören, die Toten stehen auf und den Armen wird das Evangelium gepredigt" (Mt 11, 5). Mit dem Kommen Jesu ist die messianische Endzeit angebrochen, die die Propheten geweissagt haben. Schon jetzt leuchtet über der gegenwärtigen Weltzeit, die noch im Zeichen der Sünde und des Leides steht, ein Strahl der göttlichen Herrlichkeit auf als Angeld dafür, daß die zukünftige Weltzeit als eine Zeit der Freude und der Überwindung allen Leides einmal sichtbar hereinbrechen wird. Die

13 beiden atst Gottesworte, die der Apostel in den Versen 5–6 und 12–13 anführt, stehen in engem geistlichen Zusammenhang. Wenn uns der Sinn der schweren Führungen Gottes in unserem Leben deutlich wird, werden dadurch starke innere Kräfte frei. Es geht darum, um jeden Preis bei diesem wandernden Gottesvolk der Endzeit zu bleiben, das auf dem Weg zur ewigen Gottesstadt ist. **Verschafft euren Füßen gerade Pfade, damit das Lahme nicht abkomme, sondern vielmehr geheilt wird.** Das grie Wort *ektrépesthai*, das der Apostel hier gebraucht, kann „vom Wege abbiegen"[427] oder „ausgerenkt werden" bedeuten. Im sinngemäßen Zusammenhang des Satzes sind beide Übersetzungen möglich. Wählen wir die erste Übersetzungsmöglichkeit, so schließt sich dieser Ausdruck stärker an den Vordersatz an: „Verschafft euren Füßen gerade Pfade, damit das Lahme nicht vom Wege abkomme." Wählen wir dagegen die zweite Übersetzungsmöglichkeit, so verbindet sich dieser medizinische Ausdruck stärker mit dem Nachsatz: „. . . damit das Lahme nicht ausgerenkt werde, sondern vielmehr geheilt wird". In jedem Fall sind die einzelnen Gemeindeglieder auf ihre persönliche Verantwortung gegenüber ihren angefochtenen Mitchristen angesprochen. Es gibt „Lahme" in den Reihen der Kinder Gottes; sie sind besonders gefährdet im geistlichen Leben. Wohl gelten Zuspruch und Verheißung des Wortes Gottes allen Gliedern der Gemeinde; aber gerade das Vorbild eines lebendigen Christen kann dem Bruder und der Schwester in der Anfechtung Hilfe und Wegweisung sein. In Haltung und Handeln sollen die einzelnen Glieder der Gemeinde sich ihrer Verantwortung vor dem Herrn, der Gemeinde und der Welt bewußt sein. Nur ein klares, zielbewußtes Gehen des Glaubensweges hilft zur Vermeidung von Irrwegen, die ins Verderben führen!

14 Anstatt der geistlichen Erschlaffung und Müdigkeit nachzugeben, sollen die Gläubigen vielmehr alle ihre Kräfte auf die Nachfolge konzentrieren. Jetzt ist die Zeit des Kampfes, der erst später einmal die Zeit ewiger Ruhe folgen wird (Hbr 4, 9). Ein „lahmes Christentum" wird den Sturm der Verfolgung nicht überstehen. Darum schwingt in den Worten des Apostels ein ernster Grundton mit, wenn er sagt: **„Jagt dem Frieden mit jedermann und der Heiligung nach, ohne die niemand den Herrn sehen wird!"** Auch in diesem Vers begegnen sich AT und NT auf der gleichen Ebene. Die Mahnung aus Ps 34, 15: „Laß vom Bösen und tue Gutes; suche Frieden und jage ihm nach", die wörtlich 1 Pt 3, 11 angeführt wird, gibt der Apostel hier mit eigenen Worten wieder[428]. Jesus hatte seinen Jüngern in der Bergpredigt gesagt: „Selig sind, die reines Herzens sind;

[427] In diesem Sinne 1 Tim 1, 6; 5, 15; 6, 20; 2 Tim 4, 4.
[428] Vgl. Rö 12, 18; 14, 19; 2 Tim 2, 22; ähnlich Mt 6, 12; 18, 35; Jak 3, 18.

denn sie werden Gott schauen. Selig sind die Friedfertigen; denn sie werden Gottes Kinder heißen" (Mt 5, 8—9). An den Worten des Apostels wird deutlich, in welch hohem Maße die Seligpreisungen auch in der Gegenwart ihre Gültigkeit für die Gemeinde Jesu haben. Es geht eben nicht nur darum, daß innerhalb des Lebensraumes der Gemeinde der einzelne den Frieden Gottes am Herzen und Gewissen erfährt; auch das Verhältnis der Gläubigen untereinander soll vom Frieden Gottes geprägt sein. Jesus hat in seinem Gleichnis von den beiden Schuldnern Mt 18, 21—35 keinen Zweifel darüber gelassen, daß wir den Frieden Gottes, der aus der Vergebung aller unserer Schuld kommt, in einer steten Bereitschaft zur Vergebung jedem anderen gegenüber bewähren müssen. Dieser Friede Gottes, der unsere Herzen erfüllt, soll auch soweit als möglich (Rö 12, 18) unser Verhältnis zu den ungläubigen Mitmenschen gestalten. Alles nur ichbezogene Verlangen nach Frieden ist uns im Raum der Gemeinde Jesu versagt; an dem Frieden, der uns persönlich geschenkt wird, soll auch unser Nächster teilhaben. Darin besteht ein wesentliches Stück der Heiligung, der Ausgestaltung unseres alltäglichen Lebens durch Christus nach den Ordnungen des Wortes Gottes[429]. Friede und Heiligung sind praktische Lebensäußerungen, Kennzeichen und Gewähr dafür, daß wir auf dem rechten Wege sind und den Ermüdungserscheinungen nicht erliegen.

Zur Heiligung gehört auch eine innere Wachsamkeit und Bereit- 15
schaft, gefährliche Strömungen innerhalb der Gemeinde zu überwinden. Mose mußte Israel warnen: „Es sei nur ja niemand unter euch, dessen Herz sich heute von dem Herrn, unserem Gott, abwende, daß er hingehe, den Göttern jener Völker zu dienen! Es sei nur ja nicht eine Wurzel unter euch, die Gift und Wermut als Frucht trage!" (5 Mo 29, 18). An diese Mahnung denkt der Apostel bei seinen Worten. Der Weg der Gemeinde ist ebenso wie der Weg des Volkes Israel ständig von Gefahren begleitet, die nur überwunden werden können, wenn jedes einzelne Glied der Gemeinde wirklich aus der Gnade lebt. Der Teufel wird immer wieder versuchen, im Herzen und Leben der Gläubigen Anknüpfungspunkte zu finden, um Verwirrungen und Unfrieden zu stiften. Warnende Beispiele aus dem AT, brüderlicher Zuspruch und das bewußte Inanspruchnehmen der Gnade Gottes für den Glaubensweg können hier entscheidende Hilfe sein. Nur nicht müde werden

[429] Vgl. dazu Theol. Begriffslexikon zum NT, 1965, S. 61: Es geht in der Heiligung und in dem Frieden untereinander um „Ziele bzw. Aufgaben, die der Christ ein Leben lang nicht hinter sich bringt ... Diese Aufgaben lassen sich nicht nach und nach erledigen und abtun. Sie gehören bleibend zu der einen großen Glaubensbewegung des Christenlebens".

16 auf dem Glaubensweg! Das ist der warnende Ruf des Apostels. Esau hat in einem einzigen Augenblick der Müdigkeit sein ganzes zukünftiges Glück verscherzt. **Niemand sei ein Hurer oder Gottloser** (Unzüchtiger oder Unreiner) **wie Esau, der um einer einzigen Speise willen sein Erstgeburtsrecht verkaufte**[430]. Die Worte „Unzüchtiger oder Unreiner" (grie *pórnos ä bébälos*) sind hier offensichtlich im übertragenen Sinne als „Abtrünniger und niedrig Gesinnter" zu verstehen. Im AT wird der Ehebruch oft als Bild des Abfalls von Gott gebraucht (Hes 16, 1—43)[431]. Im tiefsten Grunde spricht der Apostel hier eine Warnung aus, die seinen Worten in Hbr 6, 4—8 und 10, 26—31 gleichkommt. Esau war der Erstgeborene — die Gläubigen der ntst Heilszeit gehören zur „Gemeinde der Erstgeborenen" (V. 23). Niemals dürfen wir unser „Erstgeburtsrecht" in einem Anflug geistlicher Ermüdung preisgeben! Der Preis, mit dem Jesus uns von Sünde und Tod erlöste, war zu hoch, als daß wir unser Heil um eines irdischen Vorteils oder einer Erleichterung unserer äußeren Lage willen aufs Spiel setzen dürften. Wir erinnern uns noch einmal an Mose, der darin der Gemeinde ein Vorbild ist, daß er „lieber mit dem Volke Gottes Ungemach leiden, als einen zeitweiligen Genuß von der Sünde haben wollte" (Hbr 11, 25). Esau bleibt ein warnendes
17 Beispiel für alle Zeiten. **Denn ihr wißt, daß er auch nachher, als er den Segen erben wollte, verworfen wurde; denn er fand keinen Raum zur Buße, obwohl er sie unter Tränen suchte.** Immer wieder haben Ausleger der Heiligen Schrift gemeint, dieser Aussage aus dogmatischen Gründen eine besondere Deutung geben zu müssen. Schon in Hbr 6, 4—6 und Hbr 10, 26 ff wurde deutlich, daß es nach einer bewußten, radikalen Absage an den Glauben kein Zurück mehr gibt zu Gott. An unserem Vers bricht die Frage auf: Kann Gott sich einer „Buße unter Tränen" verschließen? Hat er nicht in seinem Wort zugesagt, jedem zu vergeben, der seine Schuld wahrhaft bereut? Wie konnte Esau der Weg zur Umkehr versperrt bleiben?

Das Problem findet eine Lösung, wenn wir das grie Fürwort *autáen* in unserer Übersetzung „obwohl er s i e mit Tränen suchte", anstatt auf den Genitiv *metanoías* „Buße" auf den vorausgehenden Akkusativ *eulogían* „Segen" beziehen. Dann lautet die Übersetzung: „Er fand keinen Raum zur Buße, obwohl er i h n (den Segen) mit Tränen suchte[432]." Danach war es Esau überhaupt nicht um eine

[430] Das grie Wort *pórnos* bedeutet „Unzüchtiger" und steht 1 Ko 5, 9 ff; 6, 9; Eph 5, 5; 1 Tim 1, 10; Hbr 13, 4. *bébälos* heißt „profan, gottlos, gemein", hier als Substantiv gebraucht; vgl. 1 Tim 1, 9; 4, 7; 6, 20; 2 Tim 2, 16. Das Wort „Erstgeburtsrecht" grie *ta prototókia* steht nur hier im NT.

[431] Vgl. Hes 23, 1—7, 30. 37.

[432] Ferdin. Zißler, „Das Hohepriesterum Christi", S. 157; F. F. Bruce, S. 368.

echte Buße zu tun; er suchte nur den Segen des Vaters. Diese Form der Auslegung schließt sich eng an den atst Bericht an, nötigt aber zu einer grammatisch etwas gezwungenen Konstruktion und schwächt offensichtlich die Aussage des Apostels ab.

Eine andere Lösung bietet sich an, wenn man erklärt: „Buße ist Sinnesänderung. Esau hatte durchaus nicht das Bedürfnis, seinen eigenen Sinn zu ändern. Das geht aus seinem Beschluß hervor, seinen Bruder zu ermorden — es handelt sich bei seinen Tränen vielmehr um eine Sinnesänderung seines Vaters. Esaus Tränen waren eben nicht Tränen einer ernsten Buße[433].“ Mit dieser Deutung ist aber dem biblischen Grundtext noch mehr Gewalt angetan. Denn von Isaak ist keine Rede, auf den die mögliche Sinnesänderung bezogen sein soll.

Wir möchten die apostolische Aussage unabgeschwächt in ihrem ganzen Ernst stehen lassen. Die Worte „denn er fand keinen Raum zur Buße“ stehen nicht nur im grammatischen Aufbau des Satzes, sondern auch in ihrer theologischen Bedeutung im Mittelpunkt. Ob Esaus Buße möglicherweise nur eine oberflächliche, menschliche Reue war, darüber sagt der Apostel nichts. Es bleibt bestehen: Gott kann einem Menschen jede Möglichkeit der Buße nehmen. Das atst Beispiel wird zu einer eindringlichen Warnung für die Gemeinde: Es gibt eine Grenze für die Gnade Gottes, die wir nie überschreiten dürfen. „Es gibt ein Maß von Schuld und eine Preisgabe göttlicher Gaben, die jede Möglichkeit einer Reue und Umsinnung zerstören. Trotz alles menschlichen Strebens versagt sich Gott und schenkt die verlorene Gnade nicht zurück. Es gibt ein Zuspät vor Gott, das nicht wieder gutzumachen ist[434].“

B. Die Überlegenheit des Neuen Bundes verpflichtet uns zur Heiligung

Hbr 12, 18—29

18 **Denn ihr seid nicht** (zu einem Berg) **herzugekommen, den man**
betasten kann, noch zu loderndem Feuer, noch zu Dunkelheit,
19 **Finsternis und Gewittersturm, * zum Schall der Posaune und der**

Zu Vers 18:
2 Mo 19, 9—17
5 Mo 4, 11—12

[433] L. Bender, S. 326; ebenso Berleburger Bibel S. 79; ähnlich A. Schlatter, S. 420; E. Riggenbach, S. 407 f verwirft diese Lösung; O. Michel, S. 311 f läßt die verschiedenen Auslegungsmöglichkeiten offen.

[434] O. Michel, S. 312; ebenso J. Schneider, S. 121: „Es gibt nach der Lehre unseres Briefes keine zweite Buße. Gewiß, es können viele Sünden, die der Christ tut, vergeben werden; aber die Sünde des bewußten Abfalls, in der ein Christ den Bruch vollzieht, trennt auf ewig von Gott und Christus. In dem Abfall spricht der Christ sich selbst das Gericht.“

Zu Vers 19:
2 Mo 19, 18—19
2 Mo 20, 18—19
5 Mo 5, 23—24
Zu Vers 20:
2 Mo 19, 13
Zu Vers 21:
5 Mo 9, 19
Zu Vers 22:
Offb 14, 1
Jes 52, 1
Hes 40, 2
Gal 4, 26
Phil 3, 20
Hbr 11, 10. 16
13, 14
Offb 21, 2. 10 ff
Offb 5, 11
Zu Vers 23:
2 Mo 32, 32
Jes 4, 3
Da 12, 1
Lk 10, 20
Phil 4, 3
Offb 3, 5
Lk 18, 7
2 Tim 4, 8
Jak 4, 12
Jak 5, 9
Offb 6, 10
Mt 8, 11
Mt 22, 32
Hbr 11, 13
12, 1
Offb 7, 9—17
Zu Vers 24:
Lk 22, 20
2 Ko 3, 6
1 Tim 2, 5
Hbr 7, 22
8, 6—10
9, 15—20
1 Pt 1, 2
1 Mo 4, 10
Hbr 11, 4
Zu Vers 25:
Hbr 2, 3
10, 28—29

Stimme von Worten, bei der die Hörer sich weigerten, daß nicht
20 **weiter zu ihnen geredet würde. * Denn sie ertrugen nicht, was**
angeordnet wurde: „Auch wenn ein Tier den Berg anrührt, soll
21 **es gesteinigt werden." * So furchtbar war die Erscheinung, daß**
22 **auch Mose sprach: „Ich bin voll Furcht und Zittern." * Sondern**
ihr seid zum Berg Zion und der Stadt des lebendigen Gottes ge-
kommen, dem himmlischen Jerusalem, und zu Zehntausenden
23 **von Engeln, zur Festversammlung * und der Gemeinde der Erst-**
geborenen, die im Himmel aufgeschrieben sind, und zu Gott, dem
Richter über alle, und zu den Geistern der vollendeten Gerechten,
24 *** und zu dem Mittler des Neuen Bundes, Jesus, und dem Blut**
der Besprengung, das besser (mächtiger) **redet als** (das Blut)
25 **Abel(s). * Seht zu, daß ihr den nicht abweist, der redet! Denn**
wenn jene nicht entfliehen konnten, die den abwiesen, der sich
auf Erden kundgab, wieviel weniger wir, die wir uns von dem
26 **abwenden, der vom Himmel her** (redet). *** Seine Stimme erschüt-**
terte damals die Erde; jetzt aber hat er verheißen: „Noch ein-
mal werde ich nicht allein die Erde, sondern auch den Himmel
27 **erschüttern." * Das „noch einmal" offenbart die Umwandlung**
der erschaffenen Dinge, die erschüttert werden, damit die uner-
28 **schütterlichen bleiben. * Darum wollen wir, weil wir ein uner-**
schütterliches Königreich empfangen, dankbar sein, wodurch wir
29 **Gott wohlgefällig dienen, mit Scheu und Furcht. * Denn auch**
unser Gott ist ein verzehrendes Feuer.

Noch einmal kehrt der Apostel zu dem beherrschenden Thema seines Briefes zurück und zeigt die große Überlegenheit der Gaben des Neuen Bundes gegenüber dem, was Israel zuteil wurde. Er hebt das durch die gegensätzliche Einleitung der beiden Gedanken hervor, die ihn in den Versen 18—24 beschäftigen: „Denn ihr seid nicht herzugekommen . . ." (*u gar proselälýthate* V. 18) — „Sondern ihr seid gekommen . . ." (*allá proselälýthate* V. 22). Bei aller Größe der atst Offenbarung wird hier doch ihre Grenze gezeigt: **„Dunkelheit, Finsternis, Sturm."** Der Apostel kennzeichnet den Alten Bund hier durch eine Schilderung des Sinaiereignisses, deren Einzelheiten er den Berichten in 2 Mo und 5 Mo entnommen hat. Die Begegnung Gottes mit Israel am Sinai war eine Kundgebung seiner heiligen Majestät. Das göttliche Wort der Gerichtsandrohung war für die Menschen nicht zu ertragen. Durch die Gegenüberstellung des Alten und Neuen Bundes werden der Ernst und die Bedeutung der atst Offenbarung nicht abgeschwächt. Die Heiligkeit Gottes wird im NT nicht verkleinert; aber sie wird überstrahlt von der Gnade Gottes. Die Begegnung Israels mit Gott und die Mittlerschaft des Mose behalten auch für die ntst Heilsgemeinde vorbildliche Bedeutung. Auch hier legt der Apostel größten Wert auf die Genauigkeit in den geschichtlichen Einzelheiten der Begegnung. **So furchtbar war die Erscheinung, daß auch Mose sprach: „Ich bin voll Furcht und Zittern."** Auch in der Zeit des Neuen Bundes bleibt die Begegnung mit dem lebendigen Gott etwas, das den Menschen bis in die Tiefen seiner Existenz erschüttert. Darin behält der Alte Bund mit seinen Ordnungen seine unauflösliche Bedeutung bis ans Ende der Zeiten, daß gerade im Gesetz die Heiligkeit Gottes gewahrt und den Menschen immer wieder der Abstand zwischen Gott und Mensch vor Augen geführt wird. Auf dem Hintergrund dieser ernsten Wirklichkeit entfaltet aber nun der Apostel den ganzen Reichtum der Offenbarung und Glaubenserfahrung im Neuen Bund. Gott verbirgt sich nicht mehr, sondern bietet die Gaben des Heils jedem an. Wer Gott in Christus begegnet und Vergebung findet, den erfüllt diese Begegnung nicht mit Schrecken, sondern mit dem Bewußtsein des Friedens und der Geborgenheit.

In den Versen 22–24 entfaltet er in dreifacher Weise das Zeugnis der ntst Offenbarung; er zeigt den Ort des Heils, er beschreibt die Gemeinde des Heils und spricht von dem König des Heils. **Ihr seid zum Berg Zion und der Stadt des lebendigen Gottes, dem himmlischen Jerusalem, gekommen.** Jetzt schon hat die Gemeinde vollen Anteil am Heil, das einmal sichtbar in dieser Welt aufgerichtet werden soll. **Zion** ist der **Gottesberg,** auf dem Gottes Herrlichkeit wohnt, auf dem nach dem Zeugnis des AT der Messias residieren[435] und von dem Gottes Heil und Segen für alle Völker ausgehen wird[436]. Wie die Erzväter Abraham, Isaak und Jakob (Hbr 11, 10. 16), so wartet auch die Gemeinde Jesu auf die **kommende**
Stadt Gottes (Hbr 13, 14), auf die zukünftige Offenbarung der Herr- 22
lichkeit Gottes. Die Gemeinde der Gläubigen des Neuen Bundes soll Anteil haben an der irdischen Machtentfaltung und ewigen Herrlichkeit Gottes; sie wird Heimatrecht bei Gott haben, sie wird zu Hause sein im **„himmlischen Jerusalem".** Die Stätte des Heils und der Rettung tritt dem Sinai, der Stätte des Gesetzes, gegenüber. Was im irdischen Jerusalem nur Schatten und Abbild war, ist der Gemeinde im himmlischen Jerusalem als Wirklichkeit gegeben: die unmittelbare Gegenwart Gottes. Wer wird im himmlischen Jerusalem (vgl. Offb 21–22) an der Herrlichkeit Gottes teilhaben? Der Apostel läßt für einen Augenblick die ganze Größe der Gemeinde des Heils aufleuchten. Seine Worte erinnern uns an die gewaltige Schau, die dem Seher Johannes zuteil wurde, und die er uns in Offb 4, 5. 7

Zu Vers 26:
Ri 5, 4–5
Ps 68, 8–9
Ps 77, 19
Ps 114, 7
Hag 2, 6
Mt 24, 29
Mt 27, 51
Mk 13, 24–25
Lk 21, 25–26
Offb 6, 12–14

Zu Vers 27:
Ps 96, 9–13
2 Pt 3, 10–13
Offb 20, 11
Offb 21, 1

Zu Vers 28:
Da 7, 14
Kol 1, 12
Lk 1, 74–75
Rö 1, 9
Phil 3, 3
2 Tim 1, 3
Hbr 9, 14
Offb 7, 15
Offb 22, 3

Zu Vers 29:
3 Mo 10, 1–2
4 Mo 16, 35
5 Mo 4, 24
5 Mo 9, 3
Jes 33, 14
Hbr 10, 31

[435] Ps 2, 7; 74, 2; Jes 8, 18; Joe 4, 17. 21.
[436] Ps 50, 2; Jes 2, 3; 28, 16; Joe 3, 5.

beschreibt. **„Zehntausende von Engeln"** sind im himmlischen Jerusalem, dem göttlichen Lebensraum, in dem unwandelbare Gerechtigkeit und völlige Harmonie herrschen. Auch hier spricht der Apostel wie Hbr 1, 14 nur von den guten Engeln, die in völligem Gehorsam Gott jederzeit zur Verfügung stehen. Die abgefallenen Engel werden im Bereich der Finsternis für das ewige Gericht festgehalten (2 Pt 2, 4; Jud 6). Damit öffnet der Apostel uns den Blick dafür, daß die Wirklichkeit des Reiches Gottes, in die wir hineingenommen sind, sich über Diesseits und Jenseits erstreckt. Durch Gottes Geist ist die Gemeinde auch in die Verbindung mit dem Reich der Engel eingetreten. Die Engel sind zwar unseren menschlichen Augen nicht sichtbar, aber sie sind doch eine ganz nahe Wirklichkeit.

Den guten himmlischen Mächten gesellen sich die **„Geister der vollendeten Gerechten"** zur Seite; der Autor meint wahrscheinlich die Gläubigen und Märtyrer des Alten Bundes, zu denen auch die Glaubenszeugen gehören, die er in Hbr 11 erwähnt hat, und von denen Jesus im Streitgespräch mit den Sadduzäern gesagt hat: „Gott ist nicht ein Gott der Toten, sondern der Lebenden; denn sie leben ihm alle" (Lk 20, 38). Wir müssen bei dieser Aufzählung immer wieder das Wort des Apostels hindurchklingen hören: Ihr seid gekommen! Es soll dem Leser deutlich werden, in welch hohem Maße die zukünftige Herrlichkeit bereits ihren Glanz mitten hinein in unser Erdendasein ausstrahlt. Die Gemeinde Jesu ist schon in dieser Zeit mit der oberen Welt verbunden.

23 Vereint mit den Glaubenszeugen des AT wird die **„Gemeinde der Erstgeborenen"** im himmlischen Jerusalem leben. Es gibt nicht nur „den Erstgeborenen" (Rö 8, 29; Hbr 1, 6), sondern auch eine „Gemeinde der Erstgeborenen", Menschen, deren Namen in der Ewigkeit vor Gott aufgezeichnet sind, Menschen, die die Vergebung ihrer Sünden durch das Blut Jesu Christi empfangen haben. An ihnen wird sich das Wort Jesu erfüllen: „Viele werden kommen vom Morgen und vom Abend und mit Abraham und Isaak und Jakob im Himmelreich sitzen" (Mt 8, 11). Mehrdeutig ist das Wort **„Festversammlung"** (grie *panáegyris*), das nur an dieser Stelle im NT steht. Im AT bedeutet es einfach „Fest" oder „Feiertag"[437]. Wir können es als Oberbegriff in der Aufzählung der einzelnen Gruppen der göttlichen Heilsgemeinde verstehen. Dann würde dadurch betont, daß die Schar der Erlösten in der ewigen Herrlichkeit Gottes eine feiernde und triumphierende Gemeinde ist. Im grie Satzbau ist es auch möglich, das Wort „Festversammlung" zu den „Zehntausenden von Engeln" hinzuzuziehen, dann müßten wir übersetzen: „Ihr seid

[437] Vgl. Hes 46, 11; Hos 2, 11; 9, 5; Am 5, 21 LXX.

zur Festversammlung der Zehntausenden von Engeln gekommen."
Das würde uns daran erinnern, daß die unzählbaren Scharen heiliger
Engel Gottes Thron umgeben, um ihm allezeit den Lobpreis und die
Anbetung darzubringen (vgl. Jes 6, 1–3; Offb 5, 11–12). Verstehen
wir aber das Wort „Festversammlung" als ein Glied in der Aufzäh-
lung der himmlischen Gemeinde, so kann dadurch nur eine Gruppe
von Menschen bezeichnet sein, die weder zu den Gläubigen des
Alten Bundes noch zur Gemeinde Jesu hinzugehören. Dazu dürften
wir dann das erlöste Volk Israel zählen (Rö 11, 26), das sich bei der
Wiederkunft Jesu zum Herrn bekehren wird (Sach 12, 10), und die
vielen Menschen aus den Nationen, die sich in der Zeit des Tausend-
jährigen Reiches Gott zuwenden werden. Inmitten der Gemeinde
des Heils schaut der Apostel den König des Heils. **Gott** bleibt
der Richter aller Menschen, er wird das letzte Wort in dieser Welt
und das gültige Urteil über unser Leben sprechen. Auch der Hbr weiß
davon, daß jedes Glied der Gemeinde einmal vor Gottes Thron er-
scheinen und Rechenschaft ablegen muß (vgl. 2 Ko 5, 10). Aber die
Gläubigen dürfen ihm mit getroster Zuversicht, ja sogar mit großer
Freude nahen (1 Jo 4, 17; zur Frage des Gerichtes Gottes über die
Gemeinde und die Welt vgl. W. Stb. Matth. S. 324. 334 und W. Stb.
Rö. S. 321). Denn ihm zur Seite steht **Jesus, der Mittler des Neuen** 24
Bundes; das ist die wichtigste aller Heilstatsachen, auch wenn der
Apostel sie erst gegen Ende seiner Aufzählung nennt. Denn allein
in ihm ist der Gemeinde das Heil geschenkt. Jesus ist der Mittler
und Versöhner, der auf sein Opferblut weist, das die Sünden der
Menschen tilgt. Der Apostel rühmt die Macht des Blutes Jesu, das
sich im Leben eines jeden Gläubigen unmittelbar wirksam erweist.
Das **Blut der Besprengung**[438] ist geradezu Kennzeichen des Königs
des Heils. Es tilgt nicht nur die Schuld und reinigt unser Leben von
der Sünde; als „Blut der Besprengung" erweist es auch seine Macht
in der fortwährenden Bewahrung und Heiligung unseres Lebens
und im Schutz gegen alle Angriffe der gottfeindlichen Mächte. Abels
Blut klagte vor Gott an, Jesu Blut rechtfertigt uns vor Gott. **Son-
dern ihr seid gekommen** – an diesem umfassenden Heil, das der
Apostel in den Versen 22–24 beschrieben hat, haben wir heute im
Glauben Anteil, es soll aber einmal sichtbar, gestalthaft vor
aller Welt offenbar werden.

Seht zu, daß ihr den nicht abweist, der redet! Es gibt keine Offen- 25
barung und Annahme des Heils ohne praktische Folgerungen für
unser Leben (vgl. Hbr 3, 12). Wie es der Apostel bereits in Hbr 2, 1–4
und 10, 19 ff gesagt hat, entspricht der Größe der Gottesoffen-

[438] Vgl. dazu die Auslegung von Hbr 9, 14 und 10, 22.

barung, die den Gläubigen zuteil geworden ist, auch die Größe der uns auferlegten Verantwortung. Wer Gottes Wort verachtet, es abweist oder sich seinem Anspruch zu entziehen versucht[439], geht einem schweren Gericht entgegen. Israel ging am Ungehorsam gegen Gottes Wort zugrunde; wer das Heilsangebot Gottes in Jesus Christus abweist, geht ewig verloren, verscherzt die Gnade Gottes in dieser und der kommenden Welt. Als Gott sich Israel am Sinai offenbarte, er-
26 bebte der Berg (2 Mo 19, 18). **Seine Stimme erschütterte damals die Erde.** Schon die atst Propheten wissen, daß im Erdbeben nicht nur die Vergänglichkeit alles Geschaffenen offenbar wird, sondern daß es sich hier um ein Vorzeichen des Endgerichtes Gottes handelt (vgl. Hes 38, 17—23). Am Ende der ntst Heilszeit wird Gott in machtvoller Weise in den Lauf des Weltgeschehens eingreifen, der Tag seines Erscheinens wird von gewaltigen irdischen Katastrophen begleitet sein[440]. Gerade dieser Hinweis auf das endzeitliche Geschehen muß uns nachdenklich machen. Der Apostel ruft die Gläubigen mit ganzem Ernst zur Heiligung ihres Lebens auf (V. 14). Aber er tut es eben nicht in der Weise, daß er ihnen eine Vielzahl von Geboten und Verhaltensmaßregeln auf den Weg gibt, die ihren Glauben in einen engen Panzer einschnüren und ihr geistliches Leben freudlos machen könnten. Er richtet ihren Blick vielmehr auf das Ende aller Dinge, auf die Wiederkunft Jesu (Hbr 10, 37—38) und den Anbruch
27 der neuen Welt. Die Endzeit bringt die endgültige sichtbare Offenbarung der Herrlichkeit Gottes, den Untergang alles Geschaffenen, das Erscheinen einer neuen, unvergänglichen Welt. Die Freude über das herrliche Ziel der Wege Gottes mit seinen Kindern und mit dieser Welt soll zur starken Kraft der Heiligung im Leben der Gläubigen werden (1 Jo 3, 3). Allein der Blick aufs Ziel, auf das Ende aller Geschichte, gibt uns den rechten Maßstab zur Beurteilung alles Irdischen: Alles Irdische, Sichtbare, ist vergänglich, es wird erschüttert werden. Nur das Unsichtbare, die unvergängliche kommende Herrlichkeit Gottes wird „nicht zu erschüttern" sein (vgl. 2 Ko 4, 18;
28 Hbr 11, 1. 3). Die glaubende Gemeinde des Herrn steht jetzt schon in Verbindung mit der unsichtbaren Welt Gottes. Wir haben jetzt schon Anteil am ewigen Königreich Gottes. Darum setzt auch der Dienst der Gemeinde Jesu im kommenden Königreich Gottes bereits in dieser Zeit auf Erden ein. **Darum wollen wir, weil wir ein unerschütterliches Königreich empfangen, dankbar sein[441], wodurch wir Gott**

[439] Das grie Wort *apostréphestai* bedeutet „sich von jemandem abwenden, jemanden verwerfen" und steht nur hier im Hbr.

[440] Das NT spricht von Erdbeben als Zeichen der Endzeit: Mt 24, 7, par: 27, 51. 54; 28, 2; Offb 6, 12; 8, 5; 11, 13; 16, 18.

[441] Grie *échein chárin* heißt „dankbar sein, Dankbarkeit hegen".

wohlgefällig dienen, mit Scheu und Furcht. Die rechte Dankbarkeit findet ihren Ausdruck im priesterlichen Dienst vor Gott. Jesu Opfer auf Erden möchte das Opfer unseres Lebens nach sich ziehen, das jeder Gläubige aus Dankbarkeit Gott darbringen soll (Rö 12, 1–2). In der Gemeinde Jesu ist es schon auf Erden möglich, Gott in wohlgefälliger Weise zu dienen (Phil 2, 13). Gott wohlgefällig (grie *euárestos*) ist das, was Gottes Willen entspricht. Weil Gott uns seinen Willen in seinem Wort kundtut, bleibt der Gehorsam gegen das Wort Gottes eine heilige Pflicht – und zugleich ein befreiendes Vorrecht – im Leben der Gläubigen. Unsere Teilhaberschaft an der neuen Welt und der Herrlichkeit Gottes entscheidet sich an unserer Stellung zum Wort Gottes. Wer es verachtet, geht ins Gericht. Gerade an unserer inneren Einstellung und äußeren Haltung dem Wort Gottes gegenüber wird deutlich werden, ob unser Dienst für den Herrn wirklich **mit Scheu und Furcht** geschieht. Auch im kindlichen Glauben und in der einfältigen Hingabe an den Herrn dürfen wir nie vergessen, daß wir es mit einem heiligen Gott zu tun haben[442]. Die Offenbarung der Heiligkeit Gottes an Israel bleibt auch für das neue
Bundesvolk gültig: **Denn auch unser Gott ist ein verzehrendes Feuer.** 29
Das verzehrende Feuer ist ein Bild für Gottes Heiligkeit, für sein Eifern und Richten (vgl. Mt 3, 12; 10, 28). Israel empfing nur eine vorläufige, begrenzte Offenbarung mit zeitlich-irdischen Verheißungen; und doch verpflichtete diese Offenbarung das Volk des Alten Bundes dazu, ein heiliges Volk Gottes zu sein. Das ntst Bundesvolk Gottes hat die volle Offenbarung des Heils und der Gnade empfangen. Uns sind ewige Verheißungen geschenkt worden. Auch uns gilt, was Israel gesagt wurde: Gnade verpflichtet! In weit höherem Maß als Israel sind wir aufgerufen, das heilige Volk Gottes zu sein; der Heilige Geist will unser Leben nach dem Wort und Willen Gottes gestalten. „Das ist der Wille Gottes: eure Heiligung" (1 Th 4, 3).

Zusammenfassung

Die Worte von der Heiligkeit Gottes (V. 10) und der Heiligung der Christen (V. 14) treten als Schlüsselworte des 12. Kapitels deutlich hervor und bilden die Klammer, durch die die verschiedenen Aussagen dieses Briefteils zusammengehalten werden. Beide Worte sind unmittelbar aufeinander bezogen, denn Heiligung wird nicht anders verstanden als die Wiederherstellung des Wesens Gottes – eben seiner Heiligkeit – in der Gottesebenbildlichkeit des erlösten Menschen. Gott prägt uns sein Wesen ein – das ist Heiligung. Ver-

[442] Die Wendung „mit Scheu und Furcht", grie *metá eulabeías kai déus*, erinnert an Hbr 12, 21 „ich bin voll Furcht und Zittern", ähnlich 1 Ko 2, 3; Eph 6, 5; Phil 2, 12.

gleichen wir die Grundgedanken von Kap 11 und Kap 12 miteinander, so fällt uns auf, daß die Wesensmerkmale, die in Kap 11 dem Glauben zugeordnet sind, in Kap 12 in etwas anderer Form von der Heiligung ausgesagt werden. Wir können nun weder sagen, der Glaube sei die Voraussetzung zur Heiligung, noch: die Heiligung sei eine Folge des Glaubens; vielmehr ist es so: was wir in unserem Denken und in der Verkündigung nur im Nebeneinander und Nacheinander uns bewußt machen können, bildet in Wirklichkeit eine Einheit. Glaube und Heiligung gehören als zwei untrennbare Lebensäußerungen der Christusbezogenheit des Gläubigen zusammen. Diese Tatsache vergegenwärtigen wir uns noch einmal an einem Überblick über Kap 12.

1. Heiligung und Nachfolge sind im Glauben eine Einheit; sie können nicht voneinander getrennt werden (Hbr 12, 1–3). „Aufsehen auf Jesus" bedeutet im Sprachgebrauch des Hbr nichts anderes als das Wort Jesu in den Evangelien: „Komm, und folge mir nach!" – „Er stand auf und verließ alles" (vgl. Mt 4, 18 ff), das entspricht der apostolischen Mahnung: „Laßt uns jede Last ablegen!"

2. Heiligung und Leiden sind nicht voneinander zu trennen (Hbr 12, 4–11). Gott hat die Menschen des Glaubens, von denen sein Wort berichtet (Hbr 11), nicht nur über Höhen, sondern auch durch Tiefen geführt. Leiden, die Gott in unser Leben hineinlegt, wollen uns daran erinnern, daß er uns nicht vergessen hat, im Gegenteil, daß er an unserem Wesen arbeitet, um es neu zu formen und brauchbar zu machen für seine ewige Herrlichkeit.

3. Zur Heiligung gehört die Wachsamkeit im geistlichen Leben (Hbr 12, 12–17). Ein alter Spruch, den wir hier anwenden dürfen, sagt: „Uns ist gegeben, auf keiner Stufe zu ruhen."

Glaubenserfahrungen, die Gott uns schenkt, dürfen nie Anlaß zur Selbstgefälligkeit werden, sollen uns nicht sicher machen, sondern sind Ansporn zu neuer Hingabe und neuer Bewährung. Unser Weg auf Erden geht immer „aus Glauben zu Glauben" (Rö 1, 17).

4. Die Heiligung empfängt ihre Impulse stets neu aus der Heilsfreude (Hbr 12, 18–24). Uns ist in der Gemeinschaft mit Christus, im Leben mit Gott so unermeßlich viel geschenkt, daß die „Freude am Herrn" (Neh 8, 10) auch die schweren, unverstandenen Führungen im Christenleben überstrahlen kann.

5. Heiligung ist Leben in der Verantwortung vor dem heiligen Gott (Hbr 12, 25–27). Diese Verantwortung schließt „horchen und gehorchen" ein. Im Leben mit Christus geht es nicht ohne das bereitwillige, betende Hören auf sein Wort in der Heiligen Schrift. Sein Wort allein ist Richtschnur für Glaube und Leben. Wer

Gottes Wort von sich weist und seine eigenen Maßstäbe aufrichtet, verliert Christus und mit ihm das ewige Heil.

6. Antriebskraft zur Heiligung ist die Hoffnung, die Gott uns auf unserem Weg geschenkt (Hbr 12, 28–29). Alles Streben nach einem gottwohlgefälligen Leben darf sich nie in sich selbst verfangen, sondern muß ausgerichtet bleiben auf das Ziel, das Gott selber ihm gesetzt hat — die Teilhabe an der ewigen Herrlichkeit, in der Gott in Vollkommenheit die Ehre und Anbetung empfängt, die in Wahrheit ihm allein gebühren.

18. Dritte Ermahnung: Nachfolge im Alltag

Hbr 13, 1–21

A. Ermahnung für das persönliche Leben

Hbr 13, 1–6

1/2 Die Bruderliebe soll bleiben. * Die Gastfreundschaft vergeßt
nicht; denn durch diese haben einige, ohne es zu wissen, Engel
3 beherbergt. * Gedenkt der Gefangenen als Mitgefangene, derer,
die Ungemach leiden, als solche, die auch selbst im Leibe sind.
4 * Ehrbar sei die Ehe bei allen und das Ehebett unbefleckt, denn
5 Unzüchtige und Ehebrecher wird Gott richten. * Frei von Geldgier
sei euer Lebenswandel (Sinnesart), **und laßt euch genügen an dem,**
was vorhanden ist. Denn er selbst hat gesagt: „Ich will dich nicht
6 verlassen noch versäumen!" * Daher können wir getrost sprechen:
„Der Herr ist mein Helfer; ich werde mich nicht fürchten; was soll
mir ein Mensch tun?"

Glaube und Heiligung gehören im Leben des Christen zusammen. Dabei handelt es sich aber nicht nur um die Zusammengehörigkeit theologischer Gedanken. Es geht vielmehr darum, daß wir die Erlösung durch das Blut Jesu und unsere Fremdlingschaft auf Erden im praktischen Leben verwirklichen. Darum läßt es der Apostel auch nicht nur dabei bewenden, daß er die Gläubigen in die großen Heilsgedanken Gottes und in den Reichtum der atst Offenbarung einführt. Es geht ja um die praktische Bewährung unseres Glaubens. Gott weiß um die verborgenen Motive unseres Herzens und schaut die geheimen Stunden unseres Lebens. Darum fügt der Apostel seinen grundsätzlichen theologischen Ausführungen eine Reihe von Ermahnungen hinzu, die eine Hilfe im Alltag des Glaubenslebens sein sollen. **Die Bruderliebe soll bleiben.** Wer zum „Königreich Gottes" (Hbr 12, 28)

Zu Vers 1:
Jo 13, 34–35
Jo 15, 12–13. 17
Rö 12, 10
1 Th 4, 9
2 Th 1, 3
1 Pt 1, 22
2 Pt 1, 7
1 Jo 2, 10
1 Jo 3, 11. 23
1 Jo 5, 1
2 Jo 5

Zu Vers 2:
Rö 12, 13
1 Tim 3, 2
1 Tim 5, 10
Tit 1, 8
1 Pt 4, 9
3 Jo 7–8
1 Mo 18, 1–16
1 Mo 19, 1–3
Ri 13, 2 ff

Zu Vers3:
Mt 25, 36
Hbr 10, 34
11, 36–37

Zu Vers 4:
5 Mo 22, 22–24

1 Ko 5, 13
1 Ko 6, 9
Eph 5, 5
Kol 3, 5
1 Th 4, 3–8
Offb 21, 8
Offb 22, 15
Zu Vers 5:
Spr 30, 8
Phil 4, 11
1 Tim 3, 3
1 Tim 6, 6–8
5 Mo 31, 6. 8
Jos 1, 5
Mt 6, 25
2 Ko 4, 9
Zu Vers 6:
Ps 118, 6
Mt 6, 34
Phil 4, 6
1 Pt 5, 7

gehört, beweist das in der Bruderliebe. Es gibt keine echte Liebe zum Herrn, die sich nicht in der Liebe zum Bruder Ausdruck verschafft (vgl. Mt 22, 36–40; 25, 40). Gerade im Nächsten, den wir uns nicht aussuchen können, gerade auch im Bruder und in der Schwester, die uns vom Herrn in der Gemeinde zur Seite gestellt sind, will uns der Herr selber begegnen. In Anfechtung und Verfolgung sind auch Kinder Gottes in der Gefahr, zuerst an sich selber zu denken; gerade angesichts drohender Schwierigkeiten gilt es, um so fester zusammenzurücken. Eine besonders hervorgehobene Weise der Bruderliebe ist die Gastfreundschaft, die unter Gliedern der Gemeinde Jesu die Möglichkeit vertiefter geistlicher Gemeinschaft gewährt. **Die Gastfreundschaft vergeßt nicht; denn durch diese haben einige, ohne es zu wissen, Engel beherbergt.** Der Verfasser denkt wohl an Lot in Sodom und Abraham in Mamre. Auch unter den ganz anderen Verhältnissen, in denen wir heute leben im Vergleich mit den Christen des 1. Jahrhunderts, behält das Wort seine Gültigkeit. Das Beispiel der Glaubensväter zeigt, daß auf der Gastfreundschaft ein besonderer Segen ruht. Wer Gastfreundschaft gewährt, ist nie allein
1/2 nur der Gebende, sondern selber auch immer der Empfangende. Kinder Gottes haben gerade hier die Möglichkeit, die Freude am Herrn und die Erfahrungen des Glaubens miteinander zu teilen und auszutauschen. Darum schreibt der Apostel Paulus den Römern: „Mich verlangt, euch zu sehen, um euch eine geistliche Gabe mitzuteilen, damit ihr gestärkt werdet, das heißt, damit ich bei euch mit getröstet werde durch den gemeinschaftlichen Glauben, euren und meinen[443]."
Gott gibt seiner Gemeinde immer wieder besondere Gelegenheiten,
3 die Bruderliebe unter Beweis zu stellen. **Gedenkt der Gefangenen als Mitgefangene, derer, die Ungemach leiden, als Menschen, die selbst noch im Leibe sind.** Offenbar liegen einzelne Glieder der Gemeinde um des Herrn willen im Gefängnis. Ihnen wird um ihres Glaubens willen schweres Leid zugefügt, sie werden geplagt und gequält[444]. Nun muß die Gemeinde erfahren, daß die Glieder am Leibe Christi alle in gleicher Weise gefährdet sind; „wenn ein Glied leidet, so leiden alle Glieder mit" (1 Ko 12, 26). Wenn der Apostel die Gläubigen, die sich noch auf freiem Fuß befinden, auffordert, ihrer „zu gedenken, sich ihrer zu erinnern", so sollen sie sich nicht nur geistig mit dem Schicksal ihrer leidenden Brüder auseinandersetzen, nicht nur für sie beten, sondern der Apostel verlangt praktische Fürsorge und die helfende Tat der Liebe. Dazu bestanden fraglos Möglichkeiten, denn die Märtyrerakten der frühchristlichen Kirche berichten uns häufig,

[443] Zu Rö 1, 11 f vgl. W. Stb. Rö S. 40.
[444] Das grie Wort *kakucheisthai* heißt „plagen, quälen" und steht auch Hbr 11, 37.

daß Christen verhaftete Gemeindeglieder im Gefängnis besuchen durften. „Christliche Liebe setzt sich an die Stelle des anderen und trägt fremdes Leid als eigenes[445]."

Die wahre Bruderliebe und die Erhaltung der Reinheit und Heilig- 4
keit der Ehe sind in einer nichtchristlichen Umwelt das stärkste Zeugnis der Gläubigen. Das hat auch der lateinische Kirchenvater Tertullian sehr stark empfunden, wenn er uns berichtet, daß die *Heiden* selber *von den Christen* sagen: „Siehe, wie sie sich untereinander lieben und wie einer für den anderen zu sterben bereit ist." Und er fährt dann fort: „Und so haben wir, die wir nach Geist und Seele innigst verbunden sind, keine Bedenklichkeit hinsichtlich der Mitteilung unserer Habe. Alles ist bei uns gemeinschaftlich, *nur nicht die Frauen*. In diesem Punkt, welcher der einzige ist, worin die übrigen Menschen Gemeinsamkeit haben, lösen wir die Gemeinsamkeit[446]." Erst im Leben des Christen, in der wiederhergestellten Gemeinschaft des Menschen mit Gott, erhält die Ehe ihre ursprüngliche Heiligkeit als Schöpfungsordnung Gottes (Mt 19, 3–9) zurück. Die Christusgemeinschaft bewirkt im Menschen keine leibfeindliche Einstellung, sondern befreit ihn erst zum vollen Ja zu seiner erlösten Geschöpflichkeit (vgl. Eph 5, 22–33). Wird die Ehe durch Unzucht und Ehebruch angetastet, so wird damit Gottes Gebot und Ordnung übertreten (1 Mo 1–2)[447]. Weil der Apostel weiß, daß der sittliche Zerfall und die geschlechtliche Zügellosigkeit der nichtchristlichen Umwelt auch in die Reihen der Gemeinde Eingang zu finden suchen (vgl. 1 Ko 5, 1), warnt er nachdrücklich vor sittlichen Verfehlungen: **Ehrbar sei die Ehe bei allen und das Ehebett unbefleckt, denn Unzüchtige und Ehebrecher wird Gott richten.** Er weiß, wieviel Sünde im Verborgenen geschieht, die nie vor einem menschlichen Gericht geahndet wird. Aber Gott hat die Macht, auch

[445] O. Michel, S. 330; vgl. dazu Gotthold Müller, Hebräerbrief, Halle 1903², S. 224: „Wie not tut dem Leidenden ein einziges Wort herzlicher Teilnahme, und wie karg sind wir doch so oft darin, wie völlig teilnahmslos oft gegen fremdes Wohl und Weh, selbstsüchtig nur mit den eigenen Angelegenheiten und Sorgen beschäftigt."

[446] Bibliothek der Kirchenväter, Bd. 24, 1915, Tertullian II, Apologetikum S. 143 f.

[447] O. Michel, S. 331: „Im AT ist Ehebruch die Verletzung einer *fremden Ehe* oder geschlechtlicher Verkehr der Ehefrau mit einem anderen Mann. Unzucht dagegen ist eine durch das Gesetz nicht erlaubte Beziehung zu einer ledigen weiblichen Person. Jüdischer Grundsatz ist: Ehebruch gibt es nur bei einer Ehefrau bzw. einer Verlobten. Ehebruch war nur dann strafbar, wenn er mit der Ehefrau eines Juden begangen war; außerdem mußte der Schuldige verwarnt sein und Zeugen der Tat sollten beigebracht werden. Verkehr mit einer Nichtjüdin war zwar straffrei, aber verpönt. Man maß im Judentum mit verschiedenem Maß: nur die Ehefrau, nicht aber der Ehemann brach durch eine solche Tat die *eigene* Ehe. Das Urchristentum bindet Mann und Frau unter das gleiche Gebot Gottes (Mk 10, 6 ff; 1 Ko 7, 4), hebt also die Ungleichheit der Geschlechter in der Bindung vor Gott und die Kasuistik des Gesetzes auf."

über die verborgenen Sünden zu richten, und er wird es an seinem Tag tun.

5/6 Ehebruch und Habsucht verletzen die wahre Liebe. Wahre Bruderliebe jedoch, Reinheit der Ehe und heilige Sorglosigkeit sind Kennzeichen der Menschen, die teilhaben an dem „unbeweglichen Königreich Gottes" (Hbr 12, 28). Wer das Bürgerrecht in der Welt Gottes besitzt (Eph 2, 19; Phil 3, 20), soll innerlich frei vom irdischen Besitz sein, weil er sich in der Fürsorge und dem Schutz Gottes geborgen weiß. Wieder sind es zwei atst Worte, in denen der Apostel Verheißung und Bekenntnis der Gemeinde Jesu findet. Das Wort des AT erschließt uns also nicht nur den Heilsratschluß Gottes von Schöpfung, Erlösung und Vollendung; es liefert auch nicht nur den Schlüssel zum rechten Verständnis des Weges und der gegenwärtigen Situation der Gemeinde (vgl. Hbr 12, 5—6), sondern es gibt uns auch praktische Ermahnungen und Ermunterungen für den Alltag des Glaubens. **Er selber hat gesagt: „Ich will dich nicht verlassen noch versäumen!"** Dabei bekümmert es den Apostel keineswegs, daß er die Verheißungen des AT aus dem gedanklichen Zusammenhang herauslöst, in dem sie ursprünglich gestanden haben. Denn für den Menschen, der in der Gemeinschaft mit Christus lebt, „sind alle Gottesverheißungen Ja und Amen" (2 Ko 1, 20). Mit seiner Mahnung, die er den beiden atst Worten vorausschickt, macht er aber zugleich deutlich, daß die Verheißungen Gottes im AT wohl vorbehaltlose, aber *nicht bedingungslose* Zusagen Gottes sind. Nur der, dem es nicht darum zu tun ist, seine persönlichen Ziele zu erreichen, der Gottes Sache in seinem Leben an erste Stelle setzt, der ernst macht mit dem Wort Jesu: „Trachtet am ersten nach dem Reich Gottes und nach seiner Gerechtigkeit!", der wird auch die Hilfe Gottes in jeder Lage erfahren und mit dem Beter des AT bekennen können: „Der Herr ist mein Helfer; ich werde mich nicht fürchten; was soll mir ein Mensch tun?"

B. Rechtes Verhalten in der Gemeinde

Hbr 13, 7—19

Zu Vers 7:
Hbr 13, 17. 24
Lk 22, 26
Apg 15, 22
1 Ko 4, 16
1 Ko 11, 1
Eph 5, 1

7 **Gedenkt eurer Vorsteher, die euch das Wort Gottes gesagt ha-**
ben; schaut den Ausgang ihres Wandels an und ahmt ihren Glau-
8 **ben nach! * Jesus Christus ist gestern und heute derselbe und in**
9 **Ewigkeit. * Laßt euch nicht durch mannigfaltige und fremde Leh-**
ren abbringen! Denn es ist gut, daß das Herz durch Gnade ge-
festigt wird, nicht durch Speisen, von denen die keinen Nutzen

10 **haben, die sich damit befassen. * Wir haben einen Altar, von dem**
11 **zu essen die kein Recht haben, die dem Zelte dienen. * Denn die**
Leiber der Tiere, deren Blut für die Sünde durch den Hohenprie-
ster in das Heiligtum hineingetragen wird, werden außerhalb des
12 **Lagers verbrannt. * Darum hat auch Jesus, damit er durch sein**
13 **eigenes Blut das Volk heilige, außerhalb des Tores gelitten. * Laßt**
uns also zu ihm hinausgehen außerhalb des Lagers und seine
14 **Schmach tragen. * Denn wir haben hier keine bleibende Stadt,**
15 **sondern suchen die zukünftige. * Durch ihn nun laßt uns Gott**
jederzeit ein Lobopfer darbringen, das heißt Frucht der Lippen,
16 **die seinen Namen bekennen. * Wohltätigkeit und Mitteilsamkeit**
vergeßt nicht; denn an solchen Opfern hat Gott Wohlgefallen.
17 *** Gehorcht euren Vorstehern und fügt euch, denn sie wachen über**
eure Seelen, weil sie Rechenschaft abzulegen haben, damit sie dies
mit Freuden tun und nicht mit Seufzen, denn das bringt euch
18 **keinen Nutzen. * Betet für uns! Denn wir sind überzeugt, ein**
gutes Gewissen zu haben, da wir in jeder Beziehung tadellos
19 (sittlich einwandfrei) **zu leben suchen. * Um so mehr aber er-**
mahne ich (euch), **dies zu tun, damit ich euch schneller wieder-**
geschenkt werde.

Der Apostel legt großen Wert darauf, daß der persönliche Bereich im Leben eines Christen und auch das Miteinander der Gläubigen in der Gemeinde vom Heiligen Geist geleitet und geprägt werden können. Im Glaubensleben geht es nicht ohne Führung und Gehorsam. Dreimal erwähnt er in diesem Kapitel die „Vorsteher"[448]: in Vers 17 werden die Empfänger angewiesen, ihnen zu gehorchen, in Vers 24 trägt er ihnen auf, alle Vorsteher zu grüßen, und hier ermahnt er die Gläubigen, an die bereits gestorbenen Vorsteher zu denken. Die Vorsteher der Gemeinde sind Männer, die das Leben der Gemeinde verantwortlich leiten, die ihr das Wort Gottes verbindlich auslegen. Sie entscheiden auf Grund ihres geistlichen Urteilsvermögens (Hbr 5, 14) in den konkreten Fragen des Gemeindelebens. Wir haben diese Männer sicher wohl in den Reihen der „Ältesten und Bischöfe" (Apg 20, 17. 28) zu suchen. Sie sollen in ihrem Lebenswandel eindeutig am Wort Gottes ausgerichtet, sie sollen Vorbilder sein (1 Tim 4, 12; 1 Pt 5, 3), ihnen soll die Gemeinde folgen. Die Erinnerung an die Glaubensväter (Hbr 11), auch an die Führer der Gemeinde in vergangenen Generationen, ist von bleibender Bedeutung. Denn nicht nur im Leben, sondern auch im „Ausgang ihres Wandels" (grie *ékbasis*), im Sterben des Gläubigen, soll die Herrlichkeit Gottes of-

Phil 3, 17
1 Th 1, 6
1 Th 2, 14
Hbr 6, 12
Zu Vers 8:
2 Mo 3, 14
Jes 41, 4
1 Ko 3, 11
Hbr 1, 12
7, 24
Offb 1, 17—18
Zu Vers 9:
Eph 4, 14
Kol 2, 20
1 Tim 4, 16
1 Tim 6, 3
2 Tim 1, 13
Tit 1, 9
Tit 2, 1
2 Jo 10—11
1 Ko 1, 6
2 Ko 1, 21
Rö 14, 17
1 Ko 8, 8
Kol 2, 16. 21—22
Hbr 9, 10
Zu Vers 10:
Hbr 8, 4—5
Zu Vers 11:
3 Mo 16, 27
Hbr 9, 11—12
Zu Vers 12:
Mt 21, 39
Mk 12, 8
Lk 20, 15
Jo 19, 17. 20
Apg 7, 58
2 Ko 5, 21
Zu Vers 13:
Hbr 11, 26
12, 2
Mt 5, 11
Zu Vers 14:
Gal 4, 26
Hbr 11, 10. 16
12, 22
Offb 21, 2
Zu Vers 15:
3 Mo 7, 11—12

[448] Das grie Wort *hägúmenoi* ist sinnverwandt mit *prohistámenoi* in Rö 12, 8; 1 Th 5, 12.

2 Chro 29, 31
Ps 50, 14. 23
Jes 57, 19
Hos 14, 2
Eph 5, 20
1 Pt 2, 5
Zu Vers 16:
Jes 58, 7
Hos 6, 6
2 Ko 8, 1 ff
2 Ko 9, 6—7
Gal 2, 10
Phil 4, 18
Zu Vers 17:
1 Ko 16, 15—16. 18
Phil 2, 29
1 Th 5, 12—13
2 Th 3, 14
1 Tim 5, 17
Hbr 13, 7
Hes 3, 17—18
Hes 33, 7
Mt 12, 36
Lk 16, 2
Apg 19, 40
Rö 14, 12
1 Pt 4, 5
Hbr 4, 13
Zu Vers 18:
Rö 15, 30
2 Ko 1, 11
Eph 6, 19
Kol 4, 3
1 Th 5, 25
2 Th 3, 1
Apg 23, 1
Apg 24, 16
1 Ko 4, 4
2 Ko 1, 12
1 Tim 3, 9
1 Pt 3, 16
Zu Vers 19:
Phil 1, 24—26

fenbar werden[449]. Ihr Glaube ist darin vorbildlich, daß er sich im Wandel der Generationen immer an den einen unwandelbaren Herrn gehalten hat. Auch Vorsteher und Leiter einer Gemeinde, auch vom Herrn gesegnete Knechte Gottes sterben; aber **Jesus Christus ist gestern und heute derselbe und in Ewigkeit.** Während die irdische Gestalt der Gemeinde im Wechsel der Generationen einem fortwährenden Wandel unterliegt, bleibt Jesus Christus immer der gleiche. Als der „Christus gestern" ist er der Gottessohn, der vor aller Zeit in der Herrlichkeit Gottes lebte, der ins Fleisch kam und gekreuzigt wurde, der die Erlösung einer verlorenen Welt erwirkt hat. Als der „Christus heute" ist er der auferstandene Gottessohn, der als Hoherpriester zur Rechten Gottes thront und durch seinen Heiligen Geist in den Gläubigen wirkt, um seine Gemeinde auf Erden zu sammeln und zu vollenden. Als der „Christus in Ewigkeit" ist er der wiederkommende Gottessohn, der sein ewiges Königreich in dieser Welt aufrichten wird.

Vers 8 weist zurück auf die Offenbarung Gottes am Sinai, in der Gott sich Mose bekanntgab als der „Ich bin, der ich bin" (2 Mo 3, 14); Jesus hat teil an der Ewigkeit Gottes; wie er selbst ewig ist, hat er auch einen ewigen Dienst empfangen (Hbr 7, 17. 25). So führt der Apostel seine Leser zurück zu dem Gedanken, den er an den Anfang seines Briefes gestellt hatte (Hbr 1, 12), als er das Wort Ps 102, 27 auf Christus deutete: „Du bleibst derselbe, und deine Jahre nehmen kein Ende!"

Laßt euch nicht durch mannigfaltige und fremde Lehren abbringen[450]! Ein wichtiges Kennzeichen des unreifen, ungefestigten Christen ist seine Beeinflußbarkeit durch irrige Lehren (Eph 4, 14). Im Hbr hat der Apostel „feste Speise" für gereifte Christen vermittelt. Aus der empfangenen Unterweisung sollen die Gemeindeglieder nun die Konsequenzen ziehen. Die Reinheit und Klarheit des persönlichen Verhältnisses zu Christus und der untadelige Wandel des Christen sind wichtig, aber ebenso wichtig ist eine eindeutige biblische Lehrbildung, die sich allein am Wort Gottes ausrichtet. Jede irrige Lehre hat unausweichliche Folgen auch im persönlichen Leben derer, die sie übernehmen und verkündigen. Das Wort des Herrn
bleibt in alle Ewigkeit das gleiche. Aber es gehört zu den notvollen
9 Erscheinungen im Raum der Gemeinde, daß immer wieder in den
eigenen Reihen Menschen auftauchen, die „mannigfaltige und fremde", d. h. unrichtige Lehren verkündigen (Apg 20, 30). Darum gelten allen Christen die Mahnungen der Bibel, festzuhalten an dem zuver-

[449] Auch das Wort des Sterbenden hat in der Bibel besonderes Gewicht (1 Mo 48, 21; 49, 1); vgl. die Auslegung zu Hbr 11, 20—22.

[450] Das grie Wort *paraphéresthai* heißt „sich abdrängen lassen" und steht nur hier im Hbr.

lässigen Wort Gottes, an der gesunden Lehre, die in der beschwörenden Bitte des Apostels Paulus gipfeln: „Gib acht auf die Lehre!" (vgl. 1 Tim 4, 16; 6, 3; 2 Tim 1, 13; Tit 1, 9; 2, 1)[451]. Letztlich stehen hinter jeder Irrlehre die bösen geistigen Mächte, die ihre ganze bezaubernde, überzeugende Macht zu entfalten versuchen, um die Gläubigen aus der „Einfalt in Christus" (2 Ko 11, 3) abzudrängen und ins Verderben zu ziehen. „Das Urchristentum weiß von der Gewalt fremder Geistesbewegungen, warnt aber die Gemeinde davor, sich von ihnen tragen zu lassen[452]." Nur so können wir die apostolische Mahnung recht verstehen: „Wenn jemand zu euch kommt und diese Lehre nicht bringt, so nehmt ihn nicht ins Haus auf und begrüßt ihn nicht! Denn wer ihn begrüßt, nimmt teil an seinen bösen Werken" (2 Jo 10 f). An manchen Orten werden die Irrlehrer ihre neuen Erkenntnisse verkündigt und „Speisegebote" als heilbringend angepriesen haben. Nicht nur die Hebräerchristen, auch die heidenchristlichen Gemeinden standen vor dem gleichen Problem[453]. Dem widerspricht der Apostel hier deutlich: **Es ist gut, daß das Herz durch Gnade gefestigt wird, nicht durch Speisen, von denen die keinen Nutzen haben, die sich damit befassen.** Die Glaubensfestigkeit des menschlichen Herzens wird nicht durch Übung äußerer, gesetzlicher Frömmigkeit, sondern als Wirkung der Gnade Gottes gewonnen[454]. Wer sein Leben in der Verkündigung von Jesus Christus verwurzeln läßt, wird auch durch die Gnade Gottes befestigt (1 Ko 1, 6). Wer die frohe Botschaft vom Heil in Jesus Christus annimmt, dessen Herz wird in das Unsichtbare und Zukünftige, in die Wirklichkeit Gottes selbst eingesenkt, so daß es von diesem Wurzelgrund aus lebt und wächst. So kommt es zu der Glaubensfestigkeit, die unwandelbar an Gott festhält (vgl. Jos 14, 8. 9. 14).

[451] Berleburger Bibel, S. 84: „Darum laßt euch nicht so herumtreiben mit mancherlei Lehren, die einen Schein der Weisheit und Wahrheit haben; welches zum Vorwand gebraucht wird, weil das Eingang hat, wenn die Leute von einer Lehre hören. Laßt euch nicht einnehmen, verführen, und wie von einem Wind umtreiben im Kreis herum. Der Mensch ist sehr flüchtig und geht nicht aufs Zentrum der Sache, sondern bleibt außerhalb drum herum, und macht sich da viel Wesens. Und der Feind suchet allerhand Mancherlei mit drein zu mengen, daß es bunt durcheinander geht. So gings den Hebräern: Da kamen viele, und ein jeder wollte eine Rarität haben. Weil das Christus wohl wußte, so sagte er bei seinem Abschied, sie sollten sich nicht zerstreuen lassen. Dies ist sonderlich nötig auf Universitäten, da ein beständiger Jahrmarkt ist. Wer sich da nicht an etwas Gewisses hält, der kann sich schwerlich erhalten."

[452] O. Michel, S. 338, Anm. 3.

[453] Vgl. Kol 2, 16—22, dazu W. Stb. Kol., S. 234 f. Im gleichen Sinne ist die Aussage des Apostels Paulus 1 Ko 8, 8 zu verstehen: „Speise aber wird uns vor Gott nicht angenehm machen. Weder sind wir im Nachteil, wenn wir nicht essen, noch sind wir im Vorteil, wenn wir essen."

[454] Das freiwillige Fasten nach der Anweisung Jesu Mt 6, 16 ff ist etwas ganz anderes und liegt nicht im Blickfeld unseres apostolischen Wortes; vgl. W. Stb. Matth. S. 77.

10 Noch einmal strahlt die ganze Größe und Herrlichkeit des Neuen Bundes auf. Altes und neues Bundesvolk Gottes besitzen eine gottesdienstliche Ordnung; in der Gemeinde gilt die neue bessere Opferordnung. Der atst Opferdienst war ein irdischer Dienst; der Dienst der Gemeinde trägt himmlischen Charakter und weist auf die ewige Welt. So, wie der himmlische Dienst Jesu von dem Dienst der Priester auf Erden (Hbr 8, 4–5) unterschieden – geradezu entgegengesetzt – erscheint, so ist es auch mit der Anteilhabe am Opfer Jesu. Wer das Heil in Christus gefunden hat, kann seine Rettung nicht mehr von der Einhaltung atst Opferordnungen erwarten. Die Heilszeit des Alten Bundes ist zu Ende gegangen, die Heilszeit des Neuen Bundes hat begonnen.

Gerade Vers 10 scheint manches beizutragen zur Klärung der Frage, wer denn eigentlich die Empfänger unseres Briefes gewesen sein könnten. Legt es der Wortlaut nicht nahe, an eine Gruppe innerhalb einer Gemeinde zu denken, möglicherweise an die Priester, die in Jerusalem zum Glauben gekommen (Apg 6, 7) und bei der Verfolgung nach der Steinigung des Stephanus nach Antiochien geflohen waren (Apg 8, 1; 11, 19)[455]? In diesem Zusammenhang ließe sich die Anspielung auf die Ausübung des priesterlichen Dienstes am besten verstehen: **„Wir haben einen Altar, von dem zu essen die kein Recht haben, die dem Zelte dienen."** Damit wäre dann im Gegensatz zur Gemeinde die Priesterschaft in Jerusalem gemeint. Dagegen ist folgendes einzuwenden: Mit großer Wahrscheinlichkeit ist der Hbr erst nach der Zerstörung Jerusalems abgefaßt worden. Damals gab es keinen Opfergottesdienst mehr. Außerhalb Jerusalems bestand auch vor der Zerstörung der Stadt keine Möglichkeit zum Opfer nach atst Gesetz. Nun ist es aber nicht zufällig, daß auch an unserer Stelle der Verfasser nicht vom Tempel, sondern nur vom „Zelt" der Stiftshütte spricht. Er denkt also wieder an die ursprüngliche priesterliche Ordnung. So dürfen wir annehmen, daß es ihm bei seiner Aussage um einen grundsätzlichen theologischen Gedanken geht, er aber weniger die historischen Gegebenheiten seiner Zeit im Auge hat; er gebraucht einen bildhaften Vergleich.

Die Gemeinde hat einen Altar, auf dem das vollkommene Opfer dargebracht wurde: das Kreuz Jesu[456]. Die Glaubenden haben daran Anteil. Wer Gott und seinem Wort den Glauben verweigert, weiß nichts „von der speisenden, nährenden Kraft, die Jesu Tod be-

[455] Vgl. in der Einleitung den Abschnitt „Empfänger", dazu Anm. 18.

[456] Das Wort „Altar" gewinnt hier die Bedeutung von „Opfer"; vgl. F. F. Bruce, S. 399. Einen ähnlichen Gedanken finden wir 1 Pt 2, 24: „Er hat unsere Sünden an seinem Leibe selber an das Holz hinaufgetragen."

sitzt[457]". Darum können die Glieder der Gemeinde keine Gemeinschaft haben mit Menschen, die Jesus Christus ablehnen. Die atst 11
Ordnung beim Vollzug des Opfers war nur sinnbildliche Handlung und enthielt den unmittelbaren Hinweis auf den Opfergang Jesu ans Kreuz. Das Blut des Opfertieres, das am großen Versöhnungstag zur Sühnung aller Sünden Israels sterben mußte, wurde in das Allerheiligste getragen (Hbr 9, 11—12); der Leichnam des Tieres wurde außerhalb des Lagers verbrannt (3 Mo 16, 27). Auch diese Einzelheiten sind also nicht willkürlich festgesetzt, sondern entsprechen dem Willen und Heilsplan Gottes und finden erst vom NT her letzte Aufhellung und verbindliche
Deutung. **Darum hat auch Jesus, damit er durch sein eigenes Blut** 12
das Volk heilige, außerhalb des Tores gelitten. Jesus hat die wahre Erfüllung der atst Opfer gebracht und sich im Vollzug der Selbsthingabe ganz unter die Ordnungen des Alten Bundes gestellt. Aber die freiwillige Hingabe seines Lebens war mehr als alle Tieropfer, die je dargebracht wurden. Er starb außerhalb der Tore der Gottesstadt, der „Stadt des großen Königs" (Mt 5, 35). „Nach dem AT wird der Schuldige außerhalb des Lagers zu Tode gebracht (3 Mo 24, 14; 4 Mo 15, 35). Hier aber stirbt der rechte Hohepriester selbst außerhalb des Tores, um das schuldige Volk zu heiligen[458]." Sein Blut hat reinigende und heiligende Kraft für die Menschen, die sich unter die Besprengung mit seinem Blut stellen. Niemand kann aber Vergebung, Reinigung und Heiligung empfangen, d. h. in die Lebensgemeinschaft mit Christus eintreten, der nicht auch in die „Gemeinschaft seiner Leiden" kommen will. Das drückt der Apostel in
den Worten aus: **Laßt uns also zu ihm hinausgehen außerhalb des** 13
Lagers und seine Schmach tragen. Jesus starb vor den Toren Jerusalems den Tod eines Verbrechers, er war damit ausgeschlossen aus der Heilsgemeinschaft Israels (5 Mo 21, 23; Gal 3, 13). Er ging freiwillig (Phil 2, 6—8) den Weg äußerster Schmach und Schande. Diese innere Bereitschaft fordert der Herr auch von seiner Gemeinde. „Das Christsein bedeutet den inneren Bruch mit der Welt, die nicht an Christus und sein Sühnopfer glaubt, und die sich in ihrem Leben und Handeln nicht von ihm bestimmen läßt. Das ist eine Tatsache, die Schmach, Leid und Anfechtung mit sich bringt. Denn hier wird der Lebensordnung der Welt die Lebensordnung der Gemeinde entgegengesetzt. Und hier gibt es keinen Ausgleich, sondern nur ein Nebeneinander oder in ernsten Entscheidungsstunden ein Widereinander[459]." Der Weg der Nachfolge wird immer ein verachteter

[457] A. Schlatter, S. 430.
[458] O. Michel, S. 345.
[459] J. Schneider, S. 129.

Weg bleiben, der aber – wie der Weg des Mose (Hbr 11, 26) und der Weg des Christus (Hbr 12, 2) – zu einem herrlichen Ziel führt[460]. Wer „außerhalb des Lagers" steht, hat kein Heimatrecht in dieser
14 Welt; das bezeugt der Apostel mit den Worten: **Wir haben hier keine bleibende Stadt, sondern suchen die zukünftige.** Der Verfasser erinnert uns noch einmal an das, was er bereits Hbr 11, 10. 16 und Hbr 12, 22 von der Stadt Gottes, dem „himmlischen Jerusalem" gesagt hatte. Die ntst Gemeinde übernimmt das Erbe des atst Gottesvolkes, das seit der Berufung Abrahams als wanderndes Volk nach der ewigen Heimat unterwegs ist. Gott selber führt uns durch seinen Heiligen Geist und bringt uns sicher ans Ziel!

15 Noch einmal greift der Apostel den Gedanken des Opfers auf, der bereits in den Versen 10–12 anklang. Jesus Christus hat mit seinem einzigartigen Opfer die gesamte atst Opferordnung aufgehoben. Durch ihn tritt ein neuer Opferdienst in Kraft, der sich im Leben der Gotteskinder in Gebet, Zeugnis, praktischer Nächstenliebe und Gehorsam auswirkt. Das Dank- und Lobopfer, das im AT eingesetzt wurde (3 Mo 7, 12), wird im NT nicht aufgehoben, nur seine äußere Gestalt wandelt sich. Es ist ein Opfer, das aus innerstem Antrieb des Herzens kommen soll (2 Chro 29, 31). Im Gottesvolk des Alten Bundes war das Lobopfer die Antwort des Menschen auf besondere Erfahrungen der Güte Gottes (Ps 107, 22; 116, 17). Den Gliedern des neuen Gottesvolkes wird durch Gottes Geist die Kraft zuteil, das Dankopfer, den Lobpreis Gottes im Gebet, in jeder Lage, auch unter den größten Schwierigkeiten darzubringen (Apg 16, 22–25)[461]. Das rechte Lobopfer, die „Frucht der Lippen" (vgl. Hos 14, 2) zeigt sich aber nicht nur im Gespräch des Beters mit Gott (Ps 141, 2), sondern ebenso im Zeugnis von dem erfahrenen Heil in Jesu Namen.

16 Immer wieder ist es dem Apostel darum zu tun, Glaube und Heiligung, rechte Lehre und rechtes Tun, Bekenntnis mit Worten und Bekenntnis durch den Lebenswandel den Lesern seines Briefes als eine unlösbare Einheit vor Augen zu stellen. Zur „Frucht der Lippen" gehört auch die helfende Tat[462]. Dort, wo im Leben und in der Frömmigkeit des AT die vielen Opfer standen, steht im Leben der Gemeinde die Lebenshingabe an Gott im praktischen Dienst am Nächsten. Die Liebeswerke haben weder sühnenden noch verdienstlichen Charakter. Aber gegenüber den gesetzlichen Opfern, die der Gläubige nicht mehr bringen soll, bleiben die Werke der Barmherzigkeit rechte,

[460] Vgl. Jes 52, 11; 2 Ko 6, 17; Offb 18, 4.
[461] Vgl. Phil 4,4.
[462] Vgl. die Auslegung zu Hbr 12, 11 „Frucht der Gerechtigkeit".

Gott wohlgefällige Opfer[463]. Damit kehrt der Apostel wieder zum Ausgangspunkt seiner Ermahnungen zurück und betont, daß Liebe zum Herrn und Liebe zum Bruder unlösbar zusammengehören.

Seine Anweisungen zum rechten Verhalten in der Gemeinde hatte 17
der Apostel damit eingeleitet, das er zunächst der b e r e i t s h e i m - g e r u f e n e n Vorsteher (grie *hägúmenoi*) gedachte, sie waren die verantwortlich leitenden Brüder in der Gemeinde, denen in besonderer Weise die Verkündigung des Wortes Gottes übertragen war. Jetzt spricht der Apostel von der Verantwortung der Gemeinde gegenüber den n o c h l e b e n d e n leitenden Männern der Gemeinde. **Gehorcht euren Vorstehern und fügt euch, denn sie wachen über eure Seelen, weil sie Rechenschaft abzulegen haben, damit sie dies mit Freuden tun und nicht mit Seufzen, denn das bringt euch keinen Nutzen**[464]. Gott hat seiner Gemeinde geistliche Lebensgesetze gegeben, die wir beachten müssen. Dazu gehört, daß der Herr sich aus seiner Gemeinde Menschen beruft, denen er ein besonderes Maß an Verantwortung auferlegen und denen er die Führung seiner Gemeinde anvertrauen kann[465]. Führer und Hirte sein bedeutet Vorbild im Glauben (V. 7) und Verkündiger des Wortes Gottes zu sein. Es schließt aber auch die Notwendigkeit in sich, einmal vor Gott für die anvertrauten Menschen Rechenschaft ablegen zu müssen[466]. In diesem Sinne kann Jakobus mahnen: „Liebe Brüder, unterwinde sich nicht jedermann Lehrer zu sein, und wisset, daß wir desto mehr Urteil empfangen werden" (Jak 3, 1)! Es gibt aber auch in der Gemeinde für den einzelnen keine vermehrte Verantwortung, ohne daß den betreffenden Menschen ein erhöhtes Maß an Autorität zugestanden wird. Deshalb können die Vorsteher den Gehorsam der Gemeindeglieder beanspruchen; die rechte brüderliche Ordnung und Unterordnung wirkt sich nicht nur in der gegenwärtigen Lage der Gemeinde förderlich aus, sondern sie bedeutet Segen für alle Beteiligten, der in die Ewigkeit reicht.

Der Gehorsam soll nicht eine widerwillige Unterordnung sein, 18
sondern aus innerer Einsicht und brüderlicher Liebe kommen. In dieser Haltung können die Gläubigen die geistliche Verpflichtung zur Fürbitte für die von Gott bestätigten Vorsteher übernehmen. **Betet für uns!** Mit diesen drei Worten umreißt der Apostel die unerschöpf-

[463] Vgl. Hos 6, 6.

[464] Das grie Wort *alysiteláes* heißt „unnütz, nachteilig, schädlich"; es findet sich sonst weder in der LXX noch im NT.

[465] Vgl. Ri 5, 2. 9 MÜ: „Daß Führer an der Spitze standen in Israel ... dafür preiset den Herrn! — Mein Herz gehört den Führern Israels, denen, die willig sich zeigten im Volk: — Preiset den Herrn!"

[466] Vgl. die Verantwortung der Propheten vor Gott im AT Hes 3, 17—18; 22, 30; 33, 7—8.

lichen Möglichkeiten, aber auch die Verantwortung der Gemeinde, in
verborgener Weise mitzuwirken an der Ausbreitung des Evangeliums,
der Sammlung und Vollendung der Gemeinde bis zur Wiederkunft
des Herrn (vgl. 2 Pt 3, 12). Der Aufruf zu anhaltendem Gebet und
zur Fürbitte für alle Gläubigen, besonders aber für die Männer, die
von Gott mit der missionarischen Verkündigung des Evangeliums
betraut worden und damit dem Widerspruch und der Feindschaft der
ungläubigen Welt in erhöhtem Maße ausgesetzt sind, durchzieht das
ganze NT. Durch das Gebet bewegen die Kinder Gottes den Arm
ihres himmlischen Vaters; die Fürbitte greift unmittelbar in die Aus-
einandersetzungen in der unsichtbaren Welt ein; darum bittet Paulus
die Christen in Rom: „Ich ermahne euch aber, liebe Brüder, durch
unseren Herrn Jesus Christus und durch die Liebe des Geistes, daß
ihr mir *helfet kämpfen mit Beten* für mich zu Gott"
(Rö 15, 30). Der Apostel, der den Hebräerchristen schreibt, weiß sich
innerlich berechtigt, die Gläubigen zur Fürbitte für sich aufzurufen:
**Denn wir sind überzeugt, ein gutes Gewissen zu haben, da wir in
jeder Beziehung tadellos zu leben suchen.** Natürlich gibt es für jeden
wiedergeborenen Menschen die Möglichkeit, die Erlösung durch das
Blut Jesu, die wir erfahren haben, auf dem Glaubensweg festzuhalten
und zu bewahren; wir können ein gutes Gewissen haben und ein
geheiligtes Leben führen. Aber in den Worten des Apostels handelt
es sich offenbar nicht um eine allgemeine Aussage, die er über sein
Glaubensleben macht. Er hat auch den staatlichen Mächten gegen-
über, die einen Druck auf die Gemeinde ausüben (Hbr 10, 32—34;
12, 4), ein gutes Gewissen. Niemand kann ihm etwas vorwerfen
19 (vgl. 1 Pt 4, 15—16). Nur deshalb kann er auch die Gemeinde zu ver-
mehrter Fürbitte aufrufen, weil diese Fürbitte seinem Dienst gilt,
den er um des Herrn willen an den Gläubigen tut. Seine eigene Per-
son tritt dabei ganz in den Hintergrund. Unter diesen Voraussetzun-
gen ist die Fürbitte der Gemeinde eine Macht vor Gott (vgl. Apg
12, 5). Damit unterstreicht der Apostel noch einmal, was er den Gläu-
bigen durch seine Ermahnungen einschärfen wollte: Wird unser
Leben im persönlichen Bereich vom Wort Gottes und der Kraft des
Heiligen Geistes gestaltet, so finden wir auch im gemeinsamen Le-
ben der Gläubigen in der Gemeinde zur rechten brüderlichen Ord-
nung und gemeinsamen Verantwortung vor dem Herrn.

C. Segensspruch

Hbr 13, 20—21

Zu Vers 20:
Rö 15, 33

20 Der Gott des Friedens aber, der den großen Hirten der Schafe von den Toten heraufgeführt hat durch das Blut eines ewigen Bun-

21 **des, unseren Herrn Jesus, * der rüste euch mit allem Guten aus, um seinen Willen zu tun, und schaffe in uns, was vor ihm wohlgefällig ist, durch Jesus Christus, dem die Herrlichkeit gebührt von Ewigkeit zu Ewigkeit. Amen.**

Rö 16, 20
1 Ko 14, 33
2 Ko 13, 11
Phil 4, 9
1 Th 5, 23
Jes 63, 11
Hes 34, 23
Jo 10, 14
1 Pt 2, 25
1 Pt 5, 4
Jes 55, 3
Hes 37, 26
Sach 9, 11
Lk 22, 20
Hbr 7, 22
8, 6
9, 12
Zu Vers 21:
Phil 2, 13
Rö 16, 27
Gal 1, 5
Eph 3, 21
Phil 4, 20
1 Tim 1, 17
2 Tim 4, 18
1 Pt 4, 11
2 Pt 3, 18
Jud 25
Offb 1, 6
Offb 4, 11

Eben noch hatte der Apostel die Gemeinde zur Fürbitte aufgerufen; jetzt betet er selber für die Gläubigen, an die er seinen Brief gerichtet hat. Seine lehrhafte Unterweisung und alle Ermahnungen, die er der Gemeinde geschrieben hat, faßt er in diesem Gebetswunsch zusammen. Mit ganz einfachen Worten des Lobpreises und der Fürbitte schließt er seinen Brief und richtet noch ein letztes Mal den Blick der Gläubigen auf Person und Werk Jesu Christi, der Mittelpunkt seines ganzen Briefes ist. Diese Verse haben besondere Bedeutung, weil sie ein Hymnus sind. Nachdem der Apostel über die erhabene Person Jesu und sein einzigartiges Erlösungswerk gesprochen hat, bleibt ihm nur noch eines — die Anbetung! So will der Apostel auch uns heute durch die großen Heilsgedanken Gottes leiten, uns zur Verwirklichung des Glaubens im Alltag helfen und schließlich zur rechten Anbetung Gottes führen.

Inmitten aller Not und Bedrängnis, angesichts einer drohenden Welle der Verfolgung und des Martyriums, wendet sich der Apostel an den **„Gott des Friedens"**. Mit dieser Anrede Gottes spricht er die Erfahrung aller Gläubigen des Alten und Neuen Bundes aus. Schon Gideon hatte im Kampf mit der vielfachen Übermacht der Midianiter die Gegenwart und Hilfe des Herrn erfahren und einen Altar mit
dem Bekenntnis errichtet: „Der Herr ist der Friede!" (Ri 6, 24)[467]. 20
Der Gott des Friedens war der Gott der Väter, er ist auch der Gott der Gläubigen des Neuen Bundes, die sich in seinem Frieden geborgen wissen. Der Apostel knüpft am atst Bild des guten Hirten an, um von dem Heilswerk Jesu zu sprechen, das er für uns vollbracht hat. Was der allmächtige Gott in seiner Verborgenheit für Israel war, der „Hirte Israels" (Ps 23; 80, 2), das ist Jesus Christus, der im Fleisch offenbarte Gottessohn, für die Gemeinde des NT[468]. Jesus hat gesagt: „Ich bin der gute Hirte. Der gute Hirte läßt sein Leben für die Schafe" (Jo 10, 11). **Jesus** ist der **große Hirte der Schafe,** der sein Hirtenamt in einzigartiger Weise ausübt (vgl. 1 Pt 5, 4). Er ging für uns in den Tod. Gott hat ihn für uns auferweckt. „Er wurde um unserer Übertretungen willen in den Tod gegeben und um unserer Gerechtsprechung willen auferweckt" (Rö 4, 25). Durch sein Leiden und Sterben, mit seinem Blut, hat Jesus den ewigen Bund begründet, der uns die unwandelbare Gemeinschaft mit Gott zu-

[467] Ri 6, 24 hebr šālōm; grie *eiráenä kyríu* LXX.
[468] Vgl. besonders die messianische Weissagung Hes 34, 11–16. 23–24.

sichert[469]. Der Gott des Friedens hat uns in Versöhnung und Erlösung seinen Frieden geschenkt. Jesus hat das Heilswerk für uns
21 am Kreuz vollbracht. Nun vollendet der erhöhte Herr auch sein Heilswerk in uns. Was der Apostel der Gemeinde als Weg des Glaubens und der Heiligung vor Augen gestellt hat (Hbr 11—13), das wirkt Christus durch seinen Heiligen Geist selber in den Gläubigen[470]. Im Gebet für die Gemeinde schließt der Apostel sich mit ein: **Er rüste euch mit allem Guten aus, um seinen Willen zu tun, und schaffe in uns, was vor ihm wohlgefällig ist.** Das „Gute" ist der Wille Gottes. Gut ist also im Leben der Gläubigen nur, was dem Willen Gottes entspricht[471]. Weil es unserem natürlichen Wesen widerspricht, ja unmöglich ist, Gottes Willen zu tun (Gal 5, 17), gestaltet Gott selber durch die Kraft seines Geistes das Leben der Menschen, die sich ihm ganz anvertrauen, nach seinem Willen um. Er tut es durch den, der unsichtbar in der Gemeinde gegenwärtig ist, **durch Jesus Christus.** So wie der Sohn auf Erden nichts tun konnte ohne den Willen des Vaters und seine Vollmacht (Jo 5, 19), so tut umgekehrt der Vater in der Zeit der Gemeinde nichts unmittelbar, sondern wirkt alles durch Christus[472].

Die Gemeinde Jesu lebt in der Gewißheit, daß Christus das Werk der Erlösung für uns vollbracht hat und sein Heilswerk in uns vollenden wird; darum dient nun alle Verkündigung des Wortes Gottes vor der Welt und alle biblische Unterweisung in der Gemeinde, auch die Bewährung unseres Glaubens im Alltag, nur dem einen Ziel — der Verherrlichung Jesu Christi. Deshalb mündet der Gebetswunsch des Apostels in der Anbetung aus: **Ihm gebürt die Herrlichkeit von Ewigkeit zu Ewigkeit. Amen.** In diesen Worten vereinigt sich der Apostel mit den Scharen der Engel, die über den Feldern Bethlehems Gott lobpreisen (Lk 2, 14), mit dem Lobpreis der feiernden Menge, die den Herrn Jesus beim Einzug in die heilige Stadt begrüßt (Lk 19, 38), und er stimmt ein mit dem Apostel Paulus, der über dem unendlichen Reichtum der Heilsgedanken Gottes anbetet: „O welch eine Tiefe des Reichtums und der Weisheit und der Erkenntnis Gottes! Wie unerforschlich sind seine Entscheidungen und unausdenkbar seine Wege! . . . denn aus ihm und durch ihn und zu ihm hin sind alle Dinge. Sein ist die Ehre in Ewigkeit! Amen" (Rö 11, 33. 36).

[469] Schon in der Prophetie des AT wird der Neue Bund als ein ewiger Bund beschrieben: Jes 55, 3; 61, 8; Jer 32, 40; 50, 5; Hes 16, 60; 37, 26.

[470] J. Calvin, S. 178: „Zum Guten sind wir ja in keiner Weise geschickt, bis Gott uns neugeschaffen hat, noch sind wir fähig, darin zu bleiben, wenn er uns nicht kräftigt. Denn das Beharren im Heilsstand ist allein seine Gnade."

[471] Vgl. Rö 12, 1—2; 2 Th 2, 17; 1 Pt 5, 10.

[472] Vgl. 2 Ko 3, 17—18.

19. Briefschluß: Gruß und Gnadenwort

Hbr 13, 22—25

22 **Ich ermahne euch aber, Brüder, laßt euch das Wort der Ermah-**
23 **nung gefallen; denn ich habe euch** (nur) **kurz geschrieben. * Wißt,**
daß unser Bruder Timotheus freigelassen ist; wenn er bald
24 **kommt, werde ich mit ihm zusammen euch sehen. * Grüßt alle**
eure Vorsteher und alle Heiligen. Es grüßen euch die von Italien.
25 **Die Gnade sei mit euch allen!**

Zu Vers 22: Apg 13, 15 Hbr 3, 13 10, 25 Jak 1, 21 1 Pt 5, 12 2 Jo 12 3 Jo 13 Hbr 11, 32
Zu Vers 23: Apg 16, 1 Apg 17, 14—15 Apg 18, 5 Apg 19, 22 Apg 20, 4 Rö 16, 21 1 Ko 4, 17 1 Ko 16, 10 Phil 2, 19—22 1 Tim 1, 2 2 Tim 1, 2. 5 2 Tim 3, 15
Zu Vers 24: Lk 22, 26 Apg 15, 22 Hbr 13, 7. 17
Zu Vers 25: 2 Ko 8, 9 Eph 6, 24 Offb 22, 21

Mehrfach hatte der Apostel den Gläubigen aufgetragen, sich gegenseitig zu ermahnen, um einander zum rechten Bleiben in der Gemeinschaft mit Christus zu helfen (Hbr 3, 13; 10, 25). Dieser geistlichen Verpflichtung will er auch mit seinem Brief nachkommen, er soll **Wort der Ermahnung** sein. Dabei weiß der Apostel wohl, daß Ermahnung auch von den Gliedern der Gemeinde nicht immer selbstverständlich und ohne Widerspruch angenommen wird. Wiederum können wir hier lernen, was rechte seelsorgerliche Haltung ist. Der Apostel hätte das Recht, zu fordern; aber er bittet die Brüder darum, sein Wort mit offenem Herzen und vorurteilslos aufzunehmen: **Ich ermahne euch aber, Brüder, laßt euch das Wort der Ermahnung gefallen.** Er schließt eine persönliche Nachricht an, die uns in bestimmten Grenzen Aufschluß über ihn selbst und über Timotheus gibt. Er muß dem Timotheus und damit dem Mitarbeiterkreis des Paulus (Apg 20, 4) persönlich nahe gestanden haben. Timotheus hatte das gleiche Geschick ereilt, das auch manche Glieder der Gemeinde betroffen hatte (Hbr 10, 34; 13, 3), er war in Haft gewesen. Aber er ist inzwischen entlassen worden. Der Apostel verspricht, bald mit Timotheus zusammen die Gemeinde zu besuchen; Gemeinschaft des Geistes drängt immer wieder zur sichtbaren Gemeinschaft der Gläubigen, zur gegenseitigen Stärkung auf dem Wege zum himmlischen Ziel. 22/23

Grüßt alle eure Vorsteher und alle Heiligen. Es grüßen euch die von Italien. Wie bei allen apostolischen Briefen sind die Grüße und der Gnadenwunsch wichtig und eng miteinander verknüpft; Grüße sind anvertraute Liebe; sie enthalten Entscheidendes, was die Glieder der Gemeinde einander zu sagen haben: sie festigen das Band der Liebe, das die Gläubigen miteinander verbindet. Jedem, der zur Gemeinde gehört, gilt der apostolische Gruß. 24

Sein letztes Wort ist nicht eine theologische Formel, sondern es soll bewußt den Blick der Gläubigen noch einmal auf das Fundament hinlenken, auf dem ihr ganzes geistliches Leben ruht. **Die Gnade sei mit euch allen!** Es ist ein Wort, 25 das der Gemeinde aller Zeiten gilt. Gott hat uns seine Gnade zugewandt, als Jesus Christus in die Welt kam, um uns zu erlösen. Er wendet diese Gnade jedem zu, der den Herrn Jesus liebhat. Die Fülle seiner Gnade ist für jeden da und reicht für jede Lage unseres Lebens aus. Die Gnade hat uns erlöst, die Gnade Gottes heiligt uns, die Gnade Gottes wird uns vollenden.

Das letzte Wort des Apostels können wir nicht aus dem Zusammenhang des ganzen Briefes lösen. Gerade dadurch gewinnt es am Ende dieses apostolischen Schreibens ein besonderes Gewicht, weil es den bedrängten und angefochtenen Christen vernehmbar sagt: Gottes Gnade macht uns das Leben nicht leicht, nimmt uns nicht aus Not und Belastungen heraus. Aber das ist seine Gnade, daß wir in der Not geborgen sind und unter unserer Last Frieden finden.

DIE CHRISTUSBOTSCHAFT DES HEBRÄERBRIEFES

Nach den Worten des Verfassers enthält das Mittelstück des Briefes die „Hauptsache"; das Hohepriestertum Christi ist ihm von besonderer Wichtigkeit. Auch dem Leser fällt auf, daß das Geheimnis der Person Christi an keiner anderen Stelle des NT in dieser Form und Aussageweise entfaltet wird. Aber wir dürfen nicht übersehen, daß es auch dem Hbr als „Wort der Ermahnung" um das Ganze der Christusbotschaft geht. Jesus Christus steht im Mittelpunkt der apostolischen Verkündigung. So finden wir am Anfang des Briefes Aussagen über Christus von ungewöhnlicher Konzentration — jedes einzelne Wort muß in seinem theologischen Reichtum besonders entfaltet werden. Und der Brief endet mit einem christologischen Abschnitt (Hbr 13, 8—14), in dem das Erlösungswerk des himmlischen Hohenpriesters zusammenfassend kurz dargestellt wird. Selbst die beiden Schlußverse Hbr 13, 20—21 lassen die gesamte Thematik des Briefes noch einmal anklingen. Dabei können wir feststellen, daß der apostolische Schreiber seinen Lesern das Christuszeugnis in außergewöhnlich weiter Schau vermittelt: Jesus Christus ist der Schöpfungsmittler; er stand am Anfang aller Geschichte. Und er ist auch der Erbe des Alls, der Weltvollender, in dessen Hand und Macht alle Geschichte ausmünden wird. Er hat in der Vergangenheit vor seinem Erdendasein schon durch seinen Heiligen Geist zu Israel gesprochen, in der Zukunft wird er als derselbe Herr wiederkommen, um seine wartende Gemeinde in die Herrlichkeit aufzunehmen.

Ein grundlegender Gedanke, der alle Aussagen des Autors trägt, ist die Gottessohnschaft Jesu. Er war der Sohn vor aller Ewigkeit. Zugleich ist Jesus Mensch, sonst könnte er nicht unser Mittler und Hoherpriester sein. Als Gesandter und Gesalbter Gottes ("Apostel" und „Christus" Hbr 3, 1. 6) bringt er uns Gottes Wort und Gottes Gnade. Als unser Hoherpriester hat er sich selbst Gott als Opfergabe dargebracht und uns dadurch das Heil verschafft, das ewiggültigen Wert besitzt. „Weil Jesus der Sohn Gottes ist, hat sein Opfer sündentilgenden Wert. Durch sein Blut hat er einen neuen Bund geschlossen, und er ist der Mittler, der ständig vor dem Throne des lebendigen Gottes steht, um für uns wirksam einzutreten[473].

Christus ist nach seinem Kreuzestod durch Auferstehung und Himmelfahrt vollendet worden. Er ist der „Vorläufer" (Hbr 6, 20), der „Anführer" (Hbr 2, 10; 12, 2) und „Vollender" (Hbr 12, 2) seiner Gemeinde geworden. Als der lebendige Herr ruft er uns hinaus aus dieser irdischen Welt; er schließt uns mit allen Glaubenden zusammen zum wandernden Gottesvolk des Neuen Bundes und stellt uns auf den Weg, der vor dem Thron Gottes endet, wo unser wahres Vaterland ist.

[473] J. Cambier, in A. Robert — A. Feuillet, Einleitung in die Heilige Schrift, Bd. 2, Wien 1964, S. 500.

LITERATURHINWEISE

Wissenschaftliche Kommentare

F. F. Bruce	The Epistle to the Hebrews, The New London Commentary, London 1964
Otto Michel	Der Brief an die Hebräer, Kritisch-Exegetischer Kommentar, Göttingen 1957[10]
Eduard Riggenbach	Der Brief an die Hebräer, Kommentar zum Neuen Testament, herausgegeben von Theodor Zahn, Bd. 14, Leipzig/Erlangen 1922[3]

Alte Bibelauslegungen

Johann Albrecht Bengel	Gnomon, Deutsch von C. F. Werner, Bd. 2, Teil 2, Berlin 1960[7]
Berleburger Bibel	Bd. VII, NT 3. Teil, Berleburg 1739
John Brown	An Exposition of Hebrews, Neudruck der Ausgabe von 1862, London 1961
Johannes Calvin	Auslegung der Heiligen Schrift, Bd. 14, Neukirchen o. J.
Karl Friedrich Harttmann	Der Brief an die Hebräer, Neuausgabe Basel 1866
Martin Luther	Hebräerbrief-Vorlesung von 1517/18, Deutsche Übersetzung von Erich Vogelsang, Berlin/Leipzig 1930

Allgemeinverständliche Auslegungen aus neuerer Zeit

Leopold Bender	Gott hat geredet, Witten 1914
Wilhelm Loew	Der Glaubensweg des Neuen Bundes, Die urchristliche Botschaft, 18. Abteilung, herausgegeben von Otto Schmitz, Berlin 1931
Adolf Schlatter	Erläuterungen zum Neuen Testament, 9. Teil, Stuttgart 1950
Johannes Schneider	Der Hebräerbrief, Bibelhilfe für die Gemeinde, Kassel 1954
A. M. Stibbs	The Epistle to the Hebrews, The New Bible Commentary, London 1954[2]
Hermann Strathmann	Der Brief an die Hebräer, Das Neue Testament Deutsch, Bd. 9, Göttingen 1947

Kurze Hilfen zum selbständigen Bibelstudium

Theodor Lorch	Christus heute — Der Hebräerbrief, Stuttgart 1951
Lydia Präger	Der Hebräerbrief, Stuttgarter Bibelhefte, Stuttgart 1959[2]